第i情报研究丛书

全球科技创新中心战略情报研究

——从“园区时代”到“城市时代”

上海科学技术情报研究所 上海市前沿技术研究中心 编著

上海科学技术文献出版社
Shanghai Scientific and Technological Literature Press

图书在版编目（CIP）数据

全球科技创新中心战略情报研究 / 上海科学技术情报研究所，上海市前沿技术研究中心编著．—上海：上海科学技术文献出版社，2016.4
ISBN 978-7-5439-6986-5

Ⅰ．① 全…　Ⅱ．①上…②上…　Ⅲ．①技术革新—科技情报—情报工作—研究—上海市　Ⅳ．① F124.3 ② G35

中国版本图书馆 CIP 数据核字 (2016) 第 051735 号

责任编辑：祝静怡
封面设计：钱　祯

全球科技创新中心战略情报研究：从“园区时代”到“城市时代”
上海科学技术情报研究所　上海市前沿技术研究中心　编著
出版发行：上海科学技术文献出版社
地　　址：上海市长乐路 746 号
邮政编码：200040
经　　销：全国新华书店
印　　刷：昆山市亭林彩印厂有限公司
开　　本：787×1092　1/16
印　　张：20.5
字　　数：379 000
版　　次：2016 年 4 月第 1 版　2016 年 4 月第 1 次印刷
书　　号：ISBN 978-7-5439-6986-5
定　　价：78.00 元
http://www.sstlp.com

编 委 会

主　　编： 陈　超

副 主 编： 杨荣斌　肖沪卫

编写成员（按章节撰写顺序）

陈　超　沙青青　陈　晖　陆　颖　党倩娜　杨　绎
徐宏宇　施　雯　陈　煦　薛　亮　朱荪远　华子怡
王静波　钟　婷　薛菁华　吴卓群　胡皓达　吴　磊
吴　姮　樊佳怡　杨薇炯　戴纯箴　杨荣斌

前言 | FOREWORD

从"园区时代"到"城市时代"

——全球科技创新中心发展态势与启示

回顾历史，人类社会已经经历了三次工业（技术）革命：18 世纪的第一次工业革命实现了机械化、19 世纪的第二次工业革命实现了电气化、20 世纪的第三次工业革命则实现了信息化。期间，先后出现了英国、德国、美国三个"国家级"的世界经济中心和科技中心，在一定的历史时期内引领全球的科学技术创新事业。大约从上世纪中叶开始，世界范围内园区型科技创新中心建设热潮开始出现，硅谷成为迄今为止全世界最成功的创新中心。然而时至今日，国际大都市中尚未出现严格意义上的涵盖基础科学、技术开发以及实际应用三大层面、全方位的综合科技创新中心，即便是国际公认的世界大都市纽约、伦敦、巴黎、东京都尚未成为此意义上的全球科技创新中心。

2007 年以降，美国次贷危机逐步演化成全球性的金融危机和经济危机以来，各主要国际大都市不约而同地聚焦科技创新，纷纷再定位科技创新中心。进入 21 世纪以来，传统的园区型科技创新中心也出现明显的"城市化"趋势。因此，世界范围内科创中心正处于从"园区时代"向"城市时代"发展的新阶段，我国绝不能"缺席"和"错过"，理应积极对标国际最先进水平，参与全球科技创新转型阶段的合作与竞争。

如今的国际竞争从某种意义来说，就是国家间科技创新能力的竞争。上海率先吹响向全球科创中心进军的号角，这是国家战略要求和历史使命，更是一次充满挑战的长征。

一、新一轮科技革命和产业变革正在孕育萌动

科学技术是第一生产力，创新是引领发展的第一动力。科学技术创新，即科学创新与技术创新的综合融合发展。科学是人类认知世界方法的探索，技术则

是科学的实际应用。两者相互渗透、彼此影响。科学创新是技术创新的基础，而技术创新则是实践科学创新的成果。在从个别特殊的抽象科学研究成果向普遍使用的具体技术应用转化过程中，创新是其核心关键要素。

从历史上看，主导国家发展命运的决定性因素是社会生产力发展和劳动生产率提高，只有不断推进科技创新，不断解放和发展社会生产力，不断提高劳动生产率，才能实现经济社会持续健康发展。英国哲学家弗兰西斯・培根在其科学史名著《新工具》中便阐明了科学技术创新与实际社会生产的辩证关系："一项在技术和科学上做出的发明，都是一种可以通过实践、思考、观察、论证而得来。"换言之，任何科学技术的创新都是社会生产实践的需求或成果。

进入 21 世纪以来，新一轮科技革命和产业变革正在孕育兴起，全球科技创新呈现出新的发展态势和特征。如果说科学革命可能还是将来时，那么技术革命、工业革命和产业革命已经是进行时了。因为我们已经看到：制造出现智能化、服务化的新模式，能源出现绿色化、多元化的新趋势，产业出现融合化、数据化的新态势，创新出现开放化、数据化、开源化的新范式。关于新一轮科技革命和产业变革的共识尚未完全形成，从我国学者的“第六次科技革命”到欧美学者对“第三次工业革命”的不同视角，从德国的工业 4.0 战略到我国的“制造 2025”战略，都是从不同的角度和纬度给出的远见卓识。

除了上述立场较为积极的进步论观点，也有学者从长时段的历史角度出发，认为人类科技进步非但尚未跃入高速发展的“快车道”，甚至正处于“平台停滞期”。美国乔治梅森大学泰勒・考恩在考察了美国建国后的经济发展史后指出，从 17 世纪以来的 300 年中美国的“崛起之路也正是得益于这种大量所谓的“低垂果实”。具体而言，这种“低垂果实”可以大致被分为三类——大片闲置的土地、大量的移民劳动力和强大的科技。其中，美国的科技力量却正处于“高位停滞期”，他认为当代社会的大部分重大科技创新均发生在互联网领域，以至于生物技术、太空探索、能源替代等科技领域受到了某种程度上的忽视，以至于难以取得实质性突破。无独有偶，国内亦有学者提出与之呼应的观点。苏州大学董洁林教授的团队在一项实证研究发现，从更长的历史跨度来看，当前人类事实上正处于科技创新活跃度下降的历史时期。最近一波长达 500 余年的科技革命，已经开始走向终结，进而提出目前世界范围内的微创新活跃而宏大创新却减弱、比特世界创新活跃而原子世界创新减弱。

关于当前科技创新的现状与未来趋势，尽管有“第六次科技革命”、“第三次工业革命”抑或是“平台停滞期”等等不同观点，但各类学说都不约而同地指出目前正是科技创新即将进入下一个发展阶段的关键时期。用谷歌技术总监、知名发明家雷・库兹韦尔的话来说就是“奇点临近!”数学家用这“奇点”

(Singularity)一词来表示一个超越任何限制的值，一旦突破将迎来激增，其发展速度将近乎垂直指数一般增长。如今我们可能即将目睹下一个科技创新的奇点来临。

对于包括中国在内的广大新兴发展国家来说，当下的发展节点尤为关键。在此之前，新兴国家仍可以享受、学习主要西方发达国家自工业革命以来所积累的各类科技创新成果。即便是无法直接获取相应技术，但却能以过往发达国家的科技创新路径为参照，设定自己的科技创新之路。然而时至今日，在相当的科学、技术以及产业领域的创新已无成果积累或先例可供参考仿效，必须依靠自身的科技创新能力实现真正意义上的突破。

在此历史的关键节点上，我们正面对推进科技创新的重要历史机遇，加快建设具有全球影响力的科技创新中心机不可失、时不再来，必须紧紧抓住。我们必须增强紧迫感，全面增强自主创新能力，努力打造代表国家参与全球经济科技合作与竞争的科技创新中心，在新一轮全球科技竞争中赢得战略主动。在全球市场一体化的今天，国家、城市以及企业的核心竞争力最关键的要素之一就是能够准确把握科学技术的发展方向、产业革命的未来趋势，站在历史长时段的角度，通过有效利用情报信息来准确研判科技创新的未来之路。

二、全面科学把握科技创新中心本质内涵

对于全球科技创新中心，到底应该采取怎么样的评价标准，目前实际上并没有严格而有针对性的指标体系。因此需要通过更深入地研究科学技术发展规律、创新规律、城市发展规律，才能全面科学把握科技创新中心的本质内涵。

在全球化和信息化的时代，一个全球科技创新中心首先应该具备全球创新资源的配置能力。而科技创新既是一项纷繁复杂的系统工程，也是一个综合性的“生态系统”，还是一套涉及各领域的生产模式。广义而言，创新的核心本质并不单指研究思想领域的独到原创探索，也包含社会效率的精进与崭新价值的挖掘。正如英国著名经济学家弗里曼所指出的那样：创新是一个系统行为，需要建立国家层面的创新体系。而在城市层面，同样需要以这种眼光看待科技创新的课题。

从广义上来说，若以流程环节来分析，我们大致可将科技创新划分为三个部分——科学创新、技术创新及产业创新。科学创新是学术研究的竞争，科学创新的动力不应是短期的市场驱动，而是科学研究内在的逻辑需要。技术创新的主要推动力则是来自市场的实际需要，其关键在于科学技术成果的产品化、商品化与市场化。而产业创新更是在之前两个环节的基础上，依照市场规律来进行。因此，在构建全球科技创新中心的过程中，需要依照科创的不同环节的特性来正

确认知。

由此可知，如果要打造全球科技创新中心，那么首先就需要在科学创新领域在全球有一席之地。能够集聚众多具有全球影响力的教育和研究机构，拥有部分学科领域具有全球影响力的专家学者。技术创新则要求能在世界范围拥有“一技之长”即某领域的应用和集成技术创新能力突出，部分产业领域出现具有全球竞争优势的领先企业。产业创新则要求在全球相关产业链能一马当先，乃至开创崭新的产业形态，继而获得市场认可。这需要能够集聚创新企业家和创业资本，部分产业领域不断出现具有全球影响力的创新领军企业。用经济学家熊彼特的话来说就是创新主体应该是企业家，创新落后正是企业家缺位所造成的后果。

另一方面，政府在三种创新活动中作用和作为应该是不同的：政府在科学创新、技术创新和产业创新中的所能发挥作用是依次递减的、施展能力的空间也是依次递缩的。因此在建设全球科技创新中心的过程中，只有科学发挥政府和市场的作用，才能取得相得益彰、事半功倍的效果。

此外，如果从创新支持角度来看，则可以将科技创新分为两种——方向确定型创新、方向不确定型创新。

前者往往是以国家政府力量主导拉动的科学创新研究或重大科学技术突破，目标方向明确，超脱于短期的经济利益考量，多具有前瞻性重大意义。例如美国在二战期间为研发原子弹而设立的“曼哈顿计划”，又如我国开展的“嫦娥”月球探测工程。这类科学创新研究未必能带来短期经济利益，但作为国家却必须推动相关研究来追赶乃至超越国际先进水平，并通过这种方式来拉动整个科技创新体系向更高层级跃升。

后者则主要以集中于技术与产业的前沿性创新，带有非常强烈的市场属性，以商业、产业的力量来推动。这类创新的推动方未必就能预料到明显的创新成果以及市场反响。例如腾讯公司在 2011 年推出“微信”时，并未预料到此社交类软件应用可以在短短几年间取代传统聊天软件乃至电话短信，成为当下中国最主流的交流方式之一。在这种创新过程中，需要众多参与、试错，通过市场法则来进行优胜劣汰地筛选，同样需要给予参与企业、个人更多自主发挥的空间。

在把握科技创新内涵问题上，除了梳理、整合各类有关科技创新的最新学术成果外，还需要紧紧瞄准国际科技创新最前沿领域，及时发现最新的重要科学发现、高质量的技术突破与颠覆性产业变革的迹象乃至征兆，完善基于历史资料积累与情报研究的监测研判体系，跟踪全球科技创新发展的脉络。

三、全球科技创新中心走向“城市时代”

如前所述，目前尚不存在一个真正意义上的、全方位的全球科技创新中心。尽管如此，相当多的国际大都市也已开始积极谋划各自的科技创新之路，所面临的瓶颈与所采取的发展模式各不相同，但也都呈现出一些发展共性特征。这些特征恰恰是我们探索全球科技创新脉络走向的最佳线索。

以纽约为例，虽是举世公认的国际大都市，但其创新优势主要体现在商业、金融及文化领域。纽约的科技创新大多围绕金融投资、商业服务等领域开展，同时新媒体产业、多媒体的融合式发展也是其文化领域科技创新的亮点所在。

当然，纽约作为区域型的科技创新中心，在生命科学、环境科学、纳米技术、数字媒体等领域亦有突出优势，但应用科学技术、专利成果转化等方面则是其科技创新的短板。不同于洛杉矶、旧金山，纽约附近并没有像硅谷这样科技创业园区，也缺乏以斯坦福、伯克利和加州理工等大学为依托，以高技术的中小公司群为基础，并拥有苹果、英特尔、惠普等大公司，融科学、技术、生产为一体的研发产业区块，进而无法对全球应用科学及产业创新产生巨大影响。

有鉴于此，近年来纽约市府一直在检讨并调整其科技创新发展战略。早在2010年，时任市长布隆博格便提出大力振兴应用科学的计划，旨在通过由政府提供土地的方式，吸引世界顶级高校和研究机构在纽约建立4个科技园区，从而为纽约打造成以应用科学为主的“东部硅谷”奠定基础。最为引人注目的在建项目就是2013年开工的、位于纽约罗斯福岛上的“康奈尔科技园区”(Cornell Tech)，预计2017年将完成建设。

此外，值得注意的是大西洋另一端的欧洲主要都市也采取了类似的策略。伦敦市政府计划建设“东伦敦科技城”，希望将其打造为全球科技创新技术的交流中心。2014年，柏林市则与谷歌深度合作的创新创业园区业已开张，吸引了大批全球领先的研究发明机构、企业纷纷入驻。

若仔细探究上述都市的案例，不难发现纽约、伦敦与柏林都是希望通过打造科技园区补上应用科学、成果转化的短板，最终真正打通全领域产学研的“任督二脉”。通过此轮发展，如纽约就有可能形成一个国际大都市与科技创新园区相融合“创新区域”。其实，从另一个角度来观察，也不难发现当下传统科技园区模式也已处在瓶颈期。远离大都市，便意味着远离市场、资金以及流通渠道。最关键的是远离了科技创新的人才。

封闭式的远郊园区生活状态，已无法满足今天高端科创人才对生活品质的全方面需求。而纽约这样的繁华都市，恰恰是各类高端人才趋之若鹜之地。开放而充满活力的城市文化，也更有利于促进人们的沟通、交流，迸发“新思想”

(New Idea)。贴近资金、产业及市场，便于物资、信息流通，为人才提供有吸引力的生活环境，将是未来传统科技园区转型的目标。而达成上述目标最有效的方式，便是选择与区域中心城市乃至国际化大都市一同走融合发展之路。

2014 年美国知名智库布鲁金斯学会在一份分析美国科技创新能力的专题报告中也提出了相似的观点，甚至进一步提出即便是美国各类国立研究机构仅完成国家部署科研任务是远远不够的，而应该在此基础上为促进所在地产业发展做出更大贡献。该报告指出相当部分的科研实验室、园区机构并未把技术商业化或参与地区集群的工作置于优先地位。因此，它们无法以最佳方式与美国创新生态系统广泛接轨，也无法为国民经济增长做贡献。美国的科技创新生态系统基本都位于美国核心都市区附近。

有鉴于此，一方面必须积极依靠科研园区集聚的知识流、专业技术工作者以及具备可提高生产率的高适应性和专业技术集群，另一方面则应该积极融入城市及周边都市地区，通过都市的综合能力来长期稳定地支持科技创新，从而形成以都市核心的“创新区域”。

有潜力成为“创新区域”的地区，往往是尖端科研机构和企业集聚并与初创公司、企业孵化器和加速器相连，与金融服务完善、市场渠道广阔、交通便捷的高品质都市生活区相毗邻。科技园区提供科研成果基础，都市则成为产业动态、市场信息、融资配套以及人才流转的“中转站”，既为科技创新“输血”，也分享其经济社会效益。

可以想见，未来的全球科技创新中心肯定是与国际大都市彼此重合叠加的创新区域，甚至我们或可大胆预言国际大都市将是成为全球科技创新中心的前提。与此同时，传统以园区为中心的科技创新模式也正在向“城市时代”高速迈进。

四、建设全球科技创新中心的上海战略

建设全球科技创新中心不仅是当前上海面对的课题，同样也是全世界各先进国家国际大都市所面临的课题。因此上海并没有太多现成的经验可供参考，更多还是要走“自主创新”之路，从上海实际出发来开展规划与部署，酝酿属于自己的“上海战略”。

一座城市想要成为地区性乃至全球性的科技创新中心，可能需要拥有四方面的要素：强大的本土科学研究能力、完善的人才引进与培养机制、优秀的科技创新环境、开放包容的创新文化。在此四方面基础上，还需要政府层面拥有较强的协作领导能力，能够让区域内科学创新、技术创新以及产业创新诸环节紧密联系，让包括政府、科研机构、社会组织，尤其是企业能作为创新主体，广泛参与各

层级科创的事业。

2013年上海市开展研发活动(R&D)的规模以上工业企业为1 661家，占全部规模以上工业企业的17%。研发总经费为528.3亿元，其中国企为35.48亿元，占6.7%；港澳台企业48.94元，占9.3%；而外资企业达到了232.66亿元，占44%。同年，在沪的外资研发中心已达366家，其中世界500强研发机构已有120余家。其中，70多家跨国公司在沪设立有全球性或区域性研发中心。

通过上述一组数据，不难发现上海的本土企业并没有成为科技研发投入的主体，而是外资企业唱了“主角”。外企企业的研发力量，确实能够带动区内科技创新的总体水平，甚至能够“传经送宝”。然而，这毕竟有其不确定性，而且真正核心、关键的科学技术以及创新模式，也未必是能够学来并真正掌握的。有鉴于此，探索建设有利于本土企业创新的制度环境将是未来上海科技创新战略的重点。

在此基础上，逐渐形成以企业主导市场与政府政策引导相结合的一种共同发力的创新战略。用一个形象的比喻，此类战略就如同是“推与拉”(Push & Pull)形成的一股合力。企业的市场力量将成为推动上海科技创新事业前行的主导力量，而政府则通过相关政策进行引导，避免市场驱动下盲目创新所带来的弊端并适时拉升全市基础科技研发的总体水平。在这股合力之下，方能在正确的道路上持续前行。此外，健全本土企业在市场的科技创新能力利于构建长期稳定的科技创新环境，反过来也能吸引市场各环节的企业研发力量进一步集聚上海。

除了良好的市场推动与政府引领外，人才毋容置疑将是决定建设科技创新中心成败的关键因素。根据汤森路透集团发布的2014年全球“高被引用率科学家”名单，中国(含港澳)入选的科学家有134位，位列世界第四。而在这134位科学家中，上海仅有10人入选，占全国的7.5%。可以与之参照的另一个数据则是来自上海的两院院士约为165人，仅占全国的10.6%。

换而言之，在基础科研的人才竞争方面，目前上海不仅无法达到与全球科技创新中心相匹配的高度，在国内亦难称领先。人才与技术(Talent & Technology)之间必然存在一种正相关的因果关系，优秀的科学人才、创新人才，才能带动科技创新的进一步发展。除了科学创新，在技术与产业创新的层面，受过教育并掌握技能的人员，以及尖端技术设施和可靠的基本系统同样是创新两大级别的真正驱动力。

有鉴于此，寻求真正的人才就需要有吸引、留住和培养人才的全面战略。配合人才战略，还应整合技术需要对尖端技术与设备例如实验室设施的投入，为创新人才创建高质量研发工作平台。通过平台建设来构筑人才高地，集聚、培育国际化创新人才，布局科学创新、技术创新与产业创新的多层次人才引进与培养模式。

要围绕建设国际化人才高地，进一步扩大对外开放，探索实施科技人才“绿卡”制度，引进海外高层次创新人才和人才团队。完善人才引进标准和考核机制。积极争取国家支持，率先推进现代大学制度改革，建设世界一流大学，充分发挥大学在集聚人才、培育人才、使用人才中的重要作用。参照国际标准，努力满足科技创新人才的医疗、社会保障、子女教育、居住等公共服务需求

既要勇于瞄准全球一流人才，坚持高端引领的战略导向，同时也要立足本土创新人才的培育。通过扎实行动与不懈努力，在核心技术、前沿技术以及新兴行业领域，引进、培养一批有全球影响力的科学家、企业家、创意家人才。参考纽约、伦敦、东京等国际大都市大量引进具有国际视野与业务背景的科技管理人才，发挥此类人群善于联合科学家人才与金融、市场精英人才的独特优势，助推加快科技成果转化，配合上海以全球创新网络重要枢纽为目标的发展路径。

科技创新的可持续性有赖于良好的科技创新环境，早在 2004 年美国竞争力委员会便提出科技创新成功与否的关键是在于创造优良的创新环境。因此需要构建一套有针对性的创新生态环境战略(Ecological Environment)。通过聚焦上海创新生态环境建设，大力营造鼓励和促进创新的氛围。要借鉴国内外先进城市的环境建设经验，把握科技中心由“园区时代”向“都市时代”转型发展的趋势与脉络，优化上海创新创业环境，落实政府科技创新服务的各项举措。

进一步深化政府改革，适当放宽新兴科技创新、创意行业准入管制，大力改革科研项目审批制度，建立科学规范且合理的科研项目管理机制。加快建立与国际接轨的知识产权保护体系，提高知识产权交易市场的透明度。以尊重市场规律为前提，为本土科技创新主体，尤其是协助国资、民营企业创造鼓励创新、包容度高的体制机制及配套政策，采取符合国际惯例、中国国情与上海特色的行政扶持政策，支持市场主体与研究机构互相配合、协同发展。

以国际大都市建设为抓手，加强科技创新载体建设。聚焦城市科创核心区建设，打造一批特色创新基地和创新平台，发挥集聚与辐射效应。重点依托市内国家自主创新示范区和上海自贸试验区，加强推动张江综合性国家科学中心、临港“重大创新工程承载区”以及外高桥“保税型研发功能集聚区”的建设工作。借助复旦、交大、同济等沪上知名高校，打造杨浦“知识经济创新区”与徐汇“科技创新基地”。鼓励市郊地区如嘉定、青浦、松江、宝山、奉贤、金山、崇明等着力发展“四新”经济集聚区与科技商务区。同时，在上海周边地区建设一批创新协作区和科技成果产业化合作基地，推动长三角地区协同创新。最终，在全市范围内形成一套完整的创新生态体系。

在打造创新生态体系过程中，势必离不开一个充满活力的创新文化氛围。鼓励创新的文化氛围，也能够进一步促进各种科技创新思想、产业的彼此交流与融合发展。文化-融合（Culture & Convergence）并重的战略能够营造创新文化，鼓励交叉融合。上海素有海纳百川的传统，而创新正需要提倡这种包容开放的文化氛围。

这种创新文化氛围，既要重视发挥科学家、企业家等高端精英的引领作用，更要激发全社会各个阶层的创新活力；不仅要锁定全球科技制高点、追求有突破意义的创新，也要关注本市社会民生热点，让科技创新与城市新一轮发展相衔接，互相融合推进，彼此支持。通过创新文化氛围的营造，激励更多的创业主体勇于投身科技创新事业，通过市场手段完善创新资源高效配置。

（陆　超　沙青青）

目录 CONTENTS

案 例 篇

研 究 篇

态势篇

第一章

全球科技创新发展趋势

第一节　科技创新的主要趋势和重点领域

一、科技创新的主要趋势

自本轮国际金融危机爆发以来，全球经济面临增长乏力的困境，各大经济体都在努力寻求出路。从历史的经验看，科技创新与经济周期存在密切关联性，科技创新的强弱契合经济周期的各个阶段，科技创新势头强劲往往引导经济步入复苏的轨道，直至达到经济繁荣；反之，当科技创新势头减弱，则昭示着经济衰退乃至萧条将临。当前，尽管全球经济复苏还存在诸多不确定性，但是经济全球化和贸易自由化仍然是主流的方向，在此背景下科技创新是各大经济体的政策着力点，由此促进新一轮的科技革命，推动全球经济增长与发展。

与以往的科技革命相比，当前全球科技创新的方式与模式均有所变化，呈现出以下主要趋势。

1. 科技创新在众多学科和技术领域全面突破

进入21世纪，科技前沿领域不断拓展和更新，不再像以前一样以单独一个学科和技术领域的创新与突破为标志，而是众多学科和技术领域均呈现全面的突破。如，信息革命浪潮方兴未艾之时，生命科学和生物技术、纳米科技、新能源技术、新材料科技、空间科技、海洋科技等领域的创新成果接踵而至，呈现了知识社会、创新时代的特征。

2. 科技创新的学科与领域的边界日渐模糊

随着学科交叉融合发展的进程加快，基础研究、应用研究、高技术研究的边界逐渐被打破，科学理论创新与技术创新相互促进，呈现交叉汇聚的发展态势。当今，计算机和信息网络成为各个学科的基础，新材料成为许多学科不可或缺的支撑，纳米技术逐步成为众多学科的手段。而且，由于学科的交叉融合，从科学发现到技术应用的周期越来越短，如巨磁电阻效应的发现到成功应用于硬盘读出磁头，间隔时间仅为 8 年，使得硬盘容量发生了质的飞跃，数量级很快从 MB 向 GB、TB 逐级跃升。

3. 系统创新日益成为科技创新的主流趋势

在创新领域拓展和学科融合的基础上，系统创新将越来越成为科技创新的主流。以智能电网为例，它集成了电力、机械、电工、电子、计算机、软件、网络、通信等在内的多学科的先进技术，以电网设备间的信息交互为手段，构建了安全、可靠、经济、节能的现代化电力系统。其他如新一代网络、物联网、航天器、现代舰船等都是众多技术创新的系统集成。

4. 科技创新活动本身出现越来越多的模式创新

从科技创新的组织形式和运行机制来看，尽管科技领先国家继续强化高技术壁垒，使得全球科技竞争加剧，但是在经济全球化进程加快的背景下，科技创新资源的加速流动和全球化配置的趋势越来越明显，创新组织也呈现新模式，通过网络平台使创新活动具备专业化、个性化、社会化、集群化的特点，在对创新成果实现知识共享的同时兼顾知识产权保护。如，投资上百亿美元的“国际热核聚变实验堆(ITER)计划”汇聚了包括中国、欧盟、印度、日本、韩国、俄罗斯和美国等世界主要核国家和地区以及科技强国共同参与。大型软件的开发可以通过网络让工作在几十个国家的成千上万名科学家、工程师协同工作。

二、从技术预测榜单看科技创新的重点领域

鉴于各自的基础不同，全球各大经济体所聚焦的科技研发与创新重点领域也有所不同。综合当今世界上一些权威研究机构所发布的相关预测报告，可以对全球科技创新的重点领域有一个基本的判断。

1. 有影响力的技术预测机构

对科技创新重点领域的预测和评断属于科学与技术预见领域的内容，目前，全球诸多研究咨询机构多有涉及这方面的工作，较有影响力的有如下机构。

(1) 汤森路透公司

汤森路透公司(Thomson Reuters Corporation)由加拿大汤姆森公司(The Thomson Corporation)于 2008 年 4 月并购英国路透集团(Reuters Group PLC)而成立，是一家商业数据提供商，其主要业务包括为专业企业、金融机构和消费者提供财经信息服务，例如电子交易系统、企业管理系统和风险管理系统、桌面系统、新闻，以及为在法律、税务和会计、科学、医疗保健和媒体市场的专业人员提供智能信息及解决方案。在科技创新预测方面，汤森路透利用其研究解决方

案 Web of Knowledge™中的专利数据和科学文献，为研究学者、科学家和信息专家提供信息和决策服务工具。2014 年 7 月汤森路透旗下的知识产权与科技事业部发布了一份题为《2025 年世界十大创新预测》的报告，预测了 2025 年的科技发展趋势。

（2）高德纳咨询公司

高德纳咨询公司（Gartner Group）成立于 1979 年，是第一家信息技术研究和分析的公司。高德纳公司总部设在美国康涅狄克州斯坦福。其研究范围覆盖整个信息技术产业，为客户提供客观、公正的论证报告及市场调研报告，协助客户进行市场分析、技术选择、项目论证、投资决策。在技术预见方面，高德纳公司会定期发布以信息技术为主的“技术炒作曲线（Hype Circle）”，对人们了解不同技术的发展成熟度有所助益。

（3）国际商业机器公司

国际商业机器公司（International Business Machines Corporation，IBM）是计算机产业的长期领导者，其业务涉及计算机硬件和软件等诸多领域，是信息技术行业多项标准的制定者，具有行业标杆地位。在当今全球化和信息化快速发展的背景下，IBM 公司依托其行业实践经验和高度的洞察力，同时结合对全球 22 万技术从业者的调查结果，在 2014 年前的 8 年里已经多次发布未来 5 年五大创新科技预测（IBM Next 5 in 5）报告，提出 5 年内可能改变世界的 5 项创新科技。

（4）世界经济论坛

世界经济论坛（World Economic Forum）是一家非官方国际性机构，总部设在瑞士日内瓦，其宗旨是以研究和探讨世界经济领域存在的问题、促进国际经济合作与交流。世界经济论坛的前身是 1971 年由现任论坛主席、日内瓦大学教授克劳斯·施瓦布创建的“欧洲管理论坛”。1987 年，“欧洲管理论坛”更名为“世界经济论坛”。论坛会员是遵守论坛“致力于改善全球状况”宗旨，并影响全球未来经济发展的 1 000 多家顶级公司。因每年论坛的年会都在达沃斯召开，故也被称为“达沃斯论坛”。世界经济论坛在某种意义上讲也是一个智库，它有一个较有实力的“战略分析团队”，致力于国家竞争力评估、全球风险评估和预期模式规划和思考等相关领域的研究，并撰写、发布报告。近年来，在科技热点预测方面，该论坛的新兴技术跨界理事会定期评出当年的“十大新兴技术”，呼吁人们关注技术的潜力及其蕴藏的风险。

（5）麻省理工学院

麻省理工学院（Massachusetts Institute of Technology，MIT）位于美国马萨诸塞州剑桥市，是一所世界顶级研究型私立大学。麻省理工学院无论在美国还是全世界都有非常重要的影响力，是全球高科技和高等研究的先导力量，在国际自然科学及工程学领域亦享有极佳的声誉。近年来，麻省理工学院（MIT）在其主办的专业科技商业杂志《技术评论》中，每年都会针对前沿技术预测出版一期年度专刊，即《技术评论（十大前沿技术）》。该专刊涉及的领域包括生物医学、能源、材料和移动等，旨在帮助人们了解世界最新的技术。

（6）麦肯锡公司

麦肯锡公司（McKinsey & Company）创建于1926年，是全球最著名的管理咨询公司之一，在全球44个国家和地区开设了84间分公司或办事处。目前，麦肯锡拥有9 000多名咨询人员，分别来自78个国家，均具有世界著名学府的高等学位。2013年，麦肯锡全球研究所（McKinsey Global Institute）发布研究报告，公布未来12项可能改变生活、企业与全球经济的颠覆性科技（disruptive technologies），这些技术有望在2025年带来14万～33万亿美元的经济效益。研究报告从100种技术中挑选出12项经济效益最高的技术，然后分析这些技术可能的应用方式，以及可创造的价值，并以经济效益排名。报告估计2025年全球经济产出为100万亿美元。

（7）美国兰德公司

兰德公司（RAND Corporation）成立于1948年11月，是美国最重要的以军事为主的综合性战略研究机构，其总部设在美国加利福尼亚州的圣莫尼卡，在华盛顿设有办事处，负责与政府联系。兰德公司以研究军事尖端科学技术和重大军事战略而著称，其诸多预测性、前瞻性的研究被证实具有较强的可信度。兰德公司现在的咨询研究业务已经扩展到内外政策各方面，发展成为一个研究政治、军事、经济、科技、社会等各方面的综合性智库，是当今美国乃至世界最负盛名的决策咨询机构。2006年兰德公司发表了题为《2020年的全球技术革命》研究报告，对未来15年内世界科学与技术的发展进行了预测，提出16个未来应用最广泛的科技领域，包括低成本太阳能电池、无线通信技术、转基因植物、水净化技术、低成本住宅、工业环保生产、混合型汽车、精确治疗药物、人造器官等。

（8）美国国家情报委员会

美国国家情报委员会（National Intelligence Council，NIC）于1979年成立，是美国情报系统当中专门负责中、长期策略研究的组织，负责编制国情评估等报告，也支持情报首长做出判断。美国国家情报委员会最重要的报告就是《全球评估》（*Global Briefing*），每5年出版1次，该报告利用最新与可靠的数据与假设的情境来预测未来15年的全球前景，是美国制订长期政策的基础。最新发布的版本是2012年版《全球趋势2030：可能的世界》（*Global Trends*

2030: Alternative Worlds)，其中也对未来科技创新有所突破的领域进行了预测。

(9) 埃森哲

埃森哲(Accenture)是全球最大的管理咨询公司和技术服务供应商，它原是全球安达信(Arthur Andersen)会计事务所的管理咨询部门，2000 年与安达信从经济上彻底分开，2001 年公司更名为埃森哲，公司在爱尔兰注册。近年来，埃森哲每年发布一份年度技术展望报告。2015 年 2 月，埃森哲技术研究院发布《埃森哲 2015 年技术展望》，指出了对企业和行业最具颠覆潜力的五大新兴技术趋势。这五大新兴技术领域分别是：为我互联——高度定制化(涉及个性化信息服务的相关技术)、产业物联网(智能硬件、传感器和网际接入设备相关技术与产品)、平台革命(云计算和移动网络技术等)、"智慧企业"(超大数据与智能系统)，以及"员工再造"，即人与机器无间合作所涉技术。

(10) 中国科学院

中国科学院(Chinese Academy of Sciences)是中国国家最高学术机构，中国自然科学与高新技术的综合研究与发展中心。中国科学院有 6 个学部、12 个分院、104 家直属研究机构、4 个国家实验室、85 个国家重点实验室、153 个中国科学院重点实验室、19 个国家工程技术研究中心、10 个国家工程实验室以及 212 个野外观测台站、3 所高等学校、4 个文献情报中心、3 个技术支撑机构和 2 个新闻出版单位，全院科研人员达 5 万余人，分布在全国 20 多个省(市)。中国科学院学部是中国在科学技术方面的最高咨询机构。负责对中国科学技术发展规划、计划和重大科学技术决策提供咨询，对中国经济建设和社会发展中的重大科学技术问题提出研究报告，对学科发展战略和中长期目标提出建议，对重要研究领域和研究机构的学术问题进行评议和指导。2012 年 6 月，中国科学院规划战略局组织了"面向 2020 年科技发展新态势研讨会"，对能源、材料、信息、人口健康、航空、地球科学和交叉前沿等领域的未来 5～10 年可能发生的重大科技突破提出了政策建议。2013 年发布了相关研究报告《科技发展新态势与面向 2020 年的战略选择》，对我国科技创新的重点领域提出了前瞻性的预测。

2. 近期的科技创新重点的领域预测

前述机构对近期科技创新重点领域的预测主要基于其长期的跟踪研究以及自我构建的预测方法。这些机构的预测方法通常有两种，一是以文献计量学为主进行分析，主要依据为论文或专利，如汤森路透所作的预测，对前沿性基础研究具有较大的参考意义；二是通过对产业或市场参与者的调研，结合一定的分析进行预测，如高德纳、麦肯锡、国际商业机器公司等公司的报告，因此，其选择的技术多数已经有了初步的产业发展基础。

从预测的结果来看，各机构均有其所偏重的一些领域，但基本上具有一致性，如几乎所有的预测报告中均包含了信息技术、生物技术、新能源、新材料等领域的一些关键技术，说明这些领域到目前其研发基础和成果积累已经临近一个突破的时间节点，是最有可能出现创新成果的主要领域，也契合了科技创新发展的大趋势。不同机构对未来科技创新重点领域的预测见表1.1。

表 1.1 部分机构对未来科技创新领域的预测

机　构	报告名称	预　测　领　域
汤森路透(Thomson Reuters)	2025 世界：创新十大预测	人类基因组与基因突变：失智症与阿尔兹海默症等侦测与预防； 太阳能收集、储存与转化方法：太阳能成为地球最主要的能量来源； 全方位人类基因组工程平台：致病基因改造工程，预防某些疾病； 照明科技与影像技术＋基因改造作物科技：建立室内农作物生长环境，有效侦测害病食物； 全新电池科技：轻型航空工程，电力航空运输业即将起飞； 数字网络无所不在； 纳米纤维素包装：完全取代石化包装产品； 大数据、抗体制造与标靶技术：药物研发精准，副作用日益减少； 微全分析系统(单细胞分析)＋纳米科技＋大数据：建立DNA图谱； 希格斯玻色子(Higgs Boson particles)运动学技术：量子隐形传输变得更加普遍
兰德公司(RAND)	全球技术革命：2015 年前生物、纳米、材料技术及信息技术发展趋势	生物技术、生物纳米技术、生物医学、生物信息：基因组学、蛋白质组学及其他技术，基因改造生物，治疗和药物开发，再生生物技术，生物医学工程，仿生学和生物应用科学； 纳米技术：基于纳米技术的传感器，基于纳米技术的电源，基于纳米技术的电子产品，纳米生物技术，纳米技术制造； 材料科学与工程：① 智能材料：环境感知和驱动响应；② 生物材料：无机和生物材料的集成；③ 纳米材料：定制功能材料；④ 纤维、织物和纺织品：多功能；⑤ 有机电子学：灵活的导体；⑥ 制造方法：高效环保； 信息技术：无处不在的数据；数据库技术；微型和移动：设备和电源；隐私和匿名性工具；机器人；技术和教育；残障和疾病；客制化服务；非手控信息输入和消息传递的方法；微型交通工具

续　表

机　构	报告名称	预　测　领　域
高德纳(Gartner)	Gartner 技术炒作曲线 2014	仅列处于萌芽期和期望膨胀期的技术： 生物声学传感、数码防伪、虚拟个人助理、智能桌面、数字家庭一体化、人机接口、人体机能增强、自我量化、量子计算、软件虚拟、全息显示、3D 生物打印、智能机器人、情感计算、生物芯片、神经商业、规范分析、数据科学、智能顾问、无人驾驶汽车、语音翻译、物联网、自认语言问答、可穿戴用户界面、消费级 3D 打印、虚拟货币、复杂事件处理、大数据
麻省理工学院(MIT)	十大新兴技术(2014)	农业无人机；超级隐私智能手机；大脑成像图；神经形态芯片；基因组编辑；微型 3D 打印；移动协同软件；头戴式显示器；灵巧的机器人；智慧风能和太阳能
美国国家情报委员会(NIC)	全球趋势 2030：可能的世界	信息技术：大数据、社交网络、智能城市； 自动化与制造业技术：机器人、自动化交通工具、3D 打印； 资源技术：农业、水资源、能源； 医疗技术：疾病控制、人类机能增进
国际商业机器公司(IBM)	未来 5 年五大创新科技预测(2013)	智能教室；智能商店；智能医药；智能隐私保护；智能城市； 代表性技术：大数据、云计算、人工智能
麦肯锡(McKinsey)	决定未来经济的十二大颠覆技术(2013)	移动互联网、知识工作自动化(人工智能、机器学习、自然人机接口、大数据)、物联网、云计算、先进机器人、自动汽车、下一代基因组、储能技术、3D 打印、先进材料(石墨烯、碳纳米管、纳米颗粒(纳米级的金或银)、其他先进或智能材料(如压电材料、记忆金属、自愈材料)、新型油气勘探开采、可再生能源
世界经济论坛(WEF)	2015 年世界十大新兴技术(2015)	以氢气为燃料的零排放汽车；能够处理从农业到医疗等各领域工作任务的实时在线移动机器人； 可以减少填埋场垃圾的可循环利用热固性塑料；能够改善农作物质量、减少各方争议的精密基因工程技术； 从可打印的人体器官到智能服装等代表制造业未来的增材制造技术； 自然发生的人工智能； 把未来制造工厂引向互联网的分布式制造技术； 能够"感知和躲避"的飞行机器人； 能够模仿人脑神经连接的电脑芯片及神经形态技术； 可通过 U 盘获取人体遗传密码的数字化基因组。这些新兴技术体现了创新在改善人们生活、推动行业变革和维护地球生态等方面的巨大促进力量。

续 表

机 构	报告名称	预 测 领 域
中国科学院(CAS)	科技发展新态势与面向2020年的战略选择(2013)	能源与资源领域：化石能源的高效清洁利用，新型油气勘探技术，新能源技术，智能电网技术； 材料与制造领域：材料基因组计划，智能材料等的研发与应用，石墨烯等下一代电子器件材料，纳米材料与器件；人机共融的智能制造技术等； 信息网络领域：新一代互联网技术，物联网技术，云计算技术，人-机-物融合计算； 农业领域：生命科学重大理论创新推动农业生物组学和动植物分子设计育种发发展，农业防灾、减灾、重大疫病防治和低碳化发展等； 人口健康领域：基因组测序技术的发展，合成生物学技术，再生医学和组织工程，人脑神经全基因组关联研究，新型疫苗等； 生态与环境领域：生态监测与系统模拟，能源、食物、水资源相互联系的综合解决方案等； 空间与海洋领域：宇宙起源、演化、暗物质和暗能量本质研究，国际空间站建造，空间-海洋立体化监测技术，深海资源勘探技术等； 重大基础前沿交叉领域：“一黑”(黑洞)、“两暗”(暗物质、暗能量)、“三起源”(宇宙起源、天体起源、生命起源)，量子计算、量子通信、量子网络、量子仿真等理论与技术，人类大脑和认知功能的本质揭示推动信息与智能科学技术革命等

资料来源：上海科学技术情报研究所(ISTIS)综合各机构的相关报告内容编制

(陈 晖)

第二节 第三次工业革命和“工业4.0”

一、第三次工业革命

1. “第三次工业革命”及其内涵

(1) “第三次工业革命”的提出

近年来，对“第三次工业革命”的讨论首先源自英国《经济学人》(*Economist*)杂志2012年4月21日一个专题报道“The Third Industrial Revolution”，该报道包括7篇文章①，提示现在数字化革命正在我们身边发生，制造业正往数字化的方向

① 包括(1) Factories and jobs: back to making stuff, (2) Comparative advantage: the boomerang effect, (3) Materials: forging ahead, (4) Additive production: solid print, (5) 3D printers: layer by layer, (6) Collaborative manufacturing: all together now, (7) Automation: making the future. In “The third industrial revolution”, *The Economist*, April 21st 2012, p. 2－17.

发展——软件更加智能，机器人更加巧手，网络服务更加便捷。在该专题的导言中，作者从技术演变的角度，将人类至今经历的工业变革分成三次，即，第一次工业革命始于 18 世纪晚期英国的纺织业机械化，在工业革命以前，纺织业工作种类繁杂，需要许多工人在数百间纺织工坊里面手工完成，后来工作都集中到一间纺织厂里面，工厂就这样诞生了；第二次工业革命始于 20 世纪早期，那时候亨利·福特发明了装配流水线，迎来了大规模生产的时代。前两次工业革命让人们更加富裕，同时使得人口更加向城市集中。而现在制造业的数字化发展属于"第三次工业革命"。与前两次工业革命一样，以数字化的制造方式将不仅仅改变我们制造产品的方式，而且将改变就业的格局。

与《经济学人》的报道不同，2011 年 9 月，美国沃顿商学院(Wharton School)教授、未来学学者及社会批评家杰里米·里夫金(Jeremy Rifkin)在其新书中也提出了"第三次工业革命"的概念，书名即为《第三次工业革命：分布式电力如何改变能源、经济与世界》①，其主要观点是：互联网信息技术与可再生能源的出现将迎来第三次工业革命。里夫金是从工业生产中的主导性能源的角度做出判断，他认为，"第一次工业革命"是由煤炭的使用而得以触发的；"第二次工业革命"则立足于集中化的电力，除了各类新兴产业相继发展之外，电话、广播和电视成为通讯中介并继而出现了新型的消费文化；但是，前两次工业革命都依赖于不可持续的化石能源，因此，随着可再生性新能源技术的进步，新型的经济模式将逐渐显现，并改变人类的生产模式，是为"第三次工业革命"。里夫金认为第三次工业革命具有 5 个支柱：① 向可再生能源转型；② 将每一大洲的建筑转化为微型发电厂，以便就地收集可再生能源转型；③ 在每一栋建筑物以及基础设施中使用氢和其他存储技术，以存储间歇式能源；④ 利用互联网技术将每一大洲的电力网转化为能源共享网络，这一共享网络的工作原理类似于互联网；⑤ 将运输工具转向插电式以及燃料电池动力车，这种电动车所需要的电可以通过洲与洲之间共享的电网平台进行买卖②。

(2)"第三次工业革命"的背景：再工业化

《经济学人》和里夫金分别作为前两次工业革命触发区域的媒体与学者，在相近的时间内均提出了"第三次工业革命"的概念，这既有偶然性，但更有其必然性。提出"第三次工业革命"的大背景是肇始于美国的全球金融危机的影响依然余波未了，当今世界正处于经济增长的低谷，尤其是发达经济体正遭受经济复苏缺乏动力、欧债危机持续发酵的痛苦，失业率高企将有关政府当局陷入巨大的困

---

① Jeremy Rifkin, *The Third Industrial Revolution: How Lateral Power Is Transforming Energy, the Economy, and the World*, Palgrave Macmillan, 2011.

② 里夫金. 第三次工业革命：新经济模式如何改变世界[M]. 北京：中信出版社，2012. 6：32.

境。为找到新的经济增长引擎，除了从技术创新入手之外，很多发达经济体重新审视制造业的作用，寄望于通过“再工业化”来加快技术创新、促进经济增长、增加就业。如美国奥巴马政府就大张旗鼓地推行“再工业化”战略，重新拟定制造业发展战略规划，在救市和财政刺激方案中加大对制造业援助力度，制定了“国家出口计划”，加大对制造业的投资力度，积极开展对外出口。2009 年 11 月 2 日美国总统奥巴马发表声明指出，美国要通过出口推动型增长和制造业增长来实现经济的可持续发展，由此传达出美国向实体经济回归并且高度重视高端制造业的信号。2012 年 2 月美国国家科技委员会响应《2010 美国 COMPETES 重新审定法案》中有关支持高端制造业研发的“102 条款(Section 102)”，发布报告《国家高端制造业战略计划》(*A National Strategic Plan for Advanced Manufacturing*)提出了美国高端制造业发展的主要目标，通过利用人工智能、机器人和数字制造技术来策动制造业革命，重新构筑世界制造业的竞争格局。

其他 OECD 国家政府和产业界也开始重新认识制造业这一基础产业的重要性。英国正在改变“重金融、轻制造”的观念，制定新的战略目标以提振制造业。英国前首相布朗表示，无论过去、现在和未来，制造业都是英国经济获得成功的关键，英国要振兴制造业，首先必须改变对制造业的偏见，并对制造业进行再认识。2009 年公布的英国“制造业新战略”中提出制造业的五大竞争策略。日本将制造业作为产业政策核心，制订了《制造基础白皮书》，决心提升制造业的竞争力，加强信息家电、环境与能源、纳米与新材料、医疗与生物工程等领域的技术研究开发，拟将日本建成进行最尖端技术领域的研究开发以及生产高附加值产品的据点。“法国新产业政策”中明确将工业置于国家发展的核心位置，提出了法国制造业产量的增长目标及具体措施。

由此可见，发达国家“再工业化”战略涉及积极解决资源环境问题、直接培育和扶持战略性新兴产业(如新能源、三网融合、生物技术产业和纳米技术产业等)，这些都是所谓的“第三次工业革命”的核心技术领域。

(3)“第三次工业革命”的基本内涵

如果说“第三次工业革命”始于 20 世纪 40 年代电子技术、信息技术和高技术的应用，观察当前正在出现的一些新动向(如更智能化的软件、成本近乎为零的网络信息传输、各种新颖的材料、智能机器设备、新能源技术等)，可以说半个多世纪的科技发展是“第三次工业革命”的前期或者准备阶段，而现在正处于一个临界时点①。作

---

① 从科学技术的准备及其应用的角度而论，所谓的“第三次工业革命”应该是一个渐进的过程，难以具体指明从哪一年开始了“第三次工业革命”，如应怀樵(http://www.gkong.com/item/news/2012/05/66643.html)所言“第三次工业革命始于 2009 年”。

为“革命”，它必然是破坏性的，是对现有工业生产方式、组织模式等方面的变革；而作为“创造性的破坏”，则这场“工业革命”必然会极大地提高生产力，极大地丰富人类生活、生产的物质与精神需要。从制造方式变化的角度来看，“第三次工业革命”包涵的主要内容如下。

① 制造业的数字化

网络信息技术与材料技术的结合为制造业数字化创造了基础。自 20 世纪后半期开始，高技术合成材料的日新月异，使碳纤维、石墨烯以及各种新鲜合金材料层出不穷。到 21 世纪初，网络和新材料技术结合，使 3D 打印技术诞生，催生了“堆叠式制造”(addictive manufacturing)方法。如，在医疗领域，当医生决定修复牙时，就通过计算机生成牙齿的模具造型，并按照指令用精密仪器将粉末材料熔合，可以当场制造出一个小部件，严丝合缝地安装或填制在牙齿上。在关节替换手术以及工业部件的制造中，这样的技术也普遍运用。现在，不管是相关的模具、人体的某些关节，甚至是飞机一些部件，都通过计算机即可建立模型，随心所欲地“打印”出自己想要的部件。

这种制造业的数字化将使得个性化的产品与服务的生产与提供将更为便捷、高效和低成本。同时，它对经济模式或商业模式也将带来巨大的影响。第一次工业革命的显著特点是机器替代了很多简单重复的人力劳动，使得规模经济得以实现，并且为大型商业机构的成长创造了条件；承继第一次工业革命，第二次工业革命随着电力技术和电信技术的发展与应用，福特式流水线批量生产成为工业组织的原则，再加之诸如“泰罗制”这样的生产管理模式的应用，进一步对机械、重复的劳动步骤做出量化分析和最优化规范，集中型、层级化的生产组织结构得以强化，规模效应高度放大，而个性化的产品需求则相对受到抑制。正在进行中的第三次工业革命则能够极大地满足个性化的产品需求，生产组织结构的扁平化也将成为常态，这种结构“已经全面超越了传统、集中型、层级结构的生产组织结构。”①

② 制造业的服务化

由先进的信息网络技术、新材料以及智能制造等技术所推动的“第三次工业革命”使得个性化生产终将成为常态的同时，对与制造相适应的服务将提出更高的要求。消费者对产品的需求不仅仅是对其物理功能的需求，还将强化对其所附带的服务需求，这将进一步加快制造业服务化的趋势，亦即促进产业的深度融合。从产业演进和发展看，产业融合是不同产业或同一产业的不同行业在技术与制度创新的基础上相互渗透、相互交叉，最终融合为一体，逐步形成新型产业

① 里夫金. 第三次工业革命：新经济模式如何改变世界[M]. 北京：中信出版社，2012. 6：125.

形态的动态发展过程。在当今的“第三次工业革命”浪潮中，信息产业、金融产业、物流产业和文化产业，以及其他新兴产业，如新能源产业等，都充分体现了这一动态发展过程。里夫金在其书中着重讨论的“能源互联网”也是产业融合发展的例子之一。

具体到制造业服务化，它指的是制造企业将以产品为中心的制造业向服务增值延伸，不再是单一的产品提供者，而是集成服务提供商。它既是基于制造的服务和面向服务的制造，又是基于生产的产品经济和基于消费的服务经济的融合，更是制造与服务相融合的新产业形态和一种新的制造模式。迈克尔·波特认为，在现代产业链中，附加值更多体现在“微笑曲线”的两端，即研发设计和品牌渠道环节，处于中间环节的制造附加值较低。将传统制造环节向价值链两端延伸，开展专业服务活动，其根本目的在于提高产品附加值。

随着以产品制造为中心的制造业向服务增值延伸，制造业的结构也从以产品为中心迈向以提供产品和增值服务为中心，这是制造业走向高级化的重要标志。实施服务化的制造企业不再仅仅关注产品的生产，而是将行为触角延伸至产品的整个生命周期；不再仅仅提供产品，而是提供产品、服务、支持、自我服务和知识的“集合体”。目前，很多知名的跨国企业集团，如国际商业机器公司(IBM)、通用电气公司(GE)、罗尔斯-罗伊斯航空发动机公司(ROLLS-ROYCE)、耐克(NIKE)、米其林轮胎等，都已成功实现了主营业务由原来集中在制造业领域向服务业领域的全面转型。例如，IBM曾经仅是硬件制造商，经过十余年的业务整合，现已成功转型为全球最大的“提供硬件、网络和软件服务的整体解决方案供应商”。在IBM全球的营收体系中，目前大约有55%的收入来自IT服务。通用电气公司20世纪80年代在全球24个国家共拥有113家制造厂，其产值中传统制造产值的比重高达85%，服务产值仅占12%。而目前，通用电气的“技术+管理+服务”所创造的产值占公司总产值的比重已经达到70%。这个转变的根源在于通用电气公司实施的新服务战略，大力发展通用电气的金融服务公司，业务涵盖信用卡服务、计算机程序设计，卫星发射等。金融服务公司为通用提供了大批有价值的客户，并为旗下其他子公司的客户提供大量贷款，以促进其他子公司与客户签订大宗合同。

③ 制造业的绿色化

在里夫金的“工业革命”次别分类中，他关注制造所用的能源形式，通过对于化石能源的前景判断，认为新能源以及与此密切相关的“能源互联网”是“第三次工业革命”的显著标志。这其实也反映出，“第三次工业革命”要实现制造业乃至整个人类的可持续发展，将绿色、低碳、环保的理念付诸实践是极为重要的内容。

除了能源的可再生发展之外，“第三次工业革命”中的制造业技术本身也将顺应节约资源和保护环境的趋势，由此构建闭式循环绿色制造技术系统，即在保证产品质量和功能的前提下，以系统集成的观点综合考虑环境影响和资源效率，采用绿色设计、绿色材料、绿色设备、绿色工艺、绿色包装和绿色管理生产出绿色产品，产品使用完以后再通过绿色处理后加以回收利用，使产品从设计、制造、使用到报废整个产品生命周期中不产生环境污染或环境污染最小化，资源利用率最高，能源消耗最低，由此实现经济和社会可持续发展。借用克拉克（Woodrow Clark）的说法，“第三次工业革命”应该是“绿色工业革命”。目前，韩国、日本和亚洲其他地区尤其是北欧，已经处在绿色工业革命之中。

2. 从各经济体的战略看“第三次工业革命”的重点领域

前两次工业革命，更多依赖单一产业的突破来带动相关产业的发展，而“第三次工业革命”的显著特点是新兴产业群的发展，它们相互交叉、渗透、融合。其中，信息技术将进一步发挥基础和支撑作用，生物、纳米、材料等技术将更广泛地渗透、交叉和融合，产生若干新兴技术和新兴产业，如纳米技术已拓展到信息、生物、医药、能源、资源、环境、空间等领域。

与此前的工业革命发生主要集中于发达国家不同，此次发生的工业革命迅速引起了世界各国的普遍关注。从美、欧、日、韩等发达国家到印度、巴西等新兴国家近些年的发展战略看，各国普遍着眼未来产业化发展，认识到由此而产生的激烈竞争；并基于本国国情以及比较优势，明确未来的产业重点发展方向，给予政策上的大力支持。从表 1.2 可以发现，各个经济体对于“第三次工业革命”的积极应对，在产业发展战略方面，通过数字化、绿色化和智能化三大领域技术向信息通信、能源、交通、医疗健康、生物医药、空间、材料、食品、海洋等各种产业领域渗透，以期全面改进人类的福祉。在未来 10—20 年，新能源、先进制造、生物、信息技术、新材料、新能源汽车、创意产业等成为主要经济体普遍关注的发展重点。

表 1.2　“第三次工业革命”背景下主要经济体优先发展的重点领域

经济体	科技战略名称（制定时间）	优先发展的重点领域
美国	美国创新战略（2009）	清洁能源：智能电网、能效、风能、太阳能、纤维素和藻类等新一代生物燃料等； 先进车辆：汽车电池/充电； 健康信息：电子病历、移动医疗和监测传感器等； 其他：廉价太阳能电池、再生医学、癌症完整 DNA 测序、再生医学、智能假肢、生物系统、超级计算机、自动翻译

续 表

经济体	科技战略名称（制定时间）	优先发展的重点领域
美国	美国创新战略（2011）	清洁能源：太阳能、风能和地热能源、清洁能源的解决方案、节能（汽车）、先进汽车技术（电动汽车）； 生物：重大疾病基因测序； 纳米：智能抗癌疗法、太阳能电池、纳米计算； 先进制造业：与此相关的多项技术； 太空：新一代飞行器、全球定位卫星、先进导航和定时应用服务； 医疗保健：电子医疗、移动医疗； 教育：宽带、云计算、数字化设备、软件应用等
美国	先进制造伙伴关系计划（2011）	国家安全：小型大功率电池、先进复合材料、金属加工、生物制造和替代能源等； 先进材料：材料基因组计划； 智能制造：下一代机器人； 制造工艺：新型制造工艺和材料
欧盟	欧盟 2020 战略（2010）	灵巧增长：能源安全、交通、气候变化和资源利用率，健康和老龄化，环境友好型生产模式和土地管理、高速互联网、电子政务、网上医疗、智能家居等； 可持续增长：低碳交通、可再生能源智能电网、能源效率行动、节能、太空开发； 包容性增长：“智能”监管、弱势群体等
欧盟	欧盟 2050 能源战略路线图（2011）	可再生能源，提高能效，智能电网，能源储存，碳捕获及储存（CCS），核能安全，第四代核电，热核聚变等低碳技术
欧盟	地平线 2020 计划（2013）	基础研究：石墨烯和人脑工程等； 应用技术：信息通信（新一代组件和系统、先进计算、未来互联网、内容技术和信息管理、机器人、微型和纳米电子、光子学）、纳米、新材料、生物、先进制造及加工、空间； 应对人类面临的共同挑战：人口健康、人口统计的变化以及社会福利；食品安全、可持续农业、海洋和海事研究、生物经济；安全、清洁、高效的能源；智能、绿色、综合交通运输体系；气候变化，能源利用效率和原材料；包容的、创新的、安全的社会
日本	新增长战略（2010）	环境/能源：低碳、可再生能源、蓄电池、下一代汽车、热电厂效率、更低能耗的信息和通信系统、智能电网、回收利用、建筑节能； 健康/生命：医疗、护理及其他健康服务、无障碍功能住房、老年服务； 信息通信

续　表

经济体	科技战略名称（制定时间）	优先发展的重点领域
日本	第四期科学技术基本计划（2011）	灾后复兴：灾区产业； 绿色创新：再生能源（太阳光、生物能、风力水力发电、地热能、潮汐能等）、能源低碳（碳气混合发电、碳回收与贮藏等）、节能、观测与解析技术； 民生创新：预防疾病、医疗电子化、疫苗、早期诊断、再生医疗、新型药物和治疗、生活援助机器人、老年人辅助移动医疗设备等； 国民生活：转基因、垃圾循环等； 产业领域：先端材料、多功能电子设备、信息通信等基础技术，测量技术、精密加工、嵌入式系统、第二代交通网络、智能网络，高速互联网、高可靠云计算等； 国家基础：深海探测、信息获取、航空运输、卫星开发、高性能计算、信息安全等； 跨学科：量子先进测量解析技术，仿真与 e-Science 等
	东京都产业科学技术振兴指针（第 3 期）	健康・福祉：应对少子高龄社会问题； 环境：低碳、高效、能源分散型社会和能源系统； 防灾：灾害时信息传递技术、灾害预测、安全评估
德国	2020 高科技战略（2009）	气候/能源：可持续水资源、节能、可再生工业原料与药品、可再生能源、新型农业、核能、煤化工、气候系统、地球观测、低能后网络等； 营养/保健：个性化医疗、常见病、预防、新品种食物、新品种食物、保健产业、老年病学； 交通：新型驱动系统、燃料和存储技术、导航系统、智能化物流、电动车、智能电网、航空、航海导航、海洋监测和环保等； 安全：民用安全、危害预防和应急系统； 通信：超快速网络、数字化数据保护、教育、能源和交通智能网络、云计算、新型可视技术、IT 安全、服务机器人、电子身份、嵌入式系统、电子政务、光学卫星通信等
	未来项目“工业 4.0”落实建议	智能工厂；网络物理融合式生产系统（CPPS）；M2M； 实时传感器；人机交互
韩国	新增长动力战略（2009）	绿色技术产业：新能源产业、低碳能源产业、高质量水处理产业、二极管（LED）应用产业、绿色交通系统产业和高科技绿色城市项目； 高科技产业：通讯传播普及产业、信息系统相关产业、机器人应用产业、纳米相关的新材料产业、生物医药和医学设备产业、含附加值的食品产业； 高附加值服务产业：全球医疗服务业、全球教育服务业、绿色金融行业、软件行业、商务旅游和观光

续 表

经济体	科技战略名称（制定时间）	优先发展的重点领域
韩国	科学技术未来愿景与战略（2010）	新能源与可再生能源技术；气候变化监测与应对技术；先进功能材料技术；新技术融合制造与生产技术；知识服务业相关技术；新概念医药技术；普适计算技术；虚拟现实技术；服务型机器人技术
新加坡	研究、创新与创业 2015(2010)	电子：自旋仙子学、数字媒体与界面、机电一体化与存储听到、光学材料与系统、网络存储、固态存储、数据中心、半导体； 生物医药：转化药物、营养、临床医疗； 通讯与媒体：云计算、网络服务、游戏、移动媒体； 精密工程：先进材料、微流体、印刷型电子产品、多功能产品、纳米制造； 海洋工程：海下系统、专业传播设计、复合材料、先进加固型电子产品、石油和天然气设备制造、信息存储和数据采集； 清洁技术：智能能源系统、节能
印度	科学、技术和创新政策(2013)	农业、通信、能源、水管理、健康、制药、材料、环境、气候多样和变化

资料来源：上海科学技术情报研究所(ISTIS)综合各经济体的相关政府网站信息编制

二、德国“工业 4.0”

2011 年，德国联邦政府依据“德国 2020 高技术战略”将“工业 4.0”列入十大“未来项目”。专为该项目提供战略性实施建议的“工业 4.0 研究小组”于 2012 年 10 月向联邦教研部和联邦经济技术部呈交了《未来项目“工业 4.0”落实建议》报告。在 2013 年 4 月德国汉诺威工业博览会上，“工业 4.0”项目被正式推出，构建以在高度灵活化生产制造体系下所生产产品的高度个性化、在经营过程和新价值创造过程中客户与业务伙伴间的广泛交互、产品与高品质服务相耦合为特征的未来工业生产形式，支持工业领域新一代革命性技术的研发与创新。

1. 定位与目标：提升德国制造业的全球竞争力

德国是全球制造业中占据引领地位的工业强国，很大程度上源于其在世界信息技术领域拥有强大的创新能力，尤其是在嵌入式系统和自动化工程方面具有一流的专业技术能力。面对全球竞争和本国产业的转型压力，德国以独特的优势领军由物联网和服务网推动的第四次工业革命。

这一革命时代的重大技术基础是信息物理融合系统（cyber-physical

system,CPS)①。在该系统中,生产对象乃至常见事物都能借助编程、存储记录、传感和通信变得智能化,进而可以直接或借助互联网通过 M2M(machine-to-machine,机器对机器)通信自主实现信息交换、运转和互相操控。这将在生产制造、工业工程、原料利用、供应链管理以及生命周期管理上使工业流程得到极大的进步,同时也形成了新的工业化模式:工业 4.0。

德国要通过"工业 4.0"战略的实施,在信息物理融合系统的基础上,打造由智能化的机械、存储系统和生产手段构成的并应用于智能工厂的"网络物理融合式生产系统"(cyber-physical production systems,CPPS),使德国成为新一代工业生产技术的供应国和主导市场的核心力量,进一步提升全球竞争力。

上述目标主要着眼于两个层面,也即采取"双重战略":一方面,运用 CPPS 系统有助于提高生产制造效率,巩固德国制造业大国的地位;另一方面,CPPS 技术的发展将有助于德国企业开发新产品,形成出口新模式。

其中,目标的核心载体是智能工厂(smart factory),即分散的、具备一定智能化的生产设备,在实现了数据交互之后,实现从生产制造到产品完成整个过程的无缝化,形成高度智能化的有机体,使得虚拟世界和物理世界融合,从而打造新的生产逻辑:

① 智能工厂的产品具有高度个性化,能被实时定位,明确产品的自身来历、现状,以及达到目标状态的实现路径;

② 智能工厂中,由传感器和执行器提供产品所需的语义描述服务;

③ 带有数字化能动式产品记忆的 M2M 通信使产品成为信息载体、监察者和生产参与者。

与以往生产模式相比,智能工厂意味着:资源利用率的显著提高,个性化产品的入库和流通周期的大大缩短;产品实时图像显示的虚拟生产能够有效减少浪费。需要指出的是,智能工厂并非无人化,人是工厂中实现交互的核心,是进行决策和流程优化的实施者,在 CPPS 和物联网网络部件的设计、安装、更新和保养维修中扮演重要角色。

目标分为 4 个子目标。一是新方法,即开发智能化生产技术的方法,提高本国资源利用率和灵活度,为全球市场提供创新型产品;二是新技术,优化既有的、发明新的自动化技术,维持德国在自动化领域中的全球竞争优势;三是新需求,鉴于人口结构和各年龄段工作安排的变化,通过生产、工程和生产环境的智能化,保证经营场地和用工满足需求;四是新模式,在智能工厂中创造新的组织协

① 信息物理融合系统(CPS)通过计算、通信与控制技术的有机与深度融合,实现计算资源与物理资源的紧密结合与协调的下一代智能系统。

作模式，提高工作质量，优化工作关系，为个体实现自我发展创造机会。

2. “工业 4.0”的三大特征及对应的研究领域

“工业 4.0”具有如下 3 个特征。

(1) 通过价值网络实现的横向集成

在工业 4.0 中，生产、营销、物流乃至服务基于 CPPS 实现网络化，构成实时优化的新价值创造网络，提高生产流程的透明度、应对突发情况的灵活性，也能实现整个新价值创造网络的全球性优化。

在新价值创造网络中，设计、配置、订购、规划、生产借助信息通信技术实现以顾客为导向的衔接。在从订购到供货的整个流程中，参与者能进行多维度的动态磋商，包括质量、时间、风险、强度、价格、环保性能等。

对应的研究领域如下。

① 新经营模式的塑造：CPPS 将为工业带来革命性变化，使传统经营模式更迭。因此必须通过相应的研究，系统分析由之带来的经营危机和后果，探求应对办法。

② 自有知识的保护：自有知识对企业而言至关重要。CPPS 将使知识体系呈现新的维度。因此需要有适宜、可靠且经济的知识保护解决方案。

③ 标准化：只有在统一标准化下，工业企业和物流企业才能实现行业内的互联。

④ 确保可持续性：建立 CPPS 获取新价值时，生产系统不仅要注重生产率，更要顾及资源利用率，实现可持续性生产。

(2) 纵向集成和网络化的生产系统

工业 4.0 时代的自组织工厂在多变的边界条件(如短期内多变的需求、库存、突发情况等)下，通过分布式生产，制造出多样化个性化的产品。

自组织工厂的制造模式是资源与产品的互联。材料与部件能被实时定位，通过生产系统自主确定将要进行的生产步骤并记录已完成的生产流程。因此，库存控制、订购管理和盘点工作都可以取消。借助智能化传感技术和完整连贯的数据，工厂几乎可以实行自主监控：工厂生成生产的连续性虚拟图像，识别和预测突发情况。这种自主监控可以由工作人员时刻把握并进行干预。

维修保养也能实现自主管理。诸如机器失灵、质量偏差、产品要求变化等突发情况能被自动识别。材料的现状和损耗能被持续性监控并发出预警，从而减少设备失控现象的发生。

对应的研究领域如下。

① 可联网的实时传感器和执行器的生产性开发：在 CPPS 中，传感器和执行器将实现新的飞跃。在可联网的实时传感器和执行器的生产性开发中，将面

临来自成本、算法和信息技术方面的挑战。

② 模块化和再利用：要展现出 CPPS 的灵活性和可重组性，必须使如今单个的生产系统模块化，进而实现系统性再利用。在模块化和系统性再利用中，跨学科是指导原则。

③ 智能化、灵活性和可变性：可重组性和可变性要求生产系统的智能化达到新的高度。

（3）贯穿整个价值链的端到端工程数字化集成

工业 4.0 的目标要求在整个工业生产过程中实现端到端的数字集成。

一种新型技术产品，必须为其开发或改良与之契合的临时性生产系统。这就要求在产品和生产系统开发及其生命周期调整上采用集成模式。工程无缝化建立在数字世界和现实世界共同发展的基础上。依靠数据建立虚拟模型，完成初期的认证和验证，这使得生产流程更为灵活。而已有的资料、数据和工具以及 IT 平台能被重复使用和再利用，提高效率。

对应的研究领域包括：

① 实际和虚拟生产的双向模型化：数字世界通过规划模型对现实世界的设计影响巨大；而解释性模型又使现实世界对数字世界具有反作用。在生产技术模型理论中，科技基础对机械设备制造来说必不可少。

② 跨领域合作方法论：为了更有目的性地利用数字化模型，除了必要的科技基础外，还需要跨领域合作方法论的支持。不仅要注重方法论在产业界的开发，还要注重方法论的教授和应用。

③ 工具支持：跨学科开发的复杂性越来越高，也越来越需要高效率的工具支持。因此，需要拓宽产品生命周期管理系统，提高其效能。

3. “工业 4.0”的行动领域

“工业 4.0 研究小组”认为，工业 4.0 能够成功实施，需要在以下 8 个方面积极行动。

（1）标准化和开放标准的参考体系结构

工业 4.0 能借助标准化，让不同公司在价值网络中实现互联与集成。只有开发出一套共同标准，才能明确协作机制和信息的交互。完备的技术说明和这些规定的执行，即为参考体系结构。参考体系结构是一个通用模型，适用于所有合作伙伴公司的产品与服务，提供了工业 4.0 相关的技术系统的构建、开发、集成和运行的框架，构建了软件应用和服务架构。

工业 4.0 研究小组建议在工业 4.0 平台下成立一个工作组，专门处理标准化和参考体系架构的问题。其使命主要在于实施建立互信措施，制定通用的“工业 4.0 词汇表”，明确模型共性，出台工业 4.0 服务架构标准、描述标准、术语标准，了解自治和自组织系统，制作“自动化参考体系架构”地图，组织不同的公司运行和维护参考体系架构等。

（2）管理复杂系统

产品及其制造系统日益复杂。规划模型和解释性模型可以成为管理这一日趋复杂化的系统的有效手段。规划模型提供了工程师创造价值方面的透明度，为复杂系统的建立提供可能。而解释性模型则是描述现有系统，以通过模型获得这一系统的知识。数字世界通过规划模型对现实世界的设计影响巨大；而解释性模型又令现实世界去影响数字世界中模型的使用。因此，工程师们要配备为开发这些模型所需的方法和工具。

工业 4.0 研究小组建议在工业 4.0 平台下成立一个工作组，专门处理建模管理复杂系统的有关问题。其使命主要在于调查准建模领域最为迫切的需求，促成最佳实践范例的共享，鼓励工具用户建立用户群体，建立适宜的指导方针和行动建议等。

（3）建立广覆盖的宽带网络基础设施

落实工业 4.0 的基本前提是扩建和提升现有的通信网络，以提供保证的延迟时间、可靠性、服务质量和通信带宽。有效的宽带基础设施，有大量用户访问，总体要求是简单、可扩展、安全以及费用可承受。因此，不论是德国内部，还是德国与其伙伴国家之间，宽带互联网基础设施需要进行大规模扩展。

（4）安全和保障

安全和保障两个方面对于智能制造系统取得成功至关重要。不仅要在一开始就把安全问题的所涉方面设计到 CPPS 中，确保生产设施和产品本身不能对人和环境构成威胁，还要制定和实施 IT 安全策略、架构和标准，对生产设施和产品，尤其是它们包含的数据和信息加以保护，防止滥用和未经授权的获取。

工业 4.0 研究小组认为，工业 4.0 需要修改安保策略以及在整个系统生命周期内相应原理和方法的系统应用，推出集成的安保战略、架构和标准；为产品、工艺和机器设备部署独特、安全的身份识别符；提高工业 3.0 设施的安全性，并为过渡到工业 4.0 做好准备；推出用户友好型安全解决方案；完善商业管理方面的安保；保护知识产权，打击盗版；相应地加强培训以及增加持续的职业发展内容，为未来储备劳动力；强化数据和个人信息保护等。

（5）数字化工业时代中工作的组织和设计

在智能工厂中，员工的角色将发生显著变化。工作中的实时控制将越来越多，这将改变工作内容、工作流程和工作环境。在工作组织中应用社会技术方法将使工人有机会承担更大责任，同时促进他们个人的发展。

研究“工业 4.0 时代的人与工作”这一课题，明确在落实以员工为本的劳动和培训政策过程中对工作和就业的影响，为开发和实施社会——技术方法提供指导性和实践性帮助，为员工设计终身学习的方案。

工业 4.0 平台将定期开展社会合作伙伴间的对话活动，公开透明的讨论和解决工业 4.0 相关的进展情况与问题，并在公司内外安排有效的知识转让。

(6) 培训和再教育

工业 4.0 将极大地改变既有的社会——技术工厂和劳动力体系，对员工技能提出更高要求，对职业及学术培训和再教育带来新的挑战。在工业 4.0 中，一方面，目前以明确分工为特征的传统制造工艺将被嵌入一个新的组织和运用结构，并配备决策、协调、控制、支持等服务功能；另一方面，要求掌握组织和协调虚拟与真实机器间、设备控制与生产管理系统间交互的能力。此外，识别不同行业的应用程序需求和招募全球开发伙伴，变得更为重要。

工业 4.0 研究小组提出建议，应当推广实现职业和学术培训间、不同培训和再教育系统间实现互动的培训模式，以及认可员工额外技能的培训模式；建立培训和再教育“最佳实践网络”，来保障知识转让的开展和活动的可持续；研究在工作场所习得知识和技能、发展数字化学习技术的新方法；推动工作组织相关问题的跨领域综合研究；推广工业 4.0 特有学习内容与跨领域合作，不同学科间达成沟通与理解，在技术和法律层面开展跨学科研究，执业人员也需要跨学科的知识储备；借助 IT 技术构建技术系统模型。

(7) 法律框架

工业 4.0 带来的新制造工艺与流程面临着法律监管的挑战。挑战广泛存在于企业数据保护、责任问题、个人数据问题以及贸易限制领域。一方面，新技术具有不确定性，数据保护的合规问题尚未解决，滞缓工业 4.0 的推广和接受进程，阻碍了创新能量的释放。另一方面，现有的法律法规并未跟上技术创新的步伐，沿袭既有规章制度并不可能。这就要求新出台的法律监管框架保障新技术合规以促进创新，同时开展符合创新需求的法务培训。

需要的不仅是立法，还需要结合技术、政策因素形成组合工具，让法律专家在研发工作的最初阶段及时参与进来，并让技术人员掌握基本的法律知识。同时，企业也需要采取手段，包括开发实践指南、清单、示范合同条款、公司协议、审计、符合 IT 安全标准的认证等。

(8) 资源利用效率

制造业是工业化国家中最大的原材料消费者，同时与私营部门一起组成了能源和电力的主要消费者。除了高昂的成本，制造业对环境和安全供给带来风险。工业 4.0 将有效提高资源的生产率和使用效率。

工业 4.0 研究小组建议在工业 4.0 平台下成立一个工作组，专门处理资源生产率和效率问题。其使命主要在于采用和发展联邦教研部和德国工程联合会“效率工厂”倡议的成果，在制造过程中示范节约，计算和评估部署 CPS 和相关基础设施投入的额外资源与产生的节约潜力之间的平衡，设计评估资源生产率和效率、实现环境友好的指标和关键绩效指标等。

（陈　晖　陆　颖）

第二章

国家科技创新战略及政策

第一节　美国科技创新战略

自 2008 年金融危机以来，世界各国纷纷推出新一轮发展战略，以创新与变革作为走出危机的根本途径，探索未来新的发展道路。全球竞争正从经济竞争、产业竞争前移到科技进步和创新能力的竞争。2009 年美国首次明确地发布国家创新战略，全面地阐述美国当前的创新战略思想。此后美国推出系列战略实施计划，如美国先进制造业战略计划（2012）、国家生物经济蓝图（2012）、气候行动计划（2013）、国家制造业创新网络：初步设想（2013）、基于先进的创新性神经科学技术的人脑研究计划（2013）、国家纳米技术战略计划（2014）等，这些战略计划统一在美国的财政预算报告中，形成了美国战略思想、重点发展领域、具体措施等完整的创新政策框架体系。

一、美国科技创新战略思想框架

2009 年 9 月美国总统办公室、国家经济委员会和科技政策办公室联合发布《美国创新战略：推动可持续增长和高质量就业》，这是美国首次系统地发布创新战略。美国创新战略认为，20 世纪美国领先世界的经济来自领先世界的创新，当前，创新比以往更加重要，美国未来要继续在可以塑造 21 世纪的技术、创新和发现领域保持世界领先，建设未来的创新经济。

美国创新战略呈现金字塔型，由下而上，由建设创新基石、推动竞争激励企业家精神、催生重点领域突破 3 个层面组成，即由建设国家创新基础设施，强化人力、物质和技术等创新要素，构建创新基石，再通过推动竞争，鼓励创新创业，改善公共部门和企业的创新能力，而最终催生某些重大突破，从而推动可持续增长和高质量就业（见图 2.1）。

其重点突破方向主要包括健康信息技术、先进车辆、清洁能源等，见

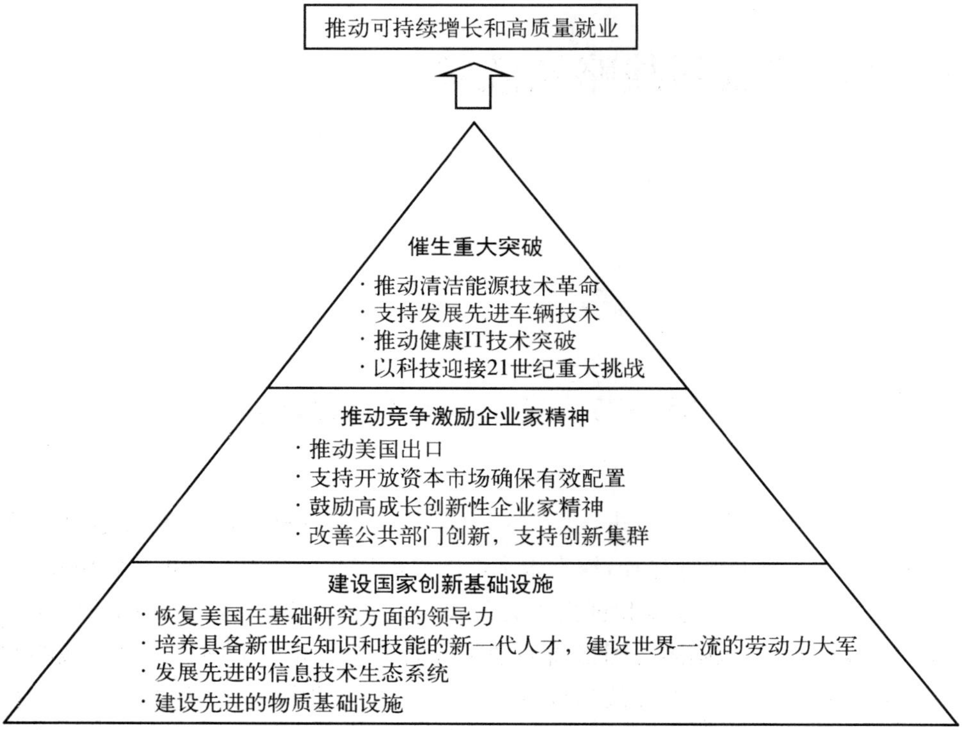

图 2.1　美国创新战略框架(2009)

资料来源：Executive Office of the President, National Economic Council, Office of Science and Technology Policy. A Strategy for American Innovation: Driving Towards Sustainable Growth and Quality Jobs, 2009-9-20.

图 2.2。

2011 年 2 月美国再次发布新的创新战略，即《美国创新战略：确保我们的经济增长与繁荣》，这是对 2009 年创新战略的修订和完善。新的创新战略仍然沿用金字塔形的战略路线，由建设创新基石、面向市场推动创新、催生重点方向突破这三层组成，提出了几项新的计划，并在重大突破方面增加了教育技术、太空应用、生物技术、纳米技术和先进制造业等重要方向。同时，提出了成立国家基础设施银行、进行教育该改革和专利改革、推动区域创新集群等战略举措。

2011 版创新战略中增加的主要改革和行动计划如下。

(1) 无线行动计划。这将有助于美国企业在 5 年内达到 98%的高速无线接入率，也促进全美公共安全网络的创建。计划 10 年内将带宽拓展到 500M，支持在安全性、可靠性等关键要素上的提升，加速在健康、教育、交通等应用领域的创

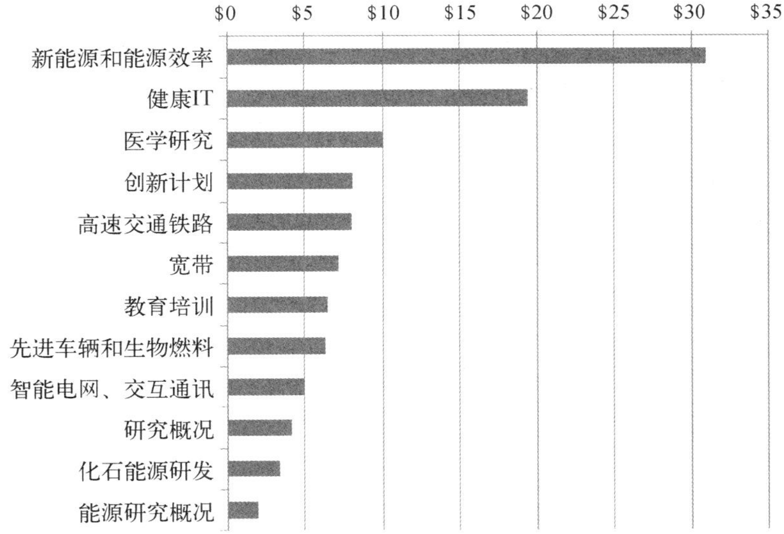

图 2.2　复苏法案中的创新基金(单位：10 亿美元)

资料来源：Executive Office of the President, National Economic Council, Office of Science and Technology Policy. A Strategy for American Innovation: Driving Towards Sustainable Growth and Quality Jobs, 2009-9-20.

新,并鼓励社区参与。

(2) 专利改革计划。专利改革将使美国专利和商标局的平均专利处理时间从 35 个月缩至 20 个月。而三轨模型将允许申请者将申请按照优先顺序区分,最有价值的专利到达市场的时间将缩至 12 个月。

(3) 基础教育改进计划。教育改进的重点是使每一个高中毕业生都做好开始大学学习和职业生涯的准备。政府 2012 年预算将成立教育高级研究计划局以支持突破性的学习技术研究,也将继续支持“力争上游”(race to the top)计划。政府鼓励公私伙伴关系合作以激励更多的学生在科学、技术、过程和数学(STEM)方面有卓越表现,并着手在未来 10 年内培养 10 万名 STEM 教师。

(4) 清洁能源技术加速发展计划。到 2035 年,美国 80%的用电应来自清洁能源。2012 年政府预算将拓展对能源部先进研究计划署的资助,将创建三个新的能源创新中心以解决关键领域的挑战。预算也再次提出清洁能源制造业的税收抵免政策,提供研发资助以达到 2015 年 100 万辆先进技术车辆的目标。

(5) 创业美国计划。将在全国范围内培养企业家精神,增强高成长性新建企业的成功,以创造宽广的经济增长和高质量就业。计划将在大学实验室的研究突破进行转化方面着力；创造两个10亿计划推动投资和种子基金资助；改善新企业的启动和成长环境；增强企业和高质量企业导师之间的联系。

（6）区域创新集群计划。发展“小型企业管理的地区集群计划”、农业部“农业技术创新合作计划”、能源部“节能建筑系统创新集群”等，推动地区创新。劳动和教育部致力于通过区域创新集群开展就业指导和技术培训项目，确保集群拥有充沛的高技能人才。

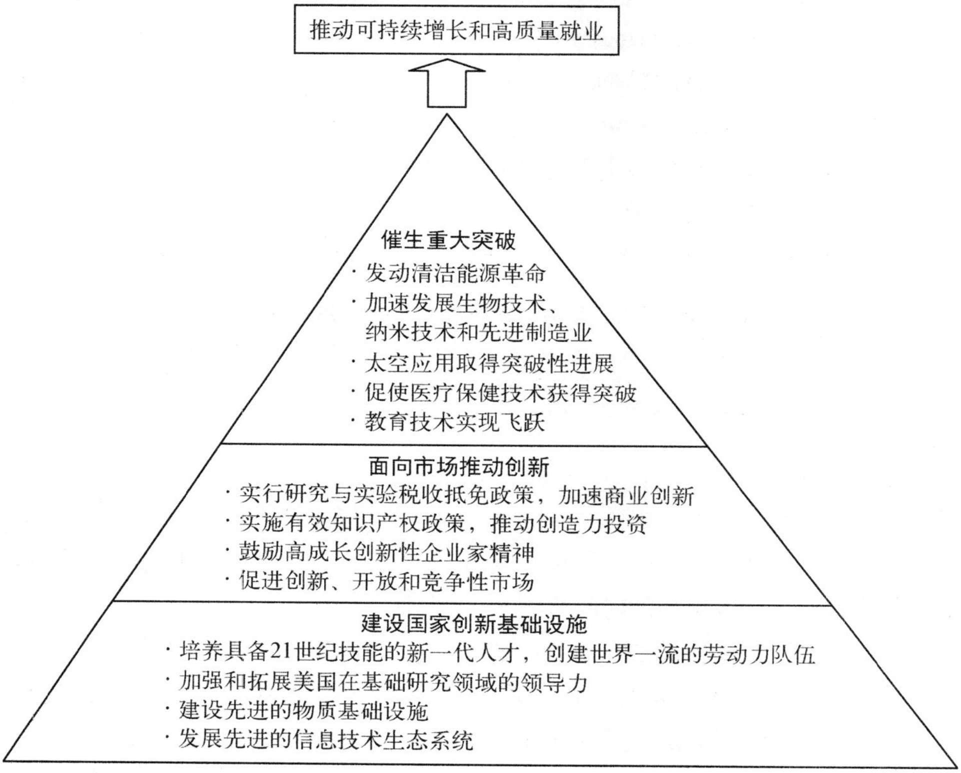

图 2.3 美国创新战略框架(2011)

资料来源：Executive Office of the President, National Economic Council, Office of Science and Technology Policy. A Strategy for American Innovation: Securing Our Economic Growth and Prosperity[EB/OL]. 2011[2015-4-9]. https://www.whitehouse.gov/innovation/strategy

二、美国当前重点发展领域

美国白宫科学技术办公室（Office of Science and Technology Policy, OSTP）每年均公布统一的政府研发预算，其研发预算的分布可以清晰地显示出当前的重点发展领域。2013—2015年的预算共同的关注重点有：科学前沿研究（基础＋应用）、推动创新的非防务部门研发、清洁与能源、先进制造业、生物医疗健康、STEM 教育、拓展私人部门投资(税收优惠)。

在这些共同关注领域中,每年的研发重点也有所不同。如在先进制造业方面,2013 年和 2014 年重点在于先进制造业技术方面,而 2015 年则着重于创新网络的建设;在生物健康方面,2014 年提出重点放在生物医疗和未来的生物经济方面,2015 年则提出着重于疾病机理与治疗的健康研究。

而近年明显的不同在于,2013 年预算特别提出了未来基础设施的建设,2014 年起开始大幅增加对气候变化的预算,2015 年特别提出了机会、增长和安全计划(an Opportunity, Growth, and Security Initiative)。其中,机会、增长和安全计划是一个新的行动计划,全部预算为 560 亿美元,将会对教育、研究与创新、基础设施建设和就业、机会与流动性、公众健康、安全和保障、更高效政府进行投资,以刺激经济发展,强化国家安全。

表 2.1 2013—2015 研发预算重点的比较

	2013 预算	2014 预算	2015 预算
科学前沿(基础+应用)	640 亿美元	681 亿美元	647 亿美元
推动创新的非防务部分研发	649 亿美元	696 亿美元	659 亿美元
防务部门	759 亿美元	732 亿美元	695 亿美元
对三个关键科研机构的承诺(NSF, DOE, NIST)	131 亿美元	135 亿美元	
促进清洁,美国能源	转换能源(3.5 亿美元); 能源部能源效率和可再生能源办公室(23 亿美元); 美国全球变化研究计划(USGCRP)(26 亿美元)	转换能源(3.79 亿美元); 呼吁国会成立一个能源安全基金,十年内每年投资 2 亿美元	转换能源(3.25 亿美元)
先进制造业	先进制造业研发,创新性制造工艺、先进产业材料、机器人(22 亿美元) (目标:创造新的制造业就业机会)	先进制造业研发,创新性制造工艺、先进产业材料、机器人(29 亿美元) (目标:使美国成为制造业磁体)	先进制造业研发,NIST,制造业创新网络计划推进(22 亿美元) (目标:使美国成为先进制造业的领先者)

续 表

	2013 预算	2014 预算	2015 预算
支持医疗研究以改善美国人健康	任意项目（307 亿美元）	生物医疗，未来的生物经济（313 亿美元）	健康研究，疾病机理与治疗（302 亿美元）
科学、技术、工程与数学(STEM)教育	30 亿美元	31 亿美元	29 亿美元
拓展私人部门投资	研发税收优惠	研发税收优惠	研发税收优惠
建设 21 世纪基础设施	下一代无线宽带，智能、节能、可靠的电力运输基础设施、21 世纪航空系统。其中 3 亿美元用于无线创新基金研发前沿无线技术和应用		
提高对全球气候变化威胁的理解		27 亿美元	25 亿美元，10 亿美元新的气候适应基金
机会、增长和安全计划			560 亿美元中 53 亿美元支持研发投资

资料来源：Office of Science and Technology Policy，Science，Technology，Innovation，and STEM Education in the 2013 Budget，2014 Budget，2015 Budget

美国政府每年还专门公布跨部门科技预算重点领域。2014—2016 年美国预算中跨部门科技重点领域主要包括：先进制造业、清洁能源、全球气候变化、信息技术、纳米技术、生物健康、信息化决策和管理、国家安全、地球观测、研究工具与基础设施、STEM 教育、创新与商业化。

1. 先进制造业，2016 年提出了“未来工业”

——共同：“官产学”伙伴关系、使能技术（机器人技术、材料开发、纳米技术和网络物理系统）

——不同：使能技术上，2015 年开始增加纳米技术、网络物理系统，2014 年去掉了添加制造

2. 清洁能源

——共同：先进能源技术及其制造、能效提高

——不同：2015 预算开始增加了高效的运输交通行业、下一代电网

3. 全球气候变化

——共同:“物理-生物-人体”系统、极端和灾害天气的检测、认识、评估和预测

——不同：2014 年提出可持续的粮食生产系统、2015 年提出对干旱、北极和中纬度气候的研究

4. 信息技术

——共同：强调大数据变革带来的挑战与机遇、可信网络空间、高性能计算

——不同：2015 年起开始提出个人数据隐私保护

5. 纳米技术

——共同：关注纳米技术签名行动计划，纳米制造业、太阳能、纳米电子学、传感器、纳米信息学和建模。

——不同：2014 年预算关注纳米技术与社会责任之间的关系(2011 年环境、健康和安全(EHS)研究战略)。

6. 生物创新，2015 年提出了神经系统科学

生物领域变化最大，每年重点不同。

——2014 年提出转化科学

——2015 年提出健康、能源和食品安全方面基本生物探索研究、生物平台技术、人脑、生物监测、生物、物理科学和工程交互作用

——2016 年增加军人心理健康服务、抗生素耐药性研究

7. 信息化决策和管理

——支持决策的数据和工具研究

8. 国家安全

——高超音速、对抗大规模杀伤性武器、先进计算、加速训练技巧、大型数据集处理

9. 地球观测

——集中在地球观测数据方面

表 2.2　2014—2016 财年美国预算跨部门科技重点领域比较

重点领域	2014 预算	2015 预算	2016 预算
先进制造业(2016 年：先进制造业和未来工业)	(1)“官产学”伙伴关系； (2)使能技术：机器人技术、材料开发和添加制造等	(1)“官产学”伙伴关系； (2)使能技术：机器人技术、材料开发、纳米技术和网络物理系统；	(1)“官产学”伙伴关系； (2)未来产业使能技术：机器人技术、材料开发、纳米技术和网络物理系统

续 表

重点领域	2014 预算	2015 预算	2016 预算
清洁能源	（1）先进清洁能源技术； （2）清洁能源技术制造性研发； （3）在产业、建筑和制造业提高能源效率的研发； （4）支持清洁能源部署的气象和海洋预测技术	（1）清洁能源技术； 应对清洁能源供应技术的制造业挑战； （2）在工业、建筑、制造业领域中提高能效； （3）提高效率和可持续性，形成成本效益的运输方案； （4）下一代电网	（1）巩固美国在可再生能源上的领导地位（包括如何制造这些技术和现代化电网）； （2）释放其他关键清洁能源技术创新； （3）减少家庭、企业、和工厂能源浪费； （4）建设清洁高效的 21 世纪交通行业
全球气候变化	（1）研究人类理解力脆弱性、生物物理系统和极端天气系统之间的关系； （2）地球和人类系统集成研究； （3）生态系统和景观管理； （4）实施国家海洋政策和其他优先生态系统和恢复计划； （5）人类或自然原因的变化归因； （6）观察检测极端趋势； （7）对极端事件的改变频率和密度的适应性反应； （8）将观察结果与模型集成； （9）时空尺度的仿真与预测便于决策； （10）关键能源、矿产、空气、水和物种资源的可持续管理； （11）联邦可持续发展计划的实施； （12）发展可持续的粮食生产系统； （13）减少水、能源、农药和肥料等投入使用，例如，提高农业生产率，同时对环境影响最小化	（1）“物理-生物-人体”系统中季节性到长期的与气候相关互相作用的预测； （2）对减灾和适应气候变化的科学决策基础，提高数据和工具的效用，用于非平稳气候灾难的风险管理等； （3）干旱的原因和后果； （4）北极和中纬度气候在全球变化冲击中的相互作用；	（1）2012—2021 年美国全球气候变化研究计划（USGCRP）战略计划； （2）推进国家认识、评估、预测和应对全球挑战的能力

续　表

重点领域	2014 预算	2015 预算	2016 预算
信息技术（2016 年：信息技术和高性能计算）	（1）应对大数据革命带来的挑战和机遇； （2）规模高性能计算系统； （3）数据分析和管理； （4）计算机科学和工程基础研究； （5）可信网络空间	（1）大数据所带来的挑战和机遇； （2）个人数据隐私保护； （3）可信网络空间	（1）解决大数据所带来的挑战和机遇； （2）个人数据隐私保护；可信网络空间； （3）频谱和网络物理系统； （4）高性能计算
纳米技术	（1）2011 年环境、健康和安全（EHS）研究战略； （2）纳米技术签名行动计划	（1）纳米技术：纳米制造业、太阳能、纳米电子学、传感器、纳米信息学和建模	—
生物创新（2015 年：生物和神经系统科学）	（1）转化科学； （2）能够加速创新支持规范和监管决策的科学； （3）提高高等教育和研究生培训计划	（1）健康、能源和食品安全方面基本生物探索研究； （2）平台技术：生物系统设计技术，系统生物学认知技术和高通量生物学技术； （3）“人脑”计划； （4）“国家生物监测战略”目标下的科技； （5）生物、物理科学和工程交互作用；	（1）健康、能源和食品安全方面基本生物探索研究； （2）平台技术：生物系统设计技术，系统生物学认知技术和高通量生物学； （3）“人脑”计划； （4）国家生物监测战略； （5）在役军人和退伍军人的心理健康服务； （6）解决抗生素耐药性，促进新的和下一代的抗生素和诊断的发展，加强耐药性监测，资助新的细菌对策的识别和发展：微生物工程、小分子在抗生素和增效剂中的使用、新的疫苗、益生菌、快速与定点（point-of-care）诊断等

续 表

重点领域	2014 预算	2015 预算	2016 预算
信息化决策和管理方面的研发	—	(1) 提高支持决策的数据和工具的可访问性和可用性; (2) 相关的社会科学和行为科学的研究; (3) 减灾信息传递、预测、评估及其技术	(1) 用户驱动的信息和工具
国家安全	—	(1) 超高音速; (2) 对抗大规模杀伤性武器; (3) 先进计算; (4) 加速训练技巧; (5) 满足国家安全需求的大型数据集处理	(1) 超高音速; (2) 对抗大规模杀伤性武器; (3) 先进计算; (4) 加速训练技巧; (5) 大型数据集处理
地球观测	—	—	(1) 地球观测数据; (2) 确保足够的观测能够覆盖公共服务和地球系统研究; (3) 保证产生数据的互补与整合; (4) 与国家民用地球观测计划整合; (5) 遵守开放和机器可读数据行政命令
研究工具和基础设施	—	—	联邦设施合作的最佳实践

资料来源: Office of Science and Technology Policy, Science and Technology Priorities for the FY 2014 Budget, 2015Budget, 2016 Budget

三、美国鼓励科技创新的主要举措

美国从财政、金融、教育、基础设施、创新网络等多个方面鼓励创新的开展。

第一,扩大研发投入,强化创新要素建设。美国多个战略提出,要把美国研发投入占 GDP 的比例提高到 3%,联邦政府在对具有前景的新技术投资研发上应该起带头作用,对先进制造技术加速投资,这一力度之大前所未有,超过了太空竞赛时期的水平。同时,美国政府在着力加强先进创新基础设施的建设,发展新一代空中和陆上交通体系，建设先进的信息技术生态系统，创建国家基础设施银行。

第二，强调人才建设，全面实施国家教育创新能力建设。美国创新战略将人才建设作为创新基础建设的主要内容之一，提出要培育 21 世纪所需的技能，创建世界一流的劳动力队伍，从大学、中小学、学前教育到职业教育进行全面完善。通过“国家教育创新计划”，增强所有学生的 STEM 素养，逾 100 位企业 CEO 结成联盟，承诺在 2011 年至少资助 100 个社区开展 STEM 教育项目。改革中小学教育，更新《中小学教育法案》，2012 年度财政预算设立“学校整顿资金”。改革联邦学生贷款，将所有学生贷款转为联邦政府直接贷款项目。创建世界一流的早期教育体系。而在先进制造业中，15 个先进制造业创新学院将评估相关行业所需的技能和证书，并提供教育培训机会来改善和扩大劳动力，包括 K－12 课程、实习机会、技能鉴定、与社区学院和大学的合作，以及研究生、博士后和培训以满足技术发展的需求。

第三，减税简政刺激创新创业。近年，美国除了更加注重基础教育、人才培养、创新文化建设等长期措施以外，为了鼓励企业创新，美国实行一系列减税简政措施。如美国创新战略指出，将减税这样的阶段性措施长期实行，研究与实验投入抵税政策长期有效，将抵免额提高到研究投入的 20%，在先进制造业中，检验税收抵免政策的制定细节，以保证其确实有利于制造工艺的研发活动。同时简化企业申请手续，大幅缩短专利的受理时间，引入新的专利申请审查处理系统，将平均受理时间从 35 个月缩至 20 个月，有价值的发明到达市场的时间将缩至 12 个月。此外，美国将长期实行“新创美国”战略，鼓励、启发、加速创业，为创业企业提供融资便利、举办企业家融资论坛、战略联盟等多层次活动，将国内最具有创新性的企业家、企业、大学、基金会和其他领域的领导者们集聚为一个联盟，与大量的联邦机构协同工作，确保有潜力的新创企业不受阻挠地获得资本和政策引导。

第四，注重技术融合领域的支持。美国对高风险、高回报、跨学科创新领域提供更多的支持，每年会对跨部门的研发预算予以重点关注和公布。生物、能源、新材料、信息技术、先进制造等新旧技术和产业的融合领域成为今后资助重点。先进制造业中纳米材料加工、添加制造、先进机器人、智能制造、绿色化学等平台技术也成为发展的重点。

第五，强化研发与创新网络和产业公地的建设。除了继续推进产业联盟、区域创新集群建设等措施以外，美国近年尤其注重创新网络的全国布局和产业共享基础设施，提出了产业公地和国家制造业创新网络的新理念。“产业公地”(industrial commons)的概念由美国先进制造业战略计划提出。产业公地即产业集群中，尤其是中小企业，共享的知识资产和物理设施。公地资源有助于加速创新，如标准、测量和测试方法、工艺控制系统、平台技术等。目前，美国先进制造业战略计划已把产业公地建设上升为国家战略，促使研究、发展和应用之间进行更有内聚力的衔接。而国家制造业创新网络（National Network for Manufacturing Innovation，NNMI）主要是为美国产业和学术机构创造一种有效的制造业研究基础设施，以解决和产业相关的问题，由共同目标下的制造业创新机构（Institutes for Manufacturing Innovation，IMIs）组成。2013 年美国发布《国家制造业创新网络：初步设想》报告，指出美国将在全国设立 15 个创新机构，分别聚焦于某一种平台性技术，以此作为世界领先的技术和服务的区域枢纽。

（党倩娜）

第二节　欧盟科技创新战略

欧盟是当今世界区域经济一体化程度最高的地区，也是世界主要创新经济体之一。欧盟不仅拥有世界主要创新大国，如北欧诸国及德法英等欧洲大国，而且早在上世纪 80 年代欧共体就开始制定联盟范围内的科技政策和创新政策，主要以 1984 年推出的“科技框架计划”为主干政策，每 4 年制订一次，到目前为止已经开展了 7 届。该计划是欧盟（欧共体）投资最多、领域最广、内容最丰富的全欧性科技研发计划，从 FP1（1984—1987 年）发展到 FP7（2007—2013 年），参与者包括企业研发部门、大学、研究机构，对欧洲范围的科技力量进行了有效的整合，为欧洲科技政策发挥了重要作用，是欧盟科技政策中效果最突出的政策之一。通过 30 年的经验积累，欧盟委员会发现，原有的规则和模式已经无法适应当前社会复杂的变化和需求，尤其是在 FP7 执行期间，全球经历了 2008 年金融危机，凸显了框架计划的执行力度不够，最终目标完成得不够理想等问题。因此，欧盟委员会在继承框架计划优势基础之上作出重大变革，制定了“地平线 2020（Horizon 2020）”科研规划，重新设计了整体研发框架，简化和统一了旗下所属的各个资助板块，保留了合理的政策，简化了难以操作或重复繁琐的项目申请、管理流程，“地平线 2020”的提出标志着欧盟在研究创新计划上进入了新纪元。

一、欧盟科技框架计划

“欧盟科技框架计划”（Framework Programme，FP）由欧盟委员会实施和管理，同时协调欧盟各国的科研计划，是目前世界上规模最大的官方综合性科研与开发计划之一。“框架计划”自 1984 年第一期框架计划实施以来，已经执行了 7 期。纵观其发展变化，可以看出欧盟对该计划的资金投入显著增加，由第一框架计划的32.71亿欧元上升到2013年第七框架计划的558.06亿欧元，翻了约17倍；研究领域也逐步扩展，从当初以能源和工农业为主，转变为现在的紧跟前沿学科、多领域综合发展；另外该计划的影响力也与日俱增，最初只局限在少数欧盟成员国内部开展，如今共吸引了来自世界上约60个国家近百万个高水平科研机构、大学和企业的广泛参与。作为欧盟科研活动的主体，科技框架计划现已被纳入其政治战略轨道。

表2.3 历届欧盟研发框架计划

<table>
<tr><th>名 称</th><th>年 度</th><th>总经费/亿欧元</th><th>重 任</th></tr>
<tr><td>欧盟第一研发框架计划(FP1)</td><td>1984—1990</td><td>32.71</td><td rowspan="6">(1) 建设欧盟统一的研究区域(ERA)；
(2) 保持科学技术的卓越；
(3) 提升工业企业的竞争力；
(4) 应对经济社会的挑战</td></tr>
<tr><td>欧盟第二研发框架计划(FP2)</td><td>1987—1995</td><td>53.57</td></tr>
<tr><td>欧盟第三研发框架计划(FP3)</td><td>1991—1995</td><td>65.52</td></tr>
<tr><td>欧盟第四研发框架计划(FP4)</td><td>1995—1998</td><td>131.21</td></tr>
<tr><td>欧盟第五研发框架计划(FP6)</td><td>1999—2002</td><td>148.71</td></tr>
<tr><td>欧盟第六研发框架计划(FP6)</td><td>2003—2006</td><td>192.56</td></tr>
<tr><td>欧盟第七研发框架计划(FP7)</td><td>2007—2013</td><td>558.06</td><td rowspan="2">前4点同上。
(5) 经济增长；
(6) 扩大就业</td></tr>
<tr><td>地平线2020(Horizon 2020)</td><td>2014—2020</td><td>770</td></tr>
</table>

资料来源：中国-欧盟科技合作促进办公室，2014年4月，上海科技情报研究所收集整理

在2007—2013年执行的第七框架计划中，资助的6个领域分别为国家合作(322亿欧元)、科学思路创新(74亿欧元)、人才(45亿欧元)、能力建设(41亿欧元)、合作研究中心(18亿欧元)、欧洲原子研究(41亿欧元)。其中，国家合作领域分为10个主题：① 健康；② 食品、农业与生物技术；③ 信息通信技术；④ 纳米技术、材料科学和新生产技术；⑤ 能源；⑥ 环境和气候变化；⑦ 交通；⑧ 社会、经济科学和人文学；⑨ 安全；⑩ 空间科学。

由于第七期框架计划(2007—2013)执行期间，遇到了2008年金融危机所引起的全球经济衰退，而债务危机和对新一轮衰退的担心使欧洲更加强烈意识到：促进经济和其他领域的增长是重中之重，依靠科技创新实现可持续增长才能有效恢复信心、促进就业并化解债务。为此，欧盟委员会于2011年11月30日公布了"地平线2020(Horizon 2020)"科研规划提案。

二、地平线2020

作为第七框架(FP7)之后欧盟最为重要的科研计划，"地平线2020"首次将欧盟现有的所有研究和创新基金整合起来，其中包括"欧盟框架计划(FP)""竞争

和创新框架计划(Competitiveness and Innovation Framework Programme)”“欧洲创新与技术研究院(European Institute of Innovation and Technology,EIT)”,成为统一的战略框架计划之后,进一步简化了项目申报、审批和管理流程。

1. 布局领域

从布局领域来看,“地平线 2020”主要围绕三大优先目标:卓越科学(excellent science)、产业引领(industrial leadership)以及社会挑战(societal challenges),分别从基础科学、技术研发、社会发展等多方面开展科研项目。

卓越科学旨在加强和扩大欧盟科学基础的优势,并巩固欧洲研究区域(ERA),以便在全球范围内提高欧盟研究和创新体系的竞争力。该领域由四个具体目标组成:(a) 欧洲研究委员会(European Research Council,ERC)将为最前沿科学领域研究提供资金支持;(b) 未来和新兴技术(FET)将支持跨学科或者全新、高风险的合作科学研究;(c) 玛丽居里行动(Marie Sklodowska-Curie Actions,MSCA)提供优秀的创新研究培训,提高跨领域、跨部门科研人员流动性和技术知识交流水平,使他们能够为面对现有和未来的社会挑战做好准备;(d) 研究基础设施将确保欧洲具有顶级的科研基础设施(包括信息化基础设施)。

产业引领旨在加速技术和创新的开发,并且帮助欧洲中小企业(SMEs)成长为世界领先企业。其具体目标包括:(a) 引领使能技术及工业技术发展,为信息通讯技术(ICT)、纳米技术、新材料、生物技术、先进制造及加工技术和空间技术提供专项支持,重点将放在跨技术及技术之间的交互和集合,以及它们与社会挑战之间的关系上;(b) 获得风险投资旨在拓展风险投资的渠道;(c) 中小企业创新将为中小企业提供个性化的支持以刺激其创新。

社会挑战旨在通过集聚不同领域、技术和学科的资源与知识,包括社会和人文科学,以“从科研到市场”为导向,解决欧洲和世界其他地方民众共同面临的社会问题。主要包括 7 个具体目标:① 健康、人口统计的变化和社会福利;② 食品安全、可持续农林、海洋、海事和内陆水域研究和生物经济;③ 安全、清洁、高效的能源;④ 智能、绿色和综合性交通运输;⑤ 气候行动、环境、资源效率和原材料;⑥ 变化世界中的欧洲——包容、创新和反思型社会;⑦ 安全社会——保护欧洲及其公民的自由与安全。

2. 预算分配

“地平线 2020”计划预算按 2011 年公布的整体框架达 770 亿欧元。其中各个重点领域分配分别为:卓越科学 244.41 亿欧元;产业引领 170.16 亿欧元;社会挑战 296.79 亿欧元,另外还单列了 4 项无法分类的资助计划,包括“参与扩大化,人才广泛化”“科学与社会”“联合研究中心(JRC)非核能研究”“欧洲创新科技研究所(EIT)”,具体预算分配见表 2.4。

表 2.4　地平线 2020 预算分配

优先目标	具　体　目　标	预算(亿欧元，按 2011 年现价)
1. 卓越科学		244.411
	欧洲研究委员会(ERC)	130.948
	未来和新兴技术(FET)	26.963
	玛丽居里行动	61.62
	研究基础设施	24.88
2. 产业引领		170.155
	使能技术及工业技术引领	135.57
	获得风险投资	28.423
	中小企业创新	6.162
3. 社会挑战		296.79
	健康、人口统计的变化和社会福利	74.718
	食品安全、可持续农林、海洋、海事和内陆水域研究和生物经济	38.514
	安全、清洁、高效的能源	59.312
	智能、绿色和综合性交通运输	63.394
	气候行动、环境、资源效率和原材料	30.811
	变化世界中的欧洲——包容、创新和反思型社会	13.095
	安全社会——保护欧洲及其公民的自由与安全	16.946
4 项单列资助计划		
4. 参与扩大化，人才广泛化		8.165
5. 科学与社会		4.622
6. 联合研究中心(JRC)非核能研究		19.026
7. 欧洲创新科技研究所(EIT)		27.114
总　计		770.283

资料来源：欧盟委员会，建立地平线 2020—研究和创新框架计划(2014—2020)以及撤销决定号 1982/2006/EC，2013 年 12 月，上海科技情报研究所收集整理

3. 2014—2015 工作计划

2013 年 12 月，欧盟委员会发布了“地平线 2020”计划第一轮即 2014—2015 年度的项目征集公告。两年启动资金约 150 亿欧元。2014 年预算 78 亿欧元，其中卓越科学近 30 亿欧元，包括由欧盟科学研究委员会向顶级科学家提供的

17亿欧元，以及由玛丽居里奖学金向青年研究者提供的8亿欧元；产业引领18亿欧元，用于支持欧洲产业引导领域，包括信息通信技术、纳米技术、先进制造业、机器人技术、生物技术和空间技术；社会挑战28亿欧元，用于创新项目以应对“地平线2020”计划的7个社会挑战。

（1）卓越科学

在2014—2015年工作计划中，卓越科学部分占有重要地位，其中欧洲研究委员会(ERC)的预算金额最大，两年的预算超过33亿欧元，其资助范围包括所有研究领域，以科学优异性为评判基准；玛丽居里行动计划在两年内提供接近16亿欧元，在研究人员职业生涯的各个阶段提供资助；另外还包括未来和新兴技术(FET)以及研究基础设施项目。

表2.5　2014—2015年卓越科学部分预算分配(包括地平线活动)

具体目标	主　要　内　容	2014年预算/亿欧元	2015年预算/亿欧元
欧洲研究委员会(ERC)	招标：启动基金、发展基金、资深基金、概念验证基金； 其他活动(专家、确定受益人、政府采购)； 地平线活动(宣传活动、企业通讯)	16.77	16.81
未来和新兴技术(FET)	招标：FETOPEN(对全新技术的全新理念)、FETPROACT(FET前瞻-新兴主题和集群)、FETHPC(FET前瞻-面向百亿亿次级高性能计算)、FETFLAG(FET-旗舰-解决重要的交叉科学和技术挑战)； 其他活动(外部专家、FET旗舰核心计划、数字科学的学习合同)； 地平线活动(宣传活动、企业通讯)	2.18	2.39
玛丽居里行动	招标：创新培训网络，个人奖学金，研究和创新人员交流，地区、国家和国际项目共同基金等； 其他活动； 地平线活动	8.17	7.57
研究基础设施(包括e-基础设施)	招标：开发新的世界级研究基础设施、集成和开放符合欧洲利益的研究基础设施、e-基础设施、支持创新、人力资源、政策以及国际合作； 其他活动； 地平线活动	2.80	3.02
总　计		29.92	29.79

资料来源：欧盟委员会，地平线2020工作计划2014—2015，2013年12月，上海科技情报研究所收集整理

在卓越科学各部分中，未来和新兴技术（FET）的目的是将欧洲科研的优势转化为竞争力，FET 针对创新思维和长期挑战的需求，设立了 3 种不同基金类型："开放基金""前瞻基金"以及"旗舰基金"。在 2014—2015 年工作计划中，其主要涉及的科学技术领域如表 2.6 所示。

表 2.6　2014—2015 年 FET 主要涉及的科技领域

项　目	主要涉及科技领域	2014 年预算/亿欧元	2015 年预算/亿欧元
FETPROACT（FET 前瞻-新兴主题和集群）	全球系统科学（GSS）； 认知高于解决； 量子模拟	0.35	—
FETHPC（FET 前瞻-面向百亿亿次级高性能计算）	面向百亿亿次级高性能计算	0.97	—
FET 旗舰核心项目	石墨烯 FET 旗舰核心计划	—	0.89
	人脑计划 FET 旗舰核心计划	—	0.89

资料来源：欧盟委员会，地平线 2020 工作计划 2014—2015，2013 年 12 月，上海科技情报研究所收集整理

（2）产业引领

产业引领这一优先目标主要包括 3 个具体目标：使能技术及工业技术引领、获得风险投资以及中小企业创新。其中，使能技术主要包括 3 个部分，即信息通信技术（ICT）；纳米技术、先进材料、先进制造及工艺、生物技术；以及空间技术。产业引领部分的预算分配见表 2.7。

表 2.7　2014—2015 年产业引领部分预算分配（包括其他活动和地平线活动）

具体目标	主　要　内　容	2014 年预算/亿欧元	2015 年预算/亿欧元
使能技术及工业技术引领	信息通信技术（ICT）	7.65	8.44
	纳米技术、先进材料、先进制造及工艺、生物技术	5.17	5.14
	空间技术	1.66	1.82
获得风险投资	招标：技术转让能力建设、推进中小企业和中小盘股的投资意愿	2.98	3.48
中小企业创新	招标：通过提供更好的创新支持提高中小企业创新能力	0.36	0.40
总　　计		17.82	19.28

资料来源：欧盟委员会，地平线 2020 工作计划 2014—2015，2013 年 12 月，上海科技情报研究所收集整理

在产业引领部分，关键使能技术(KETs)、信息通信技术(ICT)和空间技术是决定欧洲企业全球竞争力的关键。使能技术和工业技术中三个部分的主要招标内容和预算见表2.8。

表2.8 2014—2015年使能技术及工业技术主要涉及的招标内容

项 目	招 标 内 容	2014年预算/亿欧元	2015年预算/亿欧元
信息通信技术(ICT)	信息通信技术—2014	6.95	1.65
	信息通信技术—2015		5.61
	欧洲-巴西先进网络基础设施研发合作		0.07
	欧洲-日本网络未来研发合作	0.06	
纳米技术、先进材料、先进制造及工艺、生物技术	纳米技术、先进材料和生产	2.31	2.52
	生物技术	0.52	0.31
	未来工厂	0.87	0.75
	节能建筑	0.50	0.62
	可持续制造工业(SPIRE)	0.60	0.75
	可持续工业低碳II(SILC II)	0.2	
空间技术	伽利略卫星导航应用	0.38	0.25
	地球观测	0.22	0.25
	在太空中或从太空保护欧洲资产	0.08	0.07
	欧洲空间部门的竞争力：技术和科学	0.52	0.39
	中小企业工具	0.09	0.09

资料来源：欧盟委员会，地平线2020工作计划2014—2015，2013年12月，上海科技情报研究所收集整理

(3) 社会挑战

该战略优先领域汇集各领域、技术和学科的资源和知识，包括社会科学和人文科学，涵盖从研究到市场的所有活动，新的专注点在创新活动，如试点、示范、试验平台以及公共采购和市场转化，还包括建立与欧洲创新伙伴关系(EIP)的活动。

表2.9 2014—2015年社会挑战部分预算分配(包括其他活动和地平线活动)

具体目标	主 要 内 容	2014年预算/亿欧元	2015年预算/亿欧元
健康、人口统计的变化和社会福利	招标：个人医疗和护理、协调活动； 其他活动； 地平线活动	6.09	6.09

续　表

具体目标	主　要　内　容	2014 年预算/亿欧元	2015 年预算/亿欧元
食品安全、可持续农林、海洋、海事和内陆水域研究和生物经济	招标：可持续食品安全 蓝色增长：释放海洋的潜力 创新、可持续以及包容的生物经济 其他活动； 地平线活动	2.69	2.00
安全、清洁、高效的能源	招标：能源效率 有竞争力的低碳能源 智慧城市和社区 中小企业以及能源创新的快速通道 其他活动； 地平线活动	6.40	6.71
智能、绿色和综合性交通运输	招标：流动性的增长 绿色车辆 小企业的运输创新 其他活动； 地平线活动	5.79	3.03
气候行动、环境、资源效率和原材料	招标：垃圾：一种再循环、再使用、重获得的原材料 水创新：为欧洲增加其价值 低碳、资源高效的经济增长，具有可持续的原材料供给 其他活动； 地平线活动	3.48	3.77
变化世界中的欧洲——包容、创新和反思型社会		1.49	1.61
安全社会——保护欧洲及其公民的自由与安全		1.91	2.05
总　计	27.85	25.26	

资料来源：欧盟委员会，地平线 2020 工作计划 2014—2015，2013 年 12 月，上海科技情报研究所收集整理

（杨　绎　徐宏宇）

第三节　英国科技创新战略

英国作为最老牌的资本主义国家，科技实力十分雄厚，在欧洲工商管理学院

和世界知识产权组织2013年7月发布的“2013全球创新指数排行榜”中，英国位居世界第三位，居于“创新领导者”前列。英国之所以在科技研究领域取得重要的世界地位，与其长期坚持科技创新战略密不可分。早在1994年起，英国政府首次公布创新白皮书《实现我们的潜能——科学、工程和技术战略》，此后又陆续出台了一系列清晰的政府文件以明确国家以创新为核心的新的国家科技发展战略，如1998年《我们的竞争——建设知识型经济》、2000年《卓越与机遇——21世纪科学与创新政策》和2001年《变革世界中的机遇——创业、技能和创新》等三份政府白皮书，均以创新为主题。2002年之后，英国更是系统地发表了一系列行动计划，包括2002年7月《投资于创新》、2003年11月英国贸工部创新报告《在全球经济下竞争：创新挑战》、2004年7月《科学与创新投资框架2004—2014》和2004年11月贸工部发布了《从知识中创造价值》的5年计划。这些持续清晰的政府文件向英国公众昭示了英国以创新为核心的国家科技发展战略。近年来，面对产业环境的转变和新兴业态的出现，英国发布了《创造未来：对于科学与研究的2020视角》《创新报告：创新、研究和增长》《制造的未来：英国充满机遇和挑战的新时代》《技术与创新的未来：英国2020年代的增长机会》等一系列长期、中期以及近期的基于全局科技创新战略考虑的行动提案。

一、创造未来：对于科学与研究的2020视角

2014年4月，英国商业、创新与技能部(Department for Business Innovation & Skills，BIS)发布了《创造未来：对于科学与研究的2020视角》(*Creating the Future: a 2020 Vision for Science & Research*)，这是对于英国科学研究的长期资本投资提案的咨询。

该提案发布的目的在于让英国摆在世界上最好的位置进行科学和研究。这也是英国政府承诺对科学与研究基础设施进行长期投资的原因：在2015—2016年，将实际资本投资提高到11亿英镑，并且根据通货膨胀提高投资直至2020—2021年，从2016—2021年的五年内，总投资额将达到59亿英镑。而此次咨询旨在了解大众对于该项资金应当投入的领域。

此次咨询主要包括两个部分。第一部分主要关于该预算如何提供世界一流的研究环境。聚焦于通过英国研究委员会(Research Councils)以及高等教育(higher education，HE)，对于私人研究项目以及机构项目的投资；第二部分则陈述了如何平衡国家和国际级的大规模投资需要，并考虑了一些现有的主要国家和国际项目的投资优先级，包括研究委员会以及英国航天局在政府层面的战略决策。在报告的第二部分，英国商业、创新与技能部列出了主要的新项目，包括平方公里阵列、M3太空任务、新型太阳能研究船及相关资本和资源投入等，涉及预算超过56亿英镑。

表 2.10 英国商业、创新与技能部的主要资本项目及成本

资 本 项 目	资本成本/100 万英镑
已经宣布的优先项目：	
平方公里阵列	～100
M3 太空任务(PLATO)	25
新型太阳能研究船及相关资本和资源投入	225
欧洲核散裂中子源	～165
大规模国际项目，包括	根据协商
大型强子对撞机的新能力	*
国际空间站开发计划	*
1. 大数据项目	>1900
2. 理解宇宙项目	>300
3. 理解我们的星球项目	150
4. 理解材料如何作用项目	>800
5. 大挑战项目	>900
6. 大学项目	1 270
7. 公众参与项目	40
总 计	>5 600

注：* 表示由于商业敏感性，一些数字未公开
资料来源：英国商业、创新与技能部，创造未来：对于科学与研究的 2020 视角，2014 年 4 月，上海科技情报研究所收集整理

二、2014 年度创新报告：创新、研究和增长

2014 年 3 月，英国商业、创新与技能部(Department for Business Innovation & Skills，BIS)发布了第五份《创新报告：创新、研究和增长》(*Innovation Report 2014: Innovation，Research And Growth*)，以反思英国的创新表现，希望在未来继续保持世界领先的创新者的地位，并且为新的长期科学和创新战略打下良好的开端。

2014 年的报告从创新基础设施、创新表现、技能和知识创造、企业创新以及国际合作等 5 个方面，回顾了过去两年英国在创新和研究方面的表现，并概述了英国创新政策的发展。

创新系统和基础设施。英国国家创新体系发展良好，在研究体系的卓越性、知识资产、联系网络以及创业等方面都表现突出。英国的创新系统及其相关机构继续为商业和研究机构提供必要的支持。最近，英国的基础设施机构之间开展更广

泛的合作,知识产权办公室实施了一系列新举措,特别关注从标准和计量方法等方面支持新兴技术发展。地区企业伙伴(local enterprise partnership, LEP)已经成为指导和支持地方层面创新的重要力量,最大限度利用区域资源发挥影响。

英国的创新表现。从 R&D 占 GDP 的水平来看,英国仍然落后于世界上许多主要经济大国,但自金融危机以来其投资水平仍然保持稳定。英国创新表现的国际指数可圈可点,在一些领域中有所提升,这些都使英国处于领先的创新国家之列。例如大学和企业合作方面,但目前开展创新活动的企业比例仍然较低。

技能和知识创造。英国具有世界一流的研究基础。英国以占全球 4%的研究人员,产生了占全球 6%的国际论文,12%的引用率,以及 16%高引用率。英国大学是因果知识创造的关键来源,包括世界大学前 10 位中的 4 位,为英国提供高水平技术人才,吸引海外留学生的能力仅次于美国。不过,在其他一些方面,如基础技能和管理技能方面,英国相对较弱。英国未来将重点支持 STEM(science、technology、engineering 以及 maths)学科、开放获取、效率、大学与企业合作、卓越的研究以及国家科学和创新未来重点方向等方面的技能发展和研究。

企业创新。创新是企业成功的核心。2013 年英国政府对企业领导的创新活动给予了特别的重视,将其作为驱动增长的增量经费的优先考量。技术和创新中心(catapults centre)网络建成并不断扩展,在首批技术和创新中心(涉及包括先进制造、卫星应用、细胞疗法、近海可再生能源、未来城市、交通系统和联通数字经济等 7 个关键领域)之外,又在能源系统领域和分层医学诊断领域两个领域新建了技术创新中心,并将在 2015 年开放。技术战略委员会(Technology Strategy Board)聚焦于小企业,实施了诸如 Smart 和 SBRI 项目。另外通过商业银行项目提供 2.5 亿英镑的额外资金支持更多小企业的发展。英国为中小企业开展研发提供最有吸引力的税收优惠,中小企业研发经费加计扣除的比例也进一步提高。通过产业战略,英国重点支持关键领域的技术发展和合作,投入 6 亿英镑支持八大技术领域研究和创新成果的商业化。

表 2.11 八大技术

技术领域	主要内容
大数据革命及能效计算	数据洪流将改变科学探究和许多产业。英国将成为大数据革命和能效计算的先锋。英国正对 JASMIN 国家数据计算设施投资 780 万英镑,以支持各种活动,包括通过空间设施和基于云的环境科学基础设施对气候和环境进行监测
卫星及空间的商业应用	通过地球观测,卫星不仅传输数据,而且收集数据。英国有机会成为卫星,特别是分析其数据的世界领先者

续 表

技术领域	主要内容
机器人学和自治系统	这是一项通用目标技术，能够应用于从残疾人的辅助生活到核退役的多个领域
生命科学、基因组学及合成生物学	现代遗传学已经与 IT 革命并联并且具有直接联系：以数字形式出现的基因数据。未来将把“干”的 IT 与“湿”的生物科学结合。其中最为野心勃勃的例子之一是合成生物学
再生医学	将开创新的医学技术，用于修复和代替受损的人体器官
农业科学	虽然遗传学受限于人类健康相关，农业技术的发展能够将英国引领至下一代绿色革命的前沿
先进材料及纳米技术	我们能够从基本原理出发设计出越来越多的新型先进材料。这将促进从航空航天到建筑的各个领域的技术发展。量子光子学是先进材料和数字 IT 结合的一个激动人心的领域
能量机器储存	先进材料最重要的应用之一在于能量储存。它和其他技术将使英国从全球新的能源转变过程中获益

资料来源：英国商业、创新与技能部，创新报告 2014：创新、研究和增长，2014 年 3 月，上海科技情报研究所收集整理

国际合作。英国通过一流的研究基础以及高水平的国外投资，与世界主要创新国家保持密切合作。英国吸引海外研发投入的能力很强，外资企业研发支出超过了本国公司。英国将继续开展积极、开放、互助的国际关系，鼓励海外资金投入和促进英国企业出口。

三、制造的未来：英国充满机遇和挑战的新时代

制造业对于经济具有明显的贡献，占英国总值(UK's gross value)超过 10%，并且为大约 250 万人提供就业。在英国的出口中，制造业占比超过一半，达到 53%，在商业研究和开发部分，其占比接近 3/4(72%)。

为了对至 2050 年的英国制造业长期发展前景进行预测，掌握全球趋势以及变化驱动。英国政府进行了调研，以探究英国如何最大化这些机会，并开发证据基础以帮助政策制定者为挑战做好准备。2013 年 10 月，英国政府科学办公室(Government Office for Science)发布报告《制造的未来：英国充满机遇和挑战的新时代》(*Future of manufacturing: a new era of opportunity and challenge for the UK*)，该项研究得到了英国商业、创新与技能部(Department for Business Innovation & Skills, BIS)的资助。

报告对于制造业的 4 个关键未来特征进行了描述。分别是更快、更敏感、更贴近客户；接触新的市场机遇；更为可持续；更为依赖高技术工人。在更快、更敏

感、更贴近客户方面，报告列出了一些最总要的普适技术以及次要技术，详见下表。这些重要的普适技术和次要技术将与未来的产品和网络结合，共同推动产品设计、制造、提供以及最终被消费者使用的基本转变。例如低成本产品的按需大规模个性化、分布式生产、数字化制造业价值链等。

表 2.12 对于未来制造业活动重要的普适和次要技术

普 适 技 术	次 要 技 术
信息和通信技术(ICT)	大数据和基于知识的自动化
传感器	物联网
先进和功能材料	先进和自主机器人
生物技术	增材制造(也被称为 3D 打印)
可持续/绿色技术	云计算
	移动互联网

资料来源：英国政府科学办公室，制造的未来：英国充满机遇和挑战的新时代，2013 年 10 月，上海科技情报研究所收集整理

四、技术与创新的未来：英国 2020 年代的增长机会

2010 年，英国政府科学办公室(Government Office for Science)发布了报告《技术与创新的未来：英国 2020 年代的增长机会》(*Technology and innovation futures: UK growth opportunities for the 2020s*)，旨在寻找到最为重要的科技，占据科技发展的前沿。而随着技术的快速发展，2012 年 11 月，办公室对其进行了更新。

报告提出了 4 个英国潜在增长领域，尤其是 2012 年的报告更新了原有的 53 项技术列表，发现总体而言，2010 年所挑选出的技术在两年之后，看起来仍然有望在未来 20 年内增长。不过，随着一些技术进入产业应用、被系统化、能够更轻易地被获取，一些变化也变得更为明显。例如平衡能源混合发电(energy generation mix)，处理来自可再生能源的间歇性供电等。

表 2.13 《技术与创新的未来》(2012)主要涉及的技术领域

潜在增长领域	类 别	涉 及 技 术 领 域
1. 生物技术和药物部分	基因和细胞	① 基因组学、蛋白质组学和实验胚胎学
		② 核酸
		③ 合成生物学
		④ 分层和定制医学
		⑤ 干细胞
		⑥ 再生医学和组织工程学

续　表

潜在增长领域	类　别	涉　及　技　术　领　域
1. 生物技术和药物部分	传感器和计算	⑦ 芯片实验室
		⑧ 医疗和生物成像
		⑨ 表现增强药物
		⑩ e-健康
		⑪ 模仿人类行为
		⑫ 人脑-计算机接口
	生产	⑬ 农业技术
		⑭ 工业生物技术
2. 材料和纳米技术	先进材料	① 纳米技术
		② 纳米材料
		③ 碳纳米管和石墨烯
		④ 智能聚合物(塑料电子学)
		⑤ 金属有机框架
	应用	⑥ 智能(多功能)和仿生材料
		⑦ 智能交互式纺织品
		⑧ 活性包装
		⑨ 超材料
		⑩ 建筑和建筑材料
		⑪ 3D 打印和个人制造
3. 数字和网络	e-基础设施	① 复杂性
		② 超级计算
		③ 云计算
		④ 下一代网络
		⑤ 智能传感器网络和普适计算
	分析工具	⑥ 搜索和决策
		⑦ 模拟和建模
	处理器、接口和传感器	⑧ 新兴计算技术
		⑨ 光子学
		⑩ 安全通信

续 表

潜在增长领域	类 别	涉 及 技 术 领 域
3. 数字和网络	处理器、接口和传感器	⑪ 生物统计学
		⑫ 监视
		⑬ 服务和群体机器人学
		⑭ 仿生传感器
4. 能源和低碳技术	基础设施	① 智能电网
		② 微型产能器
		③ 先进电池
	汽车及其相关	④ 智能低碳道路车辆
		⑤ 燃料电池
		⑥ 氢
	资源效率	⑦ 循环利用
		⑧ 碳捕获和储存
	能源技术	⑨ 核裂变
		⑩ 核聚变
		⑪ 生物能
		⑫ 太阳能
		⑬ 海洋和潮汐能
		⑭ 风能

资料来源：英国政府科学办公室，技术与创新的未来：英国2020年代的增长机会，2012年11月，上海科技情报研究所收集整理

同时，英国政府科学办公室提出了3个新兴主题。这些主题可能只涉及特定的技术，但却可能是重要的。

表 2.14 《技术与创新的未来》(2012)提出的新主题

新 的 主 题	涉及科技领域
能源转换	生物能和“负排放”
	支持间歇性供能
	实时电网模拟和 HVDC 电网

续 表

新 的 主 题	涉及科技领域
按需	服务机器人学
以人为中心的设计	智能衣物
	传感技术

资料来源：英国政府科学办公室，技术与创新的未来：英国 2020 年代的增长机会，2012 年 11 月，上海科技情报研究所收集整理

（徐宏宇）

第四节 德国科技创新战略

德国研究与创新政策以高技术战略为总纲。自 2006 年起，德国联邦政府每隔 4 年相继推出了 3 份高技术战略，汇集各参与方的智慧和共识，凝集各领域、跨部门的研究与创新活动，形成系统化的创新网络布局：不再单独聚焦孤立的技术开发或研究课题，而是以“高技术战略”统观从基础研究到应用的整个价值网络。为应对当前广泛的社会挑战，高技术战略在健康/营养、气候/能源、交通、通信和安全五大重点领域确立了具体的研究方针和目标，旨在使德国在上述 5 个领域成为全球挑战解决方案的推动者，为 21 世纪的国际难题开辟应对之道。本节重点介绍 2014 年最新版本高技术战略的内容和作为高技术战略补充内容的创新理念文件，以及德国用高技术战略有效提升国家创新力的经验。

一、新版高技术战略——为德国而创新

2014 年 10 月，德国联邦内阁批准通过了《新版高技术战略——为德国而创新》，这是继 2010 年发布的《思想 · 创新 · 增长——德国 2020 高技术战略》之后第 3 份国家级“高技术战略”。

（一）新版高技术战略的目标与纲领

联邦政府将高技术战略发展成为一个全面的、综合性的、跨部门的创新战略，衍伸创新这一概念，不仅仅局限于技术创新，而是将社会创新和整个社会也纳入其中，以全局眼光推动研发进程中的创新活动不断向前推进。

新版高技术战略的目标在于，推动德国成为全球创新领导者，让每一个好的点子加速研发成为创新型产品和服务。因为创新型解决方案是德国繁荣与高品质生活的推动力，强化德国作为世界经济强国和出口大国的地位，也是创造性地

解决诸如城市的可持续发展、环境友好型能源、个性化医疗、数字化社会等当下时代挑战的密匙。

新版高技术战略的指导纲领：

（1）构建对新事物开通、喜爱未来技术和创新的社会；

（2）构建将差异视为机遇的社会；

（3）谋求可持续发展，对子孙后代以负责任的态度进行创新；

（4）构建具有竞争力的、实现高就业率的经济，能以面向未来的产品和服务与国际创新对手抗衡；

（5）为研究和创新提供持续性投资；

（6）支持创新和未来技术，谋求显著的社会效益；

（7）让雇员以更高的资质、健康安全、积极主动地开发和利用新的产品和服务；

（8）有针对性地挖掘男性和女性的创新潜力；

（9）在产业界和科技界继续深入开展解决方案创新竞赛；

（10）强化凝集科技界、产业界、社会和政界的人力资源，形成协同效应，为德国提升竞争力、保障长久繁荣所用；

（11）不断扩大高校、科研机构和企业以及国际伙伴的合作，并为新的合作项目提供支持；

（12）利用欧盟科研创新框架计划“地平线 2020”的机遇，为构建“欧洲科研空间”贡献力量。

（二）“五位一体”的战略政策布局

“新版高技术战略”提出了由五大支柱所构成的“创新内核”，详见图 2.4。

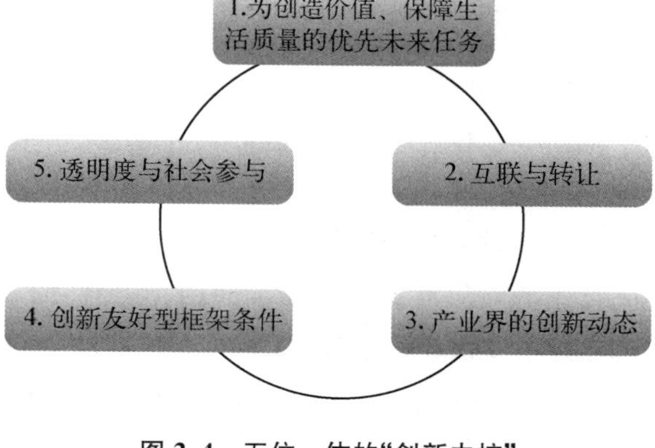

图 2.4 五位一体的“创新内核”

资料来源：德国联邦教研部《新版高技术战略——为德国而创新》，上海科学技术情报研究所(ISTIS)分析整理

支柱一：为创造价值、保障生活质量的优先未来任务

众多行业的生产周期已明显缩短，这使得对系统性解决方案的需求不断增加，因此，相较于潜在的创新收益，相关的必要研发支出在不断增长。在全球转型的时代，德国着眼于竞争力的提升，以及价值创造潜力、就业潜力的挖掘。生产过程中的技术革新已不足够，创新需要的是：消费习惯和行为方式的可持续化，包括构建资源集约化的生产生活方式在内的社会变革。

联邦政府的研究创新政策聚焦于 6 项优先未来任务，详见表 2.15。

表 2.15　研究创新政策的六项优先未来任务及其核心行动领域

优先未来任务	核心行动领域
1. 数字经济和社会	工业 4.0、智能服务、智能数据、云计算、数字网络、数字科技、数字教育、数字生活
2. 可持续的经济和能源	能源研究、绿色经济、生物经济、可持续型农业生产、保障原料供给、未来城市、未来建筑、可持续消费
3. 创新型职业生涯	数字化世界中的工作、未来市场中的创新型服务、竞争力发展
4. 健康的生活	与常见病斗争、个性化医疗、预防与营养、护理创新、强化药物研究、医药技术创新
5. 智能交通	智能化、高效的交通基础设施、创新型交通理念和互联、电动汽车、车辆技术、航空、海洋技术
6. 民事安全	民事安全研究、网络安全、IT 安全、安全的个人身份信息

资料来源：德国联邦教研部《新版高技术战略——为德国而创新》，上海科学技术情报研究所(ISTIS)分析整理

支柱二：互联与转让

产业界与科技界的紧密合作，是德国创新体系的传统优势。联邦政府将为科技界、产业界，以及创新产品与服务的用户之间的合作提供新的帮助手段与支持工具，详见图 2.5。此外，支持资金将更多地流向社会创新领域。

支柱三：产业界的创新动态

德国产业界的创新能力十分强大，这首要表现在近年来高额的创新投入上，且投入资金在不断增加。2012 年，德国产业界的创新投入已达 1 370 亿欧元。但是，创新投入的增长主要依赖于大型企业，中小企业的创新支出近年来并没有显著增加。鉴于此，联邦政府的研究创新资助政策将重点着眼于开发中小企业的创新和增长能量。

创新型企业常常由于资金不足的问题而遭遇市场困境。对此，政府的资助措施能为其提供重要援助，让产品成功引入市场，让企业实现增长，并创造新的

抓手一：强化科技界的创新潜力	● 在转化活动和成果中建立适宜的评价机制 ● 寻求科技界、产业界和社会各界更多样化的合作机会 ● 加速研究机构的拆分进程，让研究成果更好地实现市场化
抓手二：扩大高校与产业界、社会各界实现战略合作的潜力	● 推出新的资助措施，帮助国内高校开拓新的创新合作模式 ● 应用科技大学在应用技术和解决方案研究中与企业密切合作，帮助开发和改良新产品与服务 ● 为大学与企业的战略合作活动提供面向联合研发活动、具有针对性的资助
抓手三：弥合应用缺口	● 推出“学术研究创新潜力之验证（VIP）”计划，协助弥合学术研究与成果商业化间的创新缺口 ● 对产业界公共研究中的技术转移活动，将依托“SIGNO”平台提供更为灵活的资助
抓手四：推动国际化	● 促进研究与企业活动的进一步融合，推动全球化的发展，为尖端集群、未来项目和研究网络的国际化推出新的资助举措 ● 扩大既有的科研合作，开发新的国际合作机制 ● 积极参与制定国际统一的规则、标准和规范

图 2.5　密切产学研的四项抓手

资料来源：德国联邦教研部《新版高技术战略——为德国而创新》，上海科学技术情报研究所（ISTIS）分析整理

工作岗位。由于自有资本和融资渠道的局限，小型企业和创新型初创企业特别依赖于政府资助和风险投资。

联邦政府的创新资助举措主要针对企业与研究机构的技术研发合作和中小企业的技术支持与进步，帮助新想法和非常规解决方案迅速转化为可实现市场化的产品与服务。

联邦政府的工作重心主要落在：

（1）产业界积极挖掘下列关键技术的潜力：数字化在制造过程中的融合、微电子、电池技术、生物技术、信息通信技术、航天等；

（2）改善中小企业的创新环境，将为中小企业提供高效、系统化的促进措施，包括鼓励中小企业参与开放性技术项目，降低其参与专门技术项目的准入门槛，整合欧洲的相关资助计划，激发资助政策的协同效应，确保政策的连贯性与资助的透明度；

（3）以多样化的投融资政策和补助手段，掀起新一轮创业热潮，增加创新型初创企业的数量，并帮助德国高技术初创企业进入新兴市场和国际价值链；

（4）帮助创新落后地区发展，落实“第二阶段团结公约”提高原东德地区的创新实力，对原西德创新能力结构性薄弱的地区实施针对性干预，提高外围农村地区在保障基本生活供给方面的创新潜力。

支柱四：创新友好型框架条件

构建创新友好型框架条件，是德国的一项重大任务。唯此，才能萌生有益的思想火花，进而获得商业上的成功。催生创新的点子并获得落实，需要以下条件：公平的国际竞争环境，开放的市场，充足的融资，有效的知识产权保护。

国际统一标准和规范能帮助企业将创新型产品与服务迅速引入新市场。安全的产品和有效的市场监控能让经济和社会对技术持开放态度。国家对新产品和新服务的需求，能在推动产业界和科技界协作创新方面引发杠杆效应。此外，联邦政府也将持续帮助企业招募足够的专业人才，因为训练有素的专业人才是德国创意、创新和竞争力的源泉。

支柱五：透明度与社会参与

德国认为，创新来自于社会需求、科学发展和技术可能性的相互作用。为了提升德国的创新力，不仅需要国家和企业投资研发，更需要社会各界全面参与创新的全部过程。从科技界到企业界再到公民个人，实现社会各方高度参与的重要前提是透明的研究创新经费资助。

其着力点主要在于：

（1）加强技术开放，创造参与机会。联邦政府将以新的形式和举措来营造共同参与创新的友好文化氛围，如让感兴趣的公民参与制定创新政策，让公民更全面地了解新技术等。

（2）支持开展公民对话和公众科学。开展不同形式的公民对话，借助数字媒体，让所有公民都能简便地参与讨论，探讨战略性问题，获取既有信息，推动政策出台成行。搭建公众科学信息平台，让非职业科学家、爱好人士、志愿者通过系统化的组织开展科研活动，解决公众难题。

（3）深化科技沟通。将研究成果和创新过程用可以被理解的话语表达出来，是科研项目、创新议程中的必设环节。

（4）议程流程。首先，由所有创新参与方经过对话讨论，逐步确定未来资助项目的内容和重点。其次，由各参与方共同推进创新进程，直至实现应用。整个的议程流程也对国际参与方开放。这将让科技界、产业界和社会之间的合作越过创新链直接跃至一个新的水平。

（5）保障透明度，强化战略预见。联邦政府制定全面的沟通战略，提高公众对科研和创新政策的认识。这也适用于德国在海外开展与推广创新活动。借助广泛的专业意见，联邦政府预判、评估未来的社会和技术发展，实行战略预见。

二、高技术战略的补充：《技术激情——勇于创业、促进增长、塑造未来》

2012 年 5 月，德国联邦经济技术部发布了新的创新理念文件——《技术激情——勇于创业、促进增长、塑造未来》。该文件是联邦经济技术部对技术政策的延伸发展，与经济、产业、中小企业、能源和外贸五大领域政策紧密相连，同时也是对德国联邦政府“高技术战略 2020”的补充。

（一）创新理念的核心与目标

1. 创新理念的核心

德国新的创新理念的核心是追求市场经济和技术开放：

(1) 寻求公平、深入的竞争，因为激烈的竞争是培育创新的最佳土壤；

(2) 构建技术创新友好型框架条件，才能让企业的创新能力得到最好的发展；

(3) 用技术开放项目来支持经济界的创新工程，即企业为解决技术问题自行寻求解决方案。因为企业能比国家更好地预估未来市场；

(4) 向能为解决全球性问题做出重要贡献的技术提供资助，例如缓解气候变化，保障能源、原料供应等。

2. 创新理念的三项目标

德国新的创新理念确立了 3 项雄心勃勃的目标：

(1) 到 2020 年，成为世界顶级的技术和创新友好型国家；

(2) 到 2020 年，研究型企业数量增加到 4 万家，创新型企业增加到 14 万家；

(3) 进一步扩大德国的技术出口领先地位，成为技术出口冠军。

（二）实现创新理念的三类举措

德国联邦经济技术部认为，创新是历经一场复杂过程之后所取得结果，不仅涉及技术进步，也有诸多方面的共同参与，包括经济、人力资源、组织能力、法律和社会因素，如对技术的热爱和价值观。因此，要实现创新理念，需要经济、研究、公共管理领域和民众的共同努力。

举措一：提高对新技术的开放程度

社会价值观是经济活动的基础。当社会对某项新技术持保留态度时，这项技术就很难发展和引入，甚至丧失大量出口机会。比如德国就没有充分利用基因技术的发展机会。

拥有优秀的自然科学和工程科学专业人才，是进行研发的先决条件。因此需要激发儿童和青少年对技术的兴趣，使其在自然科学和工程科学方面拥有扎实稳固的教育基础。

具体措施包括：

（1）研究如何可以继续提高社会的技术和创新友好度。

（2）建立数字化信息模型，以通俗易懂的形式讲解新技术，展示新技术的多样化应用。并将信息模型设在公共平台上和教育机构中。

（3）从联邦经济技术部资助的创新工程中遴选出部分作为“灯塔项目”，鼓励企业、管理人员和民众积极参与其中。

（4）和经济界一起设立新的创新奖项。

（5）激发年轻人对技术型岗位的兴趣。

（6）将更多技术知识和企业应用知识带入中学。

（7）鼓励民众积极参与技术创新。例如鼓励居民使用智能电表，由此可以精确分析用电情况，推动供电改造。

举措二：构建创新友好型框架条件

要使创新繁荣发展，就要保证竞争规则对于所有市场参与者都是公平和透明的。国家需要尽可能减少税收、官僚作风所造成的负担，从而扩大资金力量的施展空间。知识产权必须得到有效保护。技术规则、标准和规范必须顾及技术的新发展，为创新和防范风险预留广阔空间，并获得国际认可。特别是在信息通信技术的应用方面，一来需要为创新提供大量自由空间，二来要保障数据交流的安全。

创新通常是研究界和经济界的共同成果。经济界对高质量的研究和技术基础设施颇有需求。

创新框架条件还包括教育和培训体系、对专业人员需求的保障等。

具体措施包括：

（1）支持德国联邦反垄断局和联邦网络管理局在保护竞争方面的相关工作。

（2）继续减少行政化手段带来的压力，减轻企业文件报备、注册事务等负担。

（3）在税负方面，为研发活动继续减免税收和提供补贴。

（4）为知识产权提供持续性保护，推进统一的欧盟专利法。

（5）对敏感数据进行长期保护，建设和使用智能化的基础设施（生产、能源、交通等）。

（6）积极参与制定全球统一的标准、规范和技术规则。

（7）通过使用标准和规范，将研发成果及早引入市场，更好地实现知识和技术的转化。

（8）将保障专业人才的潜力得到发展作为创新政策的一项重点。

（9）降低专业人才移民进入德国的门槛。其中，学术专业人才的收入要求降低到 44 800 欧元，紧缺人才降低到 35 000 欧元。

(10) 为中小企业设立专业人才保障中心，为中小企业提供咨询服务，以促进其获取国内外专业技术人才。

(11) 加快对国外技术资格的认证，积极实现技术资格标准的国际统一化。

(12) 充分利用全球数字化的机遇。

(13) 在经济活动和社会活动中更广泛地应用因特网。到 2020 年，全国使用因特网的人口(14 岁以上)比重从现在的 75%增加至 95%，全国使用手机上网的人口比重从现在的 30%增加至 75%。

(14) 继续发展“宽带网战略”。到 2014 年，让全国 75%的家庭接入速度为 50 Mb/s 的宽带网。

(15) 向在能源经济中引入最现代化的 IT 基础设施提供资助，例如推动智能电网和智能电表的发展与应用。

(16) 扩大与经济界和民众之间关于信息通信技术运用的沟通。

(17) 为经济界提供一流的技术和质检基础设施。

举措三：加强中小企业的创新活动

中小企业代表着想象力、创造力和创新力，它们为德国的经济增长和促进就业做出了重要贡献，它们能对市场新动向做出迅速反应。要充分发挥中小企业的创新潜能，就需要创造有利于中小企业发展的友好环境，如减少官僚主义和保证专业人才需求等。

规模较小的企业在创新活动中往往遇到资金有限的难题。尤其是一些年轻的快速成长型企业需要不同程度的支持，以保证创新活动的完整进行。

具体措施包括：

(1) 积极落实联邦总理所宣布的“风险资本投资补贴”计划，为参与建立新的创新型企业的私人投资者设立新的投资补贴。

(2) 与欧洲投资基金一起设立一项额度为 6 000 万欧元的“欧洲天使基金”，为遴选出的经验丰富的天使投资人和非机构投资者提供资金，额度为投资总额的一半。

(3) 为风险投资企业提供具有国际竞争力的管理环境和税收条件。

(4) 推进高科技创业基金的成功运行，直接资助年轻的技术公司。

(5) 在高校中继续推广和发展创业战略，激发高校学生的创业兴趣，将研究成果更迅速地推入市场。

(6) 让信息通信技术领域的新创企业数量继续增长。

(7) 改善新创企业进入专业技术领域的环境。

(8) 让银行和其他金融机构积极履行社会责任，为在未来技术领域活动的中小企业进行融资提供帮助。

(9) 在推行“巴塞尔协议 III”过程中，不允许对中小企业创新行为的融资造成阻碍。

(10) 与创新型中小企业进行发展对话。

(11) 继续推行中小企业创新核心计划(ZIM)。ZIM 的资助金额从 2011 年 3.9 亿欧元增加至 2012 年的 5 亿欧元。

(12) 鼓励更多企业参与跨行业、跨技术以及国际性产业研究活动。

(13) 对研究成果实现高效商业应用造成障碍的因素进行分析。

(14) 为企业自主建立的创新集群提供智力支持。

(15) 继续优化推动外贸的各项工具，开辟新市场并规避风险。这对高技术产品的出口尤为重要。其中，德国将设立新的驻外商会，帮助执行对外投资政策。

(16) 对创新型企业在“优化地区经济结构”领域内进行的投资活动提供资助。

(17) 在公共采购中支持购买更多的新技术产品。

三、高技术战略：德国创新能力上升的重要因素

德国联邦政府认为：德国面临的挑战也是欧洲和世界各国面临的挑战，找到当代严峻挑战的解决之道，并将其推向全球市场，解决全球挑战是德国作为世界经济和科学大国的责任。2006 年起，德国汇聚各部门力量推行“高技术战略”。“高技术战略”统观全局，关注从基础研究到市场应用的整个价值链，成为德国创新能力上升的重要因素。

高技术战略的成功经验主要可归结为以下几点。

1. 立足于社会需求

高技术战略以社会需求为导向，旨在为当代重大社会挑战寻找整体解决方案，这一点有异于以往的科研创新政策。截至 2013 年，德国联邦政府已经为高技术战略投入 270 亿欧元，用以在环保能源、医疗卫生、可持续交通、安全、通信领域开展科研，以找到经得起未来考验的解决办法，将德国发展成为面向未来的生产基地。这种用统一的科研与创新政策支持科学与经济发展的做法对许多欧洲国家和全球合作伙伴国家均具有示范意义。借鉴德国高技术战略，欧盟“地平线 2020”计划也把应对社会挑战作为创新政策的核心。

2. 聚焦于长远愿景与目标

高技术战略就应对社会挑战提出了具体的科研政策指导原则和目标。例如，建设低排放、高能效、气候变化适应型未来城市，这样的愿景不仅使普通公众能理解科学术语，也能让他们清楚地理解新的科技突破可为生活带来哪些机遇。

在十大未来项目中，德国高技术战略抓住了德国未来发展的重要趋势。这十大未来项目不只限于科研，而且还制定了具体的框架条件和方案落实措施，由政府、经济界和科学界共同实施，同时吸收社会各界广泛参与。

3. 加快知识和思想走向创新

科技界与产业界密切开展研发合作、结成网络是德国创新体系的传统优势。德国企业不断加大企业研发部门开放力度，将顾客、供应商和科研机构纳入产品和生产工艺研发和改进过程，形成了开放创新的新型研发文化，加快把知识转化为适销对路的产品。德国联邦政府的目标是在现有基础上更好地汇聚科技界与经济界的力量，释放新能量。政策焦点是建设中小企业创新集群网络。小企业创新核心计划显著加强了经济界和科技界的联系，2008—2013 年，同大学合作的中小企业比例从 16.7%增长到 42.9%，同科研机构合作的中小企业比例从 15.6%增长到 39.9%。此外，有 15 个集群从尖端集群竞赛中胜出，有 90 多个创新集群从“走向集群化”项目中脱颖而出，有 287 个以中小企业为特色的创新网络因中小企业创新核心计划而形成。高技术战略使这样的合作越来越具有吸引力，越来越多的高校和科研机构从最初就参与到研发过程中。

4. 为创新创造有利条件

高技术战略以支持创新型中小企业和初创企业发展为重点，致力于激发研究密集型产业、知识型服务业与市场开发的新潜力。德国联邦政府大幅增加中小企业创新资助，2013 年投入超过 14 亿欧元。同时，高技术战略使中小企业更容易获取融资和专业建议。例如，EXIST 计划改善大学和科研机构的创业气候，为初创企业提供资助。高科技创业基金弥补德国高技术企业创建初期资金不足问题，已成为德国最大和最重要的早期投资工具。为促进年轻创新型企业发展，德国联邦政府还从法律上加强创业投资市场建设，尤其是最近制定了促进天使投资发展的政策工具。除扶持创业外，德国联邦政府还加强了创新产品采购和标准化工作。

5. 充分利用关键技术带来的机遇

高技术战略所列举的关键技术，如信息通信技术、纳米技术、光子学、生产技术、材料研究和生物技术、航空航天技术等，都堪称创新的发动机。该战略旨在稳固德国在这些关键技术上的尖端地位，加速科研成果在产品、流程和服务中的实现，进一步加强德国作为系统解决方案提供者的地位。

6. 提高科研及创新效果

保证科研项目质量，检验支持措施的成效，是德国联邦政府创新政策的重要组成部分。政策评估对促进政策效力发挥具有重要意义。德国高技术战略中的所有重要举措和行动在事前、事中、事后均要接受评估。在德国新一届联邦政府的联盟协议中，联邦政府表示要进一步提高政府行动效力，因此会更多地在政策制定阶段进行政策效力分析，更多地评估已有法律和方案，系统地检验其效力。

（陆　颖）

第五节　法国科技创新战略

20世纪90年代末期，法国开始实施一系列科技创新政策。1999年颁布的《创新和研究法案》旨在重构法国的创新体系，鼓励公共研究机构与企业合作，实现费用与利益均摊，从而加快科技成果的转化。2003年，《法国创新计划》出台，大力支持发展风险投资、企业孵化器、产业战略研究等，并强调"科研税收抵扣政策"的广泛实施，成为促进企业研发创新的重大推手。2006年实施的《研究规划法》则进一步规范了国家对科技创新的资源分配，强调基础研究的重要性，以及制定长期研究计划的必要性。

2012年5月，法国总统弗朗索瓦·奥朗德执政后，提出了深化高等教育与科研改革的执政新理念。2013年法国通过《新高等教育和研究法》时，称这是为了"在研究方面铸就新的宏图"①。在该法案的指导下，法国制定了《法国-欧洲2020——关于研究、技术转化和创新的战略议程》，明确了国家在未来近十年间优先发展的科研领域，并制定了一系列促进技术转化和创新的举措，以确保法国在欧洲的领先地位与竞争力。本文将从立法保障、战略推进、技术路线和配套举措四个层面，尝试勾勒法国的科技创新战略。

一、立法保障：《新高等教育和研究法》

2013年7月22日，法国正式颁布《新高等教育和研究法》，首次将高教与研究二合为一立法。就研究方面，该法案提出了如下4项重大变革②：

第一，制定国家科研的战略议程，明确界定法国应该要优先发展的研究方向，且该战略议程应每五年进行一次修订。

第二，成立"战略研究理事会"，专责制定国家的科研战略，直接向总理汇报。

第三，保护基础研究，简化科研项目和资金管理的流程。

第四，高校等公共研究机构也要担负起研究成果转化的职能。

---

① Une nouvelle ambition pour la recherche, http://www.gouvernement.fr/action/une-nouvelle-ambition-pour-la-recherche 2015.03.12

② Projet de loi d'orientation pour l'enseignement supérieur et la recherche http://multimedia.enseignementsup-recherche.gouv.fr/strategie_et_organisation/loi/index.html#/32/2015.03.12

因这项法案的出台，是年 12 月 19 日，法国成立了“战略研究理事会”，由法国总理担任委员会主席，与法国高等教育与研究部共同拟定并发布了名为《法国-欧洲 2020——关于研究、技术转化和创新的战略议程》的战略性文件。

二、战略推进：《法国-欧洲 2020——关于研究、技术转化和创新的战略议程》

从 2013 年 5 月至 2014 年 6 月，《法国欧洲 2020——关于研究、技术转化和创新的战略议程》(下文简称《法国-欧洲 2020》)经历了公众咨询和修改，最终得以正式发布。这份战略文件，旨在帮助法国各类研究更好地应对科学、技术、经济和社会方面的重大挑战，充分调动起科技界的创新活力，增强法国的国际竞争力。其核心内容有如下 9 个方面。

1. 确定科研与创新发展的重点领域

首先明确了法国科研需要积极面对的重大社会挑战，分别为：资源节约化管理与适应气候变化；清洁、安全和高效能源；刺激工业振兴；健康与生活舒适；食品安全与人口挑战；交通与可持续城市体系；信息与通讯社会；创新型和适应型的和谐企业；发展欧洲航天事业的雄心。这些将成为法国未来科研和创新发展的重点领域。

2. 调整国家科研的协调机制

法国将建立一个部际间多维紧密合作的管理机制，以确保《法国欧洲 2020》能获得所有参与方(决策者、科学工作者、企业家和公众)的支持。该管理机制包括如下跨部门的机构：

(1) 战略研究理事会：受命于总理，由国际、国内高水平的科学家、专家和社会经济界知名人士组成。该理事会由总理直接或委托高等教育和科研部长领导。理事会将为《法国-欧洲 2020》议程建议科研与创新战略重点，并提交政府审议通过。

(2) 部际指导委员会：由高等教育与研究部的研究与创新司长主持，联合学术与工业研究领域的参与方、科技决策评估议会办公室(OPECST)。在战略研究理事会的支持下，该委员会将负责战略研究议程的制定与实施，并向战略研究理事会报告工作进展。

(3) 国家专项研究联盟：由生命科学联盟 Aviesan，环境联盟 AIIEnvi，能源联盟 Ancre，科学与数字技术联盟 Allistene，人文与社会科学联盟 Athena 组成，致力于改善公共科研系统，组织国家同参与方之间进行战略对话。国家联盟超越了各方之间的藩篱，使当今法国科研更加周密协调。

3. 鼓励企业与研究机构合作

法国需要建立一个结构化的，强有力的体系(像德国弗劳恩霍夫研究所)，对拥有的诸多可利用的优势资源：科技竞争力集群、卡诺研究院、技术研究院(IRT)以及低碳能源研究所(IEED) 进行统筹。同时，法国还需要加强法国技术研究与合作研究，特别是通过鼓励企业与科研实验室合作的系列政策(如研究税收抵免、卡诺科研机构网等)。法国也特别关注知识产权问题。具体措施如下。

(1) 法国原子能中心科研所(CEA - Tech)：致力于传播关键使能技术(key enabling technologies)，作为技术的提供者，与所有主要的地区工业部门展开合作。

(2) 卡诺研究院 3.0(Carnot3.0)：加大对卡诺研究院①网络的支持——现在法国领土内共有 34 个卡诺研究院。依据 2014 年的中期评估，将确定新建一些研究院的方向，最终建成能与德国弗劳恩霍夫研究所比肩的研究院。

(3) 技术：一方面是关键使能技术(KETs)、未来新兴技术(FETs)和欧洲创新科技研究院(EIT)，实现法国国家科研署的项目与他们在欧洲层面上的互联互通，以获得最大的杠杆效应，利用积极的同业间压力激发生态系统的活力。另一方面是法国国家科研署的“LabCom”项目：即创建 100 家中小企业和学术研究机构合作的实验室。

4. *发展数字化教育和基础设施*

国家劳动生产率越来越强烈地依赖于信息系统的掌握程度及合适的信息获取、存储、传输与应用能力。法国必须加强高性能计算电子基础设施的建设，并大力发展云计算。要充分发挥这些工具的作用，调动科研团队的积极性，以便把研究实力转化成企业的发展能力。

(1) 高性能计算方面，法国国家大型计算中心②(GENCI)主导的法国超级计算项目将长期为科学界和企业，尤其是创新型中小企业和中型企业提供服务。除了硬件设施的投资，法国创新署(Oséo)和公共实验室已经参与发起一个研发项目，旨在简化行业专家和科学家们连接超级计算机的路径。

(2) 大数据方面，计划实施能够处理大量数据并为科研提供服务的全国学术“云”，基于现有的结构，着重于发展互通性，升级现有的 RENATER 网络，使之能够适应于新的云。

(3) 数字化教育方面，通过“法国数字大学”加以发展，建立跨学科的网上科研社区，尝试建立科学数据库来评定电子教育项目。

---

① 卡诺研究院项目于 2006 年启动，旨在推动公共研究和企业之间的科研合作和技术转化。

② 法国国家大型计算中心成立于 2007 年，国家控股 49%的非商业公司，主要负责管理国家大型计算项目。也是法国国家科学研究院管理的拥有重大科研装置的机构之一，是法国在“欧洲高级计算合作计划”(PRACE)中所承担的部分。

5. 促进创新和技术转化

计划从 6 个方面通过 15 项具体举措促进技术转化，如表 2.16 所示。

表 2.16 《法国-欧洲 2020》促进技术转化的具体举措

(1) 加强对各项目参与方的引导、支持和跟踪	在法律和科研行为准则中重申公共研究的知识转化使命；
	在对科研人员的职业评估中更多地考量知识转化的指标；
	发展一系列与技术转化相关的指标，尤其聚焦于经济影响而非活动本身，建立更好的技术转化相关政策；
	在每一层级都设立战略指导委员会，指导技术转化及创新；
(2) 在公共研究机构中普及技术转化与创新文化	在公共研究人员中推行培训计划；
	建立关于知识转化专业人员的培训项目网络；
	在所有高等教育项目中增加关于创业和创新的课程；
(3) 出台公共研究机构知识产权管理新框架，以实现最高效的技术转化	简化不同公共研究机构共同持有一个知识产权的问题；
	加强公共研究机构的技术的产业化和商业化，尤其对那些在法国国土上的中小企业和中型企业；
(4) 进一步促进对创新型中小型企业和中型企业的技术转化	在合作研究领域的研究机构将以业务部门为单位进行体系构建，使之与部门的政策相一致，尤其是卡诺研究院。通过这种方法来获得更高影响力的合力，也方便创新企业了解这些研究机构；
	法国国家科研署将出台计划，支持科研实验室、中小企业和中型企业、LabCom 共建合作实验室。法国国家科研署计划发布“挑战”课题，动员创新中小企业/中型企业的科研团队参与；
	在最新的中小型企业指南系统中明确建立研究人员和中小型/中型企业的直接联系；
	通过 CIFRE 项目，鼓励博士生走进中小企业和中型企业；
(5) 继续推动以创业方式开展的技术转化活动	制定计划支持那些通过创业实现的技术转化，包括国家创业的振兴、创新技术的竞争、技术转化加速公司(SATT)的发展，通过科研优化初创企业的成熟流程和发展能力；
(6) 通过公共政策支持并调动关于技术转化和创业的研究	建立服务于创新经济的联网“想法池”，以协调公共领域的研究，利用和整合相关数据，并提供评估和分析来支持研究与创新领域的公共政策。

资料来源：法国高等教育与研究部，上海科技情报研究所(ISTIS)分析整理

6. 普及科技文化

(1) 高等教育和研究部与文化交流部、生产振兴部等相关部门合作，起草国家在科技文化方面的战略规划与行动计划，提交国家科技产业文化委员会

(CNCSTI)审议;

(2) 去中心化,授予大区议会协调本地科技产业文化的权利,他们可以先于国家科技产业文化委员会(CNCSTI)制定自己的行动计划;

(3) 在学术机构与教育部签订的协议中纳入传播科学文化这项指标,要求博士生与大众交流科学研究的目的,使每项科研单元都与学校课堂相连接;

(4) 注重中学阶段科技文化的传播;

(5) 通过"未来投资计划"①,鼓励科技文化领域的结构性建设项目(如建立现有项目的门户网站、为大众分享最佳实践和信息等),扩大面向学校的项目的学科范围,发展新媒体方面的计划(网络、电台等);

(6) 经济界决策者、媒体和相关政府官员将定期进行研讨会,商讨诸如如何把科技课程更好地结合到新闻学课程中等问题,加强同法国欧洲新闻工作者协会的联系,探讨科学与媒体的关系;

(7) 利用智能单元监控有争议的科技发展,并联系高等教育与科研部的相关专家,发起全民讨论,内容可以关于科技以及科技涉及的职业道德、危机管理等。

7. 制定与科研和创新重点相符的规划

每年都要制定科研与创新重点的规划,同时回顾前一年的执行情况,并及时调整国家科研署来年的优先事项。政府将特别重视基础研究,并为其研制一套与其发展节奏相符的评估体系,允许勇气、创造性、示范性和独创性得到充分的表达。

8. 构建统一协调的科研环境

强化大学之间的联合,形成集聚所有利益相关者(大学、工程技术学校、研究单位)的产业生态系统(学区),使科研方和企业界的合作更为便利。在每个学区里,各个大学不再单独与国家签订多年合同,而是由大学联合体与国家签订单合同。合同内容基于该地的总体战略需求,并充分吸取基地内所有科研主体的意见,且与国家确定的重点科研方向一致。

9. 提高法国科研在欧洲和国际上的影响力

(1) 在国际研究机构中安排专家,扩大影响力,进一步加强欧盟资金在跨国企业中的使用;

(2) 协调地理区域的优先项目与工业园区的科技优先项目相一致;

(3) 提供外语类课程吸引海外学生,把国际学生和研究学者的移动性纳入高等教育和研究机构的战略制定中,加强学生和学者的对外和对内交流,并在雇

---

① Le Programme d'Investissements d'Avenir,简称"PIA"。主要面向高等教育、科研、工业、中小企业、可持续发展,以及数字经济等领域。该计划一共 350 亿欧元,其中 220 亿欧元用于高等教育与研究。

佣、职业考评过程中增加国际交流的承认度；

（4）加强立法和规章制定，吸引国外人才；

（5）发展创新教育，如开展合作学位项目，建立更多的高等教育机构、博士学院、数字大学；

（6）加强科研领域的合作，尤其是健康、城市系统、可再生能源、水管理和环境等领域等。

三、技术路线：《法国-欧洲 2020：国家科研战略》

2015 年 3 月 5 日，法国高等教育与研究部发布了《法国-欧洲 2020：国家科研战略》，可以看做是《法国欧洲 2020》战略议程的一个延伸，其中，在重大社会挑战方面新增了 1 项挑战——欧洲公民和居民的自由与安全，同时针对一些诸如电子数据大爆炸等 5 个关键而紧急的领域，提出若干科研方向与举措，罗列如下。

1. 大数据：知识与发展的重要矿藏

（1）形成分析海量非结构化数据的通用解决方案，使之能够适用于各种学科、企业和公共机构的研究；

（2）运用大数据建立跨学科的社区，以解决特定的科学、经济、环境、社会问题；

（3）发展能存储和处理多种学科的大数据的基础设施，尽可能确保各学科间方法的一致性和池的共享；

（4）在初期教育和继续教育过程中，培养管理和使用数据的专家（“数据科学家”）以及提取知识的专家（“知识科学家”）。

2. 地球系统：通过对地球系统观测数据的获取和开发，预测气候变化带来的后果

（1）在观测基础设施以及相关数据处理领域建立、发展突破性技术，尤其是卫星图像和传感网络的嵌入式技术方面；

（2）推进气候和环境服务的发展，用于气象预报和风险评估，监测农业生产，预测能源需求；

（3）在接近真实生活的“生活实验室”中进行试验，结合创新科技，实现可持续的粮食生产体系和生物质的最佳利用，推动绿色化学、生物基材料和能源应用的发展。

3. 生物系统及其应用：支持对生命的理解的新概念产生，发展医药和工业领域的应用

（1）构建系统生物学领域的科学社区，促进对该领域研究者的培训（博士

生、继续教育等)；

(2) 支持建立系统生物学和合成生物学领域的多学科中心，在实验生物学中结合物理和数学模型，确保医疗、环境、食品和化学领域上下游之间的强耦合关系；

(3) 建立一个医疗用途的高容量测序平台，方便地获得生命建模所需的“组学”类型数据。

4. 患者实验室：联合实验室研究、临床研究和个人创新，共同造福患者

(1) 刺激健康领域的创新，支持那些在社会和行业拥有极快速技术转化潜力的项目。

5. 人类与文化：通过个人与社会的现实行为学习了解人文现象

(1) 支持跨学科的平台建设，为那些文化研究、人类行为建模、信息和决策之间转换分析领域的项目建立门户网站，旨在连接社会科学、生命科学和数字科学；

(2) 发展大型数据基础设施，以支持国家和欧洲层面关于人性和社科大规模的调查研究；

(3) 研究人的因素在风险管理中的作用，以优化复杂环境下的决策；

(4) 确保社会及人文科学有效地向社会经济界转化，尤其是政府、初创企业、产业界和大众。

四、配套举措：与科技相关的创新、创造与创业

1. 创新：全球“创新 2030”提案大赛

2013 年 4 月，法国总统奥朗德成立了“创新 2030 委员会”①，由法国的生产振兴部部长阿尔诺·蒙特布尔领导。6 个月后，该委员会向总统提交了名为《创新原则及七大发展重点》的研究报告，规划未来 20 年法国的工业及科技发展重点。其七大领域是：能源储存、物资(稀有金属)回收、海洋资源的利用、植物蛋白及植物化学、个性化医疗、银发经济、大数据开发。基于这份报告，2013 年 12 月 2 日，总统发起了一项世界性的创新提案大赛“创新 2030”，政府投入 3 亿欧元，围绕上述七大领域选拔具有潜力的创新项目。世界各地的产官学研究机构均可参与，入选的提案必须在法国执行，并可获得法国政府的补贴。法国希望通过这项比赛，发掘全球人才，并吸引他们在法国发展，以形成各种重大创新。

这项比赛将分成如下 3 个阶段：

---

① Innovation 2030，http：//www. entreprises. gouv. fr/innovation - 2030/accueil-innovation - 2030 2015. 03. 13.

(1) 起步：2014 年 3 月底遴选出 135 个杰出的提案，给予最高 20 万欧元/项目的经济补贴。甄选的主要标准包括：对七大目标领域的响应度；创新颠覆度(科技或非科技创新)；科学与/或技术可行性；项目潜在经济效益；发起人的执行力等。

(2) 陪伴：自 2014 年 10 月起，再挑选 30～40 个潜力项目，资助其进行研发或试验，每个项目可享受 100 万到 300 万欧元的投资。

(3) 发展：将于 2016 年启动，从“陪伴项目”中，按照 7 个领域，各选 1 至 2 个最具有创新性的项目，资助这项目真正产业化。

2. 创造：“工业新法国”计划

2013 年 9 月，法国总统宣布实行为期 10 年的工业复兴计划。“工业化新法国”计划，旨在通过加强对关键技术的长期投资，提升法国的工业实力，以带动经济和就业的增长。

“工业化新法国”计划依据三项标准确立了 34 个优先发展的工业项目：第一，该项目必须属于一个增长型市场，或在世界经济中表现出一定的增长潜力；第二，该项目所涉及的顶尖技术必须是由法国掌握的；第三，在相关市场上，法国企业已占得领先地位，或者相关市场具备保证法国企业可以脱颖而出的环境与条件。据此标准所确定的 34 个工业项目包括可再生能源、100 公里油耗少于 2 升的汽车、电动汽车充电站、可长时间使用的电池、无人驾驶汽车、电动飞机及下一代飞行器、重载飞艇、嵌入式软件和系统、全电推进卫星、未来高速列车、绿色船舶、智能纺织技术、木材工业、可循环和绿色材料、建筑物节能改造、智能电网、水质管理、绿色化学和生物燃料、医药生物技术、数字化医疗、医学仪器和新医疗设备、安全卫生可持续食品的创新性生产、大数据、云计算、数字化教学、电信主导权、纳米电子工业、智能互联设备、增强现实技术、非接触式服务、超级计算机、机器人、网络安全、未来工厂。

每个项目都指定一名项目带头人，绝大部分由相关行业组织或领先企业的负责人出任。带头人负责召集相关从业者和专家制订本项目的开展计划。法国政府在计划中的主要功能有三：第一，规划优先事项，但具体事务由专业人士确定；第二，营造良好的经营环境，比如出台税收优惠政策、提高年轻人教育水平、鼓励科研院所开展相关科研；第三，提供金融支持，便于企业及时融资。

截至 2014 年 9 月即计划实施一年之后，已有多个项目获得了相当的发展，如 2014 年 4 月法国空客公司已成功试飞第一架电动飞机等。

3. 创业：“法国科技”计划

2013 年 11 月 27 日，法国政府启动“法国科技”计划(La French Tech)，旨在培植法国的科技初创企业，并辅助其成功迈向国际化。“法国科技”计划依如下三轴线发展。

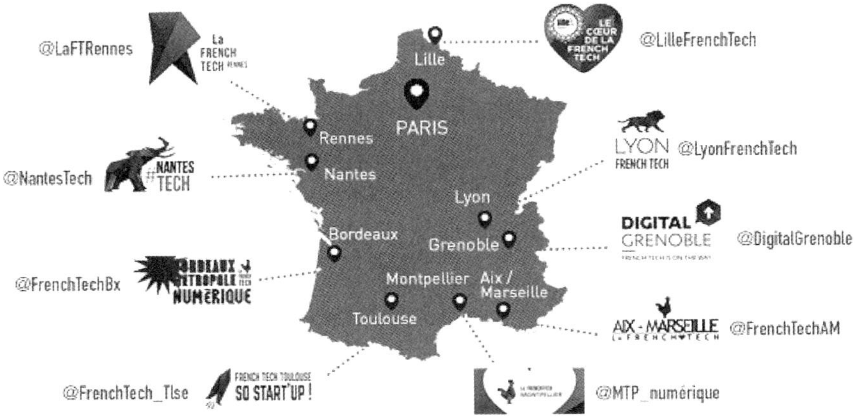

图 2.6　“法国科技之都”分布图①

(1) 联合：首先，鼓励各个大区内的所有的利益相关者聚集在一起，为科技创业者们——尤其是数字产业领域的创业者构建有利于创业的生态系统。然后每年评定一批大区为“法国科技之都”。2014 年 12 月 12 日，如图 2.6 所示，第一批共有 9 个地区被授予“法国科技之都”的称号。该称号将维持一年，获得政府相应的支持与监督，按月召开协调会和专题交流，需开展一定的创新项目，并向公众发布。

(2) 加速：2016 年至 2017 年间，数字“初创企业育成中心”将在巴黎落成并启用。同时，由法国国家投资银行(BPIFrance)管理的 2 亿欧元的投资基金将用于资助这些初创企业。

(3) 推广：政府注入约 1500 万欧元向全球推广“法国科技”计划下推出的“法国科技之都”和数字初创企业，从而提高法国科技企业的全球能见度和国际影响力。

在这整个过程中，法国政府除给予经费资助外，不会直接干预初创企业的发展，但推出如下两大举措予以支持。

(1) 推“人才护照”吸引国际人才。“人才护照”将简化申请工作签证的流程，其持有者及其家属将获得四年有效的签证。对应法国经济的需求，该计划将覆盖七类专业人士：高质量的工人、投资者、高水平的年轻毕业生、研究者、在科学、文学、教育或体育、艺术方面拥有国际名誉的海外人士。政府希望每年能签发 1 万份“人才护照”。

(2) “法国科技票”帮助海外企业驻扎法国。获得“法国科技票”(le French Tech Ticket)的海外创业者将为他的科技创业项目赢得 2.5 万欧元的资助金，

① 图片来源法国政府网站 http://www.gouvernement.fr/action/la-french-tech-une-ambition-collective-pour-les-startups-francaises.

同时能获得专门机构提供的创业孵化服务。

（施　雯　陈　煦）

第六节　日本科技创新战略

一、科学技术基本计划

日本于1995年制定并实施《科学技术基本法》(1995年11月15日法律第130号)，该法是日本首部关于日本科学技术[①]政策的基本法，也是日本以“科学技术创造立国”为目标，强有力地推进科学技术振兴的坚实法律后盾。《科学技术基本法》通过规定关于科学技术振兴政策的基本事项，综合性且有计划地推进振兴科学技术的相关政策，达到提升日本科学技术水平，为日本经济社会的发展和国民福祉的提高做出贡献，同时也为世界科学技术的进步和人类社会的可持续发展做出贡献。

《科学技术基本法》的重要内容是以法律形式推动科学技术基本计划的制定和实施。基于该法律，日本于1996年开始制定5年为1期的科学技术基本计划，每期基本计划必须包含以下事项：① 关于推进研究开发[②]的综合性方针；② 关于研究设施及研究设备的改进、促进研究开发信息化及其他利于推进研究开发的环境改善，政府所应采取的综合性且有计划的对策；③ 其他关于科学技术振兴的必要事项。此外还规定政府在制定科学技术基本计划时，必须预先经过综合科学技术创新会议[③]的审议，并要求政府为确保科学技术基本计划的顺利实施，必须致力于在每年度国家财政允许的范围内，采取必要措施将计划实施所需要的经费列入预算。

“第1期科学技术基本计划”以1996—2000年度为对象，提出基于《科学技术基本法》的成立，为了综合、有计划且积极地展开日本的科学技术政策，要将“强有力地推进符合社会经济需求的研究开发”和“积极振兴基础研究”作为推进日本研究开发的综合性方针，在定为研究开发推进方向的同时，也要定为研究开发推进体制及条件的调整方向，并沿着该方针指明的方向展望未来10年左右的科学技术发展并具体化为5年的科学技术政策。

“第2期科学技术基本计划”以2001—2005年度为对象，该期基本计划与第1期相比，研发投入力度更大且重点领域突出，明确提出要聚焦四大重点领域(生命科学、信息通信、环境、纳米材料)和四大基础领域(能源、制造技术、社会基

① 不包括仅与人文科学相关的内容。下同。
② 指基础研究、应用研究及开发研究，包含技术的开发。下同。
③ 前身为综合科学技术会议。

础、前沿领域①)，同时提出要从竞争性资金、间接经费②、人才流动性、重视青年和评价等诸多方面推进研究开发体系的改革。

"第3期科学技术基本计划"以2006—2010年度为对象，提出了三大理念、6项大目标和12项中目标，明确了三大科学技术战略：一是推进基础研究；二是聚焦政策课题应对型研究；三是发展以安全放心和国家发展为根本的科学技术。此外，还提出要推进科学技术体系的改革、发展得到社会和国民支持的科学技术、展开国际合作、强化综合科学技术会议的作用等。

日本当下正在实施的"第4期科学技术基本计划"以2011—2015年度这5年为对象，于2011年8月19日由日本内阁正式审议通过。基于本期基本计划，日本全国上下正在致力于振兴科学技术创新。通常日本政府会在前一年度结束前制定下期基本计划，不过此次由于2011年3月11日发生东日本大震灾，因此对基本计划内容进行重新考虑，推迟了制定时间。

"第4期科学技术基本计划"提出五大目标，旨在通过科学技术创新塑造未来的日本国家形象：一是完成灾后复兴与重生，未来实现可持续增长与社会发展的国家；二是实现安全、富足、优质国民生活的国家；三是引领解决大规模自然灾害等全球规模难题的国家；四是拥有作为立国基础的科学技术的国家；五是持续创造知识资产，将科学技术作为文化培育的国家。该基本计划确定日本今后科学技术政策的基本方针有：① 一体化展开"科学技术创新政策"；② 进一步重视"人才和支撑人才发展的组织的作用"；③ 实现"与社会共同推进创造的政策"。

二、综合科学技术创新会议

1959年2月，日本基于《科学技术会议设置法》(1959年法律第4号)，将科学技术会议作为内阁总理大臣的咨询机构设置于总理府，便于政府综合性地推进科学技术政策。直至2001年1月6日，基于《内阁府设置法》(1999年法律第89号)，在内阁府设置综合科学技术会议，同时废止《科学技术会议设置法》和科学技术会议。综合科学技术会议统揽日本整体的科学技术，进行科学技术政策的企划立案和综合调整，会议由内阁总理大臣直接领导，成员包括相关阁僚和有识之士等。2014年5月19日，通过修正《内阁府设置法》，将"综合科学技术会议"改组变更为"综合科学技术创新会议"，追加了关于促进创新的调查审议事务职能。改组之后的"综合科学技术创新会议"作为日本科技创新政策的指挥塔，

① 这里指的是探索勘查未知的宇宙、海洋等，推进开发利用全新应用领域的相关研究开发等。

② 这里指对于获得竞争性资金的研究机构或研究人员所属的研究机构，按照研究直接所需经费(直接经费)一定比例进行分配的经费，作为伴随研究实施的研究机构管理等所需的经费。

具备统揽全局和横向串联的功能，可以一体化推进科技振兴及创新政策。

日本政府认为，未来“综合科学技术创新会议”必须采取前所未有的强力措施来安排预算和修正法律，摆脱固有的成功模式，迎接创造新价值的挑战，推动持续性的创新，营造最合适的研究环境，从而为日本经济复兴做出巨大贡献。

为了促进“综合科学技术创新会议”不断进化，切实有效地发挥好指挥塔功能，目前着力采取的具体应对措施有：① 主导科技相关预算的编制；② 诱导创新环境的改善；③ 投资超越现有框架限制的创新性研究；④ 通过世界最高水准的新型研究开发法人制度实现创新循环。

三、产业技术战略及《产业技术力强化法》

2000 年 4 月 26 日，日本通商产业省①工业技术院基于同年 4 月 10 日国家产业技术战略研讨会②研究制定的“国家产业技术战略”的基本思路，制定了面向 21 世纪具体展开各项产业技术政策的“产业技术战略(产业技术政策今后的方向)”。为了构筑具有国际竞争力的前沿开创型技术创新体系，“产业技术战略”提出以下具体策略：① 培育作为技术创新原动力的人才和风险型企业；② 改革作为技术创新起点的机构；③ 强化促进技术创新的产学官真正联合；④ 重构加速技术创新的柔性政府制度；⑤ 改善支撑技术创新的基础；⑥ 形成能够管理技术创新的知识型社会。总而言之，需要产学官超越省厅框架限制，通力合作致力于产业技术政策。“产业技术战略”整顿日本技术创新基础旨在加快实用化技术开发的意图很明显，该宗旨在随后的“第 2 次科学技术基本计划”(2001—2005 年度)中也得到充分体现。

在“产业技术战略”出炉的同时，日本于 2000 年 4 月 20 日正式实施《产业技术力强化法》(2000 年法律第 44 号)，目的在于构筑一个技术开发体制，让创造新事业及新市场的技术创新成为可能。该法对改善环境强化产业技术竞争力、激活大学、转移成果、推进民间技术走向实用和培养产业技术人才等方面做了规定。2007 年 8 月 6 日，日本实施对《产业技术力强化法》的修正，调整关于强化“技术经营力”的规定，旨在通过实现创新超级高速公路设想来促进日本的持续创新；对大学等扩大减轻专利费措施的对象，同时将“国家委托研究成果相关知识财产归属于经营者”作为恒久措施，并追加承包软件开发。

四、长期战略指针“创新 25”

2006 年第一次安倍政权提出的一项科技创新长期战略——“创新 25”，旨在

---

① 现为经济产业省。
② 由日本产学官各界代表人士组成。

推动创新以支撑日本未来的经济增长。日本政府为了有重点地推进“创新 25”战略的制定，新设“创新担当大臣”，并在内阁府设置“创新 25 特命室”，总括制定医药、工学及信息技术等各领域的长期战略。

2007 年 6 月 1 日，日本内阁正式审议通过《长期战略指针“创新 25”》并付诸实施。该战略指出，日本政府期望通过创新，到 2025 年把日本建成“终身健康的社会”“安全放心的社会”“多彩人生的社会”“为解决世界性难题做出贡献的社会”和“对世界开放的社会”。该战略为日本创新立国制定了具体的政策路线图，包括“社会系统的改革战略”和“技术创新战略路线图”两部分。“社会系统的改革战略”提出亟待解决的课题和中长期内需要解决的课题，其中亟待解决的课题有五大方面：① 改善社会环境促进创新；② 充实和强化对下一代的投资；② 大学改革；④ 通过日本在环境及能源等领域的科技实力，为日本经济增长和世界发展繁荣做出贡献；⑤ 促进国民意识改革。“技术创新战略路线图”主要包括四个方面的内容：① 推进加速创新回馈社会的项目；② 推进分领域的战略性研究开发；③ 推进作为创新种子的多样性基础研究；④ 强化承担创新的研究开发体制。同时，该战略还决定设立由内阁总理大臣担任总部长、相关大臣及有识之士组成的“创新推进总部”，切实推进《长期战略指针“创新 25”》制定的各项创新政策。

五、科学技术创新综合战略

2013 年，第二次安倍政权为了通过科学技术创新打开时局以支撑日本政府当下最大且最紧迫的课题——经济复苏，制定了“科学技术创新综合战略——对于划时代日本创造的挑战”，于 2013 年 6 月 7 日由日本内阁审议通过。该综合战略视科技创新为日本经济复兴的引擎，提出应该站在“智能化”“系统化”“全球化”的视角上推动日本的科学技术创新，明确了未来日本社会经济发展的理想状态和科技创新所应致力于解决的重点课题，并重视采取产官学各司其职分工协作、明示责任省厅、预算税收支持、规制改革等一系列的政策组合。此后一年间，日本政府以综合科学技术创新会议为指挥塔，踏实推行该综合战略。

2014 年，综合科学技术创新会议延续上一年度的工作并追加部分新的视点，将该战略重新汇总为“科学技术创新综合战略 2014”。2014 年 6 月 24 日，日本内阁审议通过新版科学技术创新综合战略——“科学技术创新综合战略 2014——为了创造未来的创新之桥”。

“科学技术创新综合战略 2014”共分为 4 部分：第一部分汇总一年来的政策业绩以及科技创新在经济复兴中所起的作用，明确为保持国际竞争力、实现可持续发展，必须坚持以科技创新为本。第二部分延续去年继续分析日本面临的 5 个政策课题（① 实现清洁、经济的能源系统；② 实现领先国际社会的健康长寿社会；③ 完善领先世界的下一代基础设施；④ 发挥地方资源优势的地方复兴；⑤ 东日本大地震灾区的早日复兴。详见表 2.17），进一步提出为解决这些课题的 3 个跨领域技术——“信息通信技术”“纳米技术”和“环境技术”（详见表 2.18），此外还提出要抓住 2020 年东京奥运会及残奥会机遇，使之成为展示日本创新的舞台，将研发成果辐射全球。第三部分提出为创造适宜科技创新的环境，要采取措施扩大机会让拥有创新积极性的人才迎接更多挑战和促进互相作用（详见表 2.19）。第四部分围绕发挥“综合科学技术创新会议”的指挥塔功能，提出今后计划开展的重点工作。

表 2.17 “科学技术创新综合战略 2014”五大政策课题及其细分重点课题、重点工作

五大政策课题	细分重点课题	重点工作
实现清洁、经济的能源系统	a. 清洁能源供给的稳定化和低成本化（生产）	（1）通过创新性技术扩大可再生能源的供给
		（2）高效清洁的创新性发电、燃烧技术的实现
		（3）能源来源、资源的多样化
	b. 通过新技术提高能源利用效率和减少消费（消费）	（4）通过开发创新性设备有效利用能源
		（5）通过开发创新性结构材料有效利用能源
		（6）需求方能源利用技术的提高
	c. 先进能源网的一体化（流通）	（7）构筑促进多样能源利用的网络体系
		（8）创新性能源转换、储藏、输送技术的提高
实现领先国际社会的健康长寿社会	a. 强化医药、医疗机器开发	（1）医药开发
		（2）医疗机器开发
	b. 临床研究、治疗临床试验的体制完善	（3）创新性医疗技术开发据点的完善
	c. 世界最先进医疗的实现	（4）再生医疗的实现
		（5）定制基因组医疗的实现
	d. 强化应对疾患的研究	（6）关于癌症的研究
		（7）关于精神、神经疾患的研究
		（8）关于新兴、再兴感染症的研究
		（9）关于难治之症的研究
完善领先世界的下一代基础设施	a. 面向下一代城市建设的智慧城市的实现	（1）构筑促进能源利用技术提高及多样能源利用的网络体系
		（2）先进交通体系的实现
		（3）环保舒适服务的实现

续　表

五大政策课题	细分重点课题	重点工作
完善领先世界的下一代基础设施	b. 可复原社会（resilient society）的构筑	（4）构筑强韧面对自然灾害的社会
		（5）实现有效且高效的基础设施维持管理及更新
发挥地方资源优势的地方复兴	a. 将农林水产业培育成经济增长引擎	（1）开发作为竞争力源泉的高机能、高附加值农林水产商品
		（2）提升扩大市场和财富的农林水产商品的生产、加工、流通体系
	b. 强化与激发地方活力相关的产业竞争力	（3）优化与创造价值相关的制造业体系和振兴地方商务
东日本大地震灾区的早日复兴	a. 实现保护居民健康不受灾害影响、儿童和老人充满活力的社会	（1）灾害发生时的医疗技术，正确的医疗提供和健康维持手法以及对于孕妇、婴儿和老人的恰当支援方法，基因序列的研发等
	b. 抗灾能源体系的构筑	（2）开发考虑到风土和地方特性的可再生能源等
	c. 在地方产业开展新商业模式	（3）活用创新性技术及地方优势来强化产业竞争力、创造和扩大雇佣
	d. 抗灾下一代基础设施的构筑	（4）提高地震、海啸发生信息的传递速度、提升结构物的强韧度、大量灾害废弃物的处理和有效利用等
	e. 减轻和消除放射性物质影响	（5）放射性物质的有效且高效的除染和处理，防止进行除染等作业的人被辐射等

资料来源：日本内阁府官方网站，上海图书馆（上海科学技术情报研究所）整理。

表 2.18　“科学技术创新综合战略 2014”提出的三大跨领域技术及其可推动解决的政策课题

跨领域技术	引入解决政策课题的视点	细分核心技术	可推动解决的政策课题
信息通信技术	（1）推动社会经济活动的知识创造	a. 信息安全技术 b. 先进网络技术 c. 大数据分析技术 d. 脑信息处理技术	健康长寿 下一代基础设施

续 表

跨领域技术	引入解决政策课题的视点	细分核心技术	可推动解决的政策课题
信息通信技术	（2）让各个人都能参与社会活动计划的来自周围环境的支援	a. 多语种语音识别与翻译技术 b. 知识处理技术 c. 自然语言、手语手势及健康状况理解技术 d. 人机界面技术 e. 包括机器人技术在内的沟通辅助技术、虚拟通信技术和小型设备技术	健康长寿 下一代基础设施 地方资源
	（3）可以提供新价值的更先进的基础网络	a. 传感装置技术 b. 传感及识别技术 c. 虚拟现实技术	能源 下一代基础设施
纳米技术	（4）适应新的社会需求的下一代设备系统的开发	a. 电力电子技术 b. 高性能传感器技术 c. 高效能、高可信电路技术和热设计 d. 仿生学设备系统、药物输送系统、纳米生物电子设备系统	能源 健康长寿 下一代基础设施 地方资源
	（5）新功能材料的开发	a. 结构材料 b. 新型催化剂 c. 纳米碳材料 d. 纳米基础技术	能源 健康长寿 下一代基础设施 地方资源
环境技术	（6）推动社会实现可持续发展的监测技术及其活用	a. 地球环境监测及气候变化预测技术	能源 健康长寿 下一代基础设施 地方资源
	（7）推动经济持续增长的资源循环和再生利用	a. 材料力学性能测试与评价技术 b. 可回收材料筛选分离技术 c. 利用有限资源产生较高附加值的资源循环与再生技术	下一代基础设施 地方资源

资料来源：日本内阁府官方网站。上海图书馆（上海科学技术情报研究所）整理。

表 2.19　“科学技术创新综合战略 2014”关于创造适宜科技创新的环境的重点课题和重点工作

<table>
<tr><th>重点课题</th><th>重　点　工　作</th><th>具体目标和指标</th></tr>
<tr><td rowspan="3">培育创新萌芽</td><td>（1）扩大发挥运用多样灵活思维和经验的机会</td><td rowspan="3">（1）大学及公立研究机关（自然科学相关）中，女性研究人员的采用比例要在 2016 年前达到 30%
（2）在有实力与世界最高水平大学进行竞争的大学及研究开发法人的研究据点中，外国研究人员的比例要在 2020 年前达到 20% 在 2030 年前达到 30%</td></tr>
<tr><td>（2）强化大学和研究开发法人的功能，提升研究能力，充实人才资源</td></tr>
<tr><td>（3）重新构筑研究资金制度</td></tr>
<tr><td rowspan="3">驱动创新体系</td><td>（1）形成发挥组织优势和地方特性的创新核心</td><td rowspan="3">（1）大学中 1000 万日元以上大型联合研究数量要在 2030 年前增加 1 倍
（2）大学中超过 3 年的联合研究数量要在 2030 年前增加 1 倍
（3）大学在国外申请的专利数要在 2030 年前增加 1 倍</td></tr>
<tr><td>（2）强化承担中介职能的公立研究机构的功能</td></tr>
<tr><td>（3）充实研究推进体制</td></tr>
<tr><td rowspan="3">诞生创新成果</td><td>（1）激发致力于新事业的企业的活力</td><td rowspan="3">（1）在国际标准化机构中，关于规格开发的干事国承担件数要在 2015 年前达到世界第三的水平（95 件）
（2）技术出口额要在 2020 年前增至约 3 万亿日元</td></tr>
<tr><td>（2）推进监管和制度改革</td></tr>
<tr><td>（3）强化国际标准化和知识产权战略</td></tr>
</table>

资料来源：日本内阁府官方网站。上海图书馆上海科学技术情报研究所整理。

（薛　亮）

第七节　韩国科技创新战略

2013 年，朴槿惠政府上台之后，提出了“创造经济”国政运营理念，并合并原教育科学技术部和知识经济部部分国家科学技术和信息通信技术相关业务，设立“未来创造科学部”。

所谓“创造经济”，即是创意、想象力、科学技术、信息通信技术（ICT）相互融合，从而推动产业融合以及产业与文化的融合，创造出新的市场、产业，以及更多优质的就业机会，是韩国新经济发展战略。2013 年 6 月，韩国发表《创造经济实现规划》，提出了创造经济新时代下的新目标和实施战略，重点强调了科学技术与信息通信技术(ICT)在催生国家产业活力、提高国民生活质量的重要作用。

此后,围绕实现“创造经济”,韩国出台了一系列科学技术规划及不同领域的技术创新战略,期望以优异的技术创新带动新一轮的经济飞跃。

一、《第三次科学技术基本规划》——“创造经济”下的新技术竞争战略

2013年7月,韩国发表了该国2013—2017年的《第三次科学技术基本规划》,计划在5年内投入92.4万亿韩元用于科研领域。规划中重点甄选出了120项国家战略技术,计划实施重点培育。《第三次科学技术基本规划》是朴槿惠政府上台后的首个科学基本规划,是韩国实现“创造经济”的重要支撑战略。目前,韩国包括后续重点技术领域的泛部门战略路线图、各产业技术领域综合规划等也已陆续出台。

(一) 设定三大目标、五大战略、15项成果指标

《第三次科学技术基本规划》中提出了至2017年的三大核心目标、五大具体推进战略,以及六大领域的15个成果指标,另外还设定了相应的十九大领域的78个实施课题(见表2.20)。

表 2.20 韩国《第三次科学技术基本规划》的课题领域及主要内容

五大战略领域	十九大课题领域	主要课题内容
扩大研发投入	1. 扩大国家研发投入,提高效率	提高总科研投入、改革科研项目规划、管理及评价体系等
开发国家战略技术	2. 创造ICT融合型新产业	培育软件、网络等新产业、强化基于CPND(content-platform-network-device)的ICT创新实力、促进文化、观光及文化产业高新化、构建智能交通及物流体系、深化主力出口产业等
	3. 增强未来成长动力产业技术实力	确保未来能源及资源、推动保健医疗领域率先攻占全球市场、促进农林畜牧食品产业高附加值化、促进宇宙航空国防产业发展等
	4. 创造洁净便利环境	强化气候变化应对能力、深化环境保护系统等
	5. 实现健康长寿时代	实现个性化医疗服务、强化高龄化、低生育社会应对能力等
	6. 构建无忧安全社会	建立灾害、灾难应对体系、提升食品安全等

续　表

五大战略领域	19 大课题领域	主要课题内容
强化中长期创意能力	7. 振兴创意型基础研究	扩大基础研究投入、构建具世界水准的基础研究基地等
	8. 培育创意型、融合型人才	营造科学技术人才备受尊重的社会氛围，强化中小学创意教育，提高高等教育机构融合型教育及研究能力，提高科技人才的利用及国际交流
	9. 将政府捐资设立研究所作为国家发展中枢基地实施培育	促进开放研究及融合研究等
	10. 促进科学技术全球化	强化技术外交，扩大科学技术 ODA（官方开发援助，official development assistance）等
	11. 构建新的地方创新体系	扩大地方研发投入等
	12. 营造创意科学文化氛围	宣传创意文化等
为创造新产业提供支援	13. 支援中小及科创企业进行技术创新	构建中小及科创企业为主的研发支援体系、为中小企业吸引人才提供支援等
	14. 构建知识产权生态环境	构建优秀知识产权创造体系、促进知识产权利用、强化知识产权保护等
	15. 促进技术转移及商业转化	鼓励开放创新，推进商业转化等
	16. 支援开拓新市场	促进融合技术及产品开发、强化对服务业的研发支援、创新技术规制等
创造更多科学技术相关就业岗位	17. 构建针对不同主体的创业支援体系	鼓励公共研究机构实施创业、建立大学创业基地等
	18. 构建技术创业生态	支援投资回收及支持创业、促进技术及创意金融服务
	19. 创造新的科学技术相关岗位	扩大科学技术领域岗位，强化政府研发与岗位增设之间的联系

资料来源：＜ 제 (2013—2017)＞(2013.7)，上海科学技术情报研究所翻译整理

三大核心成果目标分别是：① 科研对于经济增长的贡献率达到 40%；② 创造 64 万个就业岗位；③ 科学技术创新能力进入全球前七位。

五大推进战略分别是：① 扩大国家研发投入，提高投资效率；② 开发国家

战略技术；③ 强化中长期创意实力；④ 为创造新产业提供支援；⑤ 创造更多科学技术相关就业岗位。

六大领域的成果指标则涉及：扩大科研投入，提升国家战略技术开发水平、强化中长期创新实力、创造就业岗位、振兴经济及提高生活水平等。其中，就政府科技创新投入提出，将至2017年，政府总科研预算较2013年提升约47%（约8兆韩元），并重点提高基础研究投入比重至40%。另外，还将重点扶持中小及中坚企业，提升对其研发活动的支援比重至总科研预算的18%。

（二）甄选120项国家战略技术

《第三次科学技术基本规划（2013—2017）》确定了涉及“创新ICT融合型新产业”“增强未来成长动力产业技术实力”“创造洁净便利环境”“实现健康长寿时代”“构建无忧安全社会”等五大领域的120项国家战略技术，提出将集中投入研发。

这120项技术主要覆盖了十大技术领域，即：① 电子·信息·通信（18项技术）；② 医疗（17项技术）；③ 生物（12项技术）；④ 机械·制造·工程（7项技术）；⑤ 能源·资源·极限技术（21项技术）；⑥ 航空·宇宙（5项技术）；⑦ 环境·地球·海洋（11项技术）；⑧ 纳米·材料（5项技术）；⑨ 建设·交通（16项技术）；⑩ 灾难·灾害·安全（8项技术）。

2013年8月，韩国未来创造科学部与韩国科学技术企划评价院共同发布《2012年度技术水平评价》报告，该报告基于《第三次科学技术基本规划（2013—2017）》中的120项国家战略技术、942项细分技术进行调查分析，并与美国、欧盟、日本和中国进行技术水平比较。《2012年度技术水平评价》报告显示，目前韩国国家战略技术整体水平达到最领先国家——美国技术水平的77.8%，位居第4位。《第三次科学技术基本规划（2013—2017）》中则提出，将力争至2017年提升国家战略技术水平至世界最高水平的85%

（三）多举措提升国家科学技术创造力水平

《第三次科学技术基本规划》提出将计划提高国家科学技术创造力水平，至世界第7位。2013年，国家科学技术委员会（现国家科学技术审议会）和韩国科学技术评价院曾共同发布《2012年度国家科学技术创新力评价》报告。该创新力评价自2006年开始实行，针对30个经合组织国家在资源、环境、网络、活动、成果五大领域的31个指标进行比较和分析，并最终得出相应的科学技术创新力指数（COSTII）。报告显示，韩国目前的科学技术创新力位居经合组织（OECD）30个国家中的第9位。

《第三次科学技术基本规划》提出，将大幅提高基础研究投入，至2017年成立50个研究团，总人数3 000人，并在国外成立海外研究基地，同时推进构建重离子加速器、核融合研究设施(K－STAR)等先进研究设施,大力促进基础研究领域产学研合作及国内外合作,改革研究管理、评价制度等,从而促进国家科学技术创造力整体提升。

二、《韩国第6次产业创新计划》——聚焦新技术、新市场的产业创新战略

2013年12月19日,韩国出台新产业技术创新5年计划——《第六次产业技术创新计划》,提出2014—2018年韩国中长期产业技术相关战略远景、政策目标、方向及核心推进战略。韩国1996年出台了《第一次产业技术发展5年计划》。此次新产业技术创新计划侧重于提高韩国整体产业生态环境的科研生产力及创造力,是聚焦新技术、新产业、新市场的创新战略,同时也是韩国"创造经济"国家发展战略下通过技术创新及融合实现产业深化、经济增长的重要举措。

(一) 三大政策方向

《第六次产业技术创新计划》提出了通过构建良性循环的产业技术生态环境跻身发达产业强国之列的规划远景,并明确了三大政策方向:

一是成为动态的领导者。韩国希望从原来的"Fast Follower",成为"First Mover",抢先挖掘未来潜力产业,从而引领全球市场。二是实现产业生态界共同进步。计划通过不断的变化及调整,使业界利益群体间形成良性循环,继而构建相互进化、发展的支援体系。三是激发民间技术创新活动。确立民间及政府在技术创新科研活动中的作用和分工,积极拉动民间资本投入。

(二) 两大战略目标

计划提出了如下两大主要战略目标。

第一,通过强化科研创新主体的能力及相互联系合作,激发产业技术生态活力。具体目标主要包括:2018年出口额达到1亿美元,全球化专业企业数达到400家(2012年为217家);大学及研究机构的研究开发经费中企业负担的比重从2011年2.7%增加到2018年5.0%;研究人员每万人的三方专利世界排名从2011年的第12位提升至2018年的第5位等。

第二,通过提高产业技术能力,确立主力产业及新产业的全球产业竞争力。具体目标则包括:缩短与发达国家产业技术水平的差距;提高主力产业世界市场占有率;提高高新技术产业出口额比重等。

此外的具体发展指标还包括提高商业化成功率、提高对中小及中坚企业支援比重、提高公共技术转移率、提高地方科研投入比重、增加就业率、增加未来战略产业人力资源、提高社会对于产业技术的认识、提高公共教育的技术实习比例等。

(三) 八大核心推进战略

为实现以上战略目标,韩国《第六次产业技术创新计划》中首先从产业生态环境角度明确了政府的四大作用。即政府从主导者(leading)身份向规划者(planning)、缔结者(linking)、建设者(building)及促进者(facilitating)四大身份转换,并各自对应相应的政策领域,从而确立了八大核心推进战略。

首先,作为[规划者],创造性地支撑"创造经济"的未来产业引擎。其中提出了两大战略举措。一是推动领先、融合型战略技术开发。韩国计划未来 5 年投入 17.8 兆韩元用于产业技术研发,重点推进 13 个大型融合型中长期课题及 165 个一般技术开发课题。二是创新创意型、挑战型产业技术科研活动的规划、评价及管理体系。计划修订及增设产业技术科研项目,构建大中小企业技术合作体系及"竞争科研体系",实施阶段性研究评价,实施差别化项目评价管理,推动实施"开放型"科研等。此外,规划中还重点提出了贯穿课题规划、实施、评价及后期管理的项目全周期推进举措。

其次,作为[缔结者],构建以 R&BD 为主的新开放型创新体系。两大战略举措包括:一是构建动态技术商业化支援体系。计划打造技术供应方(研究机构)、中介方(交易机构)、需求方(企业)互通有无的技术转移及商业化生态环境,包括设立"产业技术振兴及商业化促进基金",强化民间技术交易机构的中介功能,扩大海外技术交易等。二是强化全球技术合作,创造战略市场。计划通过继续拓宽全球技术合作通道、扩大项目规模,确立国际技术合作领导地位,并重点聚焦提高中小及中坚企业的全球竞争力。

再次,作为[建设者],构建领导型产业技术创新基础。两大战略包括:一是构建带动新产业、新技术发展的技术创新基础设施。主要通过构建共享型基础设施,实施设备共享项目,运营产业技术开发设备综合管理平台(e - Tube),提高既有设备性能及合理安排闲置弃用设备等,提升基础设施水平。二是深化带动地方特色化发展的地方创新体系。计划推进各类地方特色化项目,开展产业部与地方政府的项目合作,强化科技园在统筹和安排企业支援项目方面的综合平台功能,强化国家与地方创新体系组织间的作用分配,调整重复项目等。

最后,作为[推动者],培育产业技术创新人才及扩大技术文化氛围。一是实现企业技术人才的培育及利用的良性循环。构建"产业技术人才培养、供给→产业发展→新市场开拓→岗位需求扩大"的人才培育良性循环,强化以产业为重心的人才培育及供给。推动以产学合作成果为重点的大学教授人事制度改革,加大对女性、退休人员等群体的就业支援等。二是打造全民参与的产业技术文化氛围。包括开播产业技术专业电视频道,播放面向大众的产业技术专业电视节目,与国内外媒体建立交流合作体制。另外,还计划打造主题型产业技术专业文化空间。

(四) 13 个大型融合课题项目

韩国《第六次产业技术创新计划》由 465 名产学研专家共同参与技术课题的甄选,明确将推进 13 个大型融合型课题及 165 个产业核心课题。这 13 个大型融合型课题反映了五大趋势、10 项产业及技术需求(见表 2.21)。

表 2.21 五大趋势、十大产业及技术需求、13 项大型融合项目

五大趋势	十大产业、技术需求	13 个大型融合项目
人口结构的变化	1. 针对高龄人群的健康技术/设备	① 汽车专用道自主巡航核心技术 ② 可穿戴智能设备零部件 ⑩ 个性化健康管理系统 ⑪ 人机交互式纳米设备
	2. 有关健康管理及安全保护的相关产品/系统/设备	⑬ 国民安全及健康机器人 ⑩ 个性化健康管理系统 ⑪ 人机交互式纳米设备
超联社会的到来	3. 移动、网络相关技术及系统	⑩ 个性化健康管理系统
产业间及技术间的大融合	4. 整体产业中结合 IT 的技术/设备/产品/系统/服务	① 汽车专用道自主巡航核心技术 ② 可穿戴智能设备零部件 ③ 高速、垂直离着陆无人飞机系统 ⑫ 虚拟训练系统
	5. 医疗、纳米、生物及主力产业等跨产业融合设备/系统	⑩ 个性化健康管理系统 ⑪ 人机交互式纳米设备
软性价值的崛起	6. 数字化设计及工程技术	④ 用于极端环境的海洋工程设备 ② 可穿戴智能设备零部件
资源不足及气候变化	7. 能源效率相关技术/系统	⑧ 高效超小型发电系统 ⑨ 低损耗直流送配电系统
	8. 超轻材料及尖端材料技术/系统	⑤ 塑料基底的输送设备核心材料 ⑦ 尖端材料加工系统
	9. 稀有金融替代技术	⑥ 用于未来产业的钛材料
	10. 资源探测/开发相关技术	④ 极端环境下的海洋工程设备

针对以上 13 个大型融合课题,计划中还提出了具体的推进战略。一是民官共同投资。二是就政府及民间机构的技术开发领域进行分类,综合考量多形式技术获取手段,例如共同开发、海外技术引进、并购等。三是设定各阶段的推进

战略，阶段性修订技术开发战略，从而不断调整以适应环境变化。

三、《未来成长动力实施规划》——强化未来核心技术及服务的创新战略

2014 年 3 月，韩国召开经济长官会议，确立了瞄准未来市场需求的十三大未来成长动力产业。2014 年 6 月，韩国发表十三大未来成长动力产业具体实施规划，落实相关核心技术及服务研发工作。这十三大未来成长动力产业被视为韩国未来产业经济发展的重要支柱，由包括未来创造科学部、产业通商资源部等 17 个部门联合推进。

（一）九大战略产业、四大基础产业融合共生

《未来成长动力实施规划》规划至 2020 年，主要聚焦技术及产业的创新及融合，包括了九大战略产业及四大基础产业，并划分为主力产业、未来新产业、公共福利产业及基础产业四大类。

九大战略产业分别是：① 智能汽车；② 5G 移动通信；③ 深海底海洋工程设备；④ 个性化健康护理；⑤ 可穿戴智能设备；⑥ 智能机器人；⑦ 灾难安全管理智能系统；⑧ 实感型内容；⑨ 新再生能源混合系统。

四大基础产业则包括：① 智能型半导体；② 大数据；③ 融复合材料；④ 智能型物联网。

（二）战略推进聚焦融合、共生、环境建设

规划中，韩国首先明确了战略推进方向，在产业结构、产业环境及推进模式方面搭建了框架。

一方面，韩国表示将同时培育战略产业及基础产业，促进产业间的融合（见图 2.7）。智能汽车、5G 移动通信等战略产业培育将聚焦构建其独立的大规模产业生态环境，智能半导体、智能物联网等基础产业则将通过技术及创意融合，实现产业竞争力提升。

另一方面，韩国将构建科研、人才培育及基础设施环境，活跃产业内部生态环境，并跟进法律及制度完善，从而构建贯穿整条价值链的全套支援体系。

此外，韩国还将推进实施民官合作下的“旗舰项目（flagship project）”，并成立“民官协同创造经济促进团”，从十三大未来成长动力领域中挖掘部分在中短期内即可见成效的或民间关注度较高的项目集中实施推进。

规划提出了“实现国民所得 4 万美元，创造新产业及岗位”的战略远景，目标是实现主力产业深化、抢占未来新产业市场、促进民生福利事业与产业经济共生发展以及构建产业持续发展的基础环境等。推进战略则聚焦研发、市场、企业及人才四大产业发展基础，提出将① 推进针对未来需求的科研活动；② 活跃内需市场并支援海外拓展；③ 促进企业共生，重点培育中小及高新技术风险投资企

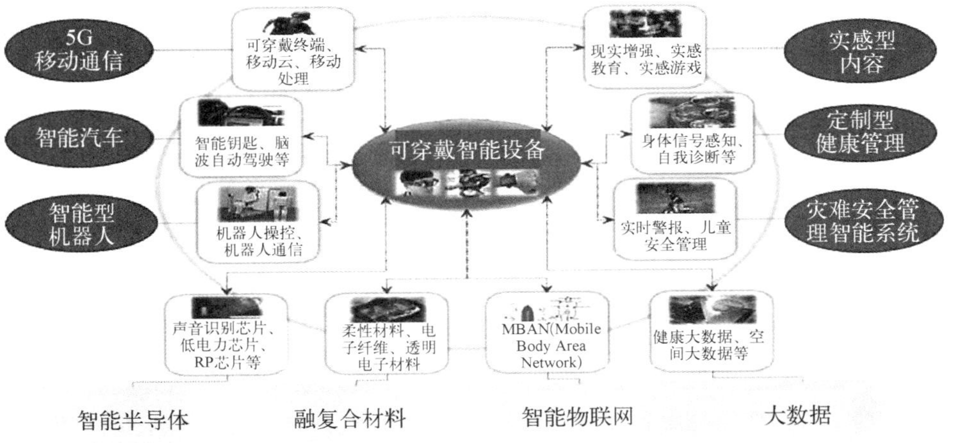

图 2.7 可穿戴智能设备与他产业融合示例

业;④ 构建产业发展全周期人才供应体系。

(三) 十三大具体实施规划深挖产业特色

规划中就四大产业类型提出了具体的实施推进方案。

1. 主力产业:优化产业基础环境、扩大中小企业参与

主力产业包括智能汽车、5G 移动通信、深海底海洋设备工程,是韩国目前已拥有一定技术竞争力的产业领域,规划方向旨在提升其信息通信技术应用融合,提高产业高新程度。

(1) 智能汽车:智能汽车的产业目标是进军全球智能汽车产业三大强国之列,韩国计划构建基于 ICT 技术的交通服务基础设施,搭建"汽车-道路- ICT"平台,着力进行自主巡航等核心技术及零部件研发,并对汽车安全基准相关规定实施修订等,从而为智能汽车产业发展创造最优创新融合环境。

(2) 5G 移动通信:韩国就 5G 移动通信则瞄准全球最大终端市场,提出将推动 5G 移动通信 5 大核心服务的推陈创新,包括未来 SNS、移动立体影像、智能服务、超高速服务及 UHD/全息图等。

(3) 深海底海洋工程设备:针对深海底海洋工程设备,提出将构建相关技术核心人才培育体系及研发基础,强化工程能力,确保核心设备国产化,培育一批核心设备领域的全球小型精锐企业。

2. 未来新产业:确立全球领先自有新技术,抢占市场高地

未来新产业包括智能机器人、可穿戴智能设备及实感内容产业,将重点投入研发,确立新技术及源泉技术,并推进构建示范平台。

(1) 智能机器人:重点开展灾难、健康管理等有针对性的主题类研发,以及

聚焦与教育、国防等与他产业的融合创新。韩国预期至 2020 年机器人生产额将达到 9.7 兆韩元。

（2）可穿戴智能设备：作为韩国物联网产业的重点领域，计划重点加大传感器、嵌入式软件等相关核心技术的开发力度，开发融合健康、生活及感官在内的产品及服务，提供试制品生产等产品商业化运营支援等。韩国计划推出 100 个可穿戴智能设备明星产品，期望率先确立可穿戴智能设备领域全球领先技术。

（3）实感内容：实感内容产业①是韩国目前最重要的产业创新领域之一，计划重在实现与其他产业的技术融合。产业目标是至 2025 年其全球市场占有率从目前的 0.2%扩大至 5%。

3. 公共福利产业：提高民生环境，大力推进商业化运作

规划中，个性化健康管理、灾难安全管理智能系统及新再生能源混合系统被划定为公共福利产业，主要通过开发系统及平台以及体系化改进法律制度等，提高民生福祉，同时推进该领域系统技术的商用化及产业化应用。

（1）个性化健康管理：重点加大可穿戴健康监测设备技术等相关服务技术及内容的开发，加快修订医疗法案以扫除制度障碍，并将推出一系列示范项目。韩国计划实施差别化海外市场战略，例如针对东南亚将侧重开发教育、文化及经济领域的健康服务，而针对金砖四国（BRICs）则更加聚焦环境、医疗等领域的平台及服务开发。

（2）灾难安全管理智能系统：韩国计划优先开发基于物联网及智能传感器的灾难传感及模拟等要素技术，开发相关综合服务平台，推进灾难安全管理系统的商业化运作，修订灾难安全及消防等相关法律制度等，从而提升韩国的整体安全系数。目前，智能灾情管理系统等也是韩国政府 3.0 的重要课题领域之一，将在未来几年集中投入研发，构建国家灾难安全管理体系及网络，并尽早应用于民生服务。

（3）新再生能源混合系统：计划进行制度修订，推动不同发电源间的融合发展，并进行系统的实证测试。2014 年 5 月，韩国宣布将于 10 月起开展“环保能源城”项目。该项目是在焚烧场及填埋场等地设置环保能源生产设施，变废为宝地生产清洁能源。此次新再生能源混合系统产业推进项目将重点与该“环保能源城”项目衔接展开实证测试。此外，韩国还将开发针对国内及海外市场的一系列示范项目。

4. 基础产业：推进核心技术国产化，扩大技术融合

基础产业包括智能半导体、融复合材料、智能物联网及大数据，主要聚焦既

---

① 实感内容产业是基于 ICT 技术的、能唤起人类的感觉及认知并扩大这种与实际情况相似的经验及感觉的参与型新一代内容产业，涉及娱乐、文化、教育及医疗等。

有产业突破，通过开发特色技术，构建系统及基础设施，实现与九大战略产业的融合发展。

（1）智能半导体：重点与物联网、智能汽车、可穿戴设备等战略产业相衔接，构建特色化智能型半导体平台等示范项目，确立软件-系统芯片（SW - SoC）等融合核心技术的国产化及商业化，并为中小企业发展提供支援。

（2）融复合材料：构建“创新材料研究团”等融合研究体系，筹备材料技术商业化基础设施，重点开发创新材料及高附加值商业用材料，力争成为全球四大材料强国之一。

（3）大数据：具体措施包括开发高性能计算技术、实时流式大数据处理技术，推动公共部门及民间应用，实施医疗、制造、工程、交通等主要产业领域示范应用项目，创造公平竞争环境等。

（4）智能物联网：为创新型物联网服务及相关平台创造基础创新环境，并将重点聚焦信息保护体系的构建、基于 ICT 技术的车辆紧急救援等示范项目的实施及相关服务的推广，最终实现物联网服务及平台出口。2014 年 5 月，韩国出台《物联网基本规划》，提出将促进物联网产业内部协作、实施开放创新、开发定位全球市场的技术服务、实施企业差别化支援战略等。物联网产业是韩国实现经济飞跃的重要产业工具，将作为韩国抢占数字化时代技术高地的重要手段长期投入。

（朱苏远）

第三章

国家科技创新投入

第一节　主要发达国家研发概览

全球研发支出总量过去10年年均增长率6.7%，意味着世界各国的竞争愈加倾向于知识密集型的竞争。从2000年至2011年，全球的研发格局也发生了不小的变化，美、日虽然仍是排名前三的研发强国，但其在全球的份额已被如中国、韩国这些迅速崛起的国家所瓜分。第一梯队的前7国的研发总量合计虽然超过70%，但是新经济体的崛起不可小觑。

本章将从研发支出总量、研发强度、研发活动主体在自身研发系统中的地位、研发资金的流向、前7国各研发活动类型的权重和各国对基础研究的重视程度等方面展开数据研究和分析，以期一窥各国研发系统的现状、趋势、结构和倾向。

一、全球研发支出总量①

2011年，全球研发支出总量约14 350亿美元（该数值是以"购买力平价"②汇率转换成美元的估计值）。以同样方式计算的全球研发支出总量2006年为10 510亿美元，2001年为7 530亿美元。换言之，全球研发支出过去5年年均增长率为6.4%，过去10年为6.7%，可见全球研发支出增长之快速——这也反映了世界各国经济的竞争愈加倾向于知识密集型的竞争。

若按地区划分，2011年，北美、亚洲和欧洲的研发支出已占全球总量90%。北美（即美国、加拿大、墨西哥）研发支出占全球32%，达4 620亿美元；东亚/东

① 本小节数据均来自美国国家科学基金会2014年发布的《科学和工程指标2014》。

② 本章节选择经济与合作组织（OECD）计算的"购买力平价"汇率将所有币种转换成美元以便于横向比较。

南亚和南亚(包括中国、中国台湾、日本、印度、韩国)占全球 34%,达 4 920 亿美元;而欧洲(包括但不仅限于欧盟各成员国)则占全球 24%,达 3 450 亿美元。剩余 10%的研发支出则分布在其他地区,如美洲中部和南美、亚洲中部、中东、澳大利亚/大洋洲以及非洲。

若按国别划分,研发活动更显著地集中于部分国家。美国、中国和日本的研发支出总量分别排名前 3 位,其支出总和已达到全球总量过半。2011 年,美国研发支出总量世界第一,达 4 291 亿美元,占全球总量近 30%;中国位居第二,研发支出总量达 2 080 亿美元,约占全球 15%;日本第三,研发支出总量 1 470 亿美元,约占全球 10%。相对来说,欧盟各国的研发支出总量不及以上 3 国,但是德国、法国和英国仍分别占到全球研发支出总量的 7%、4%、3%。韩国近年来的研发支出也在不断上升,2011 年达到近 600 亿美元,占全球 4%。这些排名前 7 位的国家研发支出总和占全球总量约 72%。(详见表 3.1)

表 3.1 2011 年全球各国/区域研发支出总量及研发强度①

区域/国家/经济体②	研发总支出/亿美元③	研发强度/%	区域/国家/经济体	研发总支出/亿美元	研发强度/%
北美			西班牙	197.6	1.3
美国	4 291.4	2.9	荷兰	145.8	2.0
加拿大	242.9	1.7	瑞典	132.2	3.4
墨西哥	82.1	0.4	瑞士(2008)	105.3	2.9
南美			奥地利	97.6	2.8
巴西(2010)	253.4	1.2	比利时	87.2	2.0
阿根廷	46.4	0.7	芬兰	76.3	3.8
智利(2010)	13.3	0.4	丹麦	70.5	3.1
哥伦比亚(2010)	8.6	0.2	波兰	62.3	0.8
欧洲			捷克	50.9	1.9
德国	930.6	2.9	挪威	50.1	1.7
法国	518.9	2.2	葡萄牙	40.4	1.5
英国	396.3	1.8	爱尔兰	32.2	1.7
意大利	248.1	1.3	匈牙利	25.8	1.2

① 研发强度:指一国(亦可指一个产业、机构等)研发支出总量占该国 GDP 比重。具体分析见本章节第二小节。

② 表格中若非在国家或地区后的括弧中注明,其数据都为 2011 年数据。

③ 表格中研发支出总量是以购买力平价计算的美元金额。

续 表

区域/国家/经济体	研发总支出/亿美元	研发强度/%	区域/国家/经济体	研发总支出/亿美元	研发强度/%
乌克兰	24.0	0.7	南亚		
希腊(2007)	18.7	0.6	印度(2007)	243.1	0.8
罗马尼亚	16.5	0.5	巴基斯坦	16.2	0.3
斯洛文尼亚	13.9	2.5	东亚和南亚		
白俄罗斯	10.7	0.8	中国	2 081.7	1.8
斯洛伐克共和国	8.8	0.7	日本	1 465.4	3.4
卢森堡	6.6	1.4	韩国	598.9	4.0
克罗地亚	6.4	0.8	中国台湾	264.9	3.0
塞尔维亚	6.3	0.7	新加坡	70.6	2.2
中东			马来西亚	49.5	1.1
土耳其	108.3	0.9	泰国(2009)	13.6	0.3
以色列	98.2	4.4	印度尼西亚(2009)	8.0	0.1
伊朗(2008)	64.3	0.8	澳大利亚和		
非洲			大洋洲		
南非(2009)	44.2	0.9	澳大利亚(2010)	205.8	2.2
埃及	22.3	0.4	新西兰	17.7	1.3
摩洛哥(2010)	11.2	0.7	其他区域		
突尼(2009)	10.6	1.1	欧盟	3 204.6	1.9
亚洲中部			经合组织成员国	10 340.2	2.4
俄罗斯联邦	350.5	1.1	G20	13 231.5	2.0

资料来源：美国国家科学基金会《科学和工程指标 2014》。上海图书馆(上海科学技术情报研究所)翻译整理。

俄罗斯联邦、中国台湾、巴西、意大利、加拿大、印度、澳大利亚和西班牙构成了研发活动活跃国家的第二梯队，其研发支出总量均在 200 亿—350 亿美元之间。第一梯队和第二梯队国家的研发支出总和占全球总量约 84%。

二、研发前 7 国研发支出总量

由上述可知，研发支出总量排名前 7 位的国家分别为：美国、中国、日本、德国、韩国、法国和英国。因此，本章将集中分析、比较该 7 国的研发情况。

1. 前 7 国研发支出总体情况及趋势[①]

(1) 前 7 国研发支出增长情况及其占全球比重

美国的研发投入几十年来引领全球，往往能与排名第二的国家拉开 1 倍左右的差距。在整体大幅增长的趋势下，美国的研发投入[②]在 2008 年时出现了一次明显的拐点——2008 年为经济危机前的顶峰时期，自此之后全美的研发投入发生了几十年来的首次大幅下滑。但数据已显示，2011 年起全美研发投入已趋向于恢复至经济危机前的水平。但是，虽然美国在 2000 到 2011 年间年均增长率约有 4.4%，其研发支出总量占全球的份额却从 2000 年的 37%降到了 2011 年的 30%。(详见图 3.1)

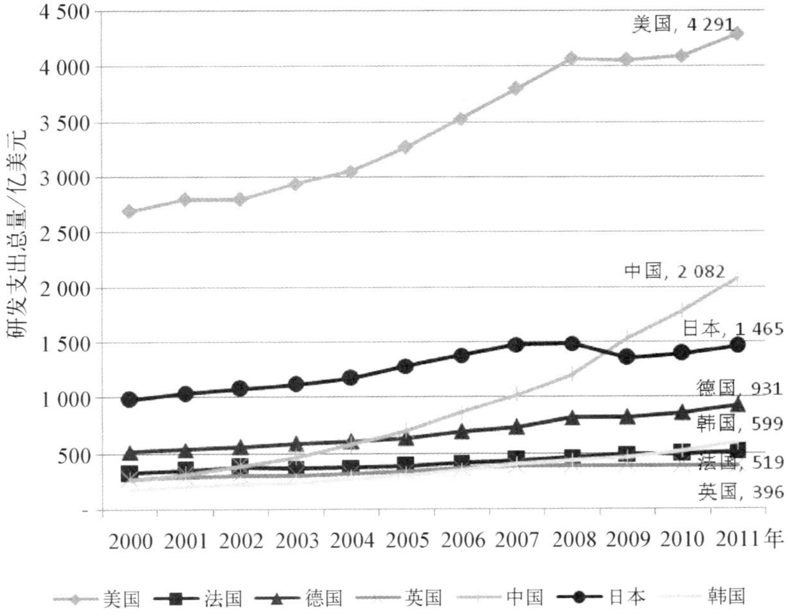

图 3.1　2000—2011 年研发前 7 国研发支出总量

注：此图采用的数值均是以经济与合作组织计算的 2011 年购买力平价汇率折算得出的现值。

资料来源：美国国家科学基金会《科学和工程指标 2014》。上海图书馆(上海科学技术情报研究所)翻译整理。

2000—2011 年，中国在研发方面的投入显示了极其强劲的增长势头，其间研发支出总量增长了 1 800 亿美元不止，年均增长率达到了 20.4%——即使经

① 本小节数据均来自美国国家科学基金会 2014 年发布的《科学和工程指标 2014》。本小节中的数值和百分比均为以购买力平价折算得出的美元现值。

② 对于一个国家整体来说，其研发投入总量等同于研发支出总量。关于“研发投入”和“研发支出”的概念区分详见本章节第三小节。

过通胀调整，年均增长率依然能达到约18%，该增速亦让世界叹为观止。另外，还可以观察到，即使在2008年经济危机期间，中国对于研发领域的投入依然没有放松，甚至更有加大投入之势。从另一个侧面看，中国的研发支出总量占全球份额从2000年的3.7%跃至了2011年的14.5%，短短十多年便在世界范围内夺得了举足轻重的一席之地。

日本早年一直都是研发第二大国，但自2009年起，其研发支出总量被中国赶超，从此居于第三。经济危机前(2001年至2006年)，日本研发支出的年均增长率为5.9%，即保持着既稳定又较为快速的增势，但是2007年日本的研发领域已开始感受到经济危机的影响，2008年更是遭到重创，出现了几十年来的首次下降，负增长达8.5%——而日本也是当年受打击最为严重的国家，可以说，日本的研发领域在经济泡沫之下显得最为脆弱。从其占全球份额的角度看，2000年日本研发支出总量占全球13.5%，而2011年只占10.2%。

德国在过去十多年间保持在第三、第四的位置，其年均增长率约为5.4%，2008年表现尤为突出，单年增长了10.8%，2009年受经济危机影响研发投入几乎不变。但从之后的表现看，德国的恢复能力较强，第二年便恢复增长，2011年再一次超过了上述平均增长率。并且，德国占全球研发的份额也较为稳定，2011年为6.5%，相较2000年下降了0.7个百分点。

韩国这些年来大力投入研发活动，年均增长率仅次于中国，达到11.3%。2008年增长率6.4%虽然不及经济危机前后的增长势头，但在全球都受到冲击的形势下，研发领域的表现依然坚挺。2011年韩国研发支出总量占全球4.2%，相对2000年增长了1.6个百分点。(但需注意的是，2006年以前，韩国的研发统计工作中只统计自然科学和工程领域，直至2007年起才与其他国家同步纳入了社会科学和人文科学。因此可以认为，2006年及之前的韩国研发支出总量相对他国是被低估的。)

2000—2011年，法国和英国的年均增长率分别为4.3%和3.3%，这两国近年来在研发领域投入的增速都有所放缓。而面对经济危机，法国的研发活动受到冲击较为滞后，直到2009年才显现出研发投入增速大大减慢；而英国则在经济危机之后表现出恢复乏力，截至2011年的数据显示，其研发投入迟迟未恢复到原先的水平。2011年，法、英两国研发支出总量占全球比重分别为3.6%和2.8%，相较2000年都下降了约1个百分点。

(2) 前7国研发强度及变化趋势

一国的研发强度指该国的研发支出总量相对国内生产总值(GDP)的比重①。由于研发强度不需要将各国货币折算转换，因此能够较为准确地反映各经

① http：//ec. europa. eu/eurostat/statistics-explained/index. php/Glossary：R_%26_D_intensity#

济体在研发领域的投入和重视程度。因此，研发强度和研发支出总量同为国际上两个最为常用的、用以衡量和比较各经济体科学技术发展程度的关键指标①。

研发前 7 国中，研发强度最高的为韩国 4.0%和日本 3.4%，其在世界范围内的排名分别为第二和第四(排名世界第一、第二的分别为以色列 4.4%和芬兰 3.8%)。德国和美国的研发强度均在 2.8%～2.9%之间，排名分别为第八和第十。法国、中国和英国的研发强度相对较低，但是最低的英国也有约 1.8%。

回顾表 3.1 中的世界各国，北美、北欧、西欧和亚洲的一些发达地区的研发强度都超过了 1.5%，这一现象也从侧面反映了全球的财富分配情况和经济发展水平。也就是说，一般高收入的国家更倾向于注重高科技产品和服务的生产，与此同时也更倾向于给予研发活动较大的投资。相对地，低收入国家的私营部门高科技产业的集中程度往往较低，导致整体研发支出水平较低，进而研发支出占 GDP 比重也较低。

从研发强度的变化趋势看，除了法国和英国的研发强度十多年来基本保持不变，其他国家都有一定增长。美、德、日②都有小幅增长，但中国和韩国的研发强度却势如破竹，在领先的七国中都非常耀眼。这也与这两国研发支出猛增的趋势相吻合。(详见表 3.2)

表 3.2 研发前 7 国之研发强度及世界排名③

	美国	法国	德国	英国	中国	日本	韩国
2001 年研发强度/%	2.72	2.20	2.47	1.79	0.95	3.07	2.47
2011 年研发强度/%	2.85	2.24	2.88	1.77	1.84	3.39	4.03
变化	微幅增长	基本不变	小幅增长	基本不变	翻一番	小幅增长	大幅增长
排名	十	十三	八	二十	十九	四	二

资料来源：美国国家科学基金会《科学和工程指标 2014》。上海图书馆(上海科学技术情报研究所)翻译整理。

三、前 7 国研发活动之组成

国际上通常将研发支出部门分为四大类：企业、政府、高校、非营利组织(少数情况下会出现“其他”)；将研发投入部门分为五大类：企业、政府、高校、非营

① http://ec.europa.eu/eurostat/statistics-explained/index.php/Glossary:R_%26_D_intensity#
② 此处日本的小幅增长有一部分原因是 GDP 有所下降、而研发支出总量则比较平稳。
③ 该排名仅包含表 3.1 中的所有国家。

利组织和国外资金①。虽然大多数国家都根据《弗拉斯卡蒂手册》②中的国际标准进行研发统计，但仍不免每个国家需依据自身的体系对某些分类和统计方式作出调整。因此，在进行国际比较时需注意，由于有些国家对某些机构应归属于哪一类活动主体的分类不同，部分国家的某些活动主体的研发支出可能被高估或低估。

在进一步探究各研发主体在本国研发系统内所扮演的角色之前，有必要先理清两个较易混淆的关键概念："研发支出"和"研发投入"。

根据《弗拉斯卡蒂手册》(2002版)，"研发活动中牵涉到各个单位、组织和产业间重大的资源转移"，因此，统计研发活动必须明晰这些资源的转移过程——亦即须明确研发资金的流向和金额③。而观察一个机构的研发资金必有两个维度：资金的流出和流入。假设将一个机构(或国家)视为研发活动的开展机构(即研发支出部门)，则"研发支出"为其开展当期研发活动所发生的所有支出；假设将一个机构(或国家)视为研发活动的出资机构(即研发投入部门)，则"研发投入"为其当期为开展研发活动而向其他单位、组织或产业支付(或承诺要支付)的资金③。需注意的是，当以一个国家整体(国内的研发总量)为计量单位时，其"研发投入"等同于"研发支出"。

1. 前7国研发主体所占比重

从研发支出的角度看，企业的研发支出是各国研发的大头，其占本国研发总量的比重在61%～77%之间。其中，韩国和中国的企业占本国研发总量超过3/4，法国和英国的企业比重则相对较低。7国中大多国家高校的研发支出比重都高于政府，但各国差距较大，高校占比从8%～27%不等；尤其英、法、日，高校研发支出都已超过20%，相对而言，韩、中高校研发尚不及政府研发，而中国高校的比重更是7国最低。7国中政府研发在8%～15%之间，中、德、法政府开展的研发活动相对较多，英、日政府开展的研发活动相对较少。非营利组织只有美国和英国相对较高。(详见表3.3)

从研发投入的角度看，除了英国的企业研发投入仅为45.5%，其他国家的企业研发投入都占到本国一半以上，尤其中国和韩国的企业投入更是在3/4左

---

① 国外资金：指来源于地处本国之外的企业、政府、高校和其他组织的资金投入。

② 《弗拉斯卡蒂手册》：1963年OECD成员国专家在意大利弗拉斯卡蒂举行第一次关于研发调查统计工作的会议，会议结果集成了《为调查研究与发展活动所推荐的标准规范》，即《弗拉斯卡蒂手册》。该手册奠定了标准化和规范化国际研发活动统计调查工作的基础，现也已被大多数国家采用。2002版手册已为第6版。

③ Organization for Economic Cooperation and Development (OECD), "Frascati Manual 2002: The measurement of scientific and technological activities — Proposed Standard Practice for Surveys on Research and Experimental Development", OECD, Paris, 2002.

表 3.3　2011 年研发 7 国各研发主体支出与投入比重

2011 国家	研发支出总量 PPP/亿美元	占总支出百分比/%				
		企业	政府	高校	非营利组织	国外资金
	研　发　支　出					
美国	4 291	68.5	11.9	15.2	4.3	
中国	2 082	75.7	15.0	7.9	1.3	
日本	1 465	70.6	7.7	20.4	1.3	
德国	931	67.7	14.5	17.8	0.0	
韩国	599	76.5	11.7	10.1	1.6	
法国	519	63.9	13.9	21.0	1.2	
英国	396	61.5	9.3	26.9	2.4	
	研　发　投　入					
美国	4 291	60.1	32.3	3.9	3.7	0.0
中国	2 082	73.9	21.7	0.0	3.1	1.3
日本	1 465	70.4	18.6	9.7	0.8	0.4
德国	931	65.6	29.8	0.0	0.3	4.2
韩国	599	73.7	24.9	0.7	0.4	0.2
法国	519	55.5	35.4	1.1	0.8	7.7
英国	396	45.5	21.7	9.4	4.7	18.7

资料来源：美国国家科学基金会《科学和工程指标 2014》；日本科学技术・学术政策研究所《科学与技术指标 2013》和《科学与技术指标 2014》；英国国家统计局“英国研发支出总量 2012”。上海图书馆（上海科学技术情报研究所）翻译整理。

右。政府投入研发活动的比重仅次于企业，但各国政府的投入力度差距较大，从 18%～35%不等；法、美、德的政府投入比重较高，都在 30%左右甚至以上，日、中、英的政府投入则相对较小，仅在 20%左右。七国之中高校几乎不为研发活动投入资金，唯有日本、英国和美国的高校为高校自身的研发活动提供一些资金。英、美、中的非营利组织亦能产生一些研发投入。法国和德国都有少量的国外资金，唯独英国国外资金异常庞大，此部分投入几乎占到本国研发投入的 1/5。

2. 研发资金在各研发主体间的流向

由于单了解各研发主体支出和投入的金额或比重并不能全面反映一个研发系统的组成和结构，因此还需查看资金的流向，以了解各研发主体在系统中所扮演的角色。

(1) 各研发投入部门研发资金的投向

在所有资金流动中,“企业出资、流向企业自身的研发资金”无论从体量还是比重看都最为庞大,研发前7国中企业研发投入的93%~99%都最终流向了企业自身的研发活动,剩余的企业研发投入大多流向了高校的研发活动、其次是政府的研究机构。

投入第二的政府的资金则流向了各个部门,包括企业、政府、高校和非营利组织。“政府投入企业的研发资金占政府总投入”比重最大的要数美国,该比重达到29.4%——而这项投入也非常集中于个别产业,如交通设备制造业(包括航天航空装备制造业)和专业、科学和技术服务业(包括科学研发服务和建筑、工程和相关服务)。除了日本仅4%,其他国家政府向企业投入的份额都在10%~19%之间。

研发前7国中,有3国政府将半数以上的研发资金投向了高校,比重从高到低依次为英国、日本和法国。德国“政府投入高校的资金占政府总投入”的一半不到;而美国和中国则尚不及30%。

“政府出资、流向政府自身(大多为政府出资并管理运营的国立、公立、部、委级的研究机构)的研发资金占政府总投入”比重最高的国家为中国,达到约59%——换言之,中国政府的研发投入最大的供养对象是自己麾下的各种研究机构。韩国、德国、日本的政府出资、流向政府自身的研发资金占政府总投入的比重在40%~45%之间,美、法、英则都在40%以下,其中以英国最低。

“国外资金占研发投入总量”1%以上的国家有英、法、德、中。国外资金大多数(80%以上)都流向了企业研发,剩余多数都用以资助高校的研发活动。

(2) 各研发支出部门研发资金的构成

研发前7国中,企业的研发资金大部分来源于企业本身,即“来源于企业的研发资金占企业研发支出”都能达到82%~99%之间,唯有英国该比重为67%,原因在于英国有近1/4的企业研发支出来源于国外资金,该体量的国外资金在七国中也非常突出。企业研发支出中另有一部分来自政府,其中,“来源于政府的研发资金占企业研发支出”比重最大的为美国,约为13.9%,其他国家都在1%~10%之间。

7国政府研究机构的研发资金有85%~100%都来源于政府本身,剩余的资金大多来源于企业。

高校研发资金的来源则较为丰富。7国中,政府都是高校最大的资金来源,法、德、韩“来源于政府的研发资金占高校研发支出”的比重分别为89%、82%和80%。英、美、中该比重都在60%左右——英国剩余的高校研发支出分别来自非营利组织、国外资金(此两项共计超过25%)和企业、高校自身(此两项各4%

左右)，因此也可以说，英国高校的研发支出的构成最为多元、分布最广；美国剩余的高校研发支出分别来自高校自身(超过 25%)、非营利组织和企业；而中国剩余的高校研发支出则基本都来源于企业(35.3%)。日本来源于政府的研发资金占高校研发支出为七国最低，仅 48.9%，另外近一半来源于高校本身，达 47.7%，可以说，日本高校的研发支出基本上由其政府和高校自身的资金维持。

四、前 7 国研发活动类型[①]

现下对于研发活动使用最广泛的分类为："基础研究"、"应用研究"和"试验发展"。中国国家统计局对这三类研发活动的定义[②]如下：

基础研究——指为了获得关于现象和可观察事实的基本原理的新知识(揭示客观事物的本质、运动规律，获得新发展、新学说)而进行的实验性或理论性研究，它不以任何专门或特定的应用或使用为目的。

应用研究——指为了确定基础研究成果可能的用途，或是为达到预定的目标探索应采取的新方法(原理性)或新途径而进行的创造性研究。应用研究主要针对某一特定的目的或目标。

试验发展——指利用从基础研究、应用研究和实际经验所获得的现有知识，为产生新的产品、材料和装置，建立新的工艺、系统和服务，以及对已产生和建立的上述各项作实质性的改进而进行的系统性工作。

1. 前 7 国各类研发活动之权重

2000—2011 年，中国的基础研究一直维持在 5%左右，浮动很小，且近年来更有收缩的趋势；应用研究约在 12%～20%之间，近年来下降幅度较大；试验发展则一直是中国研发活动的主心骨，比重从 2000 年的 78%增长到 2011 年约 83%，且依然有增长的势头。通过与各国比较，可以看出中国的基础研究微乎其微，相反，试验发展的权重却超越其他五国。(详见图 3.2)

韩国基础研究的权重每年都在增长，自 2000 年起的 12.6%已逐渐升至 2011 年的 18.3%，可见其对基础研究的重视程度；相反，应用研究在这十多年来下降了约 5 个百分点；而试验发展则一直保持在 62%～65%之间。[③]

长期来看，日本三类研发活动各自所占的比重都较为稳定，"基础研究：应用研究：试验发展"之比基本保持在 13∶21∶62[④]。

---

① 本小节数据均来自 OECD. StatExtracts，所有比值都由 OECD 提供的购买力平价汇率折算的现值美元计算得出。

② http://www.stats.gov.cn/tjsj/tjgb/rdpcgb/qgkjjftrtjgb/201410/t20141023_628330.html.

③ 需注意，韩国 2006 年及之前研发统计工作中只统计自然科学和工程领域，直至 2007 年起才与其他国家同步纳入了社会科学和人文科学。

④ 剩余一小部分是未能界定活动类型的研发支出。

美国三类研发活动的各自占比约为 17∶19∶63,但相对他国来说每年比重变化的波动较大,且近年来有基础研究和应用研究被试验发展逐渐挤占的趋势。

英国三类研发活动的各自占比约为 15∶48∶37。显然,英国是 6 国之中应用研究权重最大的国家,2011 年应用研究几乎占到了所有研发活动的一半(48.2%)。

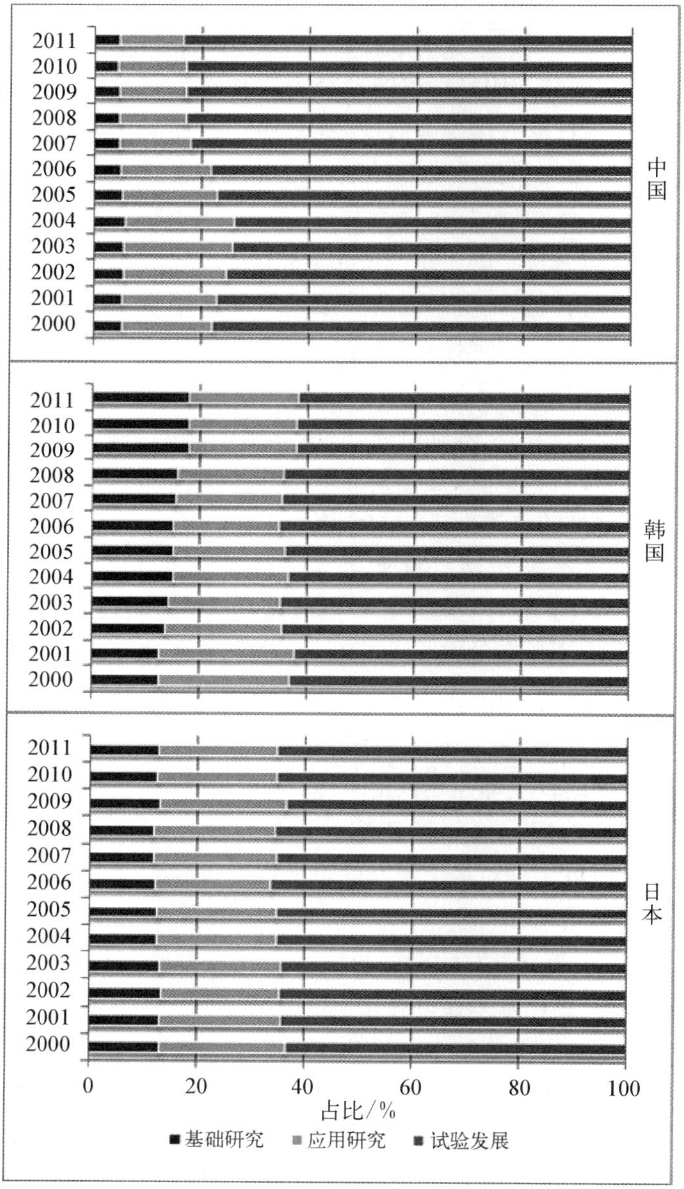

(a) 中国、韩国、日本

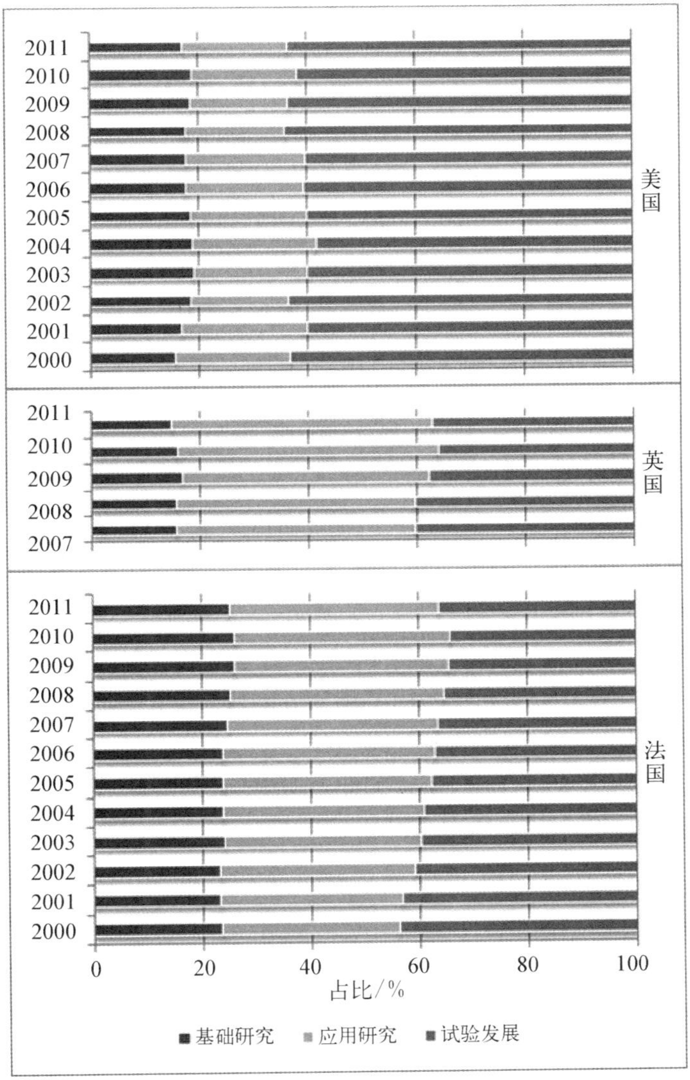

(b) 美国、英国、法国

图 3.2　2000—2011 年前 7 国各活动类型占比分布情况①

法国三类研发活动的各自占比约为 24∶37∶35，是 6 国中三类活动分布最为均等的国家，也是基础研究投入最大的国家。其基础研究的权重一直保持稳定且小幅的增长，但近年来应用研究的比重有所上升，十多年来增长了约 4 个百分点；相反，试验发展收缩显著，已下降了 9 个百分点。

---

① 此处德国数据不可获得，因德国未向 OECD 提供按活动类型细分的研发支出。英国自 2007 年起提供该数据。且该数据为国家估计数。

2. 前七国基础研究之权重

由于应用研究和试验发展活动中，企业无论是作为研发投入部门抑或是研发支出部门都占据了重要或主导地位，而由本章节第三小节可知，企业研发活动的资金绝大部分来源于企业自身，换句话说，若暂且撇开政策引导的作用，应用研究和试验发展的投入和支出更多还是取决于市场本身。基础研究则不同，研发前六国(除去德国数据不可获得)中，基础研究大都由高校和政府研究机构展开(除了韩国只有不到一半的基础研究由这两个部门展开，其他国家该比重都在60%～98%之间)，而这两个部门的研发资金大多来源于政府和高校，因此可以说，基础研究与政府的支持息息相关。

基础研究耗费时间长、短期投资回报率较低，但是一个国家基础研究的投入和能力不容忽视，因其是为一个经济体的科学与技术实力打造基础、建立知识资本、提供创新来源的基石。或者说，基础研究的成果越丰富，应用研究和试验发展的起点才更多元，这两类科研活动的成果才更有可能呈指数增长。简言之，基础研究的投入和实力也从一个侧面反映了一个国家对于科学与技术的重视程度，甚至能以此为一个维度预见一国未来可能实现的科研和创新实力。

因此，有必要在此分析一下各国基础研究的研发支出情况。

在这 6 个国家中，美国基础研究的研发支出遥遥领先，2011 年研发支出总量是排名第二的日本的 4 倍多；不仅如此，其基础研究研发支出的增长速度亦优于他国，2000—2011 年的年均增长率达到 5.2%。虽然 2011 年美国基础研究的研发支出占全美总量 17.3%，在 6 国中并未非常突出，但其基础研究的体量仍不可小觑。

日本基础研究的体量排名第二，且十多年间该排名保持不变。2000—2011 年，其基础研究研发支出总量约在 120 亿～180 亿美元之间，但年均增长率仅为 3.7%，主要原因是 2008—2010 年其基础研究呈负增长。

法国是 6 国之中基础研究占各研发活动类型比重最高的国家，2011 年该比重几乎占到一国研发的 1/4。其体量也稳坐 6 国中的第三。

在这十多年间，中国和韩国的基础研究研发支出总量一直非常接近，但自 2009 年起中国似有以非常微小的优势逐渐赶超韩国的趋势。同样，2000—2011 年两国的年均增长率也在 6 国之中非常突出，中国 19.4%，韩国 14.7%。然而，若考虑到基础研究占总体研发的权重，两国则拉开了相当的差距，中国为 6 国最低，仅 5%不到，而韩国则占到 18%，仅次于法国，可见基础研究在中韩两国的地位差距之大。

英国基础研究表现平平，不仅体量最小，近年来基础研究的投入亦有不断下降的趋势。

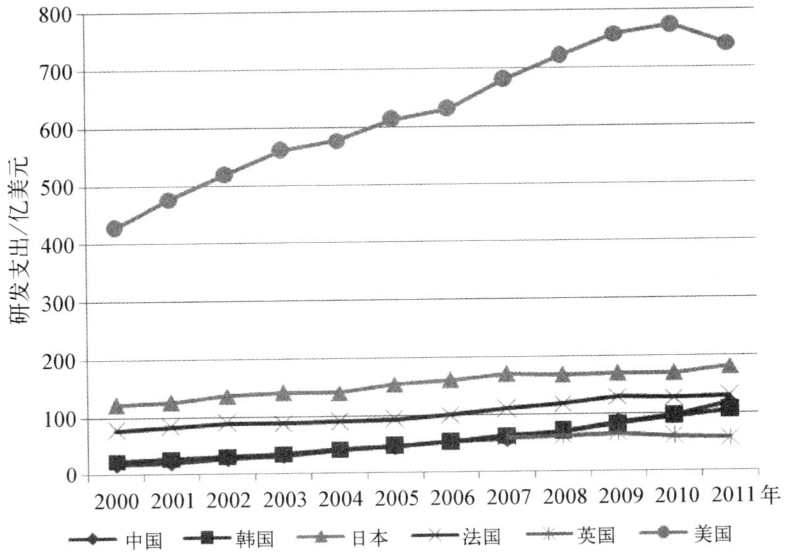

图 3.3 2000—2011 年研发前 6 国基础研究研发支出

（华子怡）

第二节 美国科技创新投入情况

美国是创新大国，历来重视多元化、高密度的研发投入，经年积累，目前以无可匹敌的科技实力和压倒性的技术优势雄居世界之首。

美国国家科学基金会每年会发布基于“联邦经费调查（Federal Fund Survey）”的全美研发分析报告，这一调查始于 1953 年，本章节的数据主要来自 NSF 的 *Science and Engineering Indicators 2014*，该报告分析了 1953 年到 2011 年美国实际发生的研发费用、研发领域以及投入主体等情况。

一、美国研发支出及投入趋势

1. 研发支出总量及研发强度

自有统计数据的 1953 年起，美国的研发支出总量（现值）总体上一直保持增长态势（见图 3.4），但 2008 年经济危机之后，美国的研发一度伴随经济衰退而萎靡，因为以 2005 年为基准的美元不变价进行对比，2009 年和 2010 年的研发总支出下降了，诱因是美国企业的研发支出受经济危机的影响而明显下降。

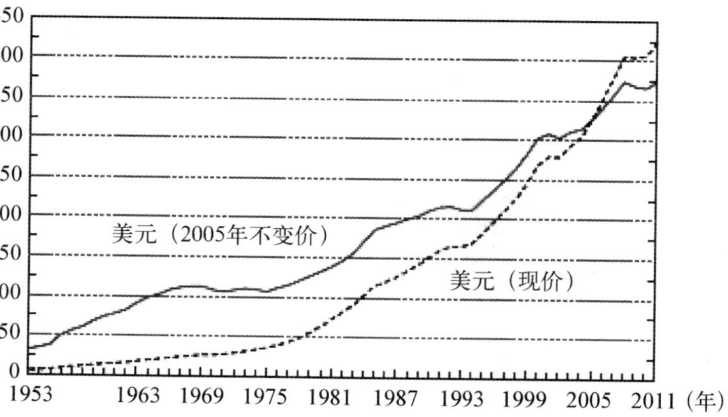

图 3.4 美国 R&D 支出总量及增长态势

资料来源：National Science Foundation, National Center for Science and Engineering Statistics, National Patterns of R&D Resources (annual series)

2011 年，美国研发总支出为 4 244 亿美元①（现价），比 2010 年增长了 177 亿美元。与以 2005 为基准的美元不变价（3 743.94 亿美元）对比，基本回到经济危机之前的水平（见图 3.5）。

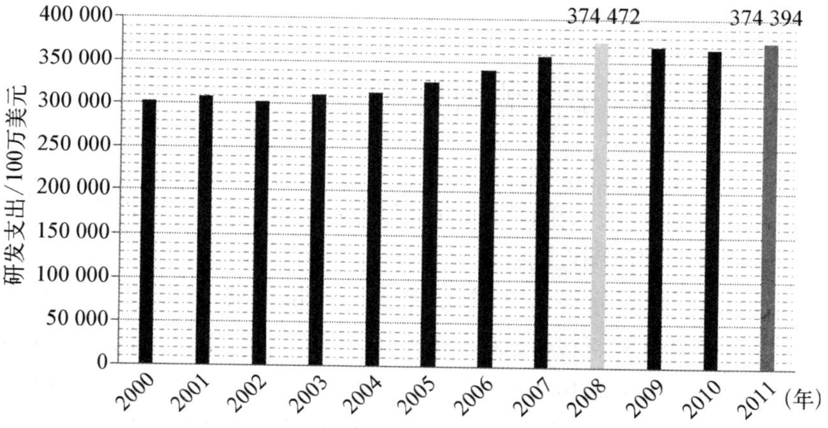

图 3.5 2000—2011 年美国研发支出总量

注：研发支出数据为以 2005 年为基准的定值

资料来源：Science and Engineering Indicators 2014

从增长态势看，美国研发支出增长率总体上高于 GDP 的增长率。除去经济危机时期（2008—2010 年），无论以现值还是不变价计算，过去 20 年（1991—

① 本文中所出现的经费数据，除有特别说明均为现值。

2011 年)、10 年(2001—2011 年),或是 5 年(2006—2011 年)间,美国研发支出的增长趋势历来都遵循"研发支出增长率高于 GDP 增长率"的规律(见表 3.4)。2011 年,就现值而言,GDP 相比上一年增长 3.9%,而研发支出则增长了 4.4%。

表 3.4　美国 GDP 以及各类机构的研发支出年度增长率对比

指标及机构	长期			近年		
	1991—2011	2001—11	2006—11	2008—09	2009—10	2010—11
	现价					
R&D 总支出	5.0	4.3	3.8	−0.5	0.5	4.4
企业	4.8	3.8	3.5	−2.9	−1.2	5.4
联邦政府	3.8	4.2	3.5	3.8	3.9	0.4
高等院校	6.4	6.5	5.2	5.6	5.8	4.8
其他 NPO	6.9	4.8	4.5	10.0	1.6	−2.6
GDP	4.7	3.9	2.4	−2.5	4.2	3.9
	以 2005 年为基准的不变价					
R&D 总支出	2.8	2.0	1.9	−1.5	−0.6	2.2
企业	2.7	1.5	1.6	−3.9	−2.3	3.2
联邦政府	1.7	1.9	1.6	2.7	2.7	−1.7
高等院校	4.2	4.1	3.3	4.5	4.6	2.6
其他 NPO	4.7	2.5	2.5	8.9	0.5	−4.6
GDP	2.6	1.6	0.5	−3.5	3.0	1.7

注:Federally funded research and development centers,联邦政府资助的研发中心
资料来源:Science and Engineering Indicators 2014

从研发强度(R&D/GDP)看,该比值自 1957 年首次超过 2%(2.15%)以后,一直保持在 2%以上,第一个历史高峰期出现在 20 世纪 60 年代,从 1963 年到 1967 年研发强度一直在 2.8%以上。第二个高峰期起始于 2008 年(2.85%),2009 年达到历史峰值 2.90%(见图 3.6、图 3.7),而这其中政府机构的研发强度(Federal R&D/GDP)自 20 世纪 80 年代开始逐渐低于非联邦政府机构的研发强度(Nonfederal R&D/GDP),显示自彼时起企业等社会力量日益成为研发的主体。

2) 研发执行的机构结构

在美国,从事研发的主要有企业、联邦政府机构、联邦政府资助的研发中心

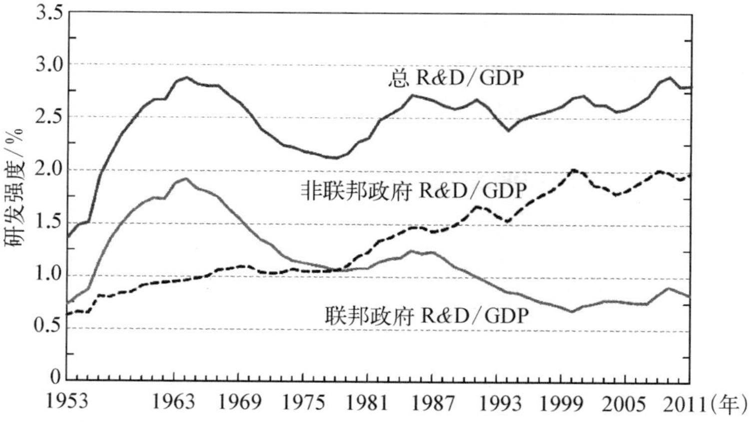

图 3.6　1953—2011 年美国研发强度的变化态势

资料来源：Science and Engineering Indicators 2014

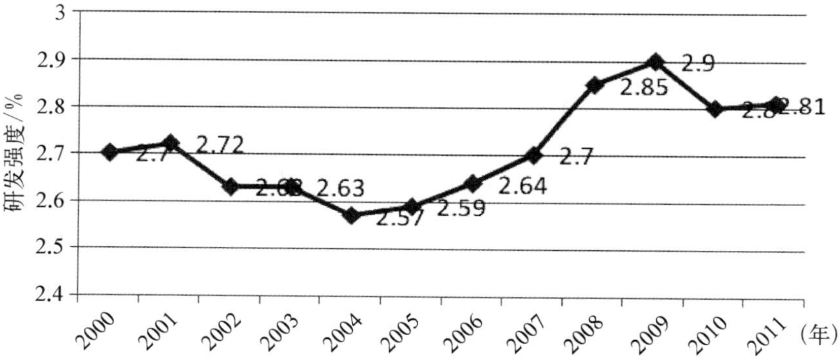

图 3.7　2000—2011 年美国研发强度的变化态势

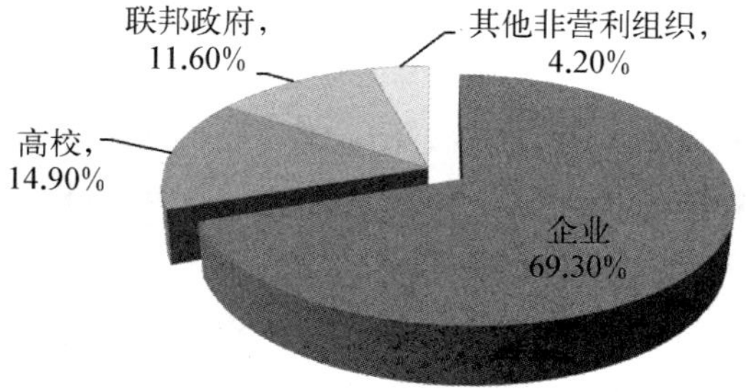

图 3.8　美国研发支出的执行主体结构（以 2011 年数据为基础）

资料来源：National Science Foundation，National Center for Science and engineering Statistics

(FFRDCs)、高校以及其他非营利组织。各类机构的研发支出比重见图 3.8。

企业是美国研发的主体，2011 年研发支出总额高达 2 941 亿美元，占全美研发总支出的 69%。2006—2011 年研发支出年均增长率为 3.5%。企业主导研发的格局在美国已是常态，1991 年到 2011 年的 20 年间，其每年的研发支出比重基本保持在 68%～74%之间。与此同时，企业研发的活跃度也直接影响全美研发的活跃度，2008—2010 年美国企业受经济危机影响而出现的研发支出下降，直接拖累了美国研发总支出增长；同理 2011 年美国研发支出的增长率基本回到了原先水平，其原因正是企业研发支出较上一年增长了 5.4%。

高校是美国第二大研发主体，2011 年这类机构的研发支出总额为 631 亿美元，占当年全美研发总支出的 15%。1991 年到 2011 年的 20 年间，其每年的研发支出比重基本保持在 11%～15%之间。2006—2011 年高校的研发支出年均增长比为 5.2%，高于同期全美研发总额的增速。此外，高校是美国基础研究的主导力量，2011 年在基础研究领域的研发支出占该领域总支出的 55%之重。

另外，美国联邦政府机构(及其内部的实验室)和 FFRDCs① 也是美国研发的重要力量，2011 年它们实施的研发活动耗资 494 亿美元，占当年全美研发总额的 12%。其中联邦政府机构的支出为 315 亿美元，所有 FFRDCs 的支出为 179 亿美元。1991 年到 2011 年的 20 年间，以 2006 年为分水岭，此前这类机构的研发支出比重基本为 15%，此后比重基本维持在 11%～12%。

除了以上 3 类机构，非营利组织在美国研发体系中也占一定权重。2011 年非营利组织的研发支出为 178 亿美元，占当年全美研发支出的 4%，自 2000 年以来这一比重基本维持不变。从各类研发主体研发支出的历史态势看(见图 3.9)，企业无论实在总量还是增速上都大大高于其他各类机构。

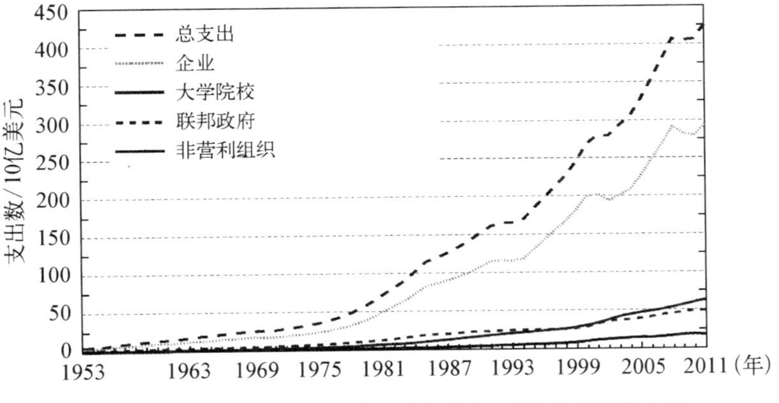

图 3.9　1953—2011 年各类研发机构的研发支出增长态势

资料来源：Science and Engineering Indicators 2014

① 2011 年美国共有 40 个 FFRDCs 机构，每个 FFRDCs 一般由公司、大学或者非盈利机构的管理。

但是企业的研发与经济形势密切相关，因此年度增减会比较明显甚至剧烈，而高校是研发支出最为稳定的一类组织（见图 3.10），这在一定程度上显示了其所主要从事的基础研究作为美国国家的科技战略的重要部分而一直比较稳健。

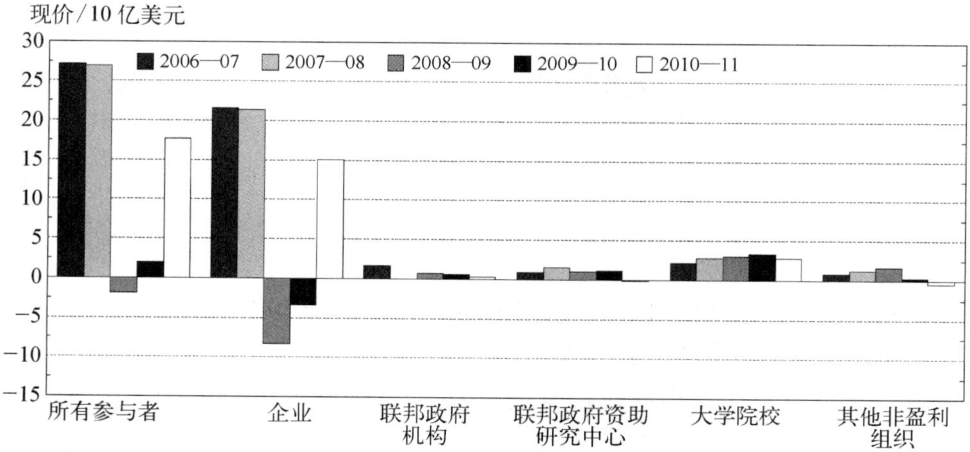

图 3.10　2006—2011 年美国各类机构研发支出的年度增减额度

资料来源：Science and Engineering Indicators 2014

3）研发经费的投入及结构

美国研发经费的来源渠道丰富，有企业、联邦政府和非联邦政府机构、高校以及其他非营利组织。这 5 个渠道的研发费用投入结构见图 3.11。图中可见，企业和政府投入的研发资金合计占了总支出的 92.6%。

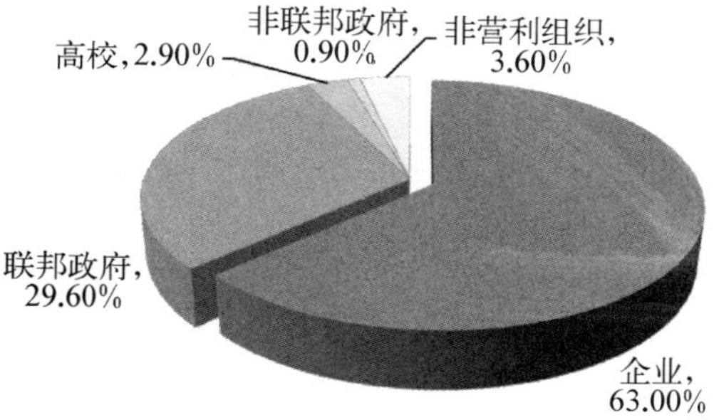

图 3.11　美国研发经费各类机构的投入结构（以 2011 年数据为基础）

资料来源：National Patterns of R&D Resources

前文分析过企业是美国研发支出最大的机构门类，在投入方面，企业也是美国最主要的研发投入者。2011 年美国企业投入的研发费用为 2673 亿美元，占当年美国研发投入的 63%。企业资金主要投向企业的研发行为，少部分投向学术机构和非营利组织。从 20 世纪 80 年代起，美国企业就开始超过政府成为研发资金的最大投入者，在总投入中的比重超过 50%。2000 年为比重峰值，达 69%之重，之后鉴于政府的投入加速增长，企业的投入比重基本降至并稳定在 63%～64%。（见图 3.12）。

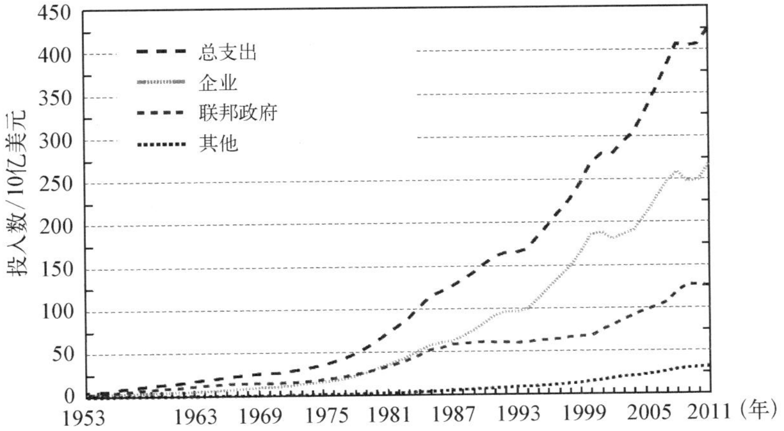

图 3.12　1953—2011 年美国各类机构主体的投入增长态势

资料来源：Science and Engineering Indicators 2014

联邦政府是第二大研发投入者，2011 年联邦政府共投入了 1 257 亿美元用于研发，占当年全美研发总投入的 30%。其中 387 亿美元投向了等校的学术研究（占高校研发支出的 61%），315 亿美元投向了联邦政府机构（占联邦政府机构研发支出的 100%），179 亿美元投向了 FFRDCs（占 FFRDCs 研发支出的 100%），313 亿美元投向了企业的研发活动（占企业研发支出的 11%），63 亿美元投向了非营利组织（占比 35%）。从占比可见，美国政府的研发资金主要投向联邦政府机构和高校等学术机构。政府投入一度是美国研发投入的主导，1964 年占到 67%的比重，此后开始逐年下降，1979 年降至 49%，跌破半壁，2000 年降至历史最低 25%。此后，随着政府在健康、国防和反恐等领域的研发投入不断增长，政府研发投入比重又开始逐年上升，2009 年开始基本维持在 30%左右。

从研发活动的类型分析，企业是应用研究和开发的投入主体，而在基础研究领域则主要以政府投入为主。2011 年，美国企业投入了 53%的应用研究经费、78%的开发经费、20%的基础研究经费；同期美国联邦政府投入了 37%的应用研究经费、9%的开发经费、55%的基础研究经费（见表 3.5）。

表 3.5　2011 年各类机构在不同类型的研发活动、不同性质的研发机构中的投入情况

研发活动类型及执行机构	经费来源及数额/亿美元						
	合计	企业	联邦政府	高校	非联邦政府	非盈利组织	各主体使用占比/%
总 R&D 费用	4 244.13	2 672.90	1 256.86	124.88	38.32	151.17	100.0
企业	2 940.93	2 627.84	313.09	*	*	*	69.3

续　表

研发活动类型及执行机构	经费来源及数额/亿美元						
	合计	企业	联邦政府	高校	非联邦政府	非盈利组织	各主体使用占比/%
联邦政府	493.94	*	493.94	*	*	*	11.6
高校	631.02	31.73	387.10	124.88	38.32	48.99	14.9
非营利组织	178.25	13.33	62.74	*	*	102.18	4.2
各主体投入占比/%	100.0	63.0	29.6	2.9	0.9	3.6	Na
基础研究	749.61	150.72	409.13	78.28	24.02	87.44	100.0
企业	130.20	123.43	6.77	*	*	*	17.4
联邦政府	114.67	*	114.67	*	*	*	15.3
高校	409.52	19.89	256.62	78.28	24.02	30.71	54.6
非营利组织	95.21	7.40	31.08	*	*	56.73	12.7
各主体投入占比/%	100.0	20.1	54.6	10.4	3.2	11.7	Na
应用研究	823.79	439.47	303.11	32.55	9.99	38.66	100.0
企业	471.86	427.82	44.04	*	*	*	57.3
联邦政府	1 288.5	*	128.85	*	*	*	15.6
高等院校	166.14	8.27	102.56	32.55	9.99	12.77	20.2
非营利组织	56.93	3.38	27.66	*	*	25.90	6.9
百分比	100.0	53.3	36.8	4.0	1.2	4.7	Na
开发	2 670.74	2 082.71	544.61	14.05	4.31	25.06	100.0
企业	2 338.87	2 076.59	262.28	*	*	*	87.6
联邦政府	250.41	*	250.41	*	*	*	9.4
高等院校	55.36	357	2 792	1 405	431	551	2.1
非营利组织	2 610	2.55	4.00	*	*	19.55	1.0
百分比	100.0	78.0	20.4	0.5	0.2	0.9	Na

资料来源：Science and Engineering Indicators 2014

二、研发活动的类型与重点领域

1. 研发活动的类型及承担主体

研发活动的类型有多种分类方法，其中最为广泛采用的分类是分为：基础研究、应用研究和开发。2011 年，美国研发支出这 3 类研发活动的支出分别占比 18%（750 亿美元）、19%（824 亿美元）和 63%（2671 亿美元），见图 3.13。

美国基础研究的主导力量是高校，2011 年全美 54.6%的基础研究费用由其支出，企业也从事一定的基础研究，2011 年企业开展的基础研究在该领域中占资金比 17%，此外联邦政府机构和 FFRDCs 开展的基础研究在该领域中占比 15%，非营利组织占 13%。

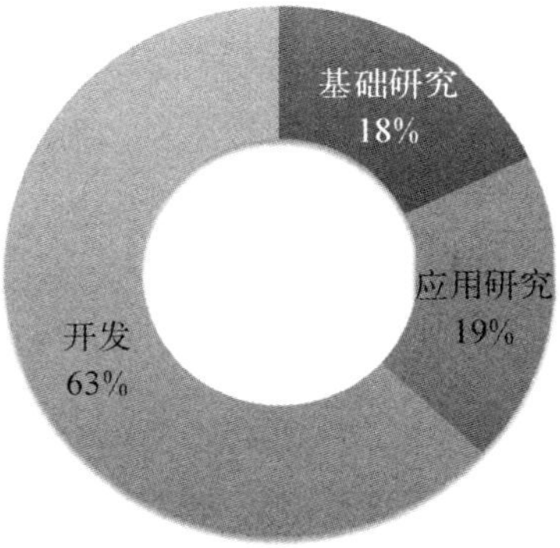

图 3.13　美国研发活动的分类及各类型的比重（以 2011 年数据为基础）

资料来源：Science and Engineering Indicators 2014

值得注意的是，美国企业在选择是否进行某基础研究时，主要考量研究成果的可独占程度、商业化风险，以及投资回报周期会否超过企业能承受的时间周期。尽管存在风险和不确定性，但是美国企业依然乐于进行基础研究，原因在于他们认为企业可以通过基础研究开发人力资本、吸引和留住高端人才、获取外部知识，从而强化企业的创新能力。美国企业从事基础研究主要集中于制药业和科技研发服务业等技术创新密集而持续的行业。

应用研究方面则主要由企业主导，2011 年企业执行的应用研究经费占比 57%，同时企业也是应用研究经费的主要投入者，2011 年投向应用研究方面的经费占比 53%之重；高校也从事一定的应用研究，2011 执行的应用研究经费占比 20%；包括联邦政府实验室和 FFRDCs 在内的政府机构使用了 16%的应用研究经费，其余 7%则由非营利组织执行。

开发方面也是企业绝对主导，2011 年美国企业使用了 88%的当年开发经费，而联邦政府执行的开发活动耗资占比为 9%，且主要在国防领域开展。高校和非营利组织在开发领域的作用就甚微了，分别只占 2%和 1%的比重。

2. 企业研发活动的重点行业领域

美国企业的研发主要聚焦于五大产业，即计算机与电子产品制造业、化工制造业（包括制药业）、交通设备制造业（包括航空航天）、信息技术产业（包括软件）以及专业科技服务业（PST Services），这 5 个行业领域 2011 年的研发支出总额达到 2 390 亿美元，占企业总研发支出的 81%之重。制造业的研发支出占向来

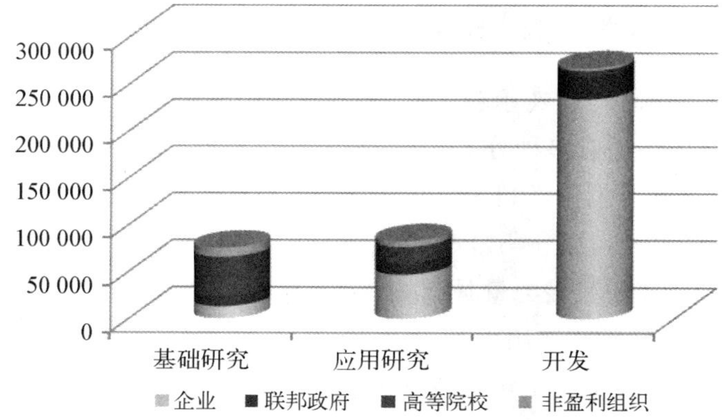

图 3.14 美国各类型研发活动及其执行机构的权重(以 2011 年数据为基础)

资料来源：Science and Engineering Indicators 2014

是美国企业研发支出的重中之重，2011 年占比 68%之重，但是与 2010 年相比，非制造领域的研发支出增速(12.7%)大大高于制造领域的研发支出增速(2.4%)。从图 3.15 可见，2010—2011 年研发支出增长最快的行业领域是信息技术产业、非制造业以及专业科技服务业。2011 年信息技术产业的研发支出增幅高达 13.6%，专业科技服务业的增幅达 13.4%。

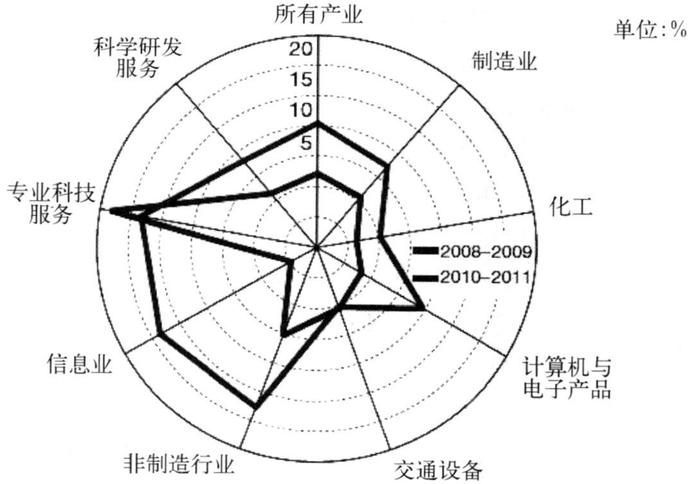

图 3.15 2008—2009 年以及 2010—2011 年若干行业的国内研发支出增幅

资料来源：Science and Engineering Indicators 2014

3. 联邦政府研发关注重点

联邦政府对研发的投入主要集中于国计民生行业，包括国防、健康、空间、能源、自然资源、环境、科学等领域。在联邦政府的研发投入中，用于国防的费用在总量上一直高于非国防领域，但是近几年二者的差距正在缩小。2011 年联邦政府研发投入中用于国防的占到 57.6%（832.26 亿美元），非国防占比 42.4%。2001 年“911 事件”之后美国在国防领域的研发投入开始大幅提升，主要是反恐需求，从 2002 年到 2008 年的七年间这一比重逐年上升，分别达 52.1%、54%、55.7%、56.9%、57.9%、58.3%、59%，2009 年受金融危机影响比重下降到 52.1%，但是之后又开始回升，2010 年为 58.3%。

美国在非国防领域的研发则重点聚焦健康领域，1980 财年用于健康领域的研发预算只占政府研发预算的 12%，到 2011 财政年度提高到 22%，健康领域的研发预算比重是仅次于国防的单一领域，近十年在联邦预算中的比重一直在 20%以上。从图 3.16 中也看见，健康领域的研发投入不仅是最大的，其增长也是比较强劲的。此外 2009 年以后对美国宇航局的投资也大幅增加，这表明美国近年对空间研究的重视。

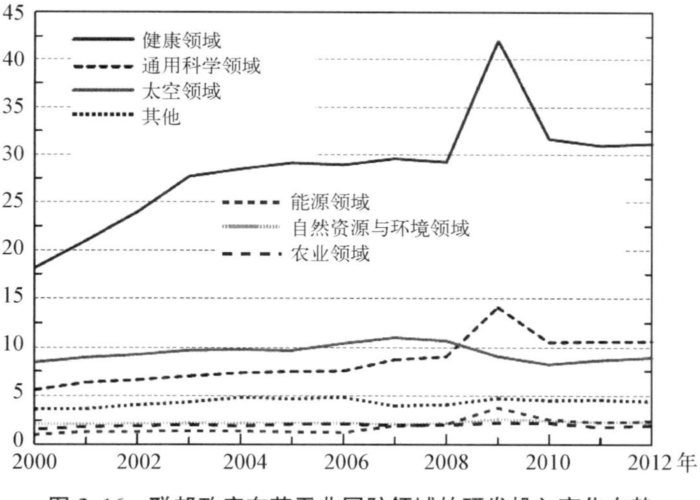

图 3.16　联邦政府在若干非国防领域的研发投入变化态势

而政府对企业的研发投入有减少的趋势，2011 年美国企业境内发生的研发开支仅有 10.6%来自政府的投资，比 2010 年的 12.3%下降幅度不小。而且，联邦政府投给企业的研发资金在行业领域上也是相对聚焦的，主要集中于交通设备制造、航空航天设备与产品、PST 服务（包括科技研发服务、建筑与工程服务业）以及计算机与电子产品制造等领域。值得注意的是，政府对企业的研发支持除了直接投资之外，还通过一些间接的政策措施予以支持，比如税收减免政策。

三、美联邦政府年度研发预算

在每年财政预算编制的第一阶段，各联邦政府机构需要在 3 个月内向行政管理与预算办公室（OMB）提交本部门的预算申报方案。在这一方案中并没有单独的 R&D 列支部分，研发是以计划或项目来体现的。不过，OMB 对机构的预算申报有一个技术性要求：那就是联邦机构提交各自的年度预算时，需将本部门开展的研发工作按照基础研究、应用研究、开发和研发设施（R&D facilities and equipment）四大类项填入文件作为部门预算的附件。OMB 每年发布的“研发预算案”即是基于机构“自下而上”提出的研发经费需求而做出的统计分析结果。

OMB 发布的联邦研发预算将研发经费从几个角度进行分析——① 类型（by character）：基础研究、应用研究、开发、研发设施 4 种类型的经费分配额度；② 机构（by agency）：每个联邦政府机构和独立机构（NSF、NASA 等）的经费分配额度；③ 功用领域（by budget function）：包括商业、能源、健康、科学（general science）、农业、环境、国防、交通等；④ 跨部门项目（Interagency science & technology initiatives）：需要多部门协作的大型研发计划的研发经费在各个相关部门的额度分配。另外研发预算还从国防类（defense R&D）和非国防类（nondefense R&D）进行了分配。

1. 政府聚焦基础研究与应用研究

近两年，美国持续加大对研发的投入，2014 和 2015 财年研发预算总额分别比上年增长约 2.6%和 1.2%。2015 财年，美国联邦政府的研发预算总额高达 1 353.52亿美元，其中科学前沿领域（包括基础研究和应用研究）投入 647.2 亿美元，非防务部门研发投入 658.87 亿美元，防务研发总投入 694.65 亿美元。一般来说，防务研发略高于非防务研发，开发方面投入略高于研究方面（包括基础研究和应用研究）的投入。但总体上，防务方面和发展方面的投入比重在下降，而非防务、研究、研发设备方面的投入比重在加大（见表 3.6）。

表 3.6　2013—2015 财年美国研发预算总体概况（单位：亿美元）

	2013 财年实际	2014 财年预计	2015 财年预算	2014—2015 财年变化	
				金　额	比率/%
全部预算总额/亿美元	1 303.32	1 336.82	1 353.52	16.70	1.20
防务研发总额/亿美元	680.65	682.72	694.65	11.93	1.70
比重/%	52.22	51.07	51.32		
非防务研发总额/亿美元	622.67	654.10	658.87	4.77	0.70
比重/%	47.78	48.93	48.68		

续　表

	2013 财年实际	2014 财年预计	2015 财年预算	2014—2015 财年变化	
				金　额	比率/%
基础研究/亿美元	306.48	324.10	320.79	−3.31	−1.00
应用研究/亿美元	311.99	320.59	326.41	5.82	1.80
总额小计/亿美元	618.47	644.69	67.20	2.51	0.40
比重/%	47.45	48.23	47.82		
发展总额/亿美元	666.14	664.77	680.17	15.40	2.30
比重/%	51.11	49.73	50.25		
研发设施总额/亿美元	18.71	27.36	26.15	−1.21	−4.40
比重/%	1.44	2.05	1.93		

资料来源：Office of Science and Technology Policy，Science，Technology，Innovation，and STEM Education in the 2013 Budget，2014 Budget& 2015 Budget

在2008年金融危机前后，研究方面（基础研究＋应用研究）的投入趋势存在明显变化。2003—2008年美国的研究投入在逐年下降，直至2008年金融危机的发生，而从2009年开始研发投入基本呈现增长趋势，尤其是2009年由于经济复苏法案（ARRA）的拨款，显得尤为突出，与之相应的是近年美国经济较为强劲的复苏态势。这种趋势显现出研发投入的变化与经济发展之间存在的密切关系。

2. 联邦行政机构承担主要研究任务

每年的美国政府财政预算编制的内容较为细化，能够按照既定的标准，精确到具体的人和物，并且按照功能（functions）、部门（agencies）、项目（programs）等不同类别予以列示。联邦政府年度预算报告中会列出每个政府机构的年度财政预算，联邦政府研发预算主要投向了15个联邦政府行政机构，而在基础研究和应用研究中，卫生与公众服务部、能源部、国防部、宇航局、国家科学基金是主要的承担机构，这五大机构在2013、2014、2015年的研究经费总额分别为544.10亿、564.93亿、565.25亿美元，分别占全部研究经费的87.98%、87.63%、87.34%。其中，卫生与公共服务部预算占全美预算约48%。这粗略地显示出美国近年重点布局在于健康、能源、防务、空间及一些基础研究中，2015财年联邦研发预算在各机构的分布见图3.17。

一些机构经费的增长值得关注，比如2015年患者中心医疗评价研究所的研发经费增幅高达13.8%，是2012年的4倍多。该机构是2010年成立的非营利

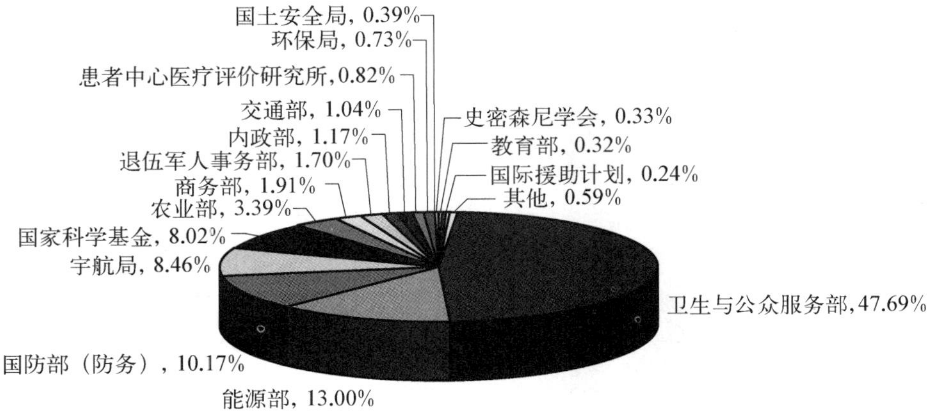

图 3.17 2015 财年研发预算的机构投向分布结构

性机构，旨在为病人、医疗服务者提供必要的循证信息，帮助他们做出更佳医疗决策提供研究资助。而美国地质调查局则是美国内政部唯一的研究机构，负责自然灾害、地质、资源、地理、环境、生物信息等方面的科学研究、监测、分析，2015 财年研发预算增幅为 10.1%。

3. 适时调整年度研发重点

美国研发预算每年都对当年预算重点给予特别关注。在 2013—2015 年的预算中，共同的关注重点有：科学前沿研究(基础+应用)、推动创新的非防务部门研发、清洁与能源、先进制造业、生物医疗健康、STEM 教育、拓展私人部门投资(税收优惠)。

在这些共同关注领域中，每年的研发重点也有所不同。如在先进制造业方面，2013 年和 2014 年重点在于先进制造业技术方面，而 2015 年则着重于创新网络的建设；在生物健康方面，2014 年提出重点放在生物医疗和未来的生物经济方面，2015 年则提出着重于疾病机理与治疗的健康研究。

而最大的不同在于，2013 年预算特别提出了未来基础设施的建设，2014 年起开始大幅增加对气候变化的预算，2015 年特别提出了机会、增长和安全计划(an Opportunity, Growth, and Security Initiative)。其中，机会、增长和安全计划是一个新的行动计划，全部预算为 560 亿美元，将会对教育、研究与创新、基础设施建设和就业、机会与流动性、公众健康、安全和保障、更高效政府进行投资，以刺激经济发展，强化国家安全。

此外，美国还专门公布跨部门科技预算优先领域，在关键科学和技术领域推行跨部门重点合作。2014—2016 年美国预算中跨部门科技重点领域主要分为几个大的方面：先进制造业、清洁能源、全球气候变化、信息技术、纳米技术、生物健康、信息化决策和管理、国家安全、地球观测、研究工具和基础设施、STEM教育、创新与商业化。其中，2015年预算增加了信息化决策和管理与国家安全方面的研发；2016年增加了地球观测、研究工具和基础设施方面的研发内容。

（王静波）

第三节　英国科技创新投入情况

一、英国研发情况概览

1. 英国研发支出持续增长

英国国家统计局的数字显示，按现值计算，2012年英国国内开展的研发活动共计实现研发支出270亿英镑，比2011年减少5亿英镑（下降2%）。这主要是受企业研发支出减少4亿英镑的拖累。若进行通货膨胀调整，即按定值计算，则2012年研发支出减少了3%。

图3.18即1985—2012年的英国研发支出变化情况。按定值计算，1985年英国的研发支出为173亿英镑。此后，研发支出持续增长，到2011年达到峰值的279亿英镑。26年间增长了56%。

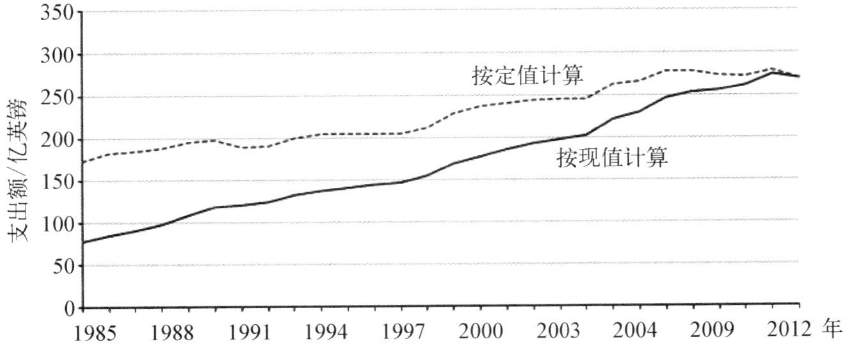

图3.18　1985—2012年英国研发支出额

资料来源：英国国家统计局

2. 研发强度呈走低之势，近年来微升

2012年，英国研发强度为1.72%，即按现值计算的研发支出占GDP的比重为1.72%，比2011年的1.77%有所降低。这部分归因于2012年GDP的增长，而研发支出却在减少。1985年以来，英国研发强度的峰值出现在1986年的2.14%，此后一路下滑，直至2001年后基本企稳，维持在1.65%～1.79%之间。

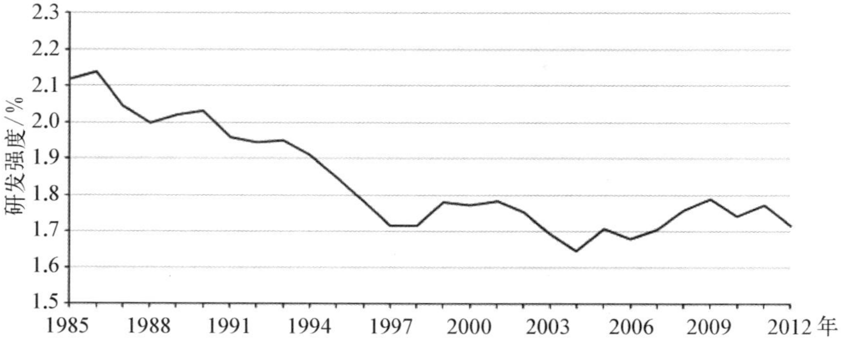

图 3.19　1985—2012 年的英国研发强度

资料来源：英国国家统计局

3. 研发支出构成分析

(1) 按研发主体分析

按照研发主体的不同，英国将研发支出分为四大部分，分别是：企业、高校、政府（包括研究理事会）和非营利组织。

图 3.20 为 2012 年这四大研发主体的支出比重。其中，企业占比最高，达 63%；其次是高校，占 27%；政府与研究理事会占 8%，非营利组织仅占 2%。

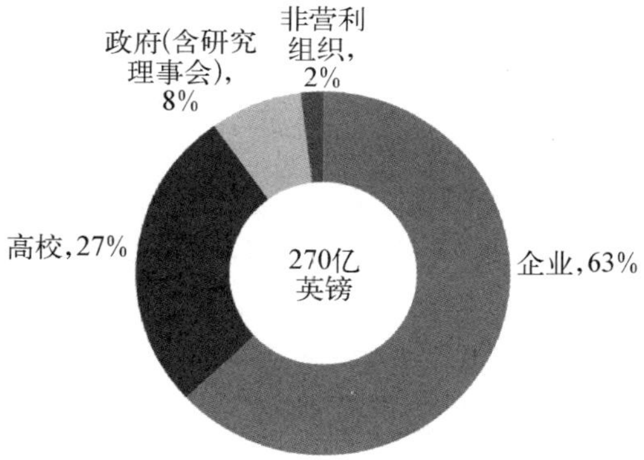

图 3.20　2012 年英国研发支出的构成

资料来源：英国国家统计局

A. 企业

为了解占英国研发支出 63% 的企业界的研发领域分布情况，英国国家统计局对 400 家研发支出最高的企业进行了相关调查，结果表明：英国企业的研发高度集中于少数几个产品领域，按照统计局划分的 33 个产品领域，前六大领域的研发开支占了 2/3。图 3.21 为 2012 年企业研发支出最多的六大产品领域分别是：制药（42 亿英镑）、计算机编程与信息服务（19 亿）、汽车与零部件（17 亿）、航空航天（15 亿）、机械与装备（10 亿）、电信（9 亿）。从 2002 年以来的变化看，多年来制药领域始终占据企业研发支出的 1/4 左右，显示了英国药企的突出研发优势。曾一度排名第二的航空航天领域研发在 2007 年后，被后来居上的汽车与零部件领域赶超（见图 3.21）。

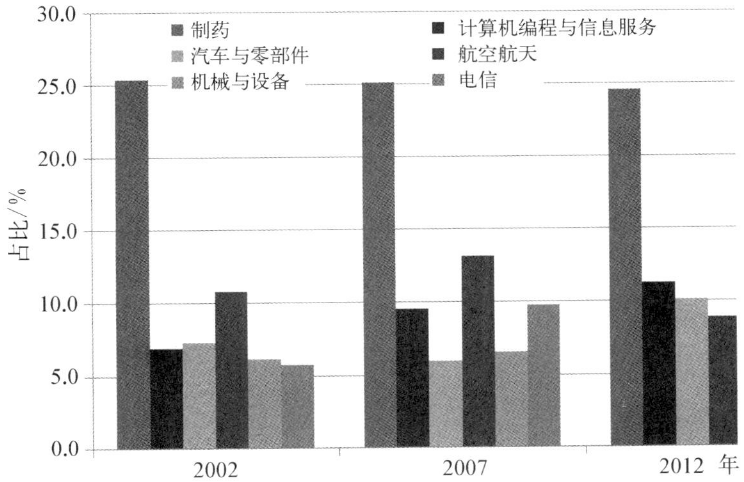

图 3.21 2002—2012 年英国企业研发支出最多的六大产品领域

资料来源：英国国家统计局

英国政府在促进研发方面持续发力，特别是通过税收优惠、建设技术创新中心(Catapult centres)等对企业研发加以支持。技术创新中心由英国政府下设的技术战略委员会建设，汇集英国的企业、科学家与工程师合作进行研究与开发，将理念与想法转化成新的产品与服务。目前英国已投资建设了 7 个中心，涉及的关键领域包括：先进制造、卫星应用、细胞疗法、近海可再生能源、未来城市、交通系统和联通数字经济。英国商业大臣表示，目前各技术创新中心的公私投资总共达到了 14 亿英镑，未来还将继续增加。以先进制造技术创新中心为例，该中心在成立一年时间内已开展了 830 个具体项目，并吸引了将近 2 000 家中小型企业的广泛参与。英国还将在 2015/2016 年投资建设两个新的技术创新中心，分别关注能源系统领域和分层医学诊断领域。能源系统技术创新中心将帮助英国企业建立满足未来供需的能源系统，分层医学诊断中心将帮助识别并提供针对单个患者的恰当医疗方案，帮助相关企业开发新疗法并降低卫生支出。

B. 高校

高校包括大学与高等教育机构，2012 年英国高校的研发支出为 72 亿英镑，占了全国研发支出总额的 27%。高校研发资金主要来自如下机构：英格兰、苏格兰和威尔士皆为各自的高等教育基金理事会，北爱尔兰则是就业与学习部，以及全英国的 7 个研究理事会。

C. 政府与研究理事会

英国政府拥有许多开展研发活动的研究机构和实验室。这些研究机构和实验室由不同的政府部门管理，包括英国企业、创新与技能部；环境、食品与农村事务部；卫生部等。

按照现值计算，2012 年英国政府与研究理事会的研发支出比 2011 年减少了 8%，即从 24 亿英镑降至 22 亿英镑。该部门的研发支出占全英国的 8%。其中，政府的研发支出保持 14 英镑未变，而研究理事会的研发支出从 2011 年的 10 亿英镑降至 2012 年的 8 亿英镑，下降了 22%。

D. 非营利组织

非营利组织包括登记在册的慈善机构。他们开展的研发活动主要集中于健康与医疗领域，包括一些研究癌症的慈善组织。在四类开展研发活动的主体中，非营利组织的研发支出最少，2012 年的支出额为 5 亿英镑，仅占全国总支出的 2%。

(2) 按研发活动的类型分析

若将研发支出划分成民用与国防这两大类型，数据显示，2012 年英国研发支出的 93%(即 252 亿英镑)属民用目的；相应地，该年的国防研发开支占了 7%。从历史数据看，按定值计算，英国目前的民用研发开支相比 1989 年增长了 70%；而国防研发开支却比 1989 年减少了 62%(见图 3.22)。

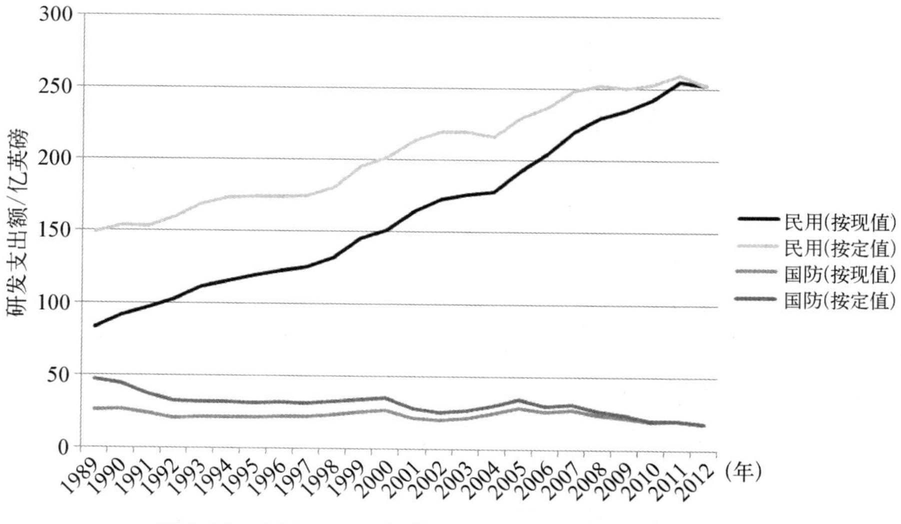

图 3.22　1989—2012 年英国民用与国防研发开支的变化

资料来源：英国国家统计局

二、英国的研发投入

1. 研发投入的构成

从资金投入方来分析研发活动，即选择"研发投入"这一指标，可以清楚地看到：2012 年，英国研发投入最高的是企业，共计投入了 123 亿英镑，占了英国研发总投入的 46%。虽然 2012 年英国政府与研究理事会开展的研发活动，共计产生研发支出 22 亿英镑，但其投入的金额却远高于此，达到 56 亿英镑，占英国研发总投入的 21%(图 3.23)。

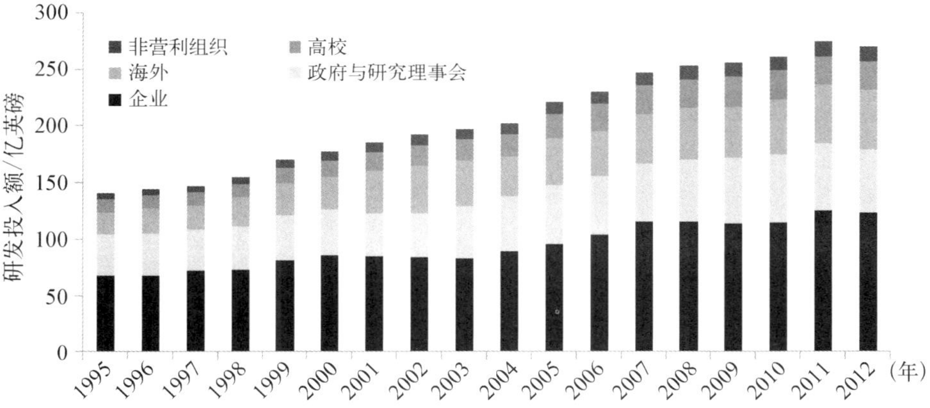

图 3.23　1995—2012 年英国研发投入的构成与变化

2. 研发投入的流向

表 3.7 显示了英国四大研发主体及海外的研发投入及流向。需要说明的一点是，研发投入机构也可以将钱投给自己。例如，2012 年，企业研发支出为 171 亿英镑，其中的 117 亿英镑就来自企业自己的投入，其余的 54 亿英镑则来自其他机构的投入。

需要说明的是，英国的研发投入划分的主体与其他一些国家，如美国有所不同，英国单列了“海外”一项，而海外资金大多数(80%以上)都流向了企业研发，剩余多数都用以资助高校的研发活动。因此，单看英国的“企业”研发投入，仅占全国研发投入总额的 45.6%，显著低于美国(60.1%，2011 年)、中国(73.9%，2011 年)、日本(70.4%，2011 年)、德国(65.6%，2011 年)等。但实际上，英国企业在研发方面投入的资金额要高出表 3.7 中“企业”一栏列示的数据。因此，在与其他国家进行比较时，需要客观看待英国的表现。

表 3.7　2012 年英国研发投入及流向　　单位：亿英镑

资金提供部门	公共研究机构	高校	企业	非营利组织	合计	占比/%
政府	10.51	4.06	13.46	0.67	28.71	10.6
研究理事会	6.46	19.55	0.02	0.85	26.88	10.0

续 表

资金提供部门	公共研究机构	高校	企业	非营利组织	合计	占比/%
高等教育基金会		21.85			21.85	8.1
高校	0.12	2.84		0.14	3.10	1.1
企业	2.71	2.92	116.66	0.88	123.17	45.6
非营利组织	0.48	10.22	0.37	1.70	12.77	4.7
海外	1.45	10.68	40.55	0.91	53.58	19.8

资料来源：英国国家统计局

三、英国政府在科技创新方面的投入

1. 政府的研发投入

研究英国政府的研发投入额，需要从出资的“政府”的界定范围来分析。如表 3.7 所示，其中的“政府”仅指政府部门，如卫生部，商业、创新与技能部等。但事实上，作为研发投入资金的主体，可算作“政府”投入的还应该包括研究理事会与高等教育基金会。按这个范围看，英国“政府”在 2012 年的研发投入达到了 77.44 亿英镑。

2. 政府在科学、工程与技术方面的投入

英国的商业、创新与技能部（BIS）每年都会对政府在科学、工程与技术（SET）方面的投入做统计与分析，一系列数据有助于我们更深入的剖析英国政府在科技创新方面的支持力度和特点。该统计将政府在 SET 方面的投入划分为三部分：一是研发，二是与研究和试验开发有关的知识转化，以及对科学与技术知识的传播和应用的贡献；三是英国对欧盟研发开支的分担额。

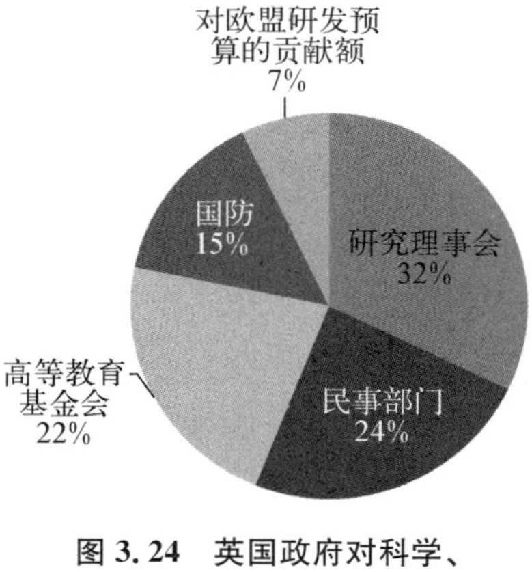

图 3.24 英国政府对科学、工程与技术的投入

数据显示：2012 年，英国政府的 SET 投入共计 100 亿英镑。其中，投入研究理事会的资金最多，占了 32%，国内民用部门和高等教育基金会分列第 2、3 位，各占 24% 和 22%（见图 3.24）。

从历年发展趋势看，自 2001 年以来，英国政府对国防的投入下降最多，按定值计算，从 2001 年的 27 亿英镑降至 2012 年的 15 亿英镑，下降了 45%。国防投入的高峰值出现在 2002 年，虽然没有确切的原因来解释，但当时英国正处在改变政府架构的时期，并引入了新的会计制度，以适应《弗拉斯卡蒂手册 2002》对研发的定义。同期，英国政府对研究理事会的投入却增加了 10 亿英镑。见图 3.25。

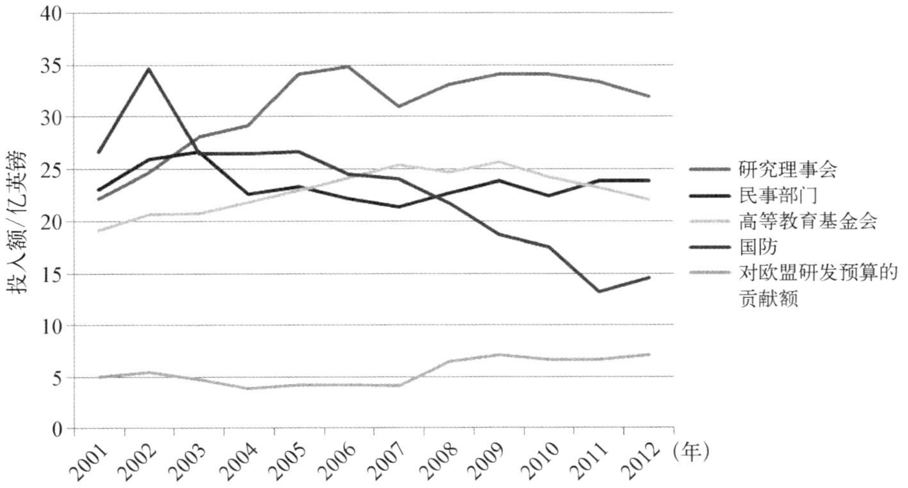

图 3.25　2001—2012 年英国政府对科学、工程与技术的投入

3. 英国政府科技投入的"双重支持系统"

目前，英国政府的科技投入主要由三类经费组成：一类为支持不同研究领域的项目经费，由 BIS 直接拨给七大研究理事会；一类为人员和科研条件经费，由 BIS 直接拨给高等教育基金会；第三类是各政府部门在自己部门预算内的部分科技经费投入。前两类经费已经固化为"双重支持系统"。BIS 代表中央政府对这两类经费提出要求和实施原则，研究理事会和高等教育基金会按照英国所形成的霍尔丹原则进行独立管理。霍尔丹原则是指资助研究项目的决定权最好通过同行评审由研究者自己掌握，其中需要评估科研项目的质量、卓越性以及可能会产生的影响。

政府负责为研究理事会提供宏观发展战略，制定经费总预算，但不负责经费分配，也没有对于某个项目是否资助的决定权。研究理事会拥有独立的政策制定、经费使用和管理权。政府不干预理事会的日常工作。

(1) 研究理事会

英国政府于 2002 年 5 月新成立了英国研究理事会（UK Research Councils，RCUK），这是一个协调机构，跨理事会的共同问题可以被系统化地解决，其中包括科研经费处理系统、研究评估与影响、研究人员培训和发展、知识交流、国际合作和科技社会等。目前，英国共有七个研究理事会，分别是艺术与人文研究理事会（AHRC）、生物技术与生物科学研究理事会（BBSRC）、工程与自然科学研究理事会(EPSRC)、经济与社会研究理事会(ESRC)、医学研究理事会(MRC)、自然环境研究理事会(NERC)、科学与技术设施理事会(STFC)。

2012 年,英国政府共向研究理事会投入资金 32 亿英镑,七大理事会中,获得资金最多的是工程与自然科学研究理事会,获得了 9.2 亿英镑,占比为 29%。2012 年政府拨付给七大研究理事会的资金及占比见图 3.26。

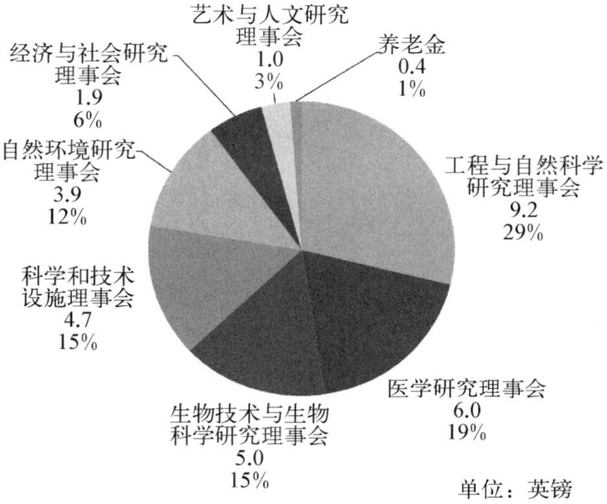

图 3.26 2012 年英国研究理事会获得的政府科研资金投入

表 3.8 详细列示了 2001 年以来各研究理事会获得的资金情况。由于其间部分研究理事做过机构调整,因此数据会呈现不连续的情况。就目前的七大研究理事会而言,工程与自然科学研究理事会始终是获得资金最多的,2012 年获得了 9.2 亿英镑的政府投入,相比于 2001 年几乎翻了一番。政府向各研究理事会拨付的资金几乎都是逐年增长的,其中增幅最大的是经济与社会研究理事会,2012 年比 2001 年增长了 150%多,不过该研究理事会获得的资金额并不多,仅高于艺术与人文研究理事会。

(2) 高等教育基金会

英国的高等教育基金会成立于 1992 年,主要职能是管理资金,支持高等教育机构、继续教育学院和其他机构的教育和研究,并为 BIS 提供教学研究方面相关的信息,包括资金需求。

2012 年,英国政府向高等教育基金会投入的 SET 类资金达到 22 亿英镑。就各地区而言,涵盖了英格兰高等教育基金会、苏格兰高等教育基金会、威尔士高等教育基金会、北爱尔兰就业与学习部。其中,英格兰以 78%的高比例获得了 17 亿英镑的资金,这与英格兰在英国的经济地位是相一致的。但从历年数据看,全英国的资金分配发生了较明显的变化:英格兰和威尔士的比重都呈走低趋势,苏格兰稳步提升,而北爱尔兰却是先升后降(见表 3.9)。

表 3.8 2001—2012 英国政府向各研究理事会拨付的资金

	拨付资金/亿英镑(按现值计价)											
	2001	2002	2003	2004	2005	2006	2007	2008	2009	2010	2011	2012
工程与自然科学研究理事会	4.8	5.0	4.3	4.9	5.6	6.4	6.9	7.3	7.6	8.5	8.5	9.2
医学研究理事会	3.5	3.6	3.7	3.8	4.2	4.7	4.9	5.8	6.3	6.8	6.7	6.0
生物技术与生物科学研究理事会	2.1	2.4	2.7	2.8	3.2	3.7	3.7	3.9	4.4	4.4	4.9	5.0
科学和技术设施理事会[1]	—	—	—	—	—	—	5.5	5.9	6.1	5.6	5.4	4.7
自然环境研究理事会	1.8	2.1	3.0	3.2	3.7	3.6	3.6	4.0	4.5	4.5	4.2	3.9
经济与社会研究理事会	0.7	0.8	0.9	1.1	1.3	1.4	1.5	1.6	1.7	1.8	1.8	1.9
艺术与人文研究理事会[2]	—	—	—	—	0.7	0.8	0.9	0.9	0.9	0.9	1.0	1.0
养老金[3]	0.3	0.3	0.3	0.4	0.2	0.2	0.3	0.7	0.4	0.4	0.4	0.4
科学技术办公室——英国贸工部[4]	1.7	2.8	4.5	4.4	5.8	5.1	—	—	—	—	—	
粒子物理与天文研究理事会[1]	2.1	2.5	2.7	3.0	3.3	3.3	—	—	—	—	—	—
中心实验室理事会[1]	0.1	0.0	0.6	0.6	0.8	0.9	—	—	—	—	—	—
合计	17.1	19.5	22.6	24.1	28.7	30.1	27.4	30.2	32.0	32.8	32.9	32.0

注：[1] 2007 年 4 月以后，粒子物理与天文研究理事会、中心实验室理事会合并进了科学与技术设施研究理事会。

[2] 艺术与人文研究理事会成立于 2005 年 4 月。

[3] 研究理事会的养老金是单独统计的。

[4] 自 2007 年 6 月起，英国贸工部和科学与技术办公室分别更名为商业企业与监管改革部和 创新、大学与技能部。2009 年，这两大部门合并，成为商业、创新与技能部。

资料来源：英国国家统计局

表 3.9 英国政府投向高等教育基金理事会资金地区分布情况 单位：%

年份	英格兰	苏格兰	威尔士	北爱尔兰
2001	81.8	10.7	5.1	2.3
2002	82.1	10.4	5.1	2.4
2003	80.0	11.7	5.0	3.4
2004	80.5	11.7	4.7	3.2
2005	80.4	11.8	4.4	3.4
2006	78.7	13.6	4.1	3.5
2007	79.1	14.2	3.9	2.8
2008	79.9	13.2	4.1	2.9
2009	80.7	12.0	3.9	3.4
2010	79.0	13.9	3.8	3.2
2011	79.7	14.2	3.6	2.6
2012	78.5	15.3	3.6	2.6

（钟 婷）

第四节 德国科技创新投入情况

研发和创新，是德国社会财富和国家竞争力的根基。自重新统一以来，德国的研发投入力度不断增加。为了达到“欧盟 2020 战略”制定的目标——研发投入达到 GDP 3%，德国政府、经济界和科研界共同付出了巨大努力。德国 2012 年的研发投入达到 794 亿欧元，占当年 GDP 的 2.98%，名列全球研发强度最大的国家行列。同时，在研发密集型产品出口方面，德国亦居于世界领先地位；2012 年，德国每百万人发表的科学论文数量达 1 226 篇，首次超越美国；就每百万人口拥有的世界市场专利数量来看，德国长期高于美国。德国在研发和创新领域成绩斐然，与其强大的经济投入力度密切相关。鉴于德国的统计体系中并未专门开辟“科技创新投入”的统计口径，本节依据德国联邦教育与研究部公布的科研投入数据，从侧面展示德国科技创新投入概貌。

一、德国科技研发资源配置总览

自德国重新统一以来，其研发投入总额一直处于稳步增长中。1991—2011

年的20年中，德国国内研发总投入从378.5亿欧元增长到755亿欧元，增加了将近一倍。2008年金融危机爆发之后，德国在科技研发中倾注了更大的力量，研发投入的年均增长率达到了4.31%，高于20年间3.51%的平均水平。其中，四大投入部门的金额变化反映出，投入额度整体呈增长态势，但增长速度有其特点。对投入占比最大的“企业”和“国家”进行比较，20年间，投入额度年均增速较快的是“企业”，达到3.83%，超过整体的平均水平3.51%，而“国家”仅为2.57%，远逊于平均增速；但在金融危机之后，“企业”研发投入的年度复合增长率下降至3.45%，而“国家”的年均增速突破了6个百分点，这体现出德国政府在后金融危机时代向科研创新寻求发展突破口的行动取向(参见图3.27)。

就研发强度而言，即研发投入占GDP的比重，虽处在波动中，但整体而言为不断增强，从1991年的2.47%增长到了2011年的2.89%，逼近3%的欧盟目标，如图3.27所示。

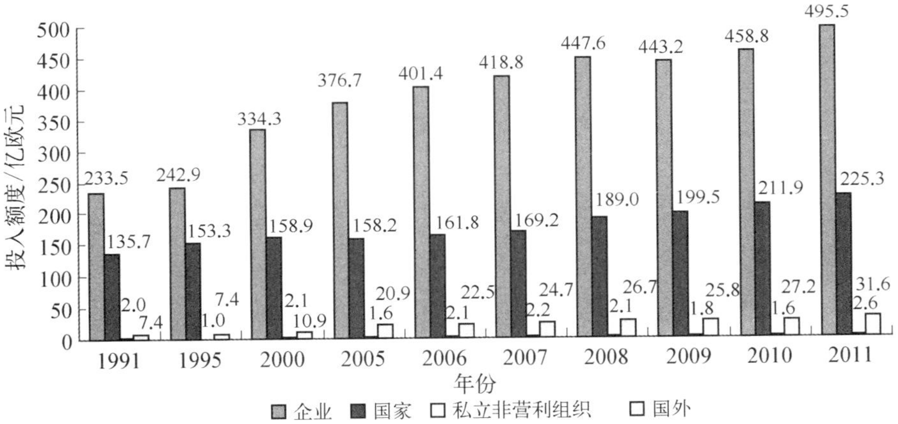

德国国内研发投入情况(按投入部门分)(1991—2011)

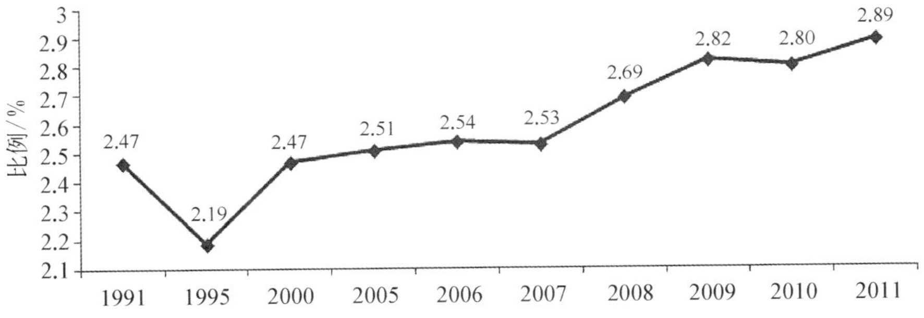

德国研发强度变化(1991—2011)

图3.27 德国国内研发投入及强度历年变化

资料来源：Bundesbericht Forschung und Innovation 2014

从研发资金的流向上看，以 2011 年为例，755 亿欧元的研发投入主要来自于企业，占比将近 2/3，其次为公共投入，比重约三成。从研发投入的支出流向上看，主要分成三股，其中企业的研发支出额度最高，约为 511 亿欧元，占支出总额的 67.7%，支出来源主要还是依托企业本身(92%)，这反映出企业的研发创新能够独立于国家和其他公共机构，这是德国研发与创新体系的一大特色；而德国政府的研发费用大部分流向了高等院校(49%)和高校外研究机构(43%)，成为其研发经费的最主要来源(综合图 3.28 和图 3.29)。图 3.30 还反映出，政府部门的研发投入贯穿于从基础研究到应用研究的整个研创链条，同时也是基础研究的最主要支持力量，而企业则集中力量进行应用研究。

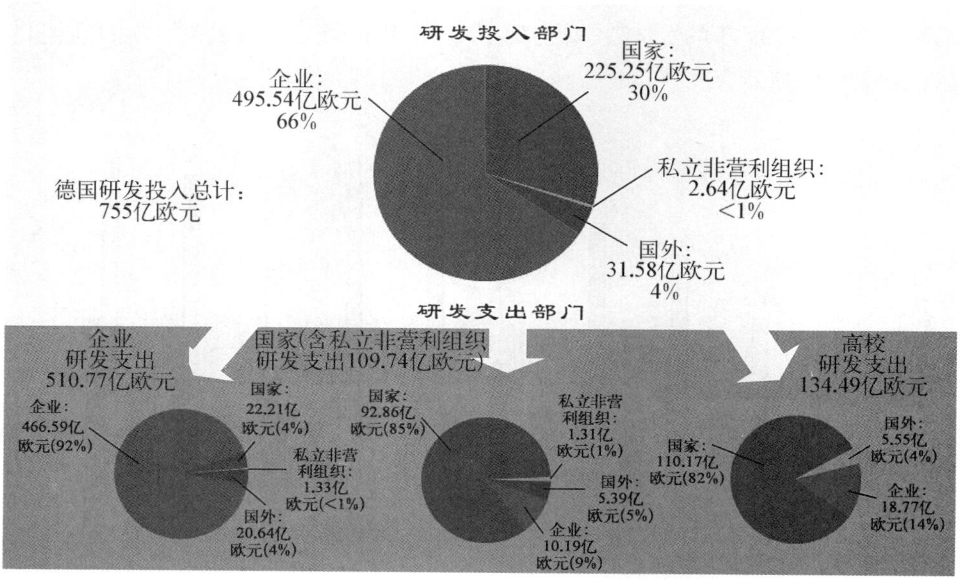

图 3.28 德国国内研发投入与支出情况(2011)

资料来源：Bundesbericht Forschung und Innovation 2014

二、德国政府部门的科技创新支持情况

(一) 联邦政府研发投入情况

21 世纪以来，德国联邦政府的研发投入增长变化情况大体可以分为两个阶段：2000—2006 的“平稳期”，这一时期每年的研发投入大体保持在 90 亿欧元左右；2007 年的研发投入首次突破百亿欧元大关，标志着“稳步增长期”的开启——联邦政府的研发投入以 5.84%的年均增速，从 2007 年的 101.5 亿欧元增长至 2012 年的 134.7 亿欧元，预计 2013 年将达到 144 亿欧元以上。

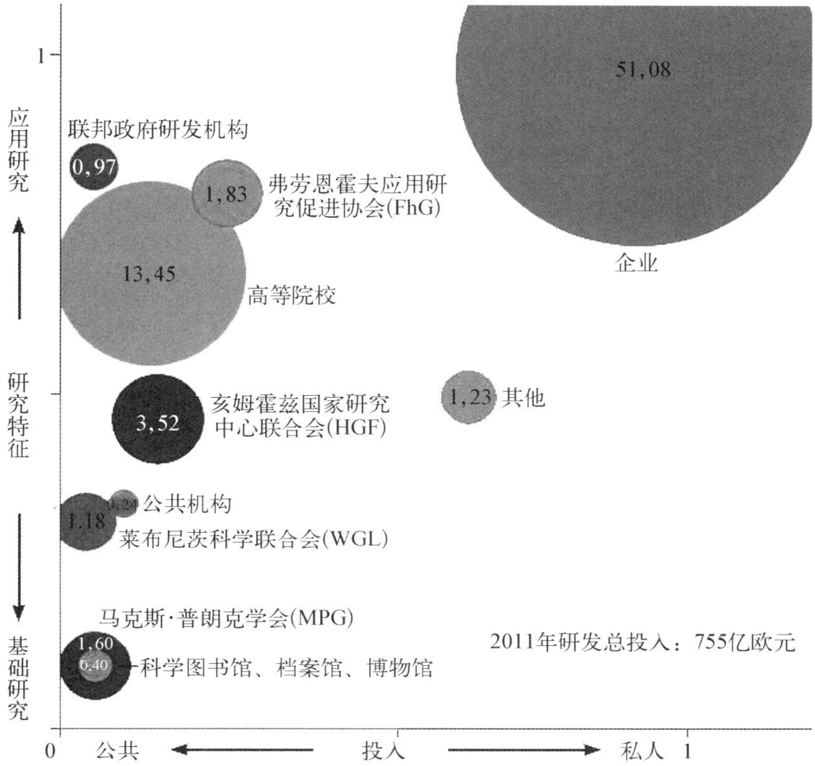

图 3.29 德国研发经费流向概貌(2011)

说明：

注 1 公共机构：属于科学、研发的公共机构有联邦、联邦州和城镇科研机构，不包括 WGL 和联邦政府研发机构

联邦政府研发机构：属于某个联邦部业务范围并由其承担经费的机构

科学图书馆、档案馆、博物馆：不包括 WGL

其他：包括科学院在内的其他科研机构

注 2 水平的维度“投入”反映了企业占各组织研发活动经费投入的比例。纵向的维度“研究特征”是根据出版物(每位研究人员发表的 SCI 出版物)和专利(每千名研究人员专利申请)计算得出。坐标系中单个组织群的定位以其中心点坐标与横纵坐标轴的刻度值为基准。

资料来源：Bundesbericht Forschung und Innovation 2014

联邦政府研发投入在各部门的分配情况如表 3.10 所示。以 2012 年为例，联邦教研部的研发投入最多，占比近六成，且常年保持良好的增长势头，2010—2012 的年均复合增长率约为 5.6%，对国家的科研活动进行最为有力的宏观调控；联邦经济技术部以 27.5 亿欧元位居第二，比重也超过了五分之一，其近三年 6.57%的年均增速超过了联邦教研部；国防部的研发投入近年来逐步削减，已至十亿欧元以下，份额约为 7%左右。这三个部门是联邦研发投入的主要构成部门，占据联邦总投入的 85%以上。

表 3.10 德国联邦政府研发投入历年变化(按联邦政府部门分)

单位：百万欧元

联邦政府部门	2000 年	2005 年	2010 年	2011 年	2012 年
联邦总理府	69.2	91.0	87.0	79.2	89.4
外交部	121.7	123.2	183.4	164.6	171.6
内政部	40.1	52.1	59.0	40.3	37.7
司法部	1.5	1.9	2.5	2.4	2.6
财政部	3.4	1.4	0.8	1.3	1.0
经济技术部	1 788.3	1 770.3	2 420.2	2 526.6	2 748.5
劳动和社会部	27.9	39.5	33.1	36.9	36.9
食品、农业和消费者保护部	217.0	217.1	509.0	493.8	545.9
国防部	1192.0	1087.5	1154.0	974.8	937.2
家庭、老人、妇女和青年事务部	16.7	20.9	23.2	23.5	23.2
卫生部	91.5	99.6	124.4	120.4	132.1
交通、建设和城市发展部	99.9	123.6	200.6	247.5	216.8
环境、自然保护与核安全部	163.1	183.1	234.5	243.8	2 74.1
教育研究部	4 552.6	5 125.8	7 207.2	7 604.2	8 036.4
经济合作与发展部	25.9	35.1	33.3	34.4	36.7
财政管理	68.3	56.2	492.9	692.3	185.0
总　计	8 479.2	9 028.3	12 765.1	13 285.8	13 474.8

资料来源：Bundesbericht Forschung und Innovation 2014

德国联邦政府的研发投入主要有“项目资助”和“机构资助”两种资助路径。项目资助，以资助计划为依据，即根据申请提供一定期限的资助。能获得项目资助的，除了单个项目，也可以是由多方合作伙伴共同资助的合作项目。项目资助分为直接项目资助和间接项目资助。直接项目资助主要针对具体研究领域内的研发活动；间接项目资助主要针对研究机构和企业，特别是中小企业间的合作研发活动，包括开发和强化研究基础设施、研究合作、创新网络、人员交流等。机构资助，并非针对单个研究计划，而是为科研机构提供的长期资助，进而保障德国研发活动所需的基础设施、研究能力，并进行战略调整。机构资助主要进入马克斯·普朗克学会(MPG)、弗劳恩霍夫应用研究促进协会(FhG)、德意志研究联合会(DFG)、亥姆霍兹国家研究中心联合会(HGF)、莱布尼茨科学联合会(WGL)等科研机构。表 3.11 呈现了 2009—2012 德国研发支出的详细情况，项目资助在以往稳定增长的情况下，2012 年有明显回落；机构资助则呈持续增长态势。

表 3.11 德国联邦政府研发投入历年变化(按资助类型分)

单位：百万欧元

资 助 类 型	2009 年	2010 年	2011 年	2012 年
1 项目资助	5 532.0	6 307.5	6 574.6	6 221.7
1.1 直接项目资助	4 872.2	5 396.7	5 526.1	5 422.3
1.2 间接项目资助	659.8	910.8	1 048.4	799.4
2 机构资助	5 282.7	5 329.8	5 531.5	5 964.1
2.1 研究与科学资助组织	1 990.1	2 037.1	2 092.3	2 193.5
2.2 亥姆霍兹国家研究中心联合会	1 886.4	1 863.0	2 011.8	2 178.3
2.3 莱布尼茨科学联合会	430.4	450.9	453.8	483.4
2.4 其他非营利机构	210.9	184.2	175.4	191.1
2.5 联邦机构	764.8	794.6	798.2	917.7
3. 高校资助	275.5	202.2	245.5	318.0
4. 国际组织会费、补助	882.3	925.5	934.3	971.0
总 计	11 972.5	12 765.1	13 285.8	13 474.8

资料来源：Bundesbericht Forschung und Innovation 2014

从各部门获得联邦政府研发资金的情况看，“非营利机构”是获得资助金额最大的部门，2012 年的比重达到了 53.3%；从以往数据看，“社会与经济企业”是 2009—2011 获资额度居第二的部门，但因 2012 年的获资额度大幅减少，比重仅为 16.9%，被“各级政府”赶超；“各级政府”的获资额度逐年稳步增长，至 2012 年以 21%的获资份额名列次席，所获得的研发资金主要流入地方政府，地方高校及附属医院得到的资金支持最多。(详见表 3.12)

表 3.12 德国联邦政府研发投入历年变化(按获资部门分)

单位：百万欧元

获 资 部 门	2009 年	2010 年	2011 年	2012 年
1. 各级政府	2 191.9	2 312.7	2 513.7	2 825.6
1.1 联邦	891.0	927.0	934.7	1 087.9
1.1.1 联邦研究机构	832.5	866.4	868.8	995.2
1.1.2 其他联邦管理机构	58.5	60.6	65.9	92.8

续 表

获 资 部 门	2009 年	2010 年	2011 年	2012 年
1.2 州与乡镇	1 300.9	1 385.7	1 579.0	1 737.7
1.2.1 州研究机构	94.8	101.2	116.4	121.1
1.2.2 高校及附属医院	1 144.2	1 214.9	1 390.1	1 542.2
1.2.3 其他州机构	35.4	40.4	36.9	38.0
1.2.4 乡镇,乡镇政府协会与协会分支	26.6	29.2	35.5	36.4
2. 非营利机构	6 351.4	6 668.8	6 854.6	7 180.0
2.1 研究与科学资助组织(如马普学会、弗劳恩霍夫协会、德意志研究联合会等)	3 109.2	3 361.7	3 363.5	3 524.2
2.2 亥姆霍兹国家研究中心联合会	2 332.9	2 345.4	2 529.0	2 624.7
2.3 其他科学机构	830.3	873.8	878.4	945.3
2.4 其他组织	78.9	87.9	83.7	85.7
3. 社会与经济企业	2 288.1	2 598.7	2 759.0	2 271.7
3.1 社会与经济企业	1 591.6	1 823.9	1 957.4	1 584.4
3.2 源于企业和自由职业的服务	696.5	774.8	801.6	687.4
4. 国外	1 138.3	1 182.6	1 157.1	1 196.8
4.1 驻外社会和企业团体	146.9	149.0	122.8	96.8
4.2 国际会费和其他	991.4	1 033.6	1 034.3	1 099.9
5 相关群体	2.7	2.2	1.4	0.8
总 计	11 927.4	12 765.0	13 285.8	13 474.9

资料来源：Bundesbericht Forschung und Innovation 2014

(二) 联邦州的研发投入情况

各联邦州的研发投入是德国公共研发投入的重要组成之一。2011 年各州的研发投入占联邦、联邦州研发投入总额的 43.3%。2000 年以来，联邦州的研发总投入在前 8 年平稳保持在 80 亿欧元左右的水平，自 2008 年起以 3.42%涨幅逐渐增加。2012 年，各州研发投入达到 102.3 亿欧元。

就各联邦州研发投入来看，并不平衡，如表 3.13 所示，投入最高的是北莱茵-

威斯特法伦州，2011 年突破了 20 亿欧元，巴伐利亚州和巴登-符腾堡州位居第二梯队，超过 10 亿欧元。其中研发投入增长最快的是黑森州、巴伐利亚州和莱茵兰-普法尔茨州，年均增速都达到了 7%以上，而唯有萨克森州处于负增长。

表 3.13　德国各联邦州研发投入一览

联邦州	2005 年		2009 年		2010 年		2011 年	
	数额/100 万欧元	占比 /%	数额/100 万欧元	占比 /%	数额/100 万欧元	占比 /%	数额/100 万欧元	占比 /%
巴登-符腾堡	1 036	13.4	1 365	14.6	1412	14.5	1466	14.4
巴伐利亚	1 100	14.2	1497	16.0	1628	16.8	1698	16.7
柏林	541	7.0	633	6.8	607	6.3	581	5.7
勃兰登堡	178	2.3	180	1.9	184	1.9	203	2.0
不来梅	99	1.3	131	1.4	138	1.4	125	1.2
汉堡	249	3.2	403	4.3	374	3.8	347	3.4
黑森	470	6.1	644	6.9	680	7.0	734	7.2
梅克伦堡-前波莫瑞	166	2.1	167	1.8	188	1.9	211	2.1
下萨克森	648	8.4	811	8.7	844	8.7	874	8.6
北莱茵-威斯特法伦	1 602	20.7	1 830	19.5	1 870	19.3	2 009	19.8
莱茵兰-普法尔茨	299	3.9	348	3.7	410	4.2	459	4.5
萨尔	106	1.4	91	1.0	94	1.0	122	1.2
萨克森	570	7.4	538	5.7	538	5.5	522	5.1
萨克森-安哈尔特	223	2.9	271	2.9	262	2.7	274	2.7
石勒苏益格-荷尔斯泰因	201	2.6	216	2.3	212	2.2	248	2.4
图林根	240	3.1	240	2.6	274	2.8	287	2.8
总　计	7 727	100	9 366	100	9 715	100	10 160	100

资料来源：Bundesbericht Forschung und Innovation 2014

联邦州政府和联邦政府还按照一定比例共同开展机构资助。这一部分经费绝大部分流入马普学会、亥姆霍兹联合会、莱布尼茨科学联合会、弗劳恩霍夫协会、德意志研究联合会等科研组织和研究资助组织，成为其基本经费。整体上看，联邦政府和联邦州政府的出资比例大约为 2∶1，但每个机构各有不同，详见表 3.14。

表 3.14 联邦和州共同提供的机构资助

单位：100 万欧元

机构	2000 年			2010 年			2011 年			2012 年		
	总额	联邦	州	总额	联邦	州	总额	联邦	州	总额	联邦	州
MPG	874.3	437.2	437.2	1 229.9	615.6	614.3	1 291.7	646.7	645.0	1 355.4	678.2	677.2
DFG	1 134.3	652.6	481.7	2 284.6	1 540.9	743.7	2 412.7	1 620.9	791.8	2 514.4	1 691.4	823.0
FhG	271.4	224.5	46.9	552.2	428.0	124.2	544.8	440.8	104.0	571.5	465.0	106.5
HGF	1 547.6	1 355.7	191.9	2 041.6	1 846.5	195.1	2 180.0	1 947.8	232.1	2 346.1	2 099.2	246.9
AWI	72.9	65.5	7.4	97.7	87.6	10.1	104.4	93.9	10.5	113.9	102.5	11.4
DESY	163.9	136.1	27.8	198.7	181.7	17.0	219.4	197.5	21.9	228.3	205.9	22.4
DKFZ	81.1	72.9	8.2	137.8	126.0	11.8	136.0	122.8	13.2	135.2	121.2	14.0
DLR	192.5	170.7	21.8	327.0	293.4	33.6	331.6	296.2	35.4	360.2	324.2	36.0
DZNE	—	—	—	46.3	42.4	3.9	58.3	52.8	5.5	65.1	54.1	11.0
FZJ	239.4	207.9	31.5	297.2	273.7	23.5	336.5	293.6	42.9	365.3	322.2	43.1
KIT	226.2	195.2	31.0	244.6	217.6	27.0	255.2	228.8	26.3	265.3	236.2	29.1
GFZ	32.7	29.2	3.4	44.7	40.2	4.5	47.9	43.1	4.8	51.3	46.2	5.1
HZG	52.0	46.8	5.2	69.3	62.7	6.6	79.8	71.9	7.9	78.0	70.2	7.8
GSI	65.0	58.5	6.5	104.2	93.9	10.3	110.6	99.4	11.2	121.5	109.5	12.0
HMGU	78.3	70.9	7.4	114.6	103.7	10.9	118.6	107.4	11.2	148.3	135.7	12.6

续　表

机　构	2000年			2010年			2011年			2012年		
	总额	联邦	州	总额	联邦	州	总额	联邦	州	总额	联邦	州
HZB	59.4	53.5	5.9	92.5	82.9	9.6	103.1	89.2	13.9	106.3	94.0	12.3
HZI	29.1	26.2	2.9	44.7	40.5	4.2	49.2	44.5	4.7	63.8	58.2	5.6
IPP	95.4	78.3	17.1	98.0	88.2	9.8	100.6	90.6	10.0	102.9	92.6	10.3
MDC	47.0	42.3	4.7	68.1	61.3	6.8	70.0	63.2	6.8	77.1	69.3	7.8
UFZ	45.9	41.3	4.6	56.2	50.7	5.5	58.8	52.9	5.9	63.6	57.2	6.4
HZDR	—	—	—	—	—	—	102.1	75.4	26.7	106.9	76.9	30.0
GEOMAR	—	—	—	—	—	—	—	—	—	34.0	30.5	3.5
WGL	661.3	335.1	326.2	905.9	457.0	448.9	913.4	461.5	451.9	954.7	482.3	472.4
德国工程院	—	—	—	2.0	1.0	1.0	2.5	1.3	1.3	2.5	1.3	1.2
德国科学院	1.8	1.4	0.4	5.5	4.5	1.0	7.9	6.4	1.5	9.0	7.3	1.7
总　计	4 490.6	3 006.4	1 484.3	7 021.7	4 893.5	2 128.2	7 383.0	5 125.4	2 227.6	7 753.7	5 424.7	2 329.0

说明：AWI 阿尔弗雷德·魏格纳极地与海洋研究中心
DESY 德国电子同步加速器研究中心
DKFZ 德国癌症研究中心
DLR 德国宇航研究中心
DZNE 德国神经退化疾病中心
FZJ 尤利希研究中心
KIT 卡尔斯鲁厄理工学院
GFZ 地学研究中心
HZG 亥姆霍兹吉斯达赫特材料与海岸研究中心
GSI 重离子研究中心
HMGU 亥姆霍兹德国健康与环境慕尼黑研究中心
HZB 亥姆霍兹柏林物质与能源研究中心
HZI 亥姆霍兹传染病研究中心
IPP 马克斯·普朗克等离子物理研究中心
MDC 马克斯·德尔布吕克分子医学研究中心
UFZ 亥姆霍兹环境研究中心

资料来源：Bundesbericht Forschung und Innovation 2014

三、德国企业的科技创新支持情况

德国企业是德国研发投入的最主要力量,承担了约 2/3 的份额。长久以来,德国企业保持着不断加大研发力量的强劲势头:企业研发投入和研发支出分别从 1991 年的 233.5 亿欧元和 262.5 亿欧元增长到 2011 年的 495.5 亿欧元和 510.8 亿欧元,两者在 20 年里都增长了 1 倍左右。

从产业分布上看,企业的研发支出主要集中在汽车制造业(2012 年企业内部研发支出占所有产业支出总和比重的 39.1%),电子、数据处理仪器、光学(占比为 15.6%)和化学与制药工业(占比为 14.9%)。这三大行业在德国企业内部研发支出中的占比近七成(如图 3.30)。

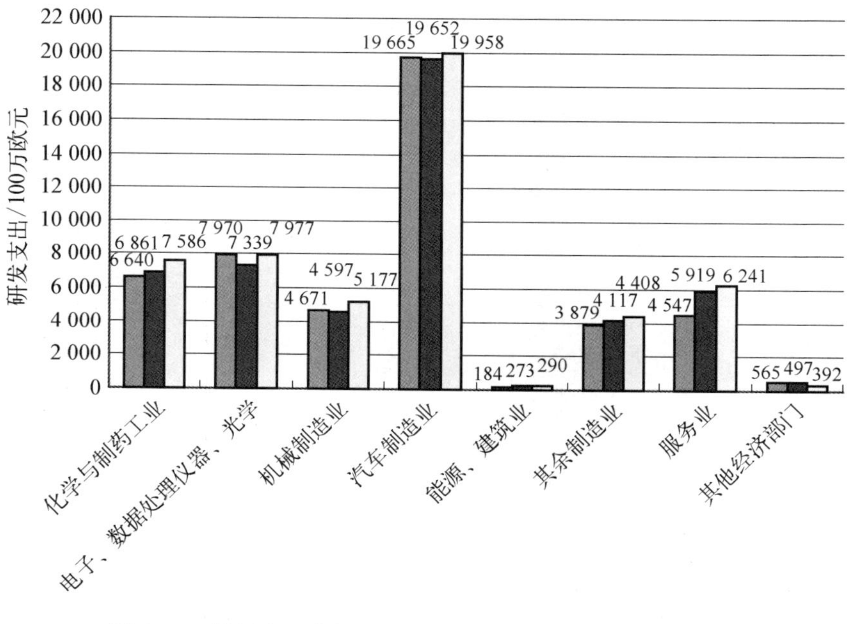

图 3.30 德国企业内部研发支出(按产业划分)(2008—2012)

资料来源:Bundesbericht Forschung und Innovation 2014

大型企业拥有雄厚的资产实力,较于中小企业,对研发活动的支持更为有力。2011 年,500 人及以上的大型企业的内部研发投入为 427.9 亿欧元,占企业总投入的 83.8%。为了帮助中小企业更好地实现创新发展,政府部门为中小企业提供了包括“中小企业创新核心计划”(ZIM)在内的多样化资助政策。企业规模越小,其研发投入中政府的支持份额越大。详见表 3.15。

表 3.15 企业内部研发投入情况(2011)(依据企业规模和投入资金来源)

投入情况 / 企业规模	研发投入/亿欧元	投入来源			
		企业/%	国家/%	其他部门/%	国外/%
50 人以下	18.9	76.8	20.0	0.4	2.9
50—100 人	10.8	82.0	12.0	0.9	5.2
100—499 人	53.2	87.2	7.2	0.4	5.2
500—999 人	30.3	87.5	7.1	0.1	5.3
1 000 人以上	397.6	93.1	2.8	0.2	3.8
总 计	510.8	91.4	4.4	0.3	4.0

资料来源：FuE-Datenreport 2013：Tabellen und Daten

与高校和国家科研机构把研发重点落于基础研究不同的是，德国企业对基础研究投入甚少，主要用于应用研究和试验开发。企业在基础研究领域的投入长期以来保持在内部研发投入的 5%左右，其余均投入到应用研究和试验开发中，两者比重相近(详见表 3.16)。

表 3.16 企业内部研发投入情况(2001—2011)(按研究类型分)

年份	投入总额/亿欧元	研究类型		
		基础研究	应用研究	试验开发
		在总额中的占比/%		
2001	359.7	4.7	51.0	44.3
2003	377.4	4.6	51.5	43.9
2005	383.5	5.0	48.7	46.3
2007	427.6	5.0	48.5	46.6
2009	452.8	5.4	48.4	46.2
2011	510.8	4.9	50.1	45.0

资料来源：FuE-Datenreport 2013：Analysen und Vergleiche

（陆 颖）

第五节 日本科技创新投入情况

一、日本的研发支出总额及结构

日本2012年度的研发支出总额为17.3万亿日元[①]，较之上一年减少0.3%（详见表3.17），此外，经济合作与发展组织（以下简称OECD）推算日本2012年度的数值为15.9万亿日元。无论是“科学技术研究调查”的数值，还是OECD的数值，从现值来看，日本2009年之后每年度的研发支出总额基本持平。另一方面，从以2005年为基准的定值来看，日本2009年之后每年度的研发支出总额虽然保持逐年增长，但增长速度却有所放缓。

表3.17 日本研发支出总额的变化

	统计来源	研发支出总额/万亿日元			年平均增长率/%	
		2000年	2005年	2012年	2000—2005年	2005—2012年
现值	“科学技术研究调查”统计	16.3	17.8	17.3	1.84	−0.42
	OECD推算	15.3	16.7	15.9	1.73	−0.68
以2005年为基准的定值	“科学技术研究调查”统计	15.2	17.8	18.9	3.30	0.84
	OECD推算	14.3	16.7	17.4	3.19	0.58

资料来源：日本总务省统计局“科学技术研究调查报告”；OECD，“Main Science and Technology Indicators 2013/2”。上海图书馆（上海科学技术情报研究所）翻译整理。

根据“科学技术研究调查”统计数据[②]，日本的研发强度[③]在2008年为3.82%，达到历史顶点，之后曾一度有所降低；直至2011年又略有回升，为3.67%，可以说依然维持在世界较高的水平；2012年与上一年持平，同样为3.67%。此外，根据OECD推算的数值，同样在2008年日本的研发强度达到顶峰，2012年的数值为3.36%。

---

① 日本的研发支出总额有两个数值：一是日本总务省“科学技术研究调查”所发表的数值，二是经济合作与发展组织（OECD）所发表的数值。两者的不同之处主要在于对高校人事费的处理。由于高校的经费难以严格区分研究和教育这两大块，所以在“科学技术研究调查”所统计的高校研发支出中，高校教员的人事费也包含研究之外的业务（诸如教育等）领域的数值。另一方面，OECD提供的数值是将日本高校人事费进行全日制换算之后的研发支出总额。

② 以下如若未作说明的话，均采用的是“科学技术研究调查”的统计数据。

③ 指研发支出总额对GDP的比率。

“科学技术研究调查”在进行统计时，通常将研发投入部门划分为5个部门：企业①、高校②、政府③、非营利组织④和外国⑤，2012年研发投入比例分别为70.0%、9.8%、19.1%、0.8%和0.4%；将研发支出部门划分为4个部门：企业⑥、高校⑦、公共机构⑧和非营利组织，2012年研发支出比例为70.2%、20.6%、7.9%和1.3%。其中，企业研发支出基本上还是流向企业；高校研发支出基本上还是流向高校；政府研发支出有53.0%流向高校，40.4%流向公共机构，4.1%流向企业，2.5%流向非营利组织。作为研发支出部门的高校所使用的研发投入有49.2%来自政府，47.4%来自高校，2.5%来自企业，0.8%来自非营利组织，剩下不到0.1%来自外国。

根据“科学技术研究调查”统计数据，从长期来看日本的研发支出部门，一方面，企业的比例逐步增加，另一方面，公共机构的比例有减少的趋势。但从2009年开始，企业占比开始减少，高校的比例正在逐步增加。从2001年度开始，非营利组织研发支出比例大幅减少，不过这主要是由于统计分类方法变更所造成的。

二、日本政府的科技预算

日本政府为了综合性且有计划地推进科学技术振兴相关政策，基于1995年11月公布并实施的科学技术基本法开始制定科学技术基本计划，展望未来10年左右的科学技术发展并具体化为5年的科学技术政策，同时对5年间政府的科技预算⑨总额作了明确规定。从第1期到第4期科学技术基本计划的每期“科学技术相关经费”具体数额如下：

第1期科学技术基本计划以1996—2000年度为对象，明确规定“科学技术相关经费”总额规模必须达到约17万亿日元。第1期科学技术基本计划5年间的预算额合计为17.6万亿日元。从5年间的变化来看，最初预算总体呈增长态

---

① 到2010年为止指公司、特殊法人及独立行政法人(伴随营利)。从2011年开始仅指公司。

② 指私立高校(包含短期大学和大学附属研究所等)。

③ 到2010年为止指国家、地方公共团体，国营、公营、特殊法人及独立行政法人(不伴随营利)的研究机构(包含JSPS、NEDO、JST等)，国立及公立高校(包含短期大学、高等专科学校、大学附属研究所等)。从2011年开始指国家、地方公共团体，国营、公营、特殊法人及独立行政法人(包含伴随营利)的研究机构(包含JSPS、NEDO、JST等)，国立及公立高校(包含短期大学、高等专科学校、大学附属研究所等)。

④ 不属于其他分类的法人、团体、个人。

⑤ 外国组织。

⑥ 到2010年为止指公司、特殊法人及独立行政法人(伴随营利)，从2011年开始仅指公司。

⑦ 指大学的系(包含研究生院研究科、大学医院等)、短期大学、高等专科学校、大学附属研究所、大学共同利用机构等。

⑧ 到2010年为止指国营研究机构、特殊法人及独立行政法人(不伴随营利)、公营研究机构。从2011年开始指国营研究机构、特殊法人及独立行政法人(包含伴随营利)、公营研究机构。

⑨ 本书以日本的“科学技术相关经费”作为日本科技预算。所谓“科学技术相关经费”，指以下三项经费的合计：① 科学技术振兴费(一般会计预算中政府支出目的主要是用于振兴科学技术的经费)；② 一般会计中的其他研究相关费用；③ 特别会计中的科学技术相关费用。

势，也追加了不少补正预算，1998 年度以经济景气为目的追加的补正预算对 5 年间的预算额贡献巨大。

第 2 期科学技术基本计划以 2001—2005 年度为对象，明确规定政府研发投资的总额必须达到约 24 万亿日元。该计划期间，日本政府（国家）的“科学技术相关经费”预算额共计 18.8 万亿日元。最初预算总体呈微增态势，分别于 2001 年和 2002 年追加了两次较大规模的补正预算。此外，加上地方政府贡献的 2.3 万亿日元，最终达到 21.1 万亿日元。

第 3 期科学技术基本计划规定从 2006—2010 年度 5 年间的总额规模要达到约 25 万亿日元（该期间政府研发投资对 GDP 的比率达到 1%，前提是同期 GDP 平均名义增长率为 3.1%），实际该计划期间的预算额合计为 19.6 万亿日元。从 5 年间的变化来看，最初预算基本呈持平态势，但在 2009 年度追加了约 1 万亿日元的补正预算。此外，加上地方政府的贡献份额，达到 21.7 万亿日元。

以 2011 年开始的 5 年期间为对象的第 4 期科学技术基本计划明确规定同期政府研发投资的总额规模要达到约 25 万亿日元（该期间政府研发投资对 GDP 的比率达到 1%，在同期 GDP 平均名义增长率为 2.8%的前提下进行估算）。

2014 年度的日本科技预算总额为 3.6 万亿日元。从长期来看，日本的科技预算仍然保持着增长的态势，不过，自从进入 21 世纪以来，增长幅度正在逐步趋缓（详见表 3.18）。此外，如果将科技预算划分为国防相关经费（国防用）①和除此之外的经费（民生用）两大类的话，可见日本绝大部分科技预算是用于民生，2014 年度的国防用科技预算占比小于 5%，且每年变化幅度不大。

表 3.18 日本政府科技预算的变化

		日本科技预算/万亿日元			年平均增长率/%	
		2000 年	2005 年	2013 年	2000—2005 年	2005—2013 年
现值	总额	3.29	3.58	3.61	1.72	0.11
	民生	3.15	3.43	3.44	1.74	0.03
	国防	0.14	0.14	0.17	1.22	1.81
以 2005 年为基准的定值	总额	3.06	3.58	3.96	3.18	1.28
	民生	2.93	3.43	3.78	3.20	1.21
	国防	0.13	0.14	0.18	2.67	3.00

资料来源：日本文部科学省调查。上海图书馆（上海科学技术情报研究所）翻译整理。

① 日本指日本防卫省的科学技术预算。

日本科技预算对 GDP 的比率在进入 20 世纪 90 年代后逐步上升，2000 年之后每年基本持平，不过 2005 年之后又开始微增，2013 年度的数值为 0.78%。

日本虽然在 2000 年之后每年度科技预算的最初预算都大致持平，但是每年基本上都会有补正预算追加，其中 2009、2011、2012 这 3 个年度补正预算追加的额度较大。此外，在 2014 年度的最初预算中，竞争性资金的比例为 11.0%，相比于 2009 年达到顶峰之后正在逐步减少。

按日本省厅进行划分的话，文部科学省占据年度科技预算的比例一贯是最大的，2014 年度为 63.8%，其次是经济产业省，为 14.9%，其余省厅占比不到 5%。因此难以观察到其他省厅的变化，不过与 2001 年度相比较的话，厚生劳动省、环境省的比例近年都有所增加。此外，为了支持东日本大地震灾区的复兴重建，复兴厅的科技预算从 2012 年度开始增长，2014 年度达到 1.1%。

2013 年度，日本地方政府 47 个都道府县及 20 个政令指定城市的“科学技术相关经费”最初预算共计 4496 亿日元，相当于同年度中央政府国家“科学技术相关经费”最初预算总额(3.6 万亿日元)的 12.5%。

三、日本按活动主体划分的研发支出

1. 日本的公共机构[①]研发支出

日本在 2000 年之后，每年度的公共机构部门研发支出基本持平，2012 年度为 1.37 万亿日元。从日本公共机构研发支出现值的年平均增长率来看，日本 2000—2005 年呈低速负增长态势，2005—2012 年依旧呈微弱的负增长态势，减少的速度有所放缓。从去除物价变动影响的以 2005 年为基准的定值来看，日本 2000—2005 年呈微弱的负增长态势，2005—2012 年有所扭转，呈低速增长态势。(详见表 3.19)

表 3.19　日本公共机构研发支出的变化

	公共机构研发支出/万亿日元			年平均增长率/%	
	2000 年	2005 年	2012 年	2000—2005 年	2005—2012 年
现值	1.51	1.38	1.37	−1.80	−0.13
以 2005 年为基准的定值	1.41	1.38	1.50	−0.39	1.13

资料来源：日本总务省统计局“科学技术研究调查报告”。上海图书馆(上海科学技术情报研究所)翻译整理。

① 日本指的是称作“国营”(国立试验研究机构等)、“公营”(公立试验研究机构等)或“特殊法人及独立行政法人”的公共研究机构。

从不同机构类型来看日本公共机构部门研发支出的变化，直至 2000 年度，尽管每种机构在个别年份多少有增有减，但是总体的大趋势还是持续增加，不过在 2000 年度之后就开始基本持平，近几年更是有减少的倾向。其中，“特殊法人及独立行政法人”的金额最大。再者，由于国营研究机构和特殊法人的独立行政法人化，2001 年度以后，“国营”和“特殊法人及独立行政法人”在一定程度上已经失掉了数据的连续性。此外，从 2011 年度开始“特殊法人及独立行政法人”在统计时也包括伴随营利的机构。因此，近年来“特殊法人及独立行政法人”的研发支出已经远远高于“国营”和“公营”公共研究机构。

2. 日本的企业研发支出

日本企业部门的研发支出在 2009 年度受到世界经济危机影响大幅减少之后每年基本持平，2012 年度为 12.2 万亿日元(详见表 3.20)，企业部门研发支出对 GDP 的比率 2012 年为 2.58%。

表 3.20　日本企业研发支出的变化

	企业研发支出/万亿日元			年平均增长率/%	
	2000 年	2005 年	2012 年	2000—2005 年	2005—2012 年
现值	10.9	12.7	12.2	3.25	−0.66
以 2005 年为基准的定值	10.1	12.7	13.3	4.73	0.60

资料来源：日本总务省统计局“科学技术研究调查报告”。上海图书馆(上海科学技术情报研究所)翻译整理。

日本企业部门研发支出按照制造业和非制造业来区分的话，制造业研发支出的比重占据将近 9 成。按照标准产业分类划分的话，制造业研发支出排前三的分别是“运输用机械制造业”“信息通信机械器具制造业”和“医药品制造业”，非制造业中占比最大的是“学术研究、专业及技术服务业”。

从日本企业部门销售额中研发支出所占比例来看，日本制造业的数值高于全产业的数值，制造业要比非制造业研究更加密集。

日本政府对企业研发投入的支援主要采取间接手段。由于日本在 2003 年导入“试验研究费总额的税额扣除制度”，成为次年税额扣除剧增的主要原因，从而使得间接支援在 2004 年度及其随后几年有了大幅提升。到了 2008 年，由法人税全额的减少，引起扣除额的减少，又导致了间接支援急剧减少。此外，日本政府对于企业研发的直接支援正在逐年缓慢萎缩。

3. 日本的高校研发支出

近几年，日本高校部门研发支出每年基本持平，2012 年度为 3.6 万亿日元（表 3.21），其中自然科学领域为 2.3 万亿日元，人文及社会科学领域为 1.3 万亿日元。对照上一年度，整体增长 0.6%，其中自然科学领域增长 0.8%，人文及社会科学领域增长 0.4%，几乎没有变化。

日本的高校研发支出整体按国立、公立和私立划分的话，2012 年度，国立高校研发支出为 1.5 万亿日元，公立高校研发支出为 0.2 万亿日元，私立高校研发支出为 1.9 万亿日元，私立高校的研发支出占据半数以上。

但是，仅从自然科学领域来看的话，国立高校研发支出为 1.2 万亿日元，公立高校研发支出为 0.2 万亿日元，私立高校为 0.9 万亿日元，则由国立高校占据半数以上。

此外，换作人文及社会科学领域的话，国立高校研发支出只有 0.3 万亿日元，公立高校研发支出仅为 0.1 万亿日元，私立高校研发支出高达 0.9 万亿日元，私立高校仍然占据大多数。

由此可见，日本国立高校在自然科学领域（理学、工学、农学、保健）占用了研发支出的绝大多数份额。而与此相对，私立高校可以说在人文及社会科学领域占据研发支出的比重较大。

作为衡量产学联合状况的指标之一，可以选择比较高校从企业接受的研发支出。从日本的高校从企业部门接受研发支出的变化情况来看，20 世纪 90 年代增长处于停顿。在 2000 年之后开始有了显著增加，不过在 2007 年度达到顶峰之后转为减少。近几年，2011、2012 年度又开始连续增加，2013 年度达到 881 亿日元，但也仅仅是同年度高校内部研发支出（3.6 万亿日元）的 2.5%。

按国立、公立和私立划分的话，国立高校从企业接受的研发支出最多，2012 年度达到 602 亿日元，约占全体的七成。

关于日本的高校内部研发支出，如果按经费项目查看细目的话，可以发现“人事费”占比最大，2012 年度的“人事费”高达 2.2 万亿日元，占全体的 63.7%。其次是“有形固定资产购买费”。

按国立和私立高校划分来看的话，国立高校的“人事费”在 2000 年之后每年基本持平，2012 年度为 8072 亿日元，占研发支出全体的 54.7%，长期来看有减少的趋势。其次是“有形固定资产购买费”。

私立高校“人事费”的比例也很大，2012 年度为 1.3 万亿日元，占研发支出全体的 70.2%，且正在持续增加。其次也是“有形固定资产购买费”。

表 3.21　日本高校研发支出的变化

	高校研发支出/万亿日元			年平均增长率/%	
	2000 年	2005 年	2012 年	2000—2005 年	2005—2012 年
现值	3.21	3.41	3.56	1.21	0.64
以 2005 年为基准的定值	2.99	3.41	3.89	2.66	1.91

资料来源：日本总务省统计局“科学技术研究调查报告”。上海图书馆(上海科学技术情报研究所)翻译整理。

四、日本按活动类型划分的研发支出

OECD 按活动类型将研发支出总额分为基础研究、应用研究、试验发展三大类，不过，日本仅在自然科学领域对研发支出进行上述分类。2012 年度，日本的研发支出全体按活动类型划分的话，基础研究的比例占全体的 15.1%，应用研究占 22.6%，试验发展占 62.3%。三者的比例从长期来看并无太大的变化。

基础研究的短期性投资收益低，但对于建立科技知识资本、构筑未来基础非常重要。从基础研究研发支出部门的比例来看，绝大多数国家的高校部门都占据超越半数的比例。2012 年，日本的基础研究研发支出为 2.4 万亿日元，其中高校部门占的比例为 51.8%。此外，日本的企业部门占据的比例也比较大。

（薛　亮）

第六节　韩国科技创新投入情况

一直以来，韩国在科技创新投入方面的作为相当突出，无论是政府或民间企业在研发方面的投入都十分可圈可点。2003 年至 2013 年，韩国总研发投入的年平均增长率达到 12%。虽然韩国的总研发投入仅排名全球第 6 位，但是其研发强度(研发投入占 GDP 的比重)却遥遥领先。

近年来，韩国加大力度投入纳米技术、航空航天、IT 等国家战略技术研发，并确立了 13 个有望拉动国内经济的未来成长动力产业集中创新。韩国一方面大力扶持中小企业参与并主导创新活动，实施各类研发创新及技术转化项目，另一方面则加紧构建科学商业带、科技谷等创新集群，推动创新集聚。2013 年以后，在“创造经济”的国家发展方针下，韩国更是大力推动技术及产业融合创新，

积极探索新技术和新产业市场，并营造创新环境和全民创新文化氛围。在系列化、加强式的各类政策的合力推动下，以及全球范围内的创新竞争趋势下，韩国科技创新无疑将掀起新一轮高浪。

一、总体概况

（一）创新研发投入大，位居全球前列

自1973年，韩国提出“科技立国”发展方针以来，研发投入一直节节攀升。2005至2013年间，韩国总研发投入及研发强度均逐年提升。2013年，韩国总研发投入为593 009亿韩元，居全球第6位，较2012年增长6.9%，且占国内生产总值（GDP）达到4.15%（见图3.31）。韩国计划至2017年将国家研发强度继续提升至5%。

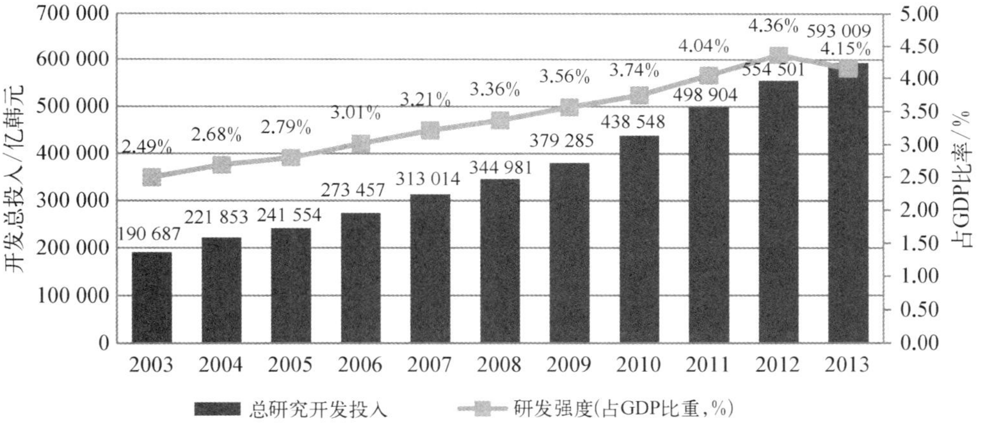

图3.31 韩国总研发投入及研发强度 单位：亿韩元，%

资料来源：韩国统计局（http：//www. index. go. kr/potal/enaraIdx/idxField/userPageCh. do?chkURL=%2Fpotal%2Fstts%2FidxMain%2FselectPoSttsIdxMain. do%3Fclas_div%3DC%26idx_cd%3D1325%26bbs%3DINDX_001&idx_cd=1325&Title= 정부 + 연구개발 %28R%26D%29 + 예산 &playurlstr= http%3A%2F%2Fwww. index. go. kr%2Fpotal%2Fmain%2FEachDtlPageDetail. do%3Fidx_cd%3D1330&atchFileId=1330&fileSn=&fileListCnt=1）

（二）民间研发投入占比高，企业为最大研发主体

在韩国总研发投入中，民间研发投入一直占据重要的角色。2013年，韩国总研发投入中，政府及公共投入①占到24%，而民间投入则占到高达75.7%，其他则来自海外投资。2003—2013年，政府投入和民间投入均呈逐

① 政府及公共研发投入=政府研究开发预算投入－秘密实施的国防研究项目经费－教育系统公务员人力经费－未使用的研究经费（韩国统计局注释）

年递增趋势。近5年间，民间投入比重明显提高，政府投入比重逐步缩小。（见图3.32）

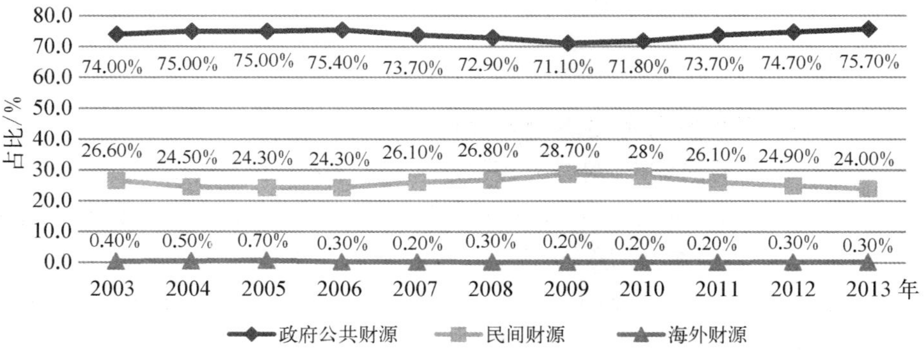

图3.32 韩国研发投入财源结构比重变化情况

资料来源：2013 년도 연구개발활동조사 결과 (미래창조과학부 , 2014. 11)

另一方面，韩国企业是最主要的研发主体。2013年，韩国企业研发支出占到78.5%，公共研究机构和大学的研发支出分别占到12.2%和9.2%（见图3.32）

与此同时，数据也显示，民间财源投入及海外投资中的大部分经费投向了企业，分别占到总投入的97.7%和57.1%。而政府研发投入则主要投向了大学及公共研究机构，占到73.2%，政府直接投向企业则占到了18.3%。（见图3.33）

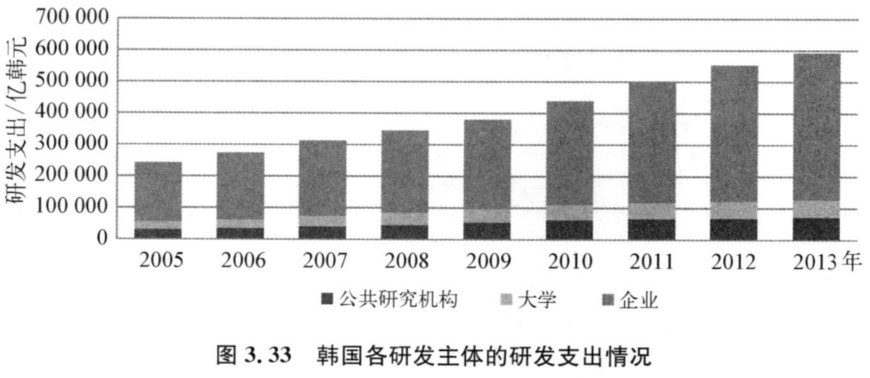

图3.33 韩国各研发主体的研发支出情况

资料来源：韩国统计局

（三）试验开发研究占比大，重点实施战略性技术研发

从研究阶段性来看，韩国试验开发研究投入最大，多年来一直保持在60%以上，高于基础研究和应用研究的总和。2013年，试验开发研究投入达到

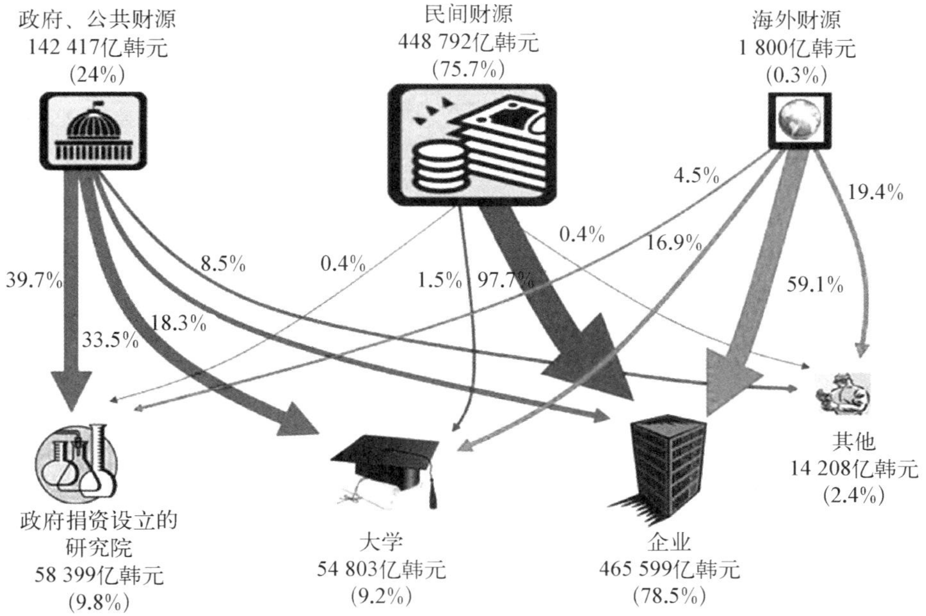

图 3.34　韩国研发投入经费流向

资料来源：2013 년도 연구개발활동조사 결과 (미래창조과학부 , 2014. 11)

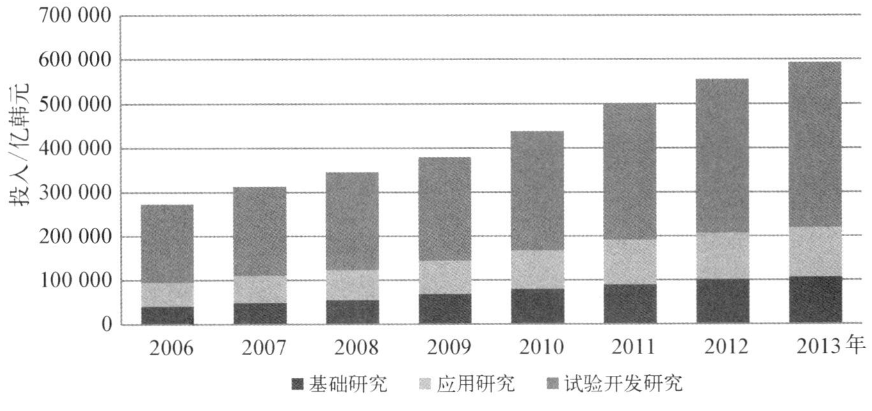

图 3.35　基础研究、应用研究及试验开发研究投入比较

资料来源：韩国统计局

373 191 亿韩元，占到 62.9%，用于基础研究及应用研究则分别占到 18%和 19.1%。①

近 10 年韩国六大未来战略性技术的研发投入一直占到总研发投入的约2/3。2013 年，韩国六大未来战略新技术研发投入为 397 864 亿韩元，占到总研发投入的 67%。其中 IT 信息技术占比最高，占到总研发投入的 34.2%(见表 3.22)

表 3.22 韩国六大未来战略新技术研发投入情况

战略新技术	投入数/亿韩元(括号内为占比/%)							
	2006	2007	2008	2009	2010	2011	2012	2013
信息技术	97 230	109 949	116 501	123 543	147 369	168 296	189 434	202 612
	(35.6)	(35.1)	(33.8)	(32.6)	(33.6)	(33.7)	(34.2)	(34.2)
生命技术	18 099	23 537	26 349	30 089	34 591	40 048	42 459	45 043
	(6.6)	(7.5)	(7.6)	(7.9)	(7.9)	(8.0)	(7.7)	(7.6)
纳米技术	36 568	38 120	42 326	45 994	55 891	62 200	71 193	78 193
	(13.4)	(12.2)	(12.3)	(12.1)	(12.7)	(12.5)	(12.8)	(13.2)
宇宙航空技术	5 000	5 331	5 949	4 878	5 481	6 809	7 058	7 312
	(1.8)	(1.7)	(1.7)	(1.3)	(1.2)	(1.4)	(1.3)	(1.2)
环境技术	17 408	23 680	29 330	34 651	48 196	54 371	59 189	60 359
	(6.4)	(7.6)	(8.5)	(9.1)	(11.0)	(10.9)	(10.7)	(10.2)
文化技术	3 345	2 406	2 986	3 574	5 029	5 054	4 525	4 346
	(1.2)	(0.8)	(0.9)	(0.9)	(1.1)	(1.0)	(0.8)	(0.7)
其他	95 808	109 992	121 540	136 556	141 992	162 127	180 642	195 145
	(35.0)	(35.1)	(35.2)	(36.0)	(32.4)	(32.5)	(32.6)	(32.9)
总计	273 457	313 014	344 981	379 285	438 548	498 904	554 501	593 009
	(100.0)	(100.0)	(100.0)	(100.0)	(100.0)	(100.0)	(100.0)	(100.0

资料来源：2013 년드 연구개발활동조사 결과 (미래창조과학부 , 2014.11)

(四) 产业技术研发领跑，电子电信技术独占半边天

多年来，韩国用于产业生产及技术研发的经费远远高于其他经济社会领域，

---

① 基础研究：不以某种应用及使用为目的，仅对自然现象及可观测事物进行新的科学探索，并进行的理论性及实验性研究，从而获得新的科学知识，此类研究被称为基础研究。应用研究：基于基础研究成果，并以特定实用性为目的，进行新的科学知识探索，此类研究被称为应用研究。试验开发研究：利用从基础研究、应用研究及实际经验所获知识，生产新的材料、产品及设备，或对已有及已生产出的制品进行改进，从而推进新产品、材料、设备的商业化以及对已有产品进行工程性改进，以此类目的进行的研究即被称为开发研究。《2012 년도 연구개발활동조사보고서 》p25

且近年呈递增趋势，2013 年占到约 63.45%（见表 3.23）。就不同技术领域而言，电子、计算机及通信及机械类技术研发投入占到近一半以上（见图 3.36）。

表 3.23　韩国各经济社会发展领域的研发投入分配比例变化

领　域	分配变化率/%				
	2009	2010	2011	2012	2013
地球开发及探测	0.71	0.81	0.80	0.81	1.01
环境	2.97	2.67	3.42	3.40	3.29
宇宙开发及探测	0.81	0.72	0.62	0.64	0.82
交通、电力通信	5.80	8.70	8.79	7.82	6.41
能源	5.61	6.46	6.72	7.01	6.13
产业生产及技术	65.34	60.78	59.97	61.56	63.45
健康	5.19	6.78	6.73	6.68	6.56
农业	2.63	2.44	2.60	2.26	2.15
教育	0.90	0.90	0.98	0.94	1.16
文化、休闲、宗教	1.54	1.63	1.68	1.65	1.32
政治、社会体系	1.37	1.21	1.16	1.04	1.06
知识提升	2.91	2.82	2.60	2.42	2.33
国防	4.20	4.0	3.94	3.78	4.32

资料来源：韩国统计局

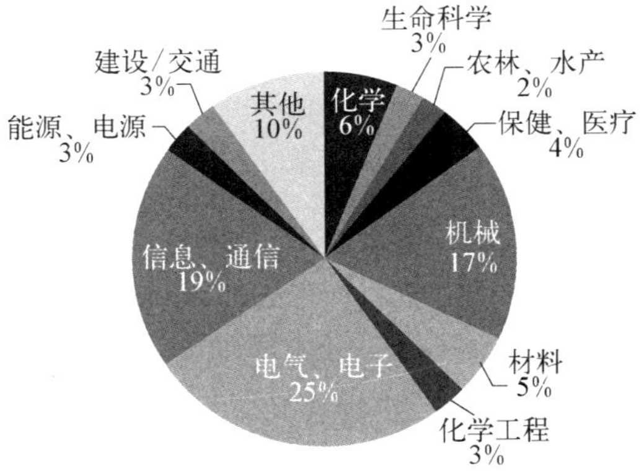

图 3.36　2013 年韩国各领域技术研发投入比重

资料来源：2013 년도 연구개발활동조사 결과 (미래창조과학부 , 2014. 11)

在所有产业领域中，韩国制造业的研发投入占到约 9 成。2013 年，韩国企业研发支出中，制造业占到 88.6%，其中电子、影像音像及通信类设备研发占到企业总研发支出的一半以上。

表 3.24 各产业领域企业研发支出

产业			2013 年	
			研发金额/亿韩元	比重/%
农林水产业			262	0.56
矿业			253	0.54
制造业			412 540	88.6
	焦炭、石油、核燃料、化合物及化学制品、橡胶及塑料制品		47 559	10.2
	电子零部件、计算机、影像、音像及通信设备		234 149	50.29
		半导体及电子产品	187 255	
		通信及广播电视设备	42 317	
		影像及音像设备	2 350	
	汽车及拖车		52 764	11.3
	其他		78 068	16.7
水电煤			3 227	0.69
下水、废物处理、原料再生及环境维护业			334	0.07
建筑业			9 601	2.06
服务业			39 382	8.4
总计			465 559	100

资料来源：2013 년도 연구개발활동조사 결과 (년도 연구개발활동조사 결과 , 2014.11)

(五) 研究人力资源

研究人力资源也是研发投入的重要指标之一。2013 年，韩国总研究员数达到 410 333 人，包括研究助理在内的总研究人员数达到 569 333 人，其中博士以上学历研究员近 9 万人，占 21.7%，且其中的 62%约 5.5 万人在大学从事科研活动。研究员人均研发投入经费达到 1.842 5 亿韩元。

二、韩国企业研发投入情况

(一) 韩国民间企业研发投入情况

1. 企业研发投入持续增长

韩国民间企业一直是韩国创新研发及投入的重要主体。2004 年至 2013 年的 10 年间，韩国民间企业研发支出的年平均增长率达 11.8%。2013 年，韩国民间企业研发支出达 465 599 亿韩元，占到韩国整体研发支出的近 4/5。其中，大企业的研发支出占到约 76.8%。(见图 3.37)

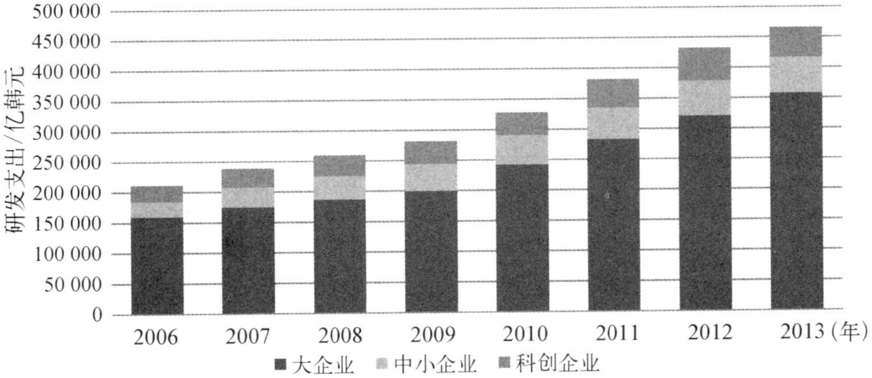

图 3.37 韩国不同规模民间企业的研发支出比较

资料来源：韩国统计局，< 우리나라 민간기업 연구개발활동 현황 >(한국과학기술기획평가원 , 2014)

2. 销售额和研发支出成正比增长

此外，韩国民间企业销售额和研发支出呈正比增长趋势。2008 年，韩国民间企业销售额和研发支出比为 2.13%，2013 年增长至 2.83%。其中，电子零部件、计算机、影像音像设备及通信设备等高新技术产业，以及医疗、精密设备、光学设备等产业的销售额和研发支出比超过 7%。(见图 3.38)

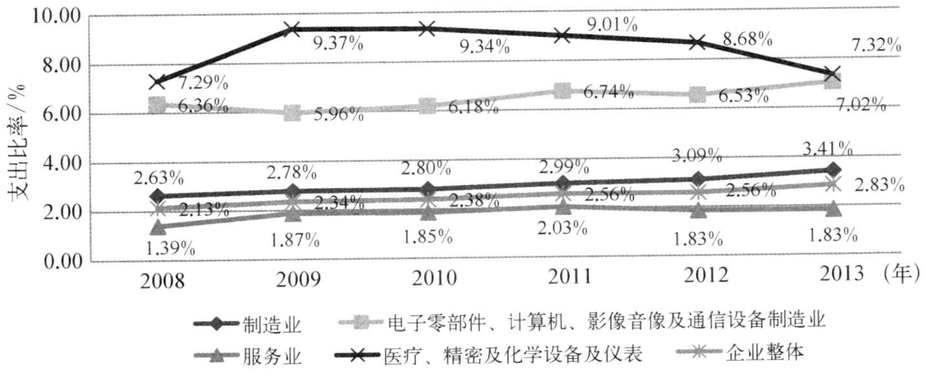

图 3.38 韩国主要产业的销售额及研发支出比率

资料来源：< 우리나라 민간기업 연구개발활동 현황 >(한국과학기술기획평가원 , 2014)

另一方面，销售额在前 20 位的企业的研发支出占到韩国民间企业研发支出的近一半，约 48.2%。其中销售在前 5 位的企业的研发支出则占总企业研发支出的约 35.4%。(见表 3.25)

表 3.25 韩国企业研发支出集中情况

	研发支出比率/%			研究员比率/%			博士研究员比率/%		
	2011	2012	2013	2011	2012	2013	2011	2012	2013
销售额前 5 位的企业	39.7	41.0	45.2	26.5	25.1	26.2	34.8	34.6	38.2
销售额前 10 位的企业	45.2	46.3	50.6	30.1	28.7	29.7	41.3	41.3	45.4
销售额前 20 位的企业	51.2	52.5	55.5	34.3	32.6	33.2	48.0	47.4	51.3

资料来源：< 우리나라 민간기업 연구개발활동 현황 >(한국과학기술기획평가원 , 2014)

3. 新产品研发投入大

一直以来，韩国约一半的企业研发支出用于研发新产品，相对而言，企业对于基础研究的投入较少，仅占约 13%(见表 3.26)。

表 3.26 韩国不同研究主体的各阶段研发支出比较

	基础研究研发支出比率/%	应用研究研发支出比率/%	开发研究研发支出比率/%
国家整体	18.0	19.1	62.9
企业	13.1	17.1	69.9
大学	39.9	30.8	29.2
公共研究机构	33.0	23.1	44.0

资料来源：< 우리나라 민간기업 연구개발활동 현황 >(한국과학기술기획평가원 , 2014)

4. 企业研究所增长快速

截至 2013 年，韩国民间企业附属研究所共 28 711 家，较 2004 年翻了近 2 倍。其中中小企业(包括科创企业)研究所共 27 154 家，占到 94.4%。

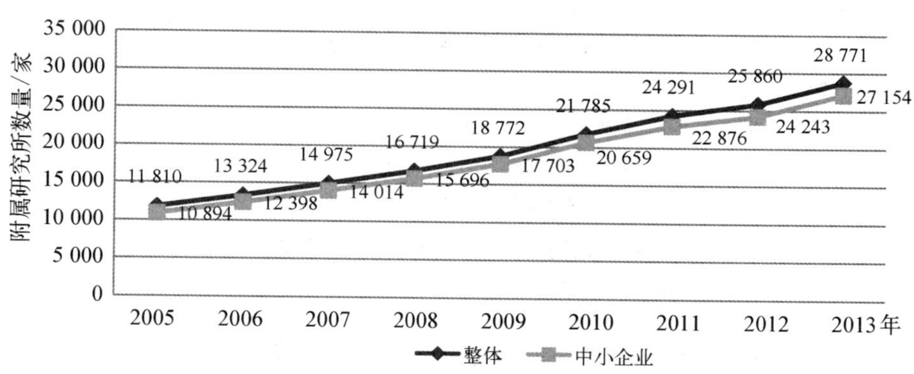

图 3.39 韩国民间企业附属研究所增长情况

资料来源：韩国统计局，< 우리나라 민간기업 연구개발활동 현황 >(한국과학기술기획평가원 , 2014)

(二) 韩国企业的研发投入的全球地位

目前,韩国有3家企业的研发投入排名全球前100位,包括三星电子、LG电子和现代汽车。其中三星电子连续多年排名全球前10位,2013年的研发投入高达101.55亿欧元,仅次于德国大众。

此外,韩国有24家企业的研发投入排名全球前1 000位。2013年,这24家企业的总研发投入达到181.52亿欧元,较2012年增长11%。

表3.27　全球100家研发企业中韩国企业研发投入及排名情况

企　业	2013年研发投入/100万欧元	研发投入排名					
		2008	2009	2010	2011	2012	2013
三星电子	10 155	24	10	7	5	2	2
LG电子	2 209	72	66	49	36	56	49
现代汽车	1 034	75	69	66	82	119	99

资料来源:＜ 세계 R&D 투자 상위 기업 현황 ＞(한국과학기술기획평가원 ,2014)

三、2015年韩国政府科研经费预算

(一) 总科研预算投入情况

1. 政府科研预算持续提升

2015年,韩国政府预算375.4兆韩元,其中科研预算18.9兆韩元,占到5%。韩国2015年的国家科研预算是2005年科研预算金额的2倍多,较2014年增长了6.4%,超过整体预算的平均涨幅(5.5%)。(见图3.40)

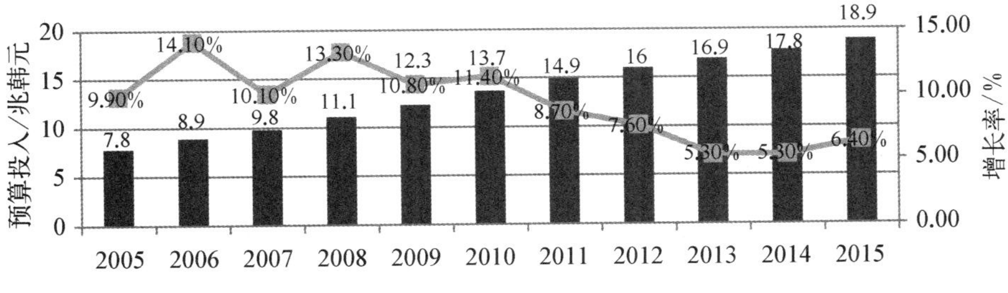

图3.40　韩国政府科研预算投入

资料来源:韩国统计局(http://www.index.go.kr/potal/main/EachDtlPageDetail.do?idx_cd=1330)

2. 适当减少对民间热门投资领域的投入力度

2015年,韩国适度减少了对民间投资活跃领域的预算投入,如电子通信,而重点加大了对基础研究领域的投入,重点支援开展韩国型运载火箭等大型国家科研项目。同时,为推进创造经济新产业及新市场的拓展,提高了对中小及中坚

企业的支援力度。全年科研预算投入总计增幅超过 10 兆韩元。(见表 3.28)

表 3.28 韩国 2014、2015 年各领域的政府科研投入情况 单位：亿韩元，%

领　域	2014 投入/亿韩元	2015 投入/亿韩元	增长率/%
合计	177 793	189 231	6.4
基础・纳米	24 839	26 453	6.5
能源・环境	25 341	25 473	0.5
宇宙航空・生命等	47 098	52 746	12.0
机械・制造・工程	16 903	17 511	3.6
信息・电子	26 002	25 617	−1.5
人才培育等其他领域	37 610	41 432	10.2

资料来源：《2015 년 나라살림 예산개요 》(기획재정부 , 2015.1.30) p104

(二) 政府科研预算的主要内容

在韩国 2015 年政府预算案中，就科研预算投入，提示了 4 个方面的推进方向，分别是：(1) 扩大创造经济相关科研规模；(2) 持续扩大创意型、挑战型基础性研究；(3) 强化未来成长动力技术研发以及有利于开拓新市场的研发投入；(4) 扩大与国民安全、生活质量紧密相关的研发投入。

1. *扩大基础研究投入，强化科技创新实力*

2015 年，韩国政府基础研究投入预算为 5 兆韩元，占到总科研预算的 38.3%，较 2014 年提升了 7.1%。韩国计划至 2017 年，继续提升政府基础研究投入至总科研预算的 40%。

其中，韩国加强了对个人基础研究及中小规模团体研究的投入，并重点投资建设国际科学商业带。国际科学商业带是于 2011 年提出构建的科研创新集群，2015 年的研发投入预算为 4 405 亿韩元，主要用于设立基础科学研究院，以及重离子加速器及其他基础设施的建设。

表 3.29 韩国 2014、2015 年基础研究政府投资预算

	2014 投入/亿韩元	2015 投入/亿韩元	增长率/%
合　计	46 838	50 161	7.1
个人基础研究	8 498	8 987	5.8
中小规模团体基础研究	1 477	1 517	2.7
国际科学商业带建设	4 117	4 405	7.0
其他	32 746	35 252	7.7

资料来源：《2015 년 나라살림 예산개요 》(기획재정부 , 2015.1.30) p105

2. 加大国家战略技术研发投入，拉动经济发展

2013 年 7 月，韩国出台《科学技术基本规划》，并选出了五大领域的 120 个战略技术，提出将其中的 30 个作为国家战略技术重点培育。为推进国家战略技术培育，2014 年 4 月，韩国又确立了《国家重点科学技术战略路线图》，其中就这 30 个国家战略技术研发制定了详细的目标。2014 年 3 月，针对 30 个国家战略技术，韩国又确立了包括九大战略产业和四大基础产业在内的十三大未来成长动力，并于 6 月出台了培育规划。

2015 年的韩国国家预算是十三大未来成长动力确立以来制定的首个预算规划。2015 年，十三大未来成长动力科研预算为 11 054 亿韩元，较 2014 年的投入经费提升了 10.8%。十三大未来成长动力科研预算均大幅提升，其中作为韩国国家主力产业的深海海洋工程，以及新再生能源混合系统的预算提升幅度最大，分别提高了 36.4%和 136.5%，而个性化健康管理产业及融复合材料的预算比重最高，分别占到 12.2%和 41.2%。（见表 3.30）

表 3.30　韩国十三大未来成长动力 R&D 预算(案)

十三大未来成长动力		2014	2015		(B－A)	增长率
		预算(A)	预算案(B)	比重		(B－A)/A
九大战略产业	5G 移动通信	638	753	6.9	115	18.0
	智能型机器人	748	803	7.3	55	7.4
	个性化健康管理	1 134	1 340	12.2	206	18.2
	深海海洋工程	475	648	5.9	173	36.4
	可穿戴智能设备	100	83	0.8	－17	－17.0
	灾难安全管理智能系统	672	803	7.3	131	19.5
	智能汽车	478	531	4.8	53	11.1
	实感型内容技术	755	812	7.4	57	7.5
	新再生能源混合系统	63	149	1.4	86	136.5
四大基础产业	智能型半导体	251	206	1.9	－45	－17.9
	大数据	34	35	0.3	1	2.9
	智能物联网	226	293	2.7	67	29.6
	融复合材料	4 399	4 520	41.2	121	2.8
合　　计		9 975	10 976	100.0	1 001	10.0

注：以上数据为经韩国国会审议之前的预算案，最终经国会审议通过的十三大未来成长动力科研预算为 11 054 亿韩元。

资料来源：＜2015 년도 예산안 분야별 분석 I＞ P181

3. 提升小中坚企业创新实力，促进整体科研能力攀升

为激励小中坚企业参与创新，韩国多年来不断加大针对小中坚企业的科研投资比重。2015 年，韩国针对小中坚企业的科研预算投入共计 33 796 亿韩元，占到国家整体科研预算的 17.9%，较 2014 年增长 13.5%。重点用于包括推动中小企业商用化技术开发，支援 World Class 300 项目等①。

2015 年，包括国土交通部在内的 5 个政府部门推出的针对科创及中小企业的科研项目支援共计 3 481 亿韩元，较 2014 年增长 8.8%。其中，作为致力于培育创新型中小企业的中小企业厅，其推出的三大科研项目预算占到了 76.4%。

4. 鼓励挖掘新产业及新市场，战略化推动实现“创造经济”

2015 年，韩国“创造经济”相关预算为 8.3 兆韩元，较 2012 年大幅提升了 17.1%，其中科研项目类预算为 6.2 兆韩元，占到约 74%。

“创造经济”相关预算根据 2013 年 6 月出台的《创造经济实现规划》的战略内容②来看，其中开拓国家新成长动力的投入占 42.5%，较 2012 年提高了 18.8%，其次，用于中小企业及科创企业培育等的经费投入占到 13.1%，较 2012 年大幅提升了 51%（见表 3.31）。

表 3.31 韩国“创造经济”相关预算

	2014（预算）/100 万韩元	2015（预算案）/100 万韩元	增长率/%
合计	7 111 023	8 330 232	17.1
R&D	5 610 914	6 197 682	10.5
非 R&D	1 500 109	2 132 550	42.2

资料来源：<2015 년도 예산안 분야별 분석 I>(국회예산정책처 ,2014.10) P185

相关预算投入主要包括用于协助构建地方创新基础，例如，韩国计划在全国 17 个地区设立地方创造经济创新中心，以此提高对企业创新活动的支援，

① World Class 300 是韩国于 2011 年提出的中小及中坚企业培育项目，重点鼓励企业实施技术创新。申请企业要求年销售额达到 400 亿至 1 兆韩元，且销售额与科研投资额的比重在 2%以上，或近 5 年的年平均销售额增长率在 15%以上。评审委员会每年会评选出部分优秀企业，为其提供 5 年且每年最高 15 亿韩元的研发项目经费支援。

② 《创造经济实现规划》共提出了六大战略：一是构建创意有所回报、易于创业的生态环境；二是让科创及中小企业成为创造经济的主角，并推进其走向全球市场；三是创造成长动力，开拓新产业、新市场；四是培育拥有梦想、实力和挑战精神的全球创意人才；五是强化作为创造经济基础的科学技术实力及 ICT 创新能力；六是营造国民和政府同心共建的创造经济文化。

加强企业间的创新合作等，以及构建创新商业化实现平台等。另外，预算还将用于重点建设板桥创造经济谷。2015 年 1 月，韩国宣布在位于京畿道的韩国板桥科技谷附近，建设板桥创造经济谷，建成后将与板桥科技谷一同被作为培育创造经济成长动力的重要创新集群，预计将于 2015 年 10 月竣工。为此，韩国还新设立了 100 亿韩元的板桥创造经济谷专用科研经费，以及 100 亿韩元的专项基金。

表 3.32 韩国创造经济预算投入

内　　容	2014 年 预算案	2015 年 预算案	主 要 项 目
构建创业生态环境、支援科创及中小企业	12 619	17 483	创业课题 培育瞪羚企业
开拓新产业、新市场	29 828	35 437	ICT 商用化项目等实证项目 生物、医疗类科研项目
强化科学技术及 ICT 实力	17 734	18 922	创造经济谷培育项目
构建创造经济文化等	10 929	11 460	增建地方创造经济创新中心
合计	71 110	83 302(↑17.1%)	

资料来源：＜2015 년도 예산안 개요 ＞ P61

5. 继续加大 ICT 研发投入，助力实现软件中心社会

2013 年，韩国出台了“软件革新战略”，将软件定位为助力韩国实现经济飞跃的重要产业。2014 年，韩国又出台了名为“软件中心社会实现战略”，再次强调了软件对于产业经济和社会生活的重要作用，推出了普及软件教育、推动融合创新、推动软件应用下的公共服务升级等战略举措。

表 3.33 韩国 ICT 领域国家科研预算投入

	2014 投入/亿韩元	2015 投入/亿韩元	增长率/%
合　　计	10 040	10 483	4.4
广播电视、通信及内容领域	5 474	5 478	0.1
SW 领域	2 368	2 742	15.8
商业化 R&D 等	2 198	2 263	3.0

资料来源：2015 년 나라살림 예산개요 》p108 http://www.mosf.go.kr/_upload/bbs/62/attach/2015013017540414.pdf

2015 年，韩国 ICT 领域国家科研投入为 10 483 亿韩元，较 2014 年增加 4.4%，大幅提高了大数据、云计算、信息保护等 ICT 领域技术研发投入，以及 ICT 技术与国防、健康、教育等新产业领域间的融合技术研发等。2015 年，软件领域国家科研投入大幅提升 15.8%，占整体 ICT 领域国家科研投入的 26.2%。

（朱苏远）

案 例 篇

第四章

科技创新中心相关排行榜与指数

在全球竞争日益激烈的今天，各个城市越来越关心各自在全球竞争中所处的位置，因此各类涉及城市发展的排名榜单应运而生。这些榜单涵盖了城市发展的方方面面，有的瞄准城市发展的综合实力，有的关注文化发展，有的则聚焦金融领域，有的定位城市创新……这样一些形形色色的城市榜单，确实为城市的发展提供了很多有价值的信息和参考。为了更好地了解全球范围内各个城市的动向和发展状况，本书选取了 10 个与城市发展相关的全球性的、国际性的排名和指数，了解各城市在全球竞争中及相关领域中的排名情况。通过分析各榜单的指标体系设置，深入理解评估重点和榜单特点。

本书将 10 个与城市发展相关的排名和指数归为三大类，与城市综合竞争力相关的国际排行榜和指数、与城市创新能力相关的国际排行榜和指数以及与城市科技创新能力相关的国际排行榜和指数，通过对这 3 类榜单的深入分析，了解各国际大都市在世界科技创新舞台上的地位和现状，以期对城市在当下的国际环境下如何进一步推动科技创新、提升创新能力有所裨益。

第一节　城市综合竞争力相关国际排行榜和指数

关于全球城市综合竞争力的各类排行榜可谓是五花八门，世界各地的研究机构、咨询公司和学者纷纷通过各种途径发布自己对城市研究的排名指数，本书根据发布机构的知名度和权威性选取了其中四个关于城市综合竞争力的排名榜单。通过比较和分析，来了解哪些城市具有较强的综合竞争力，与此同时，通过对榜单以及指标体系的解读，了解各个榜单的特点和亮点所在。

1. 老牌发达城市实力依然不容小觑

在城市综合竞争力相关榜单中，我们选取了普华永道的“机遇之都”(Cities of Opportunity)系列调研、日本森纪念财团城市战略研究所的“全球实力城市指数”(The Global Power City Index)、科尔尼管理咨询公司的“全球化城市指数”(Global Cities Index)以及中国社会科学院的“全球城市竞争力报告”(Global Urban Competitiveness Report)4 份排名。

从出现在这 4 份榜单上的城市来看，前 10 名的城市重复率非常之高：纽约、伦敦、巴黎、新加坡、香港这 5 座城市在这 4 个榜单的前 10 名中均有出现，这些城市的综合实力获得普遍认可，具有较强的全球竞争力；尤其是伦敦和纽约这两座老牌发达城市，始终稳居四大榜单的前两名，可见它们在全球的影响力和竞争力方面的实力不容小觑。有 3 个榜单的前 10 位都提及了东京和芝加哥，它们在全球竞争力方面的表现亦不俗。另外，旧金山、首尔及洛杉矶亦有两次进入前十的表现，可以说在国际大都市全球化竞争中的表现可圈可点。特别值得一提的是，北京出现在了“2014 全球化城市指数”的第 8 位，这也是这 4 份榜单中唯一一份有中国大陆城市出现在前 10 位的榜单。

4 份有关城市综合竞争力榜单的前 10 位排名请详见表 4.1。

表 4.1 城市综合竞争力有关的 4 份榜单前 10 位排名情况

排名	机遇之都 2014 Cities of Opportunity	全球实力城市指数 The Global Power City Index 2014	全球城市指数 2014 Global Cities Index	全球城市竞争力报告 2011—2012 Global Urban Competitiveness Report 2011 - 2012
1	伦 敦	伦 敦	纽 约	纽 约
2	纽 约	纽 约	伦 敦	伦 敦
3	新加坡	巴 黎	巴 黎	东 京
4	多伦多	东 京	东 京	巴 黎
5	旧金山	新加坡	香 港	旧金山
6	巴 黎	首 尔	洛杉矶	芝加哥
7	斯德哥尔摩	阿姆斯特丹	芝加哥	洛杉矶
8	香 港	柏 林	北 京	新加坡
9	悉 尼	香 港	新加坡	香 港
10	芝加哥	维也纳	华盛顿	首 尔
北京	19	14	8	55
上海	20	15	18	36

资料来源：上海图书馆(上海科学技术情报研究所)翻译整理。

2. 指标体系设置繁简不一侧重点各有不同

为了能更好地了解每一份榜单的评估重点、榜单的优势以及城市胜出的原因，分析、解读榜单指标体系的设置就尤为重要，接下来将对每一份榜单的指标体系进行详细的剖析。

“机遇之都”系列调研始于 2007 年，至今已发布 6 期。凭借多年的经验积累，该系列报告为推动世界城市发展提供全球视角和具有参考价值的意见，协助纽约乃至其他城市，了解需要采取哪些措施以保持其经济、商业和文化中心的地位。2014 年 5 月发布的《机遇之都 6》分析了 30 座金融、商业和文化中心城市的发展轨迹，探索符合在最大程度上促进城市功能的发挥。普华永道的这份报告历年都会设定一致的维度，但是在选取的变量方面会有所不同。

以 2014 年的报告为例，所选指标从 3 大类 10 个维度 59 种变量对这些城市进行审视，以反映城市生活的平衡性：“改变世界的工具”衡量的是智力资本、技术成熟度以及城市作为全球枢纽应有的开放度；“生活质量”评价的是城市有形的和无形的特征，这些特征构成了城市内在及外在的气质，包括交通运输到医院以及文化活力等；“经济影响力”显示了城市作为商业和金融中心的表现。

日本森纪念财团城市战略研究所的“全球实力城市指数”于 2008 年首次发布，报告保持每年更新的频率。这是日本研究机构首次尝试对全球主要城市进行分析和排名；此次评比选取了 40 个主要城市，根据经济、研发、文化互动、宜居性、环境以及便利性六方面功能群设立评价指标，对各城市的全球综合竞争力进行评估；“全球实力城市指数”在展示每一个城市的优缺点时，不掩盖他们需要克服的困难。

经济功能方面，东京在 2014 年榜单中此项位列第一，主要得益于日本取消了特殊的重建所得税从而降低了日本公司的税率。研发功能方面，纽约排名第一，主要是因为世界前 200 名高校以及专利数量而得分较高，并且与东京的差距进一步拉大。文化互动功能方面，伦敦以 347.2 的得分位列第一，与排名第二的纽约的分差竟有 80 分之多，足以说明伦敦在这方面拥有的绝对优势。宜居性方面，温哥华获得第二，但该城市并没有进入总排名前 10 位。环境功能方面，前四名分别被 4 个欧洲城市摘得，分别是日内瓦、斯德哥尔摩、苏黎世以及法兰克福。交通功能方面，前四名也由 4 个欧洲城市获得，而亚洲主要城市首尔、香港、新加坡紧随其后。

“全球化城市指数”由科尔尼咨询管理公司于 2008 年首次发布，每隔 2 年发布一次。2014 年的“全球化城市指数”从 5 个维度对全球 84 个城市的全球化参与程度予以评估。相比其他通常只关注商业因素的排名而言，“全球化城市指数”排名是一项更加综合、更加全面的对城市全球化影响力的评估。企业高管可以使用全球化指数这一工具寻找能够吸引和保留高级人才的地点，进而在此设立区域总部。很多城市也在使用全球化城市指数作为标杆分析其发展举措。

指数基于5个方面对城市进行排序，包括：商业活动、人力资本、信息交流、文化体验和政治参与，共计26个指标。“全球化城市指数”在指标设置方面最不同于其他榜单的一项是将政治参与纳入进来，这也解释了排名靠前的城市中有很大一部分都是首都城市，这些城市在政治活动方面的活跃，一定程度上为城市上榜提供了正面考量。从各个维度方面的得分来看，纽约在商业活动以及人力资本两项方面的得分最高，巴黎则在信息交流一项上拔得头筹，伦敦则在文化体验一项上胜出，最后政治参与这项指标则由华盛顿夺冠。

2014年的“全球化城市指数”中还包括了2014年新兴城市展望，从前瞻的角度评测了有潜力在未来几年提高全球地位的城市，雅加达、马尼拉和亚的斯亚贝巴在该排名中位居前列。

“全球城市竞争力报告”由全球城市竞争力项目组自2005年在中国社会科学院及财经院的支持下，集合全球相关专家开展相关研究与研讨，撰写论文论著，发表《全球城市竞争力报告》(双年度)，迄今已有4次，最新排名为2011—2012年度。2011—2012年全球城市竞争力指标体系包括全球城市竞争力产出指标体系、全球城市竞争力要素指标体系和全球城市竞争力产业竞争力指标体系。产业指标体系由绿色GDP规模、人均GDP、地均GDP、GDP增长、专利申请、跨国公司指数6个指标构成。产业竞争力指标体系根据考察城市的产业层次和城市22个产业在全球产业链的地位，通过非线性加权得到。要素环境指标体系由企业本体、当地要素、当地需求、基础设施、内部环境、公共制度和全球联系7个一级指标、52个二级指标构成。

4个指标排行榜的具体指标体系设置请详见表4.2。

表4.2　3个榜单的指标体系设置情况

报告名称	指标体系	指标构成
机遇之都	3大类10维度59种变量	(1) 改变世界的工具： 智力资本和创新(8个变量) 技术成熟度(4个变量) 城市门户(7个变量) (2) 生活质量： 交通和基础设施(6个变量) 健康、安全和治安(5个变量) 可持续发展与自然环境(5个变量) 人口结构和宜居性(6个变量) (3) 经济影响力： 经济影响力(5个变量) 宜商环境(8个变量) 成本(5个变量)

续 表

报告名称	指 标 体 系	指 标 构 成
全球实力城市指数	6 大功能 26 个指标群 70 指标	(1) 经济： 市场规模(2 个指标) 市场吸引力(2 个指标) 经济活力(2 个指标) 人力资本(2 个指标) 商务环境(3 个指标) 规则与风险(2 个指标) (2) 研发： 学术资源(2 个指标) 研究背景(3 个指标) 研究成果(3 个指标) (3) 文化互动： 创新的趋势(3 个指标) 文化资源(3 个指标) 游客的设施(3 个指标) 对游客的吸引力(4 个指标) 互动的程度(3 个指标) (4) 宜居性 工作环境(3 个指标) 生活成本(2 个指标) 安全与保障(2 个指标) 生活环境(3 个指标) 生活设施(4 个指标) (5) 环境： 生态(3 个指标) 污染(3 个指标) 自然环境(3 个指标) (6) 便利： 国际交通网络(2 个指标) 国际交通基础设施(2 个指标) 城市内部交通服务(3 个指标) 交通便利性(3 个指标)
全球化城市指数	5 大维度 26 个指标	(1) 商业活动：通过评估主要跨国公司的总部、顶级商务服务公司的所在地、城市资本市场的价值、国际会议的数量以及港口机场进出口的货物量(比重 30%)。 (2) 人力资本(评估城市吸引人才的能力)：国外出生的人口规模、大学质量、国际学校数量、国际学生数量以及拥有大学文凭的居民数量(比重 30%)。 (3) 信息交流(考察新闻和信息如何在城市内外传播)：主要电视新闻频道的可信度、网络存在度、国际新闻主管部门的数量、言论自由度、宽带用户数量(比重 15%)。 (4) 文化体验：城市主办体育赛事的数量、博物馆数量、艺术表演场地、多元化的餐厅、多级游客的数量以及友好城市的数量(比重 15%)。 (5) 政治参与(对国际政治对话的影响力)：大使馆和领事馆的数量、主要智库、城市内拥有国际影响力的国际组织或当地机构、城市举办政治会议的数量。(比重 10%)。

续 表

报告名称	指标体系	指标构成
全球城市竞争力报告	三大指标体系	(1) 综合竞争力指标体系： 绿色 GDP 规模、人均 GDP、地均 GDP、GDP 增长、专利申请、跨国公司指数 6 个指标 (2) 产业竞争力指标体系： 考察城市的产业层次和城市 22 个产业在全球产业链的地位，通过非线性加权得到 (3) 要素环境指标体系： 企业本体、当地要素、当地需求、基础设施、内部环境、公共制度和全球联系 7 个一级指标和 52 个二级指标构成

资料来源：上海图书馆(上海科学技术情报研究所)翻译整理。

3. 各榜单解读全球城市发展有亮点

这些排行榜从不同维度诠释了各个城市所拥有的综合实力，与此同时，在给出排名之后，也分别从不同的角度对于当下世界格局的演变作出了自己的解读。

《机遇之都 6》旨在城市化迅猛发展的背景下，为世界各大城市提供政策制定和发展路线的参考依据。报告认为，没有十全十美的城市，但是位居前列的城市在诸多方面都有良好表现。在今年的前十强中，多数城市在大部分维度位居前十，这证明了它们最大限度地满足了关乎城市生活质量所需的广泛要素，并且积极关注城市政策和组织方方面面的细节。

“全球化城市指数”对评估全球城市和展望新兴城市提供了的独一无二的视角：提供了城市现有表现和未来潜能的评估视角；基于过去 6 年的历史数据，预判未来的趋势；分析代表世界各个地区的 84 个城市的表现；提供一套城市评估的综合、全面、持续的指标。

2014 年“全球化城市指数”反映出，所有城市的城市化程度进一步加深，总体得分普遍提高且更加接近。由于新生代全球化市民增加，人力资本在全球的分布更加均匀。前 20 名中，欧洲和亚太地区各占 7 席，北美占据 5 席，南美 1 席，仅有 3 个城市来自发展中国家：北京、上海和布宜诺斯艾利斯。北美城市平均得分最高，而所有城市中得分增幅最大的是孟买、布宜诺斯艾利斯和北京。

“全球实力城市指数”报告的最后的落脚点在分析东京的优劣势，这也可以说是这份榜单的最终用意所在，通过每年对全球各个主要城市的分析，定位东京在全球的位置和影响力，寻求东京今后发展的出路和契机，对于东京政府而言，是推行相关政策明确今后发展的重要依据。该报告最有价值的部分是提出了

“城市的无形价值”这一概念，如果人们生活在一个城市中会感觉到舒适、宁静和精彩，那么这个城市就具有“吸引人类感官的力量”，这种力量就可以被定义为“城市的无形价值”——效率、精确与速度、安全与保障、多样性、热情好客以及改变与增长是构成无形价值的六大因素。

（薛菁华）

第二节　城市创新能力相关国际排行榜和指数

在了解了全球范围内综合竞争力、综合实力强的国际大都市后，本书进一步关注哪些城市更具有创新和创业能力。在这一方面，本书选取了澳大利亚创新研究机构 2ThinkNow 的《2014 全球创新城市指数》，美国创业调查公司 Startup Genome 联合西班牙电信公司 Telefónica Digital 发布的《全球城市新创企业生态系统报告 2012》，以及世界经济论坛与全球知名的管理咨询公司麦肯锡公司合作推出的“全球创新热图（Innovation Heat Map）”。这 3 份榜单各有特色和侧重点，从另一角度为我们勾勒出一份不一样的全球城市版图。

1. 欧美城市创业创新实力强劲

2014 年 5 月，澳大利亚创新研究机构 2ThinkNow 针对全球 445 个城市发布了“2014 全球创新城市指数”，这是该机构从 2007 年以来发布的第 8 份指数排名报告。在 2014 年的这份报告中，前 10 名城市中美国城市占 4 个，另外 6 个均为欧洲城市。中国城市中排名靠前的有，香港 20 位，上海 35 位，北京 50 位。

2012 年年底，美国创业调查公司 Startup Genome 联合西班牙电信公司 Telefónica Digital 发布了《全球城市新创企业生态系统报告 2012》，对全球 20 个拥有最佳创业生态系统的城市和地区进行排名。

从创业生态系统排名发现，前 10 位中有 6 个城市和地区来自美国，其中，硅谷排名第一，创业优势明显，而排名第二的以色列“创业温床”特拉维夫则成为此份榜单的一匹“黑马”，此外，洛杉矶、西雅图、纽约、波士顿、芝加哥等美国创业发达的城市均排在了较为靠前的位置。

综合两份榜单前 10 位的城市来看，欧美城市几乎包揽了全部前十的位置，除了“黑马”特拉维夫之外，那些传统意义上所谓的亚洲发达城市，如东京、新加坡、香港等，综合竞争力领域的前 10 位排名中尚能看到他们独占一席，然而在创新创业领域方面，这些城市几乎难觅踪迹，可以想象亚洲城市在培养创新和创业能力方面还存在短板，与欧美城市之间的差距不小。

与城市创新能力有关的两份榜单的具体排名情况详见表4.3。

表4.3 创新能力相关榜单前10位排名情况

排名	全球创新城市指数	初创企业生态系统报告
1	旧金山-圣何塞	硅谷
2	纽约	特拉维夫
3	伦敦	洛杉矶
4	波士顿	西雅图
5	巴黎	纽约
6	维也纳	波士顿
7	慕尼黑	伦敦
8	阿姆斯特丹	多伦多
9	哥本哈根	温哥华
10	西雅图	芝加哥
北京	50	
上海	34	

资料来源：上海图书馆(上海科学技术情报研究所)整理。

世界经济论坛与全球知名的管理咨询公司麦肯锡公司合作，从2006年开始发布全球创新热图(innovation heat map)。该地图依据城市科技创新发展的势能与多样性，将不同阶段的城市创新发展特征概括为五种类型：当一个城市的创新规模有限时，称之为“初生的溪流”；之后成长为“涌动的热泉”，形成创新中心城市；之后继续拓展为最高级别的创新生态系统，被称为“运动的海洋”；其后陷入瓶颈期，称为“平静的湖泊”直至“正在消失的池塘”。结果显示，大部分传统创新型城市如东京、横滨、洛杉矶等处在“平静的湖泊”里，上海、深圳、班加罗尔等一批亚太地区的城市则迈入了“涌动的热泉”，成为极具创新后劲和动力、上升速度较快的城市。①

2. 指标体系设计都较为庞杂

“全球创新城市指数”报告认为影响城市创新能力的三大基本要素为文化资产②、人才基础建设③以及网络化市场④。构建三大基本要素的核心思想是遵循

① 杜德斌.建全球创新中心：上海当顺势而为[N].文汇报，2014-10-08(10)。
② 指可以某种方式测量的构想，如设计、美术馆、体育、音乐、舞蹈、自然等。
③ 指实践创新力所需的软、硬件基础设施，如交通、大学、商务、风险资本、办公场所、政府、技术等。
④ 指创新所需的基本条件和网络，包括地理位置、军事、相关实体的经济状况等。

创新的基本流程，即“构想→实现→交流”。报告的第二层级按照产业分类进行考量，共 31 个产业分类涵盖了所有的经济、产业、和社会功能。第三层级则将该 31 个产业进一步细化到各领域，形成 162 项评价指标。第四层级为每一项细化的评价指标赋予 4 至 10 个评测点，根据“基准评分”（0～5 分）的赋值方法为每一个评测点打分，最终得出分数并进行综合排名。

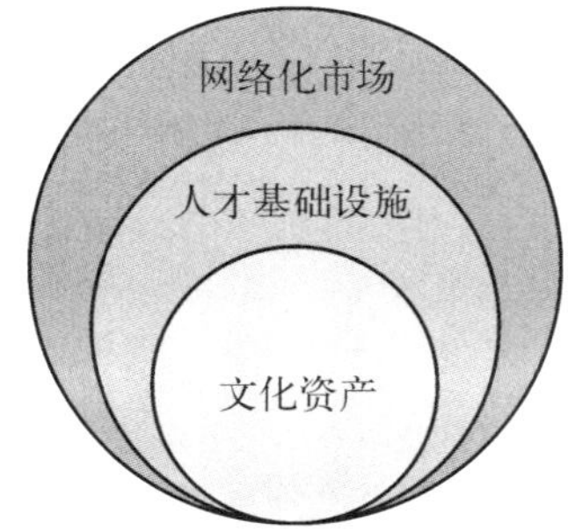

图 4.1　创新能力的 3 大基本要素

创业生态系统主要由 8 个方面的指标来衡量：一是丰富的创业产出，该指标代表该区域创业企业的规模和成熟水平。二是大量的风险资本，该指标用于衡量该区域中风险资本在创业生态系统中的积极性和广泛性。三是良好的公司业绩，用来衡量一个创业生态系统中初创企业的整体业绩和业绩潜力。四是思维方式，主要是衡量创始人在一个特定的创业生态系统中长远发展观及调整能力。五是趋势引领指数，该指标用于衡量创业企业如何迅速采用新的技术、管理流程和商业模式，反映未来能否成功的重要指标。六是强大的创新支撑，是衡量创业生态系统中后援网络质量的主要指标，包括流行的指导制度、服务提供商和各种类型的资金来源。七是充满活力的创新创业人才，主要用来衡量创业者的才能水平，包括年龄、教育、创业经历、产业领域专业知识、降低风险能力和以往创业成功率。八是硅谷区别度，则以硅谷为坐标，衡量各个创业生态系统与硅谷的差异。①

而“全球创新热图”不同于传统意义的榜单排名，进入其网站以后，展现在面前的是一副全球地图，需要搜索者根据自己的需求点击相关指标才能获得该指标项下有关城市的排名情况。“全球创新热图”分为国家和城市两个维度进行，国家项下 700 个变量涉及 6 个方面，即商业环境、需求、政府、人力资本、基础设施和输出；城市项下的变量涵盖商业环境、地理因素、政府、人力资源以及基础设施。

以上 3 份榜单的指标体系设置详见表 4.4。

---

① 邓智团、屠启宇. 追求个性之美：创业生态系统构建的新方向——关于《全球城市创业生态系统报告 2012》的解读[J]. 华东科技，2013，11：70－72.

表 4.4 创新能力相关排行榜指标体系设置

报告名称	指标体系	指标构成
2014 全球创新城市指数	三大基本要素 31 个产业 162 项细化指标	三大基本要素：文化资产、人才基础建设以及网络化市场 31 个产业与 162 项细化指标：建筑、历史与规划(5)，艺术与文化(10)，电力、食物供应、水的基础服务(4)，商务(5)，商业与金融(7)，文化交流：旅游(11)，外交与贸易(2)，经济(12)，教育、科学与大学(6)，环境与自然(8)，时尚(1)，食物(4)，地理(3)，政府与政治(4)，健康与医药(5)，产业与制造(7)，信息、媒体与出版(8)，劳动、就业与劳动力(3)，法律与治理(3)，物流、运输与港口(4)，军事(2)，移动、汽车与交通(13)，音乐与表演(5)，人口(6)，公共安全(2)，资源、矿石、石油与天然气(1)、零售与购物(5)、精神、宗教与慈善(1)，体育与健身(3)，初创与创业(3)，技术与通信(7)
初创企业生态系统报告	八大维度评价初创企业生态系统	(1) 创业支出：表示该区域创业活动总量、人口规模和该区域初创企业的成熟度； (2) 风险资本：某一初创生态系统中风险资本的活跃度和涵盖面； (3) 企业业绩：某一初创生态系统中初创企业的整体业绩、业绩潜力； (4) 思维方式：创始人是否如一个成功企业家般思考，如创始人是否愿景清晰、有韧性、其风险承担力、职业伦理、挑战应对能力等； (5) 趋势引领指数：一个初创生态系统采用新技术、新管理流程、新商业模式所需时间(该指数可能是判断某一初创生态系统未来成功与否的关键指标)； (6) 扶持指数：某一初创生态系统中扶持网络的质量，包括扶持指导的普遍性、服务供应商和资金来源的种类； (7) 人才指数：创始人的才能； (8) 硅谷区别度：某一初创生态系统与硅谷的区别度。
全球创新热图	国家：6 领域 700 个指标 城市：5 领域 417 个指标	一、国家 (1) 商业环境：从商业设施和金融资本两方面评估 (2) 需求 (3) 政府治理：仅考量宏观经济 (4) 人力资本：从文化、人口统计、教育体系及研发四方面入手 (5) 基础设施：包括高科技基础设施和基础设施建设两方面 (6) 输出 二、城市 (1) 商业环境：从商业市场角度下设 33 个指标 (2) 地理因素：2 个指标 (3) 政府治理：从宏观经济和规章制度 2 方面 17 个指标予以评估 (4) 人力资源：从文化、人口统计、教育体系和研发 4 方面 62 个指标予以评估 (5) 基础设施：6 指标考察基础设施建设

注：上海图书馆(上海科学技术情报研究所)整理。

3. 发掘自身优势是培养创业环境的重要法宝

初创企业生态系统报告强调创业生态系统的建设不要一味地模仿硅谷，要因地制宜选择适合自己的创业模式，硅谷模式并不适用于每一个城市。报告指出，每个城市和地区都有其独特的优势和资源，例如，特拉维夫是全球风险资本最为活跃的城市，其拥有的天使投资数量超过硅谷，私募基金略低于硅谷。洛杉矶和巴黎则是全球初创企业整体业绩表现最好的城市，据 2009—2011 年期间考夫曼基金会对美国各地创业水平的调查显示，洛杉矶创业企业绩效优势明显。巴黎作为欧洲的创业中心，依托大区创新中心，将区域内的大学、科研中心、大型集团和中小型工业企业有机结果起来，形成有效互补的创新生态系统。有资料显示，巴黎 70 多万家中小企业中，近一半是科技创业企业。西雅图则是全球创业人才最为聚焦的城市，它拥有强大的科技背景，并且在地理位置上又毗邻硅谷，成为得天独厚的优势。又如，伦敦是全球创新支持条件最好的城市，伦敦的初创企业数量虽然少于硅谷，但拥有高质量的配套支持体系。具体表现为：融资容易，在过去的几年中，伦敦至少成立了十几家种子基金，包括 Connect Ventures、Passion Capital 和 Playfair Capital 等；激励创业，在中资企业投资方案给那些投资获批企业的投资人提供许多激励，包括零投资回报资本利得税，50％的所得税减免等；创业服务完善，创业孵化器、创业加速器等创业孵化设施众多。①

这些例子都充分说明了不同国家的城市和地区都有其独一无二的创业生态环境，每个地区在培育和促进创业的时候，要充分考虑和利用其本身拥有的资源和优势，创造适合每个城市、每个地区自己发展的创业生态系统。

（薛菁华）

第三节　城市科技创新能力相关国际排行榜和指数

在了解关于城市综合实力以及创新力的相关榜单之后，我们进一步聚焦关于科技创新的城市榜单。然而，纵观全球，真正完全针对科技创新能力进行评估和排名的榜单非常少，在谈到科技创新榜单的时候，一般都会提及 2000 年美国《连线》杂志所做的“全球技术创新中心”排名；此外，本节还将引入一些排名中涉

① 邓智团、屠启宇. 追求个性之美：创业生态系统构建的新方向——关于《全球城市创业生态系统报告 2012》的解读[J]. 华东科技，2013(11)：70－72.

及科技的指标，例如：“全球实力城市指数”中的研发指标以及“全球竞争力城市报告”的科技中心城市排名。

1. 美国城市的科技创新能力实力雄厚

2000年美国《连线》杂志对全球46个城市和地区进行技术创新中心的排名，在评出的46个全球技术创新中心城市中，美国多达13个，中国内地无一城市上榜，随后这份排名被联合国《2001人类发展报告》所引用。“全球技术创新中心”的排名更多关注：该区域的大学和研究机构培训员工和开发新技术的能力；是否有成熟企业及跨国公司提供专业知识和机能并保持经济稳定；人们是否有足够的创业驱动力开创新企业；是否能获得风险资本以确保构想最终能打入市场。榜单对46个技术创新中心进行的评分，满分16分，以得分多少进行顺序排名。由于该榜单发布于2000年，与现在的实际情况可能有一些出入，但是由于这是一份真正意义上对科技创新中心进行评估的榜单，为此，我们还是与其他两份榜单一起进行比较。

2011—2012年度“全球城市竞争力报告”中，对全球城市的主要功能做了分类，具体包括综合中心城市、金融中心城市、科技中心城市、政治中心城市、旅游中心城市、制造中心城市、航运中心城市共7种功能类型。“全球城市竞争力报告”指出，科技中心城市的排名前10位与综合竞争力排名前10为完全重合，可见竞争力最强的城市，其科技水平亦领先，科技中心城市对经济的拉动作用明显。综合竞争力最强的100个城市里，51%的城市都是科技中心城市。

“全球实力城市指数”的研发指标群下个3个指标，学术资源下设2个子指标，研究背景下设3个子指标，以及研究成果下设3个子指标，总计8个指标来衡量所选40个城市的研发实力。通过评分结果显示，第一名纽约与第二名东京之间的分值差距达70分之多，可以看出纽约与东京在研发实力方面存在一定的差距，此后的城市在分值上的差距逐渐缩小。

根据3个榜单给出的前10位城市，除了《连线》杂志的“全球技术创新中心”排名由于发布时间较早，近年来技术创新的活跃带来的变化较大之外，另外2个榜单的前10名城市中，竟有9所城市是一样的，并且，纽约在这两个榜单中都位列第一位，充分显示其在科技研发方面的霸主地位。这两个榜单在城市的重复率之高出乎意料，从另一个侧面也反映出，这些城市在科技研发方面的实力不容小觑。与此同时，两份榜单的前10位中，美国城市的比例占到近一半左右，足见美国在科技创新方面的实力之雄厚。

与城市科技创新能力相关榜单的前10位排名详见表4.5。

表 4.5　与科技创新相关的指标与排行榜

排名	"全球技术创新中心"排名（依据分值从高到低排序）	全球实力城市指数(2014)"研发指标"排名	全球城市竞争力报告（2011—2012）"科技中心城市"排名
1	硅谷(16)注1	纽约(223.2)注2	纽　约
2	波士顿(15)	东京(155.7)	伦　敦
3	斯德哥尔摩-西斯塔(15)	伦敦(149.4)	东　京
4	以色列(15)	洛杉矶(134.8)	巴　黎
5	罗利-达勒姆-教堂山(14)	波士顿(118.4)	旧金山
6	伦敦(14)	首尔(111.6)	芝加哥
7	赫尔辛基(14)	巴黎(111.5)	洛杉矶
8	奥斯汀(13)	新加坡(107.1)	新加坡
9	旧金山(13)	芝加哥(93.4)	中国香港
10	中国台北(13)	旧金山(84.9)	首　尔
北京		21(63.1)	55
上海		15(51.4)	36

资料来源：上海图书馆（上海科学技术情报研究所）翻译整理。
注 1：括号中为得分情况。
注 2：括号内为各城市得分情况。

2. 科技或将成为拉动经济增长的核心要素

2011—2012 年度"全球城市竞争力报告"认为，科技已经成为拉动经济增长的核心要素，也是提升城市竞争力的核心要件。世界城市发展经验表明：工业化是提高生产率的主要原因，而科技又是工业化和城市化的基本推动力。报告更一针见血地指出，专利是科技中心城市的明显短板，今后需要进一步地提高科技创新水平。

报告根据全球各城市中科技园数量、研发中心、大学科研机构排名等综合考虑选取了 100 个世界性的科技中心城市进行单独分析研究。通过分析，报告认为，第一，科技中心对投入要素依赖度高。科技中心对要素投入的依赖程度非常高，在投入要素上实力不够的城市成为科技中心的可能性不大。除了圣何塞等少数几个科技中心外，很多科技中心在领军企业、品牌企业的培育上还有很长的路要走。第二，科技成就产业竞争力。科技创新对城市来说是新的需求的创立、新的工作岗位的创立；在呼吁绿色、环保、低碳的今天，科技创新给城市带来的是具有可持续性的发展，不仅能提高产业效用，还可以创造出更多的工作岗位，受传统的经济周期的影响较小。①

随着科技不断融入生产过程，信息和通信技术（软件开发）、金融服务、专业服务（法律、工程）以及经济中其他的无形部分都在全球、国家和城市经济的增长享有越来越重要的分量。越来越多的新兴工业化国家和发展中国家开始设立高技术城市，高技术城市通过鼓励多元化企业、科研院所以及配套服务的聚集，实现互惠互利并达到竞争力的提升。这些区域通常被称为经济特区，如出口加工区、免税交易区、工业园区、科技孵化器等。这种高技术城市正在世界各地不断涌现，如尼日利亚的拉各斯、中国的深圳、马来西亚的吉隆坡以及印度的班加罗尔等。②

（薛菁华）

① 倪鹏飞、彼得·卡尔·克拉索. 全球城市竞争力报告[M]. 北京：社会科学文献出版社，2012：56-57.

② 倪鹏飞、彼得·卡尔·克拉索. 全球城市竞争力报告[M]. 北京：社会科学文献出版社，2012：112.

第五章

城市型科技创新中心

第一节　纽约(美国)：以科技创新促城市战略转型

纽约智库“都市未来研究中心”2012年在其研究报告中指出：纽约市以其全美增长最快的技术部门为先锋，已超越波士顿，成为全美第二大技术中心。但这一地位并非一日练就。纽约市虽坐拥世界顶级的高等院校和科研机构，但一度其丰厚的科技资源并未在其经济发展中扮演应当承担的角色，其学术研究机构未如硅谷、波士顿等地般培育、衍生甚至留住有高经济价值和经济活力的技术型初创企业。但经过数次反省与对症下药的政策设计和项目推动，纽约市的科技创新体系不断趋向成熟和完善，并成为了金融危机后，纽约向更多元的经济结构转型的关键所在。

一、发展概况①

1. 世界知名科研机构集聚

纽约市是科学与技术研究的全球先导，据2009年统计数据，纽约市拥有9家重要学术研究机构，26家其他研究机构和医学中心，175家医院、研究中心和实验室，如哥伦比亚大学、纽约大学、康奈尔大学，斯隆-凯瑟琳癌症治疗中心、康奈尔大学威尔医学院、哥伦比亚大学医学院，等等。

2. 尖端科研人士荟萃

这些学术和科研机构的影响力辐射全球，长期吸引着众多最优秀的莘莘学子与教职员工。纽约市拥有极其丰富的人力资源，其中包括19名科学领域的诺贝尔奖得主和39名霍华德·休斯医学研究会会员——该研究会成员均为生物医学领域出产尖端研究成果的知名人士。整个美国约有300名会员，纽约市的会员人数仅次于大波士顿地区和旧金山湾区。纽约大都市区中荣膺全美科学院

① 本小节数据内容均来自“都市未来研究中心”2009年09月发布的《创建纽约市的创新经济》。

院士之列的人士亦排名靠前，居全美第四。

3. 生命科学独树一帜，新兴领域蒸蒸日上

纽约市前沿科学的根基毫无疑问是生物医药。民间智囊米尔肯研究所 2006 年的排名显示，纽约市有 6 家机构跻身“全球生物技术专利占有总数”50 强；此前 10 年，纽约市的研究机构成功申请了 6 800 项生命科学领域的相关专利，独占美国之鳌头，几乎是第二名旧金山地区的 2 倍。不仅如此，本地数家机构与产业界建立诸多联系，有些已将特许权转让给大型医药公司，有些则已成立生物技术初创企业。

当然，科学领域的成功并不局限于上述院校或是新药市场。一些研究机构在神经科学、生物材料、生物信息学和系统生物学等领域开展尖端工作；同时，纳米科学、量子金融学、新媒体技术、计算机科学、数学、化学等新兴和传统学科也有持续的深度研究；并且，纽约市在清洁技术领域也拥有相当的潜力。

二、发展成效

2014 年 5 月，纽约市长白思豪出席活动时称：纽约已成为全美第二大科技城市。未来要成为 21 世纪的国际中心，科技将扮演十分重要的角色，这不仅是因为它将带来很多就业和投资，而是因为一个城市要成为历史上最成功的城市，它的繁荣必须建立在新科技带来的变迁之上。他表示，纽约市政府将尽全力进一步提升该市的科技水平。①

自称第二的依据来自于 2012 年纽约智库“都市未来研究中心”发布的《新技术之都》研究报告②。该报告通过与科技前沿城市在关键领域进行数据比较和分析，得出结论：虽然纽约与硅谷仍相去甚远，但纽约市以其全美增长最快的技术部门为先锋，已超越波士顿，成为全美第二大技术中心；同时，纽约已成为美国仅次于硅谷的科技创业基地。报告列出了一连串数据：

- 2009 年，纽约市高技术部门的人均生产总值已逾 20 万美元，位列各产业之首，相比 2003 年增长近 3 成。同期，高技术部门占纽约市生产总值的份额增长近 25%。
- 2007—2012 年，信息技术就业岗位增加 28.7%。同期，纽约市下属 5 区的私营部门就业岗位增幅仅 3.6%，而数个传统强势产业就业均有一定程度减少。
- 2007—2011 年，纽约市是全美七大技术领先区域中唯一一个风险投资交易量连年增长的地区。在此期间，纽约市的风险资金交易量增长 32%，而包括

① 商务部：http://www.mofcom.gov.cn/article/i/jshz/xm/201405/20140500593996.shtml

② Bowles, Jonathan, and David Giles. “New Tech City | Center for an Urban Future.” N. p., May 2012. Web. 7 Apr. 2015.

硅谷的其他地区均有所下降。

三、金融危机后的自省①

金融危机的惨痛教训让纽约认识到，一个如纽约这般的国际大都市仅凭金融等几个重点产业很难维持城市的经济平衡与稳定。纽约对照了硅谷、波士顿、圣迭戈等科技前沿地区，对本市科技创新的培育体系做了严苛、全面和透彻的反思，并总结出问题的关键所在。

1. 科技创新体系的症结所在

纽约市的学术研究机构未能孕育、亦难以留住本地初创企业。尽管纽约市在科学技术领域的优势地位不容置疑、其在科学研究上的深度亦无人可及，但纽约市却未能真正挖掘其雄厚的科研资源的潜力、打造真正意义上的创新经济。纽约市的高等院校和研究中心并未像硅谷、波士顿等地的学术型研究院校，已培育、衍生出诸多技术型初创企业，他们不仅成为了当地经济发展的有力引擎，更是形成了具有可持续性和再生能力的高技术“生态系统”。换言之，纽约市学术研究机构的科研成果未能充分实现商业转化。而由于生活成本高昂、商业实验室场地匮乏、现有场地租金很高等原因，许多技术型初创企业虽由曾在本地研究机构工作的科研人员创建，但之后这些企业都选择迁往波士顿、圣迭戈、北新泽西等地。

缺失活跃的高技术“生态系统”。科研机构难以孕育初创企业、本地涌现的企业不愿驻足、在此落地的技术型成熟企业又不在纽约开展关键性的研发活动，此处不受风投重视、无法吸引风险投资和其他资本注入，专注知识产权的法律公司和其他基础性支撑服务部门也无从衍生，如此一来便更难吸引其他地区的技术创业人员迁址落户于此…… 长此以往，本地的创业氛围难以形成，换言之，纽约市缺乏一个能够自我良性循环和实现系统性成长的高技术“生态系统”。而这种高技术“生态系统”却是为创业者和有志成为创业者的人们打通联系网络，为共享创意、互相学习、募集资金、共觅工作场所、联合招募员工提供条件和平台的根基所在。

2. 原因剖析

金融危机前后的纽约所欠缺的实为一个有效运行的“生态系统”，而“生态系统”的缺失实际上涉及了“科学创新成为经济增长新引擎”过程中的各个环节。纽约市的独立智库通过分析比较，深刻反思了纽约市难以吸纳创业群体、难以培育或留住初创企业的原因，并总结了以下关键。

科学与工程的融合不佳。科学创新需要有工程技术人员将之转化、应用到

---

① O'Grady, Jim, and Jonathan Bowles. "Building New York City's Innovation Economy | Center for an Urban Future." N. p., Sept. 2009. Web. 7 Apr. 2015.

现实世界。因此，工程与科学的融合往往能为技术商业化提供关键性的碰撞。而纽约市顶级工程研究项目的欠缺使之在工程领域很难抢镜，这是科研成果难以从院校走入市场的致命硬伤之一。

领头人倾向。纽约市科研机构的领头人无论在专利权转让交易还是自主创业方面，都态度强硬、支持甚少，在为科研人员创造友好的创业环境上——如政策支持、与业界交流合作，或是培育创业理念和文化——更是鲜有作为。纽约市对技术转移的投资亦显不足，而这正是学术机构对其研究人员的发明进行商业化的重要手段之一。

而绝大多数成功案例的经验显示，大学校长对技术转让显示充分的领导力与关注度，各院系及院系领导也会积极关注技术转让。一旦这些学术领导人物奠定基调，刺激形成鼓励技术转让和创业的文化氛围，也就促成了系统化、体制化的激励政策。

技术转让重质不重量。纽约市的研究机构更关注从转让技术突破上赚取专利权收入，而不重视催生新企业，原因是他们往往聚焦于一小撮最有潜力、能催生重大专利交易的发明发现，而忽略大量小额的、市场吸引力相对较弱但具市场成长空间的交易。

反观他人，那些善于培育初创企业的研究机构在促成专利许可权转让协议时，往往更倾向于收取较少费用、达成更高的专利版权转让交易总量，从而促进形成创业文化，甚至是促进创业生态系统的形成。

关键人才不足。纽约市未能积累与聚集具有丰富经验的技术创业群体，然而这些身经百战的创业和管理人才却极为关键。他们能为那些拥有优秀技术和人才、但欠缺管理经验的新企业掌舵；他们往往在指导、培训新企业家和构建天使资金投资网络上也扮演着关键角色。

资金获取不易。纽约市很多技术型初创企业在获得种子基金和初期风险资本方面，比竞争对手面临更大的困难。不仅关注高技术企业的风险资本公司和天使基金投资人更多地活跃在硅谷和波士顿，纽约市的初创企业就连来自联邦和州层面的资助亦处于相对劣势。

政府对新兴部门和小企业支持不够。纽约市和纽约州的经济发展机构对各类技术部门的扶持力度往往小于美国国内任一竞争对手。纽约市历来以扶持传统产业和留住大型企业为要务，并不重视培育新兴部门或辅助小企业成长；纽约州首府的官员也将有关技术发展领域的大部分资金投入到纽约州除纽约市外的各个角落。

四、从政策到项目的持续发力

综上，纽约市面临的挑战并不是用科技部门替代华尔街这样的传统经济重头，而是最终将科研成果商业化发展成为城市长期经济发展战略的重要元素。因此，为促使科学技术成为经济发展的第一要务，纽约市依托市政府的力量，努力推动学术研究机构支持当地技术的衍生与企业的发展。

1. 市政府推出多项政策和基金，扶持新兴技术和创业活动

2008 年，当时的纽约市长布隆伯格与其行政班子采取相应措施，除生物科学技术产业以外，还积极扶持其他新兴技术部门，包括纽约大学理工学院的数字媒体孵化器、曼哈顿下城针对新企业的两个孵化器。纽约还创立了“纽约市种子基金”①，这是为城中某些处于初创期的技术企业提供资金支持而特设的机构。2010 年，纽约又设立了 2 200 万美元的市政府创业基金（NYC Entrepreneurial Fund）②，这是全美在硅谷之外的第一个政府创业基金。此外，该市的经济发展官员也开始与技术部门开启谈话，并将技术经济作为经济发展战略的核心之一。

与此同时，纽约市最有影响力的商务组织“纽约市合作组织”和城市中许多其他机构也正朝着改善创新、创业环境的方向前进。

2. 以“应用科学”计划为抓手，迎接新一波科技热潮

2010 年，布隆伯格提出“应用科学”计划（Applied Sciences NYC）③，旨在通过由政府提供土地的方式，吸引世界顶尖高校和研究机构在纽约建立新的科技园区，从而激发纽约的创新力量。该计划向全球各大高校、科研机构公布了“科技园区”的投标要求：① 创立世界级的应用科学学术和研究设施；② 对最有增长潜力的行业展开研究，以促使新企业在纽约成立或已有企业扩大规模，并吸引企业来到纽约发展；③ 创造永久工作岗位并为纽约增加税收；④ 开发在资金上可以自我可持续发展的园区；⑤ 扩大应用科学行业，促成纽约经济多样化；⑥ 成为纽约市的有机组成部分，通过项目实施和提供就业机会为纽约市及其市民带来益处。根据要求，竞标者必须实现这六大目标，其中特别强调了科技园区的自我可持续发展以及对相关产业的推动作用。

3. “应用科学”计划四大项目纷纷落地

自 2011 年年中至布隆伯格离任前的 2013 年年底，纽约已确定 4 个“应用科学”项目。市政府乐观估计：未来 30 年，这些项目将产生 330 亿美元的经济活动总量，创造 4.8 万个就业岗位，孵化出近千家公司。

4 个项目中，打头阵的“康奈尔科技纽约城（Cornell Tech NYC）”最为引人

---

① www.nycseed.com，“NYCSeed MakesFirst Investments in New York City Start－Ups，” March 2，2009.

② Rashid，Fahmida Y. “NYC Launches Venture Capital Fund，Sinks ＄300k into Startup.” *CNN money*. N.p.，25 May 2010. Web. 7 Apr. 2015.

③ NYCEDC. “Applied Sciences NYC | NYCEDC.” NYCEDC. N.p.，n.d. Web. 7 Apr. 2015.

注目，市政府将为此项目投资1亿美元用于改造基础设施。并且，市政府将在往后的几十年与合作的两所院校（康奈尔大学和以色列理工学院）耗资20亿美元将多年来无人问津的罗斯福岛打造成一个培养科技创新人才和思维的活力校园。届时，“康奈尔科技”将被建成一个“没有围墙的校园”——在卸下学术与商业间的屏障之时，也为科研成果的商业转化铺平道路。

自2011年末确定“康奈尔科技纽约城”项目后，纽约政府旋即抛出了另外3个竞标项目。这3个项目虽然园区规模和政府资助额度都相对较小，但由于他们各自专注不同领域，因此有望吸引和集聚不同的人才和企业，为纽约创造多元的就业前景和经济价值（详见表5.1）。

表5.1 “应用科学”计划四大项目

项目	康奈尔科技纽约城	城市科学与进步中心	数据科学和工程研究院	综合媒体项目
项目确定时间	2011年12月	2012年4月	2012年7月	2013年11月
主办院校	康奈尔大学 以色列理工学院	纽约大学	哥伦比亚大学	卡内基·梅隆大学
校园所在地	罗斯福岛 原金水医院处	布鲁克林中心	哥伦比亚晨边高地和华盛顿高地校园	布鲁克林海军工业园地 斯坦纳工作室①
纽约市资助额	1亿美元	1 500万美元	1 500万美元	350万美元
学科重点	● 将设立计算机科学、电子与计算机工程、信息科技以及工程学方面的硕士和博士学位点； ● 将推出创新型跨学科研究领域，包括联结媒体、健康生活、建成环境等。	● 专注研究如何改善愈加拥挤的大城市的生活环境，如能源效率、基础设施、交通环境、应急措施等等。 ● 会将纽约市作为实验室和课堂，利用大数据等信息资源缓解城市问题，改善城市生活。希望其科研成果将帮助到其他城市。	● 将专注于深化数据科学的研究，并进一步巩固其近来在工程方面的优势； ● 将分别在5个领域开设五个新中心：新媒体中心、智慧城市中心、健康分析中心、网络安全中心和财务分析中心。	● 第一个整合科技与艺术的“应用科学”项目，将专注于电影、游戏、社交媒体和大数据、交互计算、表演和视觉艺术、以及城市规划等的研究和教育； ● 斯坦纳工作室将为学生提供与专业人士并肩学习的机会。

① 斯坦纳工作室(Steiner Studios)：一个好莱坞式的电影电视生产基地，在东海岸首屈一指。

续 表

项 目	康奈尔科技纽约城	城市科学与进步中心	数据科学和工程研究院	综合媒体项目
校园建造	● 园区项目包括纽约最大的太阳能电池阵列，四亩地热井和50万平方英尺的公众开放绿地； ● 15万平方英尺的主教学楼将成为美国东部最大的净零能源建筑。 ● 项目一期建设已于2014年正式开工，计划2017年竣工。	● 15万平方英尺的校园 ● 4万平方英尺的企业孵化空间； ● 2.6万平方英尺的办公场地、来访人员的工作站和两个巨大的“视觉化实验室”； ● 各项翻新整修预期在2017年前完成。	● 第一阶段：2016年秋之前，哥伦比亚大学将新建4.4万平方英尺的研究院；将新雇30名教职人员； ● 第二阶段：将在华盛顿高地校园的医务中心新建一个1万平方英尺的生物研究孵化器。	● 将于2015年秋在华盛顿大道25号正式开工，建设一个1.6万平方英尺的七层历史建筑，内涵教学设施、录音棚、摄影工作室、后期制作等工作室。 ● 斯坦纳工作室已从原先35.5万平方英尺扩建到58万平方英尺。
未来3年经济成效	● 将产生230亿美元的经济活动总量，14亿美元的税收 ● 创造8 000个就业岗位 ● 孵化出600家公司	● 将产生55亿美元的经济活动总量 ● 创造4 600个就业岗位 ● 孵化出200家公司	● 将产生39亿美元的经济活动总量 ● 创造4 223个就业岗位 ● 孵化出170家公司	未预计

资料来源：纽约市经济发展公司（NYCEDC）网站。上海图书馆（上海科学技术情报研究所）翻译整理。

这3个项目中，既有纽约本土高校领衔的项目，如纽约大学主办的“城市科学与进步中心（Center for Urban Science & Progress）”，旨在研究与改善日渐严峻与复杂交错的城市问题，又如哥伦比亚大学建设的“数据科学和工程研究院（Institute for Data Sciences and Engineering）”将专注于深化数据科学的研究；也有来自其他城市的卡内基·梅隆大学的“综合媒体项目（Integrative Media Program）”，该项目将整合科技与艺术，开展各类文化研究与教育活动。

值得注意的是，“应用科学”计划施行到现在，所有确定的项目均是在布隆伯格任期内宣布的。白思豪于2014年元旦新任纽约市长以来，未见纽约有进一步动作，新市长也未对“应用科学”计划有所表态。因此，该计划的后续推进与成效究竟如何，还待时间检验。

五、经验与启示

在科技创新的道路上，纽约市政府显示出了有别于以往的主动性和大刀阔斧的决心，而其成效也令人喜闻乐见。

回顾纽约在培育科技创新过程中历经的波折到如今获得“新技术之都”这一新身份，《新技术之都》研究报告认为：与纽约市往昔所处的技术浪潮不同，夯实今日技术之都基础的新兴企业，不再过多关注纯粹的新技术构建，也不再如早期孤注一掷地侧重生物技术产业，而是着重将技术应用到广告、媒体、时尚、金融和健康护理等纽约的传统强项。正因这一观念转变，在城市最需实现经济多元化时、当其他产业部门鲜有增长时，千余个技术型初创企业的兴起为纽约的经济注入了新生机。

2009 年，纽约还未完全走出经济危机的阴影，但纽约政府已下定决心，重新审视其产业结构，并通过经济多元化，创造就业岗位的新引擎。科学技术便是经济多元化的最佳着眼点，它将在顶尖科研学者和研究资金竞争白热化的状态下，强化城市的研究、创新和创业氛围，并在其他重点产业于经济危机期间勉力挣扎时，创造就业岗位、平衡经济发展。

（华子怡　吴卓群）

第二节　伦敦(英国)：以创新战略推动“世界领先的知识经济”

作为首屈一指的世界级城市，伦敦以其悠久的历史、雄厚的经济实力、浓重的文化底蕴而享誉全球。在多年稳居国际金融中心和国际航运中心宝座的同时，21 世纪以来，伦敦的文化创意产业强劲增长，科技创新势头锐不可当。伦敦拥有欧洲地区顶级的科研实力，尤其在生命科学、数字经济等领域独占鳌头，新技术、新产品的研发与应用层出不穷。在新科技浪潮下，地处城市东部的“伦敦科技城”成为近年来欧洲地区最闪耀的科技之星。在此过程中，伦敦政府基本上秉持了一贯的任经济自由发展的策略，不为建设“科技创新中心”而专门集中发力，而是始终从城市整体发展角度谋划，维持自由开放的营商环境，提供高效的支持性服务(包括技术基础设施、专业服务等)，保证对本土人才的培养和对国际化人才的吸纳，使得优势产业不断集聚，进而形成科技创新中心。

一、发展概况

伦敦科技创新实力称雄欧洲，不仅拥有众多顶级的大学和科研机构，在生命科学和数字经济领域,更是有着杰出的表现。

1. 大学与研究机构的知识商业转化活跃

伦敦拥有数量众多的大学和学术研究机构,如伦敦城市大学、伦敦大学学院、帝国理工学院、伦敦政治经济学院等等,闻名于世的牛津大学和剑桥大学也距离伦敦不远。伦敦拥有的高校研究经费占了全英国的25%,平均每位学生的研究经费是英国其他地区的2倍。

近年来,伦敦高等教育机构的知识商业转化活动大幅增加。然而,这些活动主要集中在规模较大的、富有名望的高校中。而知识商业化所需的资源也向这类高校倾斜。

2. 优势科技领域突出

(1) 生命科学领先全球

伦敦生命科学领域的发展领先全球,具有研究机构多、产业集群强、研发投入大、创新成果多、优质人才富足等特点。

机构——英国共有5家学术健康科学研究中心(AHSCs),伦敦就占据了3所。伦敦还汇集了包括英国医学研究理事会(MRC)、巴布拉汉姆研究所(Babraham Institute)等众多国际知名研究机构。

集群——在伦敦中西轴线上的生命科学产业集群,集聚了大量公司,形成了完整的产业链。这里既有创业型初创公司,又有成熟的生物技术公司,更有诸如葛兰素史克等跨国制药公司。同时,还有许多商业化运作的技术转让机构。

研发——伦敦生物医学的研发水平仅次于美国波士顿,居于全球领先地位。伦敦每年在医学类研究领域的投入高达5.8亿英镑。

成果——伦敦地区在生命科学领域已取得硕果累累,获得了20多个诺贝尔奖,发现DNA结构及单克隆抗体构造,发明DNA指纹印迹,以及取得抗体工程的重大进展。

人才——伦敦及周边地区汇集了世界级的生物医学人才。全英最顶尖的三所医学院皆集聚于此,拥有医学、牙医和制药领域学生(包括本科和研究生)2.4万人。

(2) 数字经济产业高度集聚

20世纪90年代后期,内伦敦东部逐渐形成了一个朝气蓬勃的高科技产业集群。如今,这里有个响当当的名字——伦敦科技城。集群内的公司多涉足数字经济产业领域,数量众多且增长迅速。

英国的数字经济产业,超过2成集中在伦敦。伦敦计算机及相关行业的就业量占全英国的近24%,通信行业占近22%。1997—2010年,伦敦科技城的数字经济企业的数量翻了一番,其中内伦敦东部从1591家增长至3 289家,核心区域从826家增长至1 599家。驱动增长的动力主要来自数字内容企业。就业方面，1997—2010年内伦敦东部的数字经济从业人数翻了一番，增长速度远大于伦敦整座城市的平均水平。值得注意的是，伦敦的数字经济从业人数在2009—2010年减少了1.6万人，但集群内部的从业人数却不降反升，显示出就业进一步向科技城聚集的特征。

二、伦敦的创新战略与计划

在科技创新领域，伦敦并未出台专门的战略或政策来推动。伦敦政府更多的是从全局出发，以建成“世界领先的知识经济”为城市的整体创新战略目标，系统、全面地构筑全社会的创新根基，激发创新活力。

1. 以创新战略推动“世界领先的知识经济”

20世纪90年代，伦敦在重大科研和学术项目上获得的国外投资急剧减少。另一方面，伦敦高昂的商务成本，公司之间的激烈竞争，吓跑了不少赤手闯天下的创业者。伦敦的大学与外地大公司合作创设企业时，也往往背井离乡，落户伦敦以外的城市。面对城市创新能力急剧滑坡的内在危机，伦敦政府没有局限于科技领域，而是进行了全局性谋划。2000年，由伦敦发展局牵头，15个政府部门、10个民间协会共同合作，制定了《伦敦科学、知识与创新战略规划》，在伦敦刮起了一场创新风暴。该规划实施以后，伦敦在未来重点发展的六大创新产业：生物制药、计算机科学、环保服务、旅游、创意产业和制造业方面，取得了有目共睹的成就。

2003年，再次审视伦敦创新情况时，伦敦发展局主席说：“创新是经济增长的核心，创新为伦敦提供了一把钥匙，这把钥匙可以开启伦敦多样化社区蕴涵着的社会财富的潜能。”该年，伦敦发展局公布了《伦敦创新战略与行动计划(2003—2006)》，其中明确提出了伦敦创新战略的目标：建成“世界领先的知识经济”。针对这一目标，伦敦发展局确定了三项优先措施，分别是：在伦敦所有组织机构中都建立创新文化；鼓励伦敦企业创新，并使他们实现创新；推动伦敦世界级知识库惠及伦敦各个企业。每项措施都有若干行动计划加以支持。

2. 科技领域仅出台过“生命科学发展战略”

迄今为止，以伦敦政府层面发布的产业/科技类发展战略只有2003年的生命科学产业。此后，未见有出台促进某个专项科技领域的战略或计划。这与伦敦政府秉持的任经济自由发展策略保持了一致。伦敦政府一贯表示，一般不会干预经济发展，除非是在确定干预经济将利大于弊的情况下。

2003年前后，英国政府对生物技术产业寄予厚望，认为它是典型的知识经济，在创造财富和就业方面有着巨大的潜力，是英国产业的未来。伦敦政府也充分认识到自身在发展生命科学产业时具备的众多优势，旋即于该年公布了《伦敦生命科学发展战略与行动计划(2003.07—2007)》,提出“在伦敦世界级知识基地建设可持续的商业化生命科学产业集群”的战略目标,并将重点关注三个产业部门的发展:① 疾病治疗:使创业型企业成长为业界的主要企业;② 合同研究机构:延伸价值链,支持疾病治疗;③ 生物医学工程:延伸价值链,拓宽产业面。

三、伦敦科技城:科技创新的崭新名片

近10年来,伦敦科技城急速蹿升,不仅成为伦敦科技创新的新名片,还屡屡被人拿来与硅谷做比较。伦敦科技城坐落于伦敦中心区和东伦敦地区,处在老街(伦敦中心区与东伦敦地区的分界)与位于斯特拉福德的伊丽莎白女王奥林匹克公园之间,主要集中在肖尔迪奇区。入驻科技城的除了有谷歌、脸书、推特等顶级公司,还有众多的孵化器和初创企业。另外,伦敦帝国理工学院、拉夫堡大学、伦敦城市大学和伦敦大学学院都是科技城项目的学术合作伙伴。

1. 整体发展势头强劲

一些数字生动的说明了伦敦科技城的强劲发展势头:过去3年间,伦敦的科技企业数量增加了76%,从原有的近5万家增长到8.8万家。东伦敦已经密布了3 200家创业公司,创造了超过5万人的就业岗位。

值得一提的是,成立于2007年的Seedcamp已经成为欧洲最老、最大的科技创业孵化器。在孵化器行业,有人将美国的Y Combinator比作苹果,将Seedcamp比作安卓,可见其地位之非凡。在成立的前5年,Seedcamp孵化了来自35个国家近200个创业企业。它为每个创业企业提供5万欧元的资金,同时为这些企业在欧洲进行了为期一年的展示并宣传。

2014年,伦敦科技企业传来了不少好消息。如,开发热门游戏“糖果粉碎传奇”(Candy Crush Saga)的游戏工作室King Digital Entertainment已经上市。有两家伦敦科技企业DeepMind和Natural Motion分别被谷歌和Zynga收购,收购总额达10亿英镑(约100亿元人民币)。另据官方统计,过去三年来,伦敦科技企业获得海外投资的数量已增长75%。

2. 本土科技企业羸弱

可以说,在欧洲地区,伦敦的科技创新地位已日趋稳固。但这种繁荣与硅谷相比,仍显暗淡。2013年,伦敦的科技创业企业获得的风投总额为7.6亿美元。尽管数额上已超过其欧洲对手城市柏林,但与硅谷相比,可谓寥寥。同年硅谷企业获得风投金额达97亿美元,纽约的创业企业的募资金额也达到24亿美元。

更有一些现实让伦敦不得不尴尬面对,即迄今为止,尚未有一家重量级的本土科技企业诞生于伦敦。

3. 政府干预及企业态度

伦敦科技城的崛起正是其科技创新蓬勃生机的具体体现。但科技城非刻意规划,而是自发形成。内伦敦东部早年就集聚了一批数字企业,他们的出现是科技生态形成的基础。随着伦敦数字经济产业集群被贴上“科技城”这一标签,该地区的政府色彩不断加重。而这招致了不少企业的反感。

(1) 政府竭力“推销”伦敦科技城

2010 年 11 月,英国首相戴维·卡梅伦发表了一次针对伦敦东部科技企业的演讲,介绍了一项雄心勃勃的计划,欲高度仿照硅谷模式开发伦敦东部的肖尔迪奇区,将其打造为“世界科技中心之一”。首相还提出了包括投资建设多个科技与创意中心,改革高技能移民的签证制度,检视知识产权法等多项倡议。

但在伦敦市长看来,自由发展势头良好的科技城,无需过多的干预。这也与伦敦政府一贯的经济发展策略保持一致。虽然,伦敦没有很多大力度的“优惠政策”支持科技企业,但市长为科技城“摇旗呐喊”却动作频频。如 2014 年 3 月,市长鲍里斯·约翰逊出现在科技城附近的一栋写字楼里,那里驻扎着包括伦敦著名创业孵化器 Tech Hub 在内的众多创业团队。市长说:“伦敦要在各个科技领域都取得领先……绝不仅仅只是金融科技,还有生物科技、纳米科技、教育科技、绿色科技、医学科技,反正就是科技。”

(2) 企业界的态度

英国的智库机构——伦敦中心曾随机采访过科技城内 34 家企业的员工,以期了解业界人士的评价。其中透露出的信息耐人寻味。

对于政府实施的“科技城战略”,受访者中持积极与消极态度者各占一半。持积极态度者认为,科技城概念的提出可以吸引公众的视线,将拥有相同志向的人汇聚在一起互相交流,实现共同发展。持消极态度者认为,“科技城”或是“硅环”只是政府在该集群成熟后贴上去的标签,业界人士对其认可度不高。科技城战略中提到将斯特拉特福德与奥林匹克公园一并纳入科技城并大力发展。对此受访者中多数持消极态度,他们认为斯特拉特福德与奥林匹克公园距离内伦敦东部地区太远,政府应当集中精力发展内伦敦东部。

随着企业纷至沓来,租金也水涨船高。在各种创业者论坛上,对高租金的抱怨不绝于耳。根据地产服务公司 Colliers International 的统计数据,2012 年以来,伦敦科技城周边的写字楼租金已经上涨 46%。一些公司开始另谋他处。如,针对帮助大学毕业生创业者的孵化器公司 Student Upstarts 就把公司搬到了毗邻国王十字火车站的一幢写字楼内,因为那里相对便宜些。

四、启示

伦敦的科技创新道路并非一帆风顺。这座城市有着卓越表现，但也问题迭出。伦敦之所以一步步成为当今炙手可热的科技创新中心，首先是因为伦敦政府很早就认识到了创新对于经济发展的核心作用，继而从全局出发，着手构建完整的创新支持体系，并在经济发展过程中，采取基本不干预的策略，维系了市场的自由和开放，促成了科技创新的繁荣发展。

1. 以完整的创新体系构筑科技创新的根基

伦敦政府在清晰地看到自身拥有的商业、教育、新兴产业优势的基础上，制定了城市的创新战略，并设定了明确的发展目标，即有序地把伦敦建成"世界领先的知识经济"。伦敦将关注重点聚焦在：把全伦敦众多创新、科学与知识合作伙伴汇集起来，通力合作，组成一个可持续的创新支持体系。可见，不局限于科技领域，而是从经济、社会、文化的全局出发，构建的创新体系，才能最终惠及社会的方方面面，也必然会对科技创新起到最大的筑底和推动作用。

2. 政府干预过多易起反作用

伦敦科技城的崛起正是其科技创新蓬勃生机的具体体现。但科技城非刻意规划，而是自发形成。对于全球科技创业圣地——硅谷，人们已取得了普遍共识，即"一个地区创业生态的兴旺，绝非源于自上而下的顶层设计。"伦敦的路径也类似。这个自发形成的科技城，近些年受到政府越来越多的"照顾"，反而引发了一些企业的不满。首先是对"科技城"这一标签不认可，继而对科技城向外围扩展持消极态度，而诟病最多的当属房租的飙升。因此，政府干预过多，反而会干扰市场机制，引发反感。这是在科技创新中心建设过程中，一个值得引以为戒的问题。

（钟 婷）

第三节 柏林（德国）：联合创新，错位发展

历史上的德国首都柏林，曾是一度辉煌的欧洲文化中心与科研圣地。几经史海沉浮与政治变革之后，相较于美国硅谷、日本筑波等地，柏林在科研创新领域如今算是一个"后起之秀"。遭受城市分割的沉重历史创痛，走过重新统一后的曲折发展历程，柏林近年确立了"向科技求未来"的发展方向，在短短数年的奋斗之后赢得了"硅巷"的赞誉，博得国际科研人员和创业者的瞩目。取得此番成绩，柏林依托的不仅是科研院所密集、人才资源汇聚的禀赋，还有政府之手的布局与市场力量的推动。

一、发展概况

1. 科研院所集聚

在占地仅890平方公里的柏林城中，坐落着4所公立综合性大学和柏林夏里特医科大学、3所公立艺术高校、4所公立高等专科学校和2所宗教高等专科学校、30所私立高校以及约70家公共财政支持的高校外研究机构。此外，还拥有20多个技术和创业中心。就科研院所的密度来看，欧洲其他城市难以与柏林匹敌。如此密集林立的科研院所，让柏林成为创新型企业萌生、成长的热土，也酝酿着城市依托研发实现结构转型的机遇。

2. 研发支持力度大

2011年，柏林的研发总投入达到36亿欧元，占当年度柏林GDP的3.6%，这一占比不仅远高于德国研发占全国GDP 2.9%的平均水平，在德国16个直辖市和联邦州中更位居第二，仅次于德国老牌工业、科研重镇巴登符腾堡州(5.1%)，同时也领先于“欧洲的高科技圣地”巴伐利亚州(3.2%)。

2009年，柏林市政府特别成立了由公共财政支持的爱因斯坦基金会，在资助柏林尖端研究方面扮演重要角色。其目标在于，为柏林地区跨机构的尖端研究项目提供资金支持。该基金会将柏林高校、高校外研究机构和市政府团结起来，从而提高柏林科技界的国际竞争力和科研成果水平。

3. 明确科研创新重点产业

柏林依托钢铁、机械与汽车制造、电气工业、制药与化学工业、食品工业等传统优势产业，将科技创新的主要产业领域集中在“生命科学产业”“ICT、媒体和创意经济”“交通、汽车和物流”“光学”“能源技术”“清洁经济与清洁技术”六大产业领域。

柏林市政府认为，在未来的岁月中，实现经济的强劲增长、创造更多的工作岗位，在很大程度上，取决于研究和技术密集型产业的发展情况。因此，柏林市政府积极布局，寄望“以创新赢得未来”。

二、联合创新战略：集两地优势 图错位发展

柏林在发展科技创新过程中，并不仅仅追求城市自身创新力量的成长，同时还与四面环抱柏林的勃兰登堡州深入开展研发合作，依托各自的既有优势，谋求区域间的协同共进、错位发展。

1. 制定联合创新战略，确立五大共建集群

德国首都柏林和外围的勃兰登堡州被合称为“首都地区”。为了进一步挖掘德国首都地区的创新潜力，激发协同效应，确立并提高首都地区在国际竞争中的

地位和实力，柏林市与勃兰登堡州政府在 2011 年联手推出了“柏林-勃兰登堡联合创新战略”，确立了 5 个两地共建的创新集群：① 生命科学集群，包括生物技术和制药、医疗技术、新的医护方式和复健、健康促进、预防和医疗旅游；② ICT、媒体和创意经济集群，包括云服务和云资本、IT 安全、移动应用/地理信息、文化创意经济、开展设计与物资管理及其他集群相关的竞赛、进一步发展相关资助项目；③ 交通、汽车与物流集群，包括汽车、轨道交通技术、航空航天、物流、交通通信；④ 能源技术集群，包括生物质能和风能、涡轮机构和发电技术、太阳能、节能技术、电网、电能存储和电动汽车；⑤ 光学集群，包括通信与传感技术、激光技术、照明技术、光学分析、生物医学光学和眼科光学、微观系统工程学。

创新集群的发展为各参与方带来了可观的附加值。特别是对创新型中小企业来说，他们有机会在与其他企业和科研机构的合作中挖掘自身竞争潜力，在更广阔的区域中创造价值，在国际竞争中获得地位。位于柏林的创新集群则根植在一个更为广阔的经济和科技环境中。诸如环保技术、安全、原材料、生产和自动化技术等的跨领域主题更是驱动了创新集群的发展，同时也提高集群中有关企业的效率，改进行业技术网络。

2. 联合创新战略的指导方针

该联合创新战略的指导方针是：① 保障柏林的创新能力；② 经济界和科技界之间的对话成为创新核心驱动力；③ 以两地原定的以增长为导向的未来领域为核心发展创新集群，共同提供战略资源；④ 保障国际竞争力；⑤ 兼顾两地的强项与特色；⑥ 以可持续性创新为优先；⑦ 为未来领域和创新集群建设长期的、有保障的协调机制；⑧ 为创新战略的实现提供跨地区的、国际性的资金支持；⑨ 实现透明化和成果可衡量化。

3. 联合创新战略的管理架构

在 5 个创新集群的建设发展过程中，由柏林市和勃兰登堡州政府中管辖科技与产业相关事务的国务秘书共同组成最高督导委员会，进行顶层设计与整体协调；其下设有 5 支与各自创新集群相对应的集群管理团队，一般由政府特意成立的下属机构联合科研机构共同组成，为集群自身的未来发展掌控方向，制订各自具体的发展举措，提供服务与支持，谋划长远。这样的安排，不仅有助于协调跨地区性的联合项目和资助计划，也有裨于集群内合作的深入和项目的战略性拓展。

4. 联合创新战略的特色

（1）两地各有侧重，错位发展

以光学集群为例，鉴于柏林的光学产业发展根基更为深厚，产业实力大幅领先于勃兰登堡州，其集群管理团队主要由柏林市政府旨在促进经济社会发展而成立的一个专门机构——“柏林伙伴有限公司”牵头，并获得同类性质的“勃兰登堡州经济发展局有限公司”和坐落于柏林的“柏林-勃兰登堡光电协会”的从旁协助。该集群的管理团队出台了细致的集群发展规划，对首都地区的光学产业进行SWOT分析，确立2020年的远景目标——要打造成世界领先的光学基地，占据光学领域的尖端地位，并构建“六纵四横”的发展模式：“六纵”即通信与传感技术、激光技术、照明技术、光学分析、生物医学光学和眼科光学、微观系统工程学6个方向；“四横”指在6个方向上从专业人才保障、国际化、协作与技术转化、集群营销四个方面平行着力。该发展规划，不仅强调了“交叉创新”，包括6个方向间、5个创新集群间、光学集群与其他行业间的交叉创新，更特别强调了首都地区发展光电产业的区域化和差异化发展思路，指出勃兰登堡州中光学发达的地区和产业门类，提出了强化优势、补足短板的有益做法，如整合“勃兰登堡-柏林光学联盟”与“勃兰登堡-柏林光子学协会”的力量，促进与中小企业的合作，巩固勃兰登堡州小城拉滕诺作为德国眼科光学精密仪器产值最高地区的地位，深化波茨坦、泰尔托、维尔道等拥有国际声誉的光学技术教育科研机构的地区在光学集群中的参与度等。

而在能源技术集群发展中，则从两地发展实际和经济意义出发，决定由勃兰登堡州经济发展局有限公司承担主要管理职责，柏林伙伴有限公司与之密切协作。

（2）资源共享，政府落实服务角色

联合创新战略反复提及的一个理念是，实现区域资源共享，依托集群的业务分工，优化集群中的资源投入，让企业更专注于核心业务。为此，战略明确指出，集群管理层的任务包括推动科研成果的转化，为科技界和产业界的深度合作建立更好的激励机制，并加强成果管理。构建包括保障融资、建立创业者网络、增加高校科研服务力度在内的优越环境，将集群打造成创新型创业的热土。联合创新战略甚至将帮助集群中的科研机构和企业参与并融入国际市场，进行集群营销，进一步打响首都地区创新能力的知名度，提高首都地区科研能力的国际地位，也视为集群管理层的职能。集群管理层须为创新集群推出合适的、多元化的宣传策略，比如举办首都地区联合贸易展览、开设门户网站、开展媒体宣传等，强化、优化既有的营销手段。这俨然让位居管理层级的政府机构，化身成为给集群各参与方打下手、跑腿、吆喝的“保姆”。

三、特色抓手：产研、资金、地价

抓手一：促进产研结合，鼓励技术转化

科技的密度提升了企业创新的浓度。不少大牌企业联合柏林本地的高校，共同在柏林创办实验室或设立专门的研发创新团队。德国电信公司和柏林工大、柏林艺术大学共建“德国电信创新实验室”，从事德国电信核心研发创新工作，研发数字化通信领域内的新产品、新服务和新的基础设施，包括交互式设计、可穿戴设备等。戴姆勒集团和柏林工大共建“戴姆勒汽车信息技术创新研究所”，主攻未来的汽车和交通方向。意昂集团将承担推动集团全面数字化转型重任的“数字化转型团队”安置在柏林，看重的便是柏林拥有高度集聚的数字化相关专有技术、浓郁的创业氛围以及充沛的高教育水平、国际化的人才。

2009 年，柏林市政府成立了柏林应用研究所，这是柏林强化高等专科学校科研活动、资助科技应用转化的最重要的机构。基于柏林市政府的资金支持，柏林爱丽丝-沙罗蒙应用技术大学、柏林工程应用技术大学、柏林工程和经济应用技术大学、柏林经济和法律应用技术大学与经济界共同开展研究项目。目的在于，让高等专科学校的研究能力更好地融入柏林当地的价值创造活动中去。

为了更好地鼓励和支持技术的应用性转化，柏林市政府自 2008 年起向推动技术转化的科研机构颁发“市长科技奖”，奖金高达 4 万欧元，此外还颁发“柏林-勃兰登堡州创新奖”来表彰企业在研究和经营上的创新表现。

抓手二：补齐融资短板

针对风投不足、融资短板，柏林市政府依托柏林投资银行，为创新活动提供了“研发—知识技术转化—市场化”“创业培训—人才聘请—业务国际化”全方位的投融资支持，包括提供最高额度为 100 万欧元、利率仅为 0.25%的低息贷款，资助初创企业。柏林市经济部长柯内莉亚·叶泽在 2014 年的各州经济部长会议上表示，柏林将尽快为投资者改善相关法律和税务条件，引进更多的风险投资。

从国内风投金额增长情况来看，柏林成长为德国的“风投之都”。2012 年柏林获得风险投资总额为 1.33 亿欧元，相较 2009 年增长近 4 倍，位列全国 16 个联邦州、直辖市之首，居次席的巴登-符腾堡州仅获风投 2 400 万欧元，位居第三的巴伐利亚州则只有 1 890 万欧元。若以人均计，柏林与其他地区的差距更为显著。在柏林，人均 38 欧元的风投资金流入 IT 创业领域，大约相当于汉堡的 7 倍(7.5 欧元)，其后则是萨克森州的人均 3.9 欧元、巴登-符腾堡州 2.2 欧元、巴伐利亚州 1.5 欧元。

就欧洲区域比较而言，依据安永会计师事务所的最新研究报告，技术与数字媒体行业 2013—2014 年获得风险投资的初创企业数量最多的欧洲主要城市排行中，柏林凭借 145 家的企业数量位居欧洲第二，以较弱劣势排于英国伦敦(187 家)之后，同时遥遥领先于第三位的巴黎(66 家)。同样上榜的德国城市慕尼黑和汉堡则各自以 32 家和 20 家企业分居第 5 和第 11 位，但与柏林的差距显而易见。

抓手三：租金低廉是柏林的特色优势

较低廉的商用房租金，使得企业家可以压缩自己的创业成本，这构成了柏林科技创业盛行的又一独特优势。柏林办公室每月的租金仅为12.5欧元/米^2，显著低于伦敦、巴黎、汉堡、慕尼黑的水平。这对视资金为掣肘的初创企业而言，无疑是一大福音。低廉的租金，吸引了大批德国其他地区乃至国外的创业者和高素质人才云集于此，萌生、成长起众多创新型企业，其中最著名的当属2007年由两名瑞典人创立的在线音乐分享平台——Sound Cloud公司。社交照片应用程序EyeEm的联合创始人洛伦兹·阿朔夫表示：“柏林便宜的租金可以为你节省时间，而时间就是一切。”

四、经验与启示

1. 政府为科研创新慷慨解囊

政府的财政投资为柏林的科研发展和技术的有效转化打下坚实基础。柏林通过成立专门的基金会来资助尖端科研，出台专门的激励机制推动技术转化。与之相比，我国虽然在科研投入的绝对数额上已超过德国，但从科研强度上看仍有很大差距，更遑论与柏林之间的差距。这也表明我国在科研开支上有广大的进步空间。此外，令研究创新更加高效，是我国科研体系面临的又一挑战。因此，我国不仅要增加研发经费，而且还要提高使用效率和影响力，这需要注重科技成果转化机制的建设，实现向科技要效益。

2. 优化产研合作：建平台、重效率

从柏林的有关实践来看，高校、科研机构和企业的密切合作，是柏林科研创新活动的一贯优势。政府不仅出台相关政策，创建专门的研究所，也推出了促进产研合作，特别是中小企业与研究机构合作的高效的资助项目。反观我国，除了继续积极搭建产研互动的平台机制之外，也需要将用于促进科研成果转化的有关政府资金，从以往直接补贴、贷款贴息等简单投入为主，向引导风投流向、撬动创投等杠杆力量转变，发挥政府资金的引导放大作用，从而提高资金使用效率。

3. 形成以核心城市为龙头的区域科研联动体系

从客观现实、地区均衡发展等方面综合筹谋规划，实施跨地区的产业集群政策，能有效整合资源，争取到更广阔的发展前景，提升品牌效应和竞争力。柏林在推进科研创新中并非“单打独斗”，而是采取了区域协作的策略。柏林与勃兰登堡州政府共同推出的联合创新战略，是两地科研创新最新，也是最重要的政策举措。在该战略中，依托两地既有的产业基础，依据行业实力、企业集聚情况等实际条件，协作共建5个创新集群。在集群各自的建设中，采取了由一方代行州级政府职能的公司牵头管理，另一方协助的模式。使得在推进这一战略的进程中，两地互为助益，激发协同效应。

就我国情况而言，京津冀、长江三角洲、珠江三角洲、长江中游、关中等地区已经出现了以核心城市带动周边地区发展的初级模式，形成一批个性鲜明的产业集群，也塑造了多个具有一定影响力的集群品牌，但就价值创造而言，尚处在全球产业链的低端。首先，可以在此基础上形成联动合作机制，依托各地区自身地理与产业优势，协同共进，形成分工有序、互为补益，又各具特色、各有侧重的产业集群发展格局，让企业能够寻求更广阔的价值链合作领域，填补价值链中的空白环节，进一步推动产业集群化发展，营造新的创新契机，提升科技与产业的竞争合力。其次，建议政府依据产业集群发展程度的差异，针对不同特点实现差异化制定集群发展的战略，支持政策要从对单个产业的扶持向集群政策转变，针对不同特点制定个性化、差异化的集群发展战略，确立促进产业集群为核心、面向高新技术中小企业的政策体系。再者，在集群发展过程中，除了提供细致全面的资助手段，政府还需要重点扮演好引导、管理、协调、扶助的角色，加快培育科技型企业财务外包、法律咨询、技术认证、市场开拓等服务平台，从项目申报、评估到企业经营管理辅导，再到市场策划与拓展，以及与海外集群合作，甘当企业成长的“护航者”。

（陆　颖）

第四节　筑波(日本)：打造科技中枢据点城市

筑波地区位于日本茨城县南部，距离东京约 50 公里，距离成田机场约 40 公里，北靠日本关东名山筑波山，东临日本第二大湖霞之浦，原本是一片广阔的农村，拥有植被丰富的田园风景。因这样得天独厚的地理位置和优越的自然环境，1963 年日本决定在筑波地区开始建设“筑波研究学园城市”(官方英文名为 Tsukuba Science City，故以下简称“筑波科学城”)。截至 1980 年，国立科研机构按计划完成搬迁和新建的同时，城市基本的框架也大致形成。之后，城市基础设施不断得到改善，民营企业也接踵而至，踊跃进驻工业区，加上公路、铁路的陆续建设开通，筑波科学城的建设成就举世瞩目。1985 年，筑波成功举办世博会，吸引海内外约 2 033 万人到场参观。筑波还诞生了数位诺贝尔奖得主。这些都反映出筑波这座年轻城市作为著名科技创新中心的实绩，如今筑波已经发展成为拥有超过 2 万名研究者的日本最大规模的科学城。

1. 基本概况

(1) 发展历程

筑波科学城的发展历史大致可以分为以下 3 个阶段。

第一阶段：城市建设期(1963—1985)：1963 年 9 月，日本内阁决定在筑波山麓(即现在的筑波市和牛久市)建设一个规划面积为4 000公顷的科学城,用以缓解东京人口过密问题,振兴科技和发展高等教育。总体规划NVT(Nouvelle Ville de Tsukuba:筑波新镇)方案出台后遭到当地居民强烈反对,导致新方案规划面积缩小至2 700公顷,也为日后教育科研机构跨省厅交流和产官学联合不充分埋下了伏笔。日本内阁最终确定搬迁43个国家科研机构到科学城,并出台《筑波科学城建设法》,以法律的约束力推进城市建设和机构搬迁。1980年,所有机构基本完成搬迁和新建,在筑波的科研工作均迈上正轨。

第二阶段:城市发展期(1986—2005):1985年世博会的波及效应加快了筑波科技创新中心的形成,筑波迎来新一轮城市扩张。在此期间,因合并了众多町、村等使得筑波市区不断扩大。筑波日益雄厚的科研实力吸引民间企业纷纷进驻,在周边开发地区形成众多工业区,筑波一跃成为日本最大的研发基地。此外,国际会堂、城际铁路等配套基础设施的建设也为筑波城市面貌带来显著变化。

第三阶段:城市成熟期(2006至今):2006年以后,筑波迎来城市发展的新飞跃,逐步走向成熟。2006年3月,日本制定第3期科学技术总体规划,为筑波指明发展方向,提出:① 要从推进公立科研机构研发的观点出发,充分利用众多公立科研机构集聚的优势,着力推动研发活动的联合和融合;② 要从营造利于国际合作的环境和促进引进国外优秀研究者的观点出发,努力把筑波建设成对国内外敞开大门的国际研发据点;③ 关于设施设备的维持管理,拥有可能发生老化问题设施的公立科研机构今后都要研究制定一套长期的修缮计划。2007年,日本设立“筑波3E论坛”①,提出筑波要在2030年实现碳排放量减半的目标,产官学民联合将教育科研机构最尖端的研发成果落实到社会,把筑波建设成为低碳环保的“环境模范城市”,并将成果辐射至海内外。2008年6月,日本出台《研究开发能力加强法》,对“研究开发法人”重新进行定义,促进科研机构与大学加强合作和人事交流,推进培养青年研究者和引进国外优秀研究者等,这一系列措施意图消除研发体系上的障碍。该法格外要求位于筑波的科研机构要积极运用基于新法的研发新体系,努力强化国际竞争力和提高国民生活。目前已经跻身世界前列的筑波科学城正在不断走向成熟,作为日本最重要的科技创新中心,日益显现出巨大的优势和潜能。

(2) 现状

科技移民促进人口结构优化:筑波科学城总面积284平方公里,其中研究

---

① 为防止全球变暖,日本政府于2007年5月公布了旨在于2050年之前将全世界二氧化碳总排出量减少一半的“清凉地球50(Cool Earth 50)”计划。计划提出要以环境技术立国作为目标,充分利用日本的尖端科技和传统社会结构为世界做出贡献,其中一个重要举措就是设立“筑波3E论坛”。“3E”在这里指的是“environment, energy, economy(环境,能源,经济)”。

学园地区 27 平方公里，周边开发地区 257 平方公里。研究学园地区按规划进行开发，分布着国家科研及教育机构、商业区、住宅区和公园等。周边开发地区除了原有村落和农业用地之外，在工业区也分布着民间研究所和工厂等。1970 年，筑波科学城建设之初，域内人口仅 7 万多人，到 2010 年，人口已增长至约 21 万人。目前在日本所有特例市①中，筑波人口增长率以 1.3%居首。此外，筑波一个显著特征就是人口结构不断得到优化。筑波四处遍布国家和大型企业的研究据点，拥有约 300 家各类科研机构和企业，以及 20 000 多名研究者，其中获得博士称号的日本人就高达 7 000 多人。此外，来自国外的研究者和留学生也很多，外国人登记人口达 7 000 多人，来自 133 个国家，约占总人口的 3.5%。由于筑波居住着为数众多的研究者和大学生，伴随着工作调动和入学毕业，产生了一种现象，就是每年三月末人口大幅减少，而到了四月又再次恢复原样。

科技创新加速产业发展集聚：筑波科学城的国家科研教育单位集中在研究学园地区，从 1968 年国立防灾科学技术中心开工建设开始，到 1980 年 3 月为止所有列入规划的机构全部完成搬迁。此后，经过追加和独立行政法人化等大规模的组织改编，现有国家科研教育单位共计 31 个，在筑波开展业务，分为文教、建设、理工、生物和共同利用五大类。周边开发地区也以研发型工业区为中心集聚了众多民间研究机构和企业，行业类别以医药、化学、电子、机械、建设等为主。科研教育单位的集聚带动了当地工商业的繁荣发展，从根本上推动了筑波科技创新中心的形成。

尖端科技推动基础设施建设：研究学园地区作为正式规划的城市，干线路网、下水道、公园和住宅呈网格状整齐有序分布。市中心地区有城市地下管道综合走廊、区域冷暖气系统、有线电视网(CATV)、人行天桥(pedestrian deck)等先进城市基础设施，也有成为城市象征的筑波中心大楼、大型购物中心、图书馆、美术馆和市民交流设施等。近年来，筑波地区的高速交通系统持续得到改善，进一步加强了筑波与外界的联系，扭转了筑波最初被戏称为“科学孤岛”的短板。2005 年筑波快线开业，筑波站的入站乘客人流量 2007 年每天高达 13 700 人。除了通勤的人员以外，来筑波进行科学旅行(science tour)和游览筑波山的游客也在持续增加。连接筑波市和成田机场的首都圈中央连接高速公路茨城县内区间也实现了通车。各类科研教育机构的集聚和前沿科学技术的发展成为筑波发展永恒的动力，持续推动着城市面貌的改观，逐步使筑波发展成为茨城区域城市圈的核心城市，连接筑波市和土浦市、牛久市的公共交通体系乃至和土浦市的合并计划都被提上了议事日程。

① 特例市指的是日本地方公共团体中根据地方自治法第 252 条 26.3 第 1 项规定由政令特别指定的市，为日本的一种大城市制度。现在指定的必要条件是“法定人口达到 20 万人以上”。

2. 主要做法

(1) 国家立法保障长期投入,促进科学城发展

自从日本决定建设筑波科学城以来,制定的与筑波直接相关的法律主要有《筑波科学城建设法》(1970 年)、《筑波科学城建设规划大纲》(1971 年)和《高技术工业聚集地区开发促进法》(1983 年)等。这些法律将筑波科学城规划、建设和管理等方面的内容,以法条的形式固定下来,同时还规定了中央政府、地方政府以及社会团体的权利和义务,对筑波的发展起到十分重要的促进作用。

(2) 立足规划建立推进体制,推动科学城建设

筑波科学城从建设伊始就明确了长期发展目标,虽然每个阶段具体定位的侧重点有所不同,但都是为了更好的实现总体规划目标。同时,围绕筑波建设,形成了国家行政机关、地方公共团体及城市建设事业主体分工协作的综合推进体制,有效推动科技创新中心的建设。日本国家层面对于筑波每个阶段的发展定位(详见表 5.2)都切实得到贯彻落实,茨城县和筑波市自身制定的地方规划和政策措施也都紧紧扣住国家提出的大方向,一步步有计划地扎实推进科技创新中心的建设,从而规避了无序乱作为的发展风险,最终建设成为一个以高等教育和基础科学研究享誉世界、环境优美的科技城。

表 5.2 筑波科学城发展定位的推移

1971 年制定的《筑波科学城建设规划大纲》提出建设的预期目标	① 从国家政策角度建设综合性且有组织的研究学园地区
	② 形成高水准的研究教育据点
	③ 回应时代对于科技学术研究及教育的要求
	④ 支持首都圈全境的均衡发展
1980 年制定的《研究学园地区建设规划》和 1981 年制定的《周边开发地区调整规划》提出建设的基本方针	① 充实实验研究和教育机能,成长为日本实验研究和教育中心
	② 充实综合性的城市功能
	③ 确保良好的环境
1998 年修订的《研究学园地区建设规划》和《周边开发地区调整规划》提出城市调整的总体目标	① 打造诞生开创性尖端研究成果的世界级科技中枢据点城市
	② 打造区域独立都市圈核心城市
	③ 打造绿色生活模范(eco-life model)城市
2006 年制定的第 3 期科学技术总体规划中对筑波科学城未来发展提出的要求	① 充分利用多数公立科研机构集聚的优势,着力推动研发活动的联合和融合
	② 努力把筑波建设成为对国内外敞开大门的国际研发据点

(3) 发挥筑波大学核心作用，活用尖端科技改善生活

1973 年 9 月，日本内阁通过《筑波大学》法案，同年 10 月筑波大学宣告成立。筑波大学作为日本新型大学的先驱，位于筑波科学城的中央位置，是筑波科学城的核心所在，与同处于筑波的其他科研机构建立了多方面的有机联系，是推动城市发展最活跃的因素。从筑波大学整体设计来看，体现出其开放性的特征。大学内部的教育科研设施、体育运动设施设备、图书馆、医院及校园环境，都充分考虑到同各个科研机构以及普通市民之间的密切联系和利用方便，给人以便于合作的亲近感。筑波大学自成立之初就与周边科研机构建立了协作体制，如推动共享科研设施设备、互相开放图书馆、交流科研工作者、为学生提供科研机会等，带动了学术交流、科研协作的繁荣。筑波大学充分发挥所在地国家顶尖科技资源集中的优势，短短数年间一跃成为世界著名学府，历任校长和教授曾经几度摘得最高科学荣誉诺贝尔奖。

(4) 集聚各方科学技术资源，打造科技中枢据点城市

筑波科技城拥有约三分之一的国家科研机构，通过发挥运用日本国内最大规模的科学技术集聚效应，形成引领世界的前沿科技研究及创新据点。此外，筑波还通过从国内外积极吸纳青年研究者和留学生，形成培养和提供未来科技及产业人才的据点。筑波科技城积极推动未来尖端科技成果的产业化，重点围绕纳米和机器人等技术，培育高新科技产业集群。筑波科技城正在着力打造世界级的纳米技术据点(Tsukuba Innovation Arena[TIA] nano)，为此，日本产业技术综合研究所、物质/材料研究机构和筑波大学联合产业界成立了推进组织——“筑波纳米技术据点运营最高会议”，致力于推进研发工作和人才培养。同时，筑波科技城正在通过推动“生活支援机器人实际应用项目”和设立机器人安全认证实验机构、筑波机器人解决方案中心(暂称)①等，打造“机器人之城——筑波”，旨在使日本首先确立的机器人安全标准成为国际标准，扩大生活支援机器人的普及面，培养引领世界的日本机器人工业。

(5) 强化公共交通体系网络，改变城市骨架双轴发展

筑波快线的开通改变了筑波的骨架结构和从前中心城区的作用，城市建设转为以研究学园地区和筑波快车沿线地区 2 个城市轴为中心进行展开，从而引发了对于土地使用的重新评估，筑波一方面谋求自然和城市的平衡，另一方面立足新视点发挥民间活力推动科技创新中心的升级。此外，为提高居民生活的便利化，在推动筑波快线东京站延伸的同时，进一步充实区域内及其周边地区的交

① 筑波机器人解决方案中心(暂称)：具体功能有回应来自社会和产业界的要求，提供机器人技术，解决各种问题。

通体系。尤其是关于区域内的交通，正在从建设生态城市的角度出发，着力构筑尽可能不依赖私车的新型交通体系，大力提倡使用环保型交通工具。

（6）推广绿住农一体型住宅，推进生态和谐城市建设

筑波四周环绕着风景优美的筑波山和田园空间，城市的不断扩张考验着城市与自然的和谐。筑波注重发挥科研机构的集聚效应，产学官民联合致力于推动各种各样的社会实验来进行城市建设。筑波的葛城地区、上河原崎/中西地区和中根/金田台地区都在推进融合最新环保理念和尖端建设科技的城市建设。此外，筑波科技城还通过提高农产物的附加值、充实流通和销售体系等农业六次产业化①来激活周边地区，同时通过恰当运用绿色银行（green bank）等制度来保护田园空间。

3. 经验与启示

作为日本国家主导推动建设的科技创新中心，筑波科学城的建设经验对于上海打造全球科技创新中心有如下不少启发。

（1）先行实施科学规划，明确未来发展目标

筑波从建设伊始便从国家层面以法律的形式明确了总体规划目标，是要建设科学城和田园城市。此后历经不同发展阶段，虽然每个阶段具体定位的侧重点有所不同，但都是为了更好的实现总体规划目标，从根本上规避了无序乱作为的发展风险，也保障了财政投入和推进政策的连贯性，使得筑波的发展不会随着政权的更迭而改变。因此，在推动科技创新中心建设之前，首先必须实施科学规划，明确发展目标。

（2）制定法律法规，切实提供制度保障

自从 1963 年决定建设筑波科学城以来，日本制定了多部法律推动筑波科学城的建设。这些法律将筑波科学城规划、建设和管理等方面的内容，以法条的形式固定下来，同时还规定了中央政府、地方政府以及社会团体的权利和义务，对筑波的发展起到十分重要的促进作用。其中《筑波科学城建设法》堪称“筑波宪法”，历经 6 次修订至今仍然生效。《筑波科学城建设法》是日本国会制定的全国性法律，立法层级很高，规定由中央政府直接管理筑波科学城的核心区域（即研究学园区），采取“中央政府投资、中央政府管理”的模式。仅在 1963 年后的 30 多年里，筑波科学城累计获得政府投资高达 2.5 万亿日元，全国国立科研机构大约 40%的研究人员和每年 40%的科研经费预算都集中在这里。因此，在推动科技创新中心建设之初，建议做好相关立法工作，为明确发展目标和保障长期投入

① 农业 6 次产业化：农业不再停留在第一产业，也积极地涉足第二产业和第三产业的新农业经营形态。

提供法律支持。

（3）形成特色创新据点，驱动中心快速发展

筑波科技城最大优势是集中了大约三分之一的日本国家级科研机构，通过发挥运用日本国内最大规模的科学技术集聚效应，形成了引领世界的前沿科技研究及创新据点。此外，筑波还通过从国内外积极吸纳青年研究人员和留学生，形成了培养和提供未来科技及产业人才的据点。此外，筑波科技城还吸引了世界众多一流企业入驻设立企业战略研发中心，积极推动未来尖端科技成果的产业化，形成了以纳米技术和机器人技术为代表的高新科技产业集群。因此，在推动全球科技创新中心建设的过程中，要注重吸引公立科研单位、大学、民间研究机构等各方面科技资源集聚，有效积累科研基础设施、科技人才、科技知识产权以及科技情报等有形和无形资产，灵活运用集聚效应建立联合机制，促进跨机构跨领域的研发合作和资源共享，切实提升科技核心竞争力。

（4）做好配套设施建设，避免沦为科学孤岛

筑波在城市建设初期，只是一味重点建设教育科研机构及公务员（研究者）宿舍，忽略了生活配套设施建设，给研究者的日常生活带来极大不便，常被外界戏称为“科学孤岛”。直至成功举办世博会之后，筑波地区的商业设施及高速交通体系才持续得到改善。此外，在筑波科学城最初建成时，“旧居民”（世居此地的农民）和“新居民”（伴随着筑波科学城的建设搬迁过来的研究人员及其家庭成员）由于生活习惯等诸多方面大相径庭，彼此相互疏远，几乎没有什么交流。但是不久之后，在集中建设公务员住宅的区域逐渐出现了出售当地农产品的早市以及各种集会，两者之间的交流一点点开始，并日益朝着消解最初那种对立情绪的方向前进。因此，在推动全球科技创新中心建设的过程中，要立足长远，注重科技创新园区和周边区域的和谐发展，提前做好周边交通体系的规划设计，为配套生活设施及商业设施的建设留出发展空间，从而做到可持续发展。

（薛　亮）

第五节　新加坡：自上而下全面推动科技创新

新加坡自 1991 年起实施 5 年科技规划，经过 20 多年的发展，一个严谨而开放的科技研发框架呈现出来。近 10 年来，新加坡科技研发经费的投入持续增长，与 GDP 的占比始终维持在 2%，为新加坡科技研发开创了有益创新的良好环境，形成了包括生物医药和电子、信息通信及媒体在内的一批重点研发领域。在新加坡科技创新道路上，“研究创新及创业理事会”的成立起到了至关重要的作用，该理事会

集合各行各业的精英，已成为政府科技政策的重要顾问班子。在该理事会的推动下，新加坡形成了自上而下的，由政府主导推动的科技创新之路。

一、发展概况

1. 科技研发经费稳步增长

根据 2013 年 12 月发布的《新加坡全国研发调查》报告，2012 年新加坡科技研发经费为 72.45 亿新元，占 GDP 的比重为 2.1%。图 5.2 显示，2002—2012 年，新加坡投入的科技研发经费仅在 2009 年有明显回落，“增加”是 10 年来新加坡科研经费的主旋律，复合年均增长率达 7.8%；而科研经费的 GDP 占比在同期的表现有所不同，除了 2008 年科研经费的 GDP 占比突然上升至 2.64%外，其余各年始终维持在 2%左右。

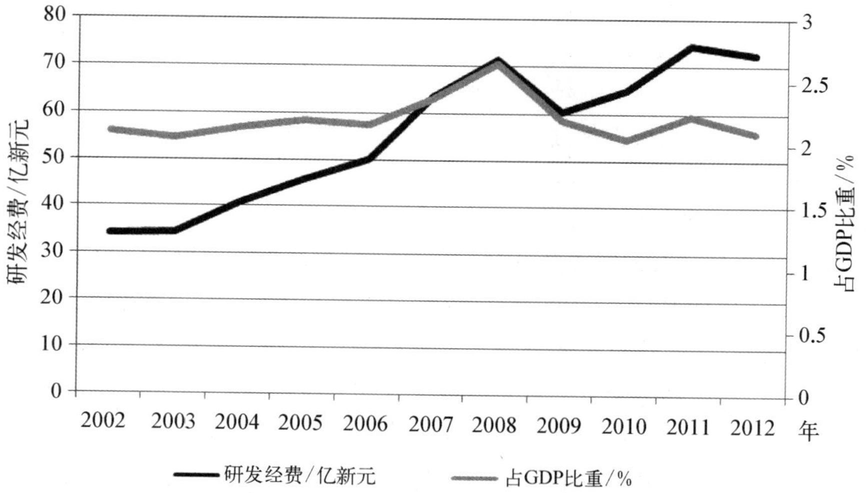

图 5.2　2002—2012 年新加坡科技研发经费及 GDP 占比情况

2012 年，新加坡共有 699 家私人研发企业和 63 家公共研发机构活跃在新加坡的科技研发领域。私人研发企业的研发经费投入达到 44.15 亿新元，占 2012 全年科研经费总额的 60.94%，2002—2012 年的复合年均增长率为 7.8%；公共研发机构的研发经费为 28.3 亿新元，10 年来的复合年均增长率达 8.0%。

2. 研发项目集中的五大领域

经过数年的调整和演变，新加坡已经确定了五大重点研究领域：电子、信息通信与媒体，化学，生物医药，精度与交通以及其他领域①。公共与私人研发机

① 其他领域的研发主要包括，农业与食品学，地球与相关环境学、物理学与数学以及能源与其他领域。

构的研发项目也集中在这5个方面，但是公共研发机构与私人研发机构的研究重点明显不同。

图5.3显示，电子、信息通讯及媒体是私人研发机构的绝对重点，2012年，52%的研发经费都投入该领域；而化学、精度与交通、生物医药等领域的经费投入则较为均衡。

图5.4则显示了公共研发机构的重点研究领域，公共机构的研发重点虽不像私人机构偏重那么明显，但根据图示依然可以看到生物医药是其重点研究领域，占据2012年公共研发经费的35%，其次是电子及信息通信媒体，投入比例为23%，精度与交通领域以13%的投入比例占据公共研发机构的第3位重点领域。

综合私人及公共研发机构的重点研究领域，可以得出：电子、信息通信及媒体领域以及生物医药领域是当前新加坡的科技研发重点。

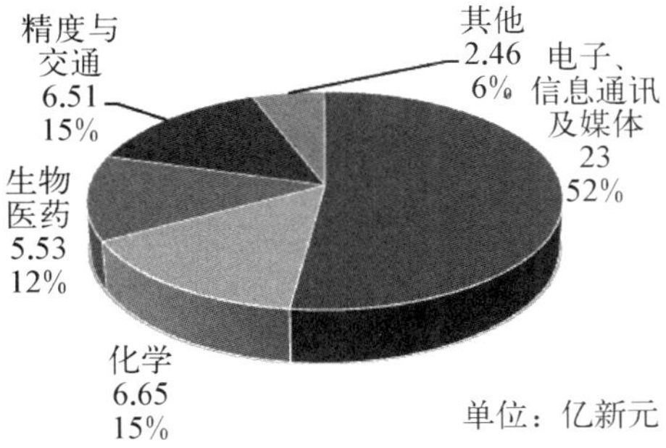

图5.3　私人研发各领域经费投入

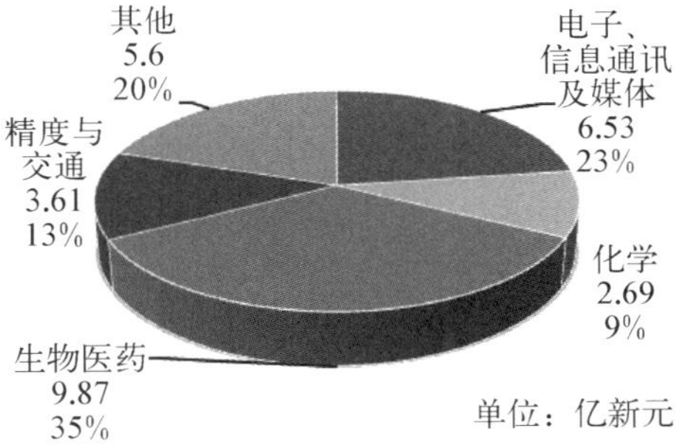

图5.4　公共研发各领域经费投入

3. 高端人才更青睐公共机构

2012年，新加坡科研人员总数达到4.5万人。相比于2002年，复合年均增长率达5.3%。

2012年，新加坡拥有科学家和工程师的人数3万名，其中约1.65万人就职于私人研发机构，约1.36万人供职于公共研发机构。总人数方面私人研发机构较公共研发机构占有一定优势，但是公共研发机构中拥有博士学位的科学家和工程师占绝对优势，其50.36%的科学家和工程师都拥有博士学位，而私人研发机构中64.37%的科学家和工程师都拥有学士学位。

二、科技创新历程

1. “创新”成新加坡近10年科技发展的重要战略

从1991年起，新加坡连续实施科技5年规划，至今已是第5个科技计划。连续而有效的政策实施，使得新加坡经济在短短的 20 多年时间里，获得长足进步。

在新加坡近 10 年的科技规划中，“创新”一词被反复提及。如，实施中的科技 5 年规划——《研究、创新及创业 2015：新加坡的未来》中提出，将引入一个全新的“国家创新计划”，运用新加坡的研发能力和优势，来解决现代城市所面临的一系列复杂难题，如城市人口增加以及清洁的水资源供给问题。而在《科技规划 2010》中，也明确提到，新加坡标新局鼓励中小企业参与科技创新项目、提高中小企业员工的技术创新能力以及改善中小企业技术基础设施 3 个方面，加强中小企业的技术创新能力。其中一项重要的措施就是“企业技术提升计划”，计划搭建如双边实验室、研发联盟及创新中心等行业平台。鼓励各类研究机构、企业，尤其是中小企业及成长型企业提高自身的创新能力，为新加坡营造一个充满“创新”的良好氛围。

新加坡政府决心成为如瑞典、芬兰和以色列那样的研究型、创新型和创业型的经济体。

2. 自上而下全面推动科技创新

2006 年年初，为了加强对科技创新方面的研究和指导，以及科技发展的战略制定，新加坡政府决定成立“研究创新及创业理事会”(Research Innovation and Enterprise Council, RIEC)，作为政府的顾问班子，对国家制定研发创新政策和企业战略提供建议和咨询。该理事会由新加坡总理李显龙亲自挂帅，任主席，预示着新加坡在今后的科技研发工作中，将以创新与创业为重心。

同年一月，国家研究基金会(National Research Funds, NRF)成立，作为总理公署的一个部门，以支持“研究创新及创业理事会”实施重大战略研发计划，对整体研发战略进行全面洞察和评估，以便对长期的研发项目进行资助。该基金会董事局主席和董事成员由总理亲自任命，从 2006 年 1 月起任期 3 年。

3. 搭建研发框架促开放而严谨的科技创新活动

“研究创新及创业理事会”以及“国家研究基金会”的成立，标志着新加坡国家研发框架的全面形成：由贸工部引导的任务型研究；由教育部主管的学术型研究。在此框架内，研究创新及创业理事会是新加坡科学技术发展战略的制定者；教育部和贸工部为研发管理的主体；学术研究基金、科技研究局以及经济发展局作为中间基金，推动大学、理工院校、医院、智库、科技研究局下属研究机构、私人实验室以及公司实验室等研发具体执行者的各项研发活动顺利开展。(详见图 5.5)

新加坡的研发框架是一个非常开放的体系。首先，框架内的责任主体相当开放。研究创新及创业理事会的成员既包括总理、部长等政界要人，也包括企业家、学者、科技专家，目前理事会 18 位成员中有 8 位来自国外；而学术研究基金

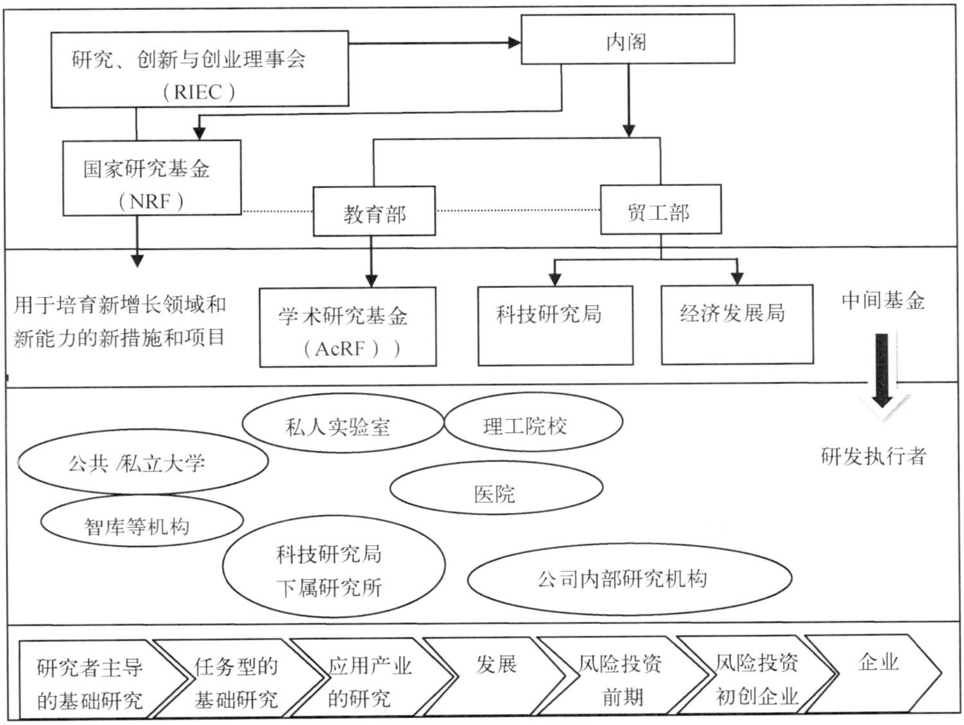

图 5.5　新加坡科技研发框架

的 10 名成员均是来自国外著名大学与科研机构的科学家。其次，科技研究局的研究机构和新加坡的大学广泛参与各类国际科技合作项目，与此同时，政府也通过设立众多研究计划鼓励大学和研究机构参与到国际科技合作中。最后，充分利用跨国公司的研发能力，培养本土企业的创新能力。企业是新加坡的主要研发执行者，而其中跨国公司的研发力量又是主力。

三、打造世界级科技创新载体

自 2000 年以来，新加坡为了促进科技事业的快速发展，改善科研环境，提出建设新加坡的“硅谷”——纬壹科技城。不同于以往的科技园区，“纬壹科技城”的目标是：一个充满活力和优美社区氛围的创新产业新经济体，在一小片土地上打造未来无限的产业发展空间；创造宜人的硬件环境，催化科学研究技术社群，发展知识密集型产业，为来自世界各国的企业家、科学家和研究人员提供一个具有创新环境和交流氛围的园区，成为新加坡充满活力的技术研发和休闲娱乐中心。纬壹科技城位于新加坡中心填海区，占地总面积 200 公顷，根据规划，总投资 150 亿新元，计划在 15 至 20 年间分期完成开发，由下列 3 个主要活动中心组成。

汇源坡——占地约20公顷，发展生物医药业，主体是占地4公顷的启奥生物医药园，招商瞄准全球顶尖生物技术企业和科学家。

汇贤谷——资讯传播和媒介业的发展中心，主要发展项目是占地12公顷的启汇园，一个信息通信、传媒、科学工程的研发中心。

汇达林——占地18公顷，是科技城的窗口及商务中心，内设商务旅店、娱乐中心及优质住宅，邻近交通中枢。

在推动整个新加坡的科技创新过程中，启奥生物医药园区和启汇园作为重要的载体存在。启奥生物医药研究园(biopolis)是新加坡的一个综合性生物医药研究联合体，致力于开展最前沿的研究工作，多家私人和公共研究机构纷纷入驻于此，主要从事药物、基因组学、细胞与分子生物学、生物处理、生物信息和生物工程等领域的研究工作；而坐落于启奥生物医药研究园附近的启汇园(fusionopolis)，如今已成为专门致力于物理学和工程学的研究。如今，启奥生物医药园和启汇园均已在国际上享有一定知名度，吸引了大批的知名研发机构和企业的入驻，这两个园区各期的具体开发情况详见表5.3。

表5.3 启奥与启汇的基本情况汇总

	期数	竣工时间	规　模	特　点
启奥生物医药园	一期	2003年	占地3.87公顷包括七幢建筑，可以容纳公共和私人研发机构的1 500位科学家	该项目意在营造一个协作的环境，促进研究者之间的合作和交流。这里的动物处理设备，能给公共和私人的研究活动提供重要的支持
	二期	2006年	由两栋七层楼的大楼组成，拥有3.7万米^{2}的空间	两栋大楼命名为Neuros和Immunos，分别承担着神经学和免疫学方面的研究
	三期	2011年	拥有4.1万米^{2}的空间	用于私人公司进行转换与临床研究以及医药技术研究。由新加坡的私人公司新宇集团(Crescendas Group)开发建设
	四期	2013年(预计)	总面积4万米^2	吸引了宝洁公司最先进的新加坡创新中心，宝洁公司将在此进行全线产品的研发活动
	五期	2013年(预计)	总面积4.6万米^2	该项目的一大特色是将提供至少1 000平方米的“Shell-plus”实验室，即已经装置好机械、通风和空调系统、乙烯基地板、基本实验室家具和通风柜的实验室

续 表

	期数	竣工时间	规 模	特 点
启汇园	2B阶段	2010年	Solaris大楼有5万米^{2}空间用于商业园区及实验室	入驻了一些信息通信、媒体及自然科学与工程领域的私人公司
	2A阶段	2014年	主要由3座大楼组成，共建设10.36万米^{2}的商业园区和研发空间	大楼A和大楼B将设立干湿实验室和商业园区，而大楼C则由一系列高规格的实验室组成，包括最大规模的研发洁净室以及多层叠加的振动实验室

资料来源：上海图书馆上海科技情报研究所翻译整理

四、经验与启示

1. 进一步完善科技研发体系

新加坡严谨而开放的研发框架是活跃科技创新的重要因素。我国在建设"科技创新中心"时，可以进一步完善科技研发体系，使其科学严谨、权责明晰。鼓励政府机构、公共研发部门、大学、科研机构以及私人研发中心积极参与，相互合作。同时，进一步鼓励各研发主体以更开放的姿态参与到国际交流和国际科技合作，加大力度吸引知名的国际研发机构，为科技创新注入新的活力。

2. 适时设立科技创新机构

在政府层面专门设立机构来推动创新方面的事宜，已成为一种国际常见做法。作为科技发展战略的最高决策者和制定者，新加坡"研究创新及创业理事会"为政府的科技发展决策保驾护航。在推动科技创新的过程中，可考虑设立类似"创新机构"作为推动科技创新的责任部门，通过发布推动创新的政策文件；为企业创新提供指导和咨询；为中小企业、初创企业以及科技型企业的科技创新活动给予必要的支持；组织、策划鼓励创新的讲座、研讨会等社会活动，营造一个鼓励创新、重视创新且积极创新的社会环境。

3. 建设研究方向明确、研究特色鲜明的科技城或科技园区

新加坡通过打造"新加坡硅谷"的做法，成功确立了启奥生物医药园与启汇园在科技研发的重要地位，其成功的开发及招商经验，值得我们深入研究。建议可以在已经具有一定发展基础的科技园区内，通过政策、资金的扶持，吸引更多的实力派研发机构入驻，加大对科技园区的国际营销力度，成为城市发展的一张重要名片。

4. 给予科技型初创企业、中小企业必要的资金、技术以及创业支持与辅导

新加坡政府通过资助补贴、投资税收减免等措施，试图降低创业以及企业运

营成本，帮助初创企业和科技型中小企业逐步发展使企业成为科技研发的生力军。有关部门可以通过实地调研，切实了解各地科技型初创企业、中小企业在发展过程中所遇到的瓶颈和困难。从房租、税收等方面给予初创企业和中小企业以资金支持；从人才培养、市场营销等方面给予指导和建议。逐渐营造创业氛围，吸引更多有志之士开启创业梦想。

5. 加强科技人才建设，使科技创新人才结构更趋合理化

人才是实现知识创新以及科技研发成功的关键所在。为此，新加坡政府在吸引全球顶尖人才方面一直不遗余力。在《研究、创新、创业 2015：新加坡的未来》框架下，政府计划投入 7.35 亿新元用于科技人才的培养和吸引。全球科技创新中心需要人才“年轻化”，应该加大力度吸引 30～40 岁年龄阶段的科技创新人才。加大在科研经费、住房、配偶随迁以及子女教育等方面的优惠力度，为科技创新人才在职业前景、家庭生活等方面解决后顾之忧。

（薛菁华）

第六节　班加罗尔(印度)：全球最重要信息科技中心之一

班加罗尔是印度南部卡纳塔克邦首府，因其信息技术产业极为发达而被誉为印度“硅谷”。早年在印度政府的积极推动下，凭借较好的科技产业成长基础，班加罗尔逐步壮大为印度目前最为成功且最具规模的科技创新产业基地。

一、发展现状

作为全球最重要的信息科技中心之一，班加罗尔汇集了全球 5 000 多家高新技术企业以及各类科研机构、高校，并拥有印度约三分之一的 IT 人才及大量外资派驻人员。班加罗尔的软件出口占据印度的半壁江山，是印度软件产业的中枢神经。在政策及政府服务的不断推进下，班加罗尔软件产业发展迅速。在 1992—2005 年间，班加罗尔软件出口增长了 100 多倍。

(一) 创新集群成果突出

班加罗尔目前拥有班加罗尔电子城(Electronics City)及国际科技园(International Technology Park Bangalore, ITPB)两大园区，并设有印度软件科技园组织——班加罗尔分园(Software Technology Parks of India, STPI)。

电子城位于班加罗尔南端，占地约 33 万平方米，是由 50 多栋建筑构成的庞大园区。1980 年代，印度开始筹建班加罗尔电子城。1985 年，德州仪器成为最早入

驻的外国企业,而目前包括著名的印度印孚瑟斯等企业也均在这里设立总部。

国际科技园是另一个企业集聚区,于 20 世纪 90 年代由印度卡纳塔克邦工业区发展委员会和新加坡国际财团合资建设,目前我国华为等企业也入驻其中。

印度软件科技园班加罗尔分园成立于 1992 年,设在班加罗尔电子城中,是印度政府用以推动印度软件产业发展及促进出口、培育微小型及中型企业的重要基地,是直属于印度信息技术部的非营利型社会组织。软件科技园是印度政府服务企业的前端窗口,入驻企业不仅可以获得各类优惠政策,还可享受咨询、项目管理以及报批、保税及出口证明等服务。该园目前入驻有约 2 300 家注册企业,2013—2014 年度其软件及相关服务业出口额达到 10 227.3 亿卢比(见图 1),占到整个印度的近 40%。

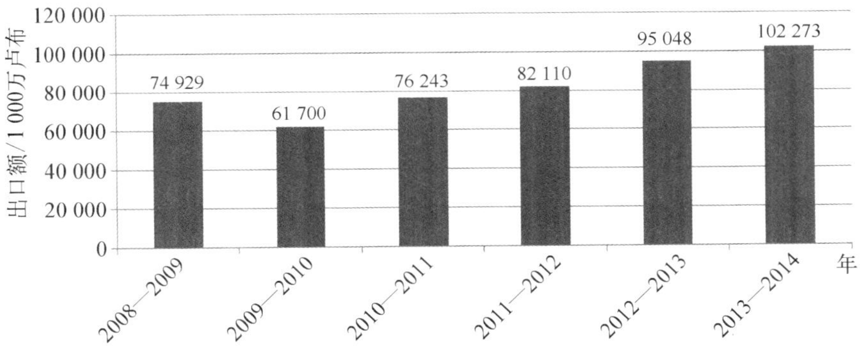

图 5.6 印度卡纳塔克邦软件及其服务出口额情况

(二) 创新人才资源稳固

1. 科研院校为后盾:班加罗尔是印度优秀理工科人才最为集中的地区。为强化班加罗尔作为印度软件产业基地的重要作用,政府有意将优秀大学、科研院所和一些国营企业设置于此。班加罗尔因而聚集了印度理工学院、印度管理学院、印度信息技术学院、班加罗尔大学、印度科学研究院等十几所大学,及近百个技术院校和各类国家及联邦研究机构。班加罗尔及其邻近城市的理工科院校超过 400 所,占到印度理工科人员的近 2/3。这些优质的人才资源是班加罗尔科技创新发展的重要推动力。

2. 技术移民群体成主力:在班加罗尔软件科技园 1.5 千米^2 核心区域内,有数十万的软件从业人员,部分大型企业的软件从业人员以万计数,而其中约有 10%的归国人员。据有关统计,硅谷的印度技术移民人数占总就业人数的约 1/4,是硅谷最大的移民群体。这些印度移民中有很大部分来自班加罗尔的著名院校。在硅谷的印度人中涌现了不少成功的创业者,印裔硅谷人的成功创业事迹以及印度政府审时度势的人才引流政策,加上印度本国经济的向好前景,激励了一批印度软件人才回国建设，他们成为目前班加罗尔软件产业的主力军。

3. 国际化人才奠定融合：班加罗尔具有非常强的国际融合性，不仅仅是因为较高的英语普及率，还因为班加罗尔本身软件人才的国际化。有统计显示，班加罗尔软件园区每 75 家跨国企业中就有 71 家的领导成员是拥有海外工作经验的印度人。像雅虎、通用电气之类的大型企业之所以在班加罗尔开展业务，很大程度上是因为他们拥有很多在其美国公司工作过的印度人。国际化的印度归国人才同时也成为这些跨国企业入驻班加罗尔的定心石。

（三）服务体系条件完备

班加罗尔聚集了证券交易所、银行、财务公司、信贷公司等各类金融服务机构，在满足投融资需求的同时帮助地区资金流通。另外，班加罗尔还设立软件产业风险投资相关基金，并提供信贷支援，推动软件企业集资上市。

软件中介服务方面，印度拥有两大重要的组织——“全国软件和服务公司协会(NASSCOM)”及“电子与计算机软件出口促进会(ESC)”。前者是印度软件的海外推介机构，在政府各类政策及规划制定中起着举足轻重的作用。后者则是政府与企业的媒介组织，为政府和企业就软件市场信息沟通搭建桥梁，是企业海外市场拓展的推手。另外，印度工业联合会(CII)对企业效率和竞争力的促进作用也是印度 IT 产业发展的一剂助推剂。

完善的服务体系加速了班加罗尔软件产业的集聚，也同时带动了班加罗尔工业、生物医药等其他产业的发展，并实现了共存相生的和谐景象。

二、班加罗尔科技创新战略

班加罗尔“科技之城”的崛起不是一个毫无筹谋的惊喜，而是政府的一大力作。早在 20 世纪 50 年代初印度独立后不久，尼赫鲁政府经反复考量，选定班加罗尔为印度高科技发展基地。此后，印度理工学院等高等院校和科研机构，以及印度电信工业公司、航太有限公司等高新技术企业集聚班加罗尔，班加罗尔“科技城”的雏形逐步显现。

1984 年，印度甘地政府开始重点扶持印度软件业，1986 年《计算机软件出口、发展和培训政策》出台，1991 年班加罗尔被批准成立印度第一个软件科技园，1999 年印度提出世界 IT 大国目标。从最初的产业发展定位，到科技园区规划，从各类配套政策和制度的支撑，到基础设施建设的投入，印度政府的积极作为很大程度上成就了今天的班加罗尔。

（一）园区规划先试先行

1989 年，印度制定了“软件科技园区(Software Technology Parks of India, STPI)”计划。1992 年，软件科技园班加罗尔分园成立，位于班加罗尔电子城内，核心开发区域 1.5 千米^2。根据相关法令，班加罗尔软件科技园区注册成立第一个独立自治机构。印度政府同时设立专门部门负责“软件科技园区”的推进工作，并指派专员负责相关事务，统一政府办事及职能管理。政府负责园区的集中投资和建设，并构建技术创新体系、服务体系、市场体系和产业政策体系。

虽然，班加罗尔软件科技园范围不大，但是每周都有数家外资企业申请入驻。在印度政府和卡纳塔克邦政府的强力支持下，班加罗尔软件科技园迅速成为印度软件科技园中发展最快、规模最大的园区。印度目前拥有包括班加罗尔在内的 52 个具国际水准的软件科技园，班加罗尔无疑是其中最早亦是最为成功和典型的代表。

在班加罗尔软件园区建成之后，印度政府不断投入基础设施建设，提升政府公共服务水平，构建公共服务平台，着力改善入驻企业办公设施及环境。1998 年，印度成立“国家信息技术与软件发展委员会”，并发布《2008 年信息技术发展计划》，提出“软件超级大国”的宏伟目标。1999 年，印度设立信息科技部，设立 IT 专管部门。2000 年 10 月 17 日，印度 IT 法案生效。这些都为班加罗尔软件产业发展、高新技术汇集、人才引进形成有力支持，带动园区及整个城市向上发展。

（二）基础建设高质高效

在园区建设初期，为给入驻企业提供良好的办公设施及环境，印度政府加大了基础设施建设投入。班加罗尔所在卡纳塔克邦不仅自筹资金兴建电力设备、供水系统和通信设备，还倡导办公、财务业务电子化。为提高企业信息交流效率，促进软件出口，印度政府推出“电信港（Teleport）”计划。所谓“电信港”就是由高宽带通信设施、跨国通信网络、数字交换与传输设施、卫星地面站组成的高效网络系统。为此，印度政府不但打破了多年的国营电信企业垄断体制，还取消了电信设备生产特许，一方面对外开放电信产业，吸引外资，另一方面逐步实行电信部门私有化。“电信港”计划的推出恰逢时机，实施效果十分明显，大大推动了班加罗尔软件产业的发展。

班加罗尔是全球“电信港”建设较为成功的城市，其设施水平已达到或超出了世界标准和要求。2002 年，班加罗尔入选由世界通讯港协会评选出的“世界智能城市”，获奖原因是其无论在宽带应用覆盖率、知识生产力结构、从事宽带及应用技术人员的比例，还是城市改革开放力度，或是数字技术应用普及率都走在前列。

（三）扶持政策优惠多元

1990 年代，印度政府对吸引海外投资等相关国家政策进行改革，在财税、外资、进出口等都提供了相应的优惠政策，引资入印（见表 5.4）。这些举措获得了巨大的成功，2001 年至今，班加罗尔 IT 企业数已增长了近 5 倍，登记在卡纳塔克邦的外国软件开发公司绝大部分都选择入驻班加罗尔。

表 5.4 印度政府主要的软件扶持政策

税收政策	关　税	(1) 软件出口实行零关税； (2) 允许出口商选择纳税方式，免除双重赋税； (3) 出台“促进出口资本货物计划(EPCG)”，允许出口商以零关税进口资本货物； (4) 放宽计算机进口限制，大幅降低关税
税收政策	所得税	(1) 软件产品全出口企业，以及以各种形式的软件出口收入免征 5 年所得税。
税收政策	货物税及劳务税	(1) 软件园区企业从国内保税区采购货物时，免征货物税； (2) 软件服务企业免征劳务税
外资政策		(1) 允许外资控股 75%～100%； (2) 允许进口计算机技术企业资产限额降至 100 万卢比
进出口政策		(1) 取消计算机进口许可证； (2) 对部分企业提供离岸产品开发、网上咨询服务等特殊进口许可证； (3) 延长企业资格审查年限，从 1 年改为 4 年
产业扶持政策		(1) 公民个人购买计算机及软件免个人所得税； (2) 政府机构强制购置国产 IT 产品

(四) 专项法律保障权益

2000 年 10 月，印度政府颁布《信息技术法》，对非法入侵计算机网络或数据库、传播计算机病毒等违法行为以及电子合同、文书等进行了规定，保护电子商务行业的合法权益，是世界为数不多的拥有该类法案的国家之一。此外，印度政府还加强知识产权保护。1994 年印度对已有的《版权法》进行修订，使之成为世界最严格和最接近国际惯例的版权法之一，大大降低了软件的盗版率。

(五) 投资融资扶持有力

此外，为帮助软件产业发展筹集资金，政府在承担大部分科研经费、鼓励科研机构与企业联合研发的同时，还在主要的政策性金融机构设立软件产业风险投资基金，同时鼓励部分有条件的企业上市，吸引国际风险投资资金等，为技术转化等提供金融扶持。1986 年，印度颁布《科研开发税条例》，对所有科技引进项目征收研发税，其中 40%用于风险基金补贴，投资收益全部免税。1988 年，班加罗尔成立了印度第一家风险投资公司——印度技术发展与信息有限公司。而今印度最大的几家风险投资公司总部都位于班加罗尔。

三、班加罗尔科技创新特色

班加罗尔作为全球著名的信息科技创新中心，其成功是多元优势的体现，从而形成环境、人才、政策互利牵引的有机网络。这里有政府的意志和政策驱动，也有天成的环境和机遇。

（一）凭借自然条件创造优异科研基础

以科技产业著称的班加罗尔，除了拥有“印度硅谷”之美名，还因为其宜人的气候，被称为“花园城市”。凭借得天独厚的自然条件，班加罗尔在20世纪50年代，被作为印度航空与国防工业的重要基地，也因此聚集了众多相关科研院所和飞机制造企业，与之后为推动地区信息技术产业发展设立或迁入的大学、科研机构、国营企业等一起成为班加罗尔发展的重要科研基础，推动班加罗尔由重工业城市发展为今天的科技产业城。此外，班加罗尔与硅谷之间12小时的时差，实现了两地软件编程的无缝对接，使以网络为基础的国际合作成为现实，大大推动了印度班加罗尔和美国硅谷之间的“订单合作”。

（二）加大人才培育与引流的复线双轨

人才是班加罗尔重要的资源和优势所在。班加罗尔聚集了全球数百家跨国企业的研发中心。以通用电气为例，其在2000年就将首个海外研发中心设立在班加罗尔。通用电气的工程师曾直言不讳地表示在印度设立研发中心的原因就是因为在其他国家不可能那么快速地招到这么多工程师。

除高等院校以外，班加罗尔的中学、大专院校也开设各类相关课程。印度还拥有一批IT蓝领，这些蓝领人才并非来自高校的正统教育，而是通过定向职业培训培养出的技能型人才。这一方面缩短了人力培养的时间跨度，降低了人才储备的成本，一方面也为大企业定向培养实践性人才，提高了技术竞争力。

印度每年培育约数十万软件人才，大部分来自民办或企业自主承办的各类软件培训学校。企业人才培育的贡献不可小视。著名的印孚瑟斯信息技术公司(Infosys)就拥有自己的培训中心，普通员工一年接受培训的天数约为15天。

注重人脉的建立也是班加罗尔人才战略的重要一步。印度看中人才储备，“放线”鼓励学生留学和海外求职。如今，印度软件人才遍布全球。印度政府也确实精于如何“收线”。2003年，印度出台“双重国籍”对等承认政策，放宽印度国籍申请制度，默认双重国籍，消除归国人员顾虑。这一政策的出台大大促进了印度海外人才的“回流”，回国的人员中有大部分已成为印度软件产业的中坚力量。

另外，印度软件人才大量海外回流的同时，涌现了大量的创业者，这也为印度对外贸易或投资架起了桥梁。早在1985年，当时的甘地政府便邀请惠普公司到印度投资，随即惠普便在班加罗尔设立印度惠普公司。此后，IBM、甲骨文等公司先后在班加罗尔等地设立分公司，也逐渐激发了一批留学生回到班加罗尔进行跨区域创业。班加罗尔的创业者们一方面将从海外习得的企业管理经验用到自己企业的运营上，一方面不断改进基础设施，提高员工福利，实施高效的企业运营方式。与硅谷等地的科技公司合作的商业模式，以及自身不断地完善和努力，使班加罗尔的软件外包创业企业和软件外包产业迅速壮大，对“千年虫”危机的成功应对更是为班加罗尔的软件业带来了前所未有的盛景。

（三）促进信息技术与他产业的融合发展

与国际对接的商务合作和资本加速了班加罗尔地区信息技术产业繁荣，班加罗尔无论在基础设施还是现代产业结构上都得到提升，并逐步形成多元产业集群。例如，近年来生物医药技术已成为班加罗尔一大核心产业。2009 年，印度政府宣布在班加罗尔建设生物-IT 核心设施。多元产业集群的形成推动了班加罗尔技术融合创新，紧密了产业互相间的牵引。信息技术的发展同时也带动了班加罗尔制造业、生产服务业以及商业、教育、医疗、娱乐等生活服务业的发展。丰富的科技产业资源和优质的技术孵化平台，配合良好的政策制度支持和竞争合作环境，班加罗尔已成为世界重要的创新城市。

四、启示

（一）政府清晰定位，政策力主保障

政府的指导和支持始终是地区科技创新发展的坚实后盾，是科技创新及产业繁荣的基础和跳板。印度政府在班加罗尔信息技术产业发展过程中的积极作为，体现了鲜明的政府主导色彩。从开始的产业定位，到日后各类引资政策、产业规划、教育及人才储备、基础设施建设等多方面都发挥了重要作用。决策时，充分把握技术产业优势和市场需求及竞争环境，为地区科技创新发展作出科学定位。在改善基础设施环境的同时，积极提高政府服务电子化及智能化程度，构建公开透明的高效政府服务体系，完善配套法律保障，组建各类协会及中介服务机构，并努力完善金融、人才、税制等各类配套服务及政策，提供全方面支持。

（二）培育优势产业，强化创新驱动

班加罗尔的发展经验表明，在推进地区特色科技创新过程中，首先要明确地区科技创新产业优势，实施重点培育，并为企业创造长期成长的环境。在政策上可适当加大引资及集聚力度，完善城市及科技园区企业结构，强化地区企业创新合力。其次，为地区科技企业创造研发环境，提供协同研发合作联络，搭建产学研合作及各类技术转化咨询、融资等公共服务平台。再次，提高科技创新成果转化，并将其应用于城市和园区公共服务建设。最后，注重科技产业与其他产业间的融合，形成产业间的互利、牵引。

（三）完善公共服务，鼓励企业共建

对于推动科技创新，政府和企业的力量同样重要。政府完善公共服务，企业履行社会责任，缺一不可。在实践中，第一，构建高效公共服务。在园区或城市内构建公共服务平台，为市民、园区企业、外来人才等提供均等的教育、医疗、文娱等社会保障及公共服务，创造园内园外、本地外来一视同仁的社会环境，并在服务内容、服务效率、服务范围上突破和改进。第二，鼓励企业有所作为。政府应鼓励企业积极投入到园区建设和维护，鼓励企业制定相应的维护或合作方案，并定期对实施效果进行评估。同时，对于部分义务履行及表现突出的企业给予一定的政策优惠，形成激励。第三，营造科技创新氛围。通过各类宣传和活动，鼓励全社会了解及参与科技创新。

（朱荪远）

第七节　新竹(中国台湾)：发挥好政府与市场双重推动作用

我国台湾的新竹地区较早存在台湾清华大学、台湾交通大学、工业技术研究院（简称“工研院”）等丰富的科技资源，台当局又在新竹设立新竹科学工业园区（简称“竹科”），以主动聚合这些资源，发展高科技产业。竹科设立以来，政府相关各方努力协调，服务人才，在园区内外融合打造宜业宜居环境，产业界则把握产业发展方向。在多方共同推动下，竹科现在已带动整个新竹地区的科技创新能力提升，成为台湾重要的科技创新中心。

一、发展概况

根据台湾当局的行政规划，新竹地区包括新竹市和新竹县。新竹市和新竹县的隶属关系几经变更，目前分别是平级的“台湾省”的“省辖市”和“省辖县”。

1. 科技资源

位于新竹地区的重要科技资源有“清华”、“交大”、工研院，以及竹科，它们共同构成了新竹成为科技创新中心的动力源。

工研院、“清华”、“交大”。从工研院（及其前身）、“清华”、“交大”在新竹落址的历史可见，新竹与现代科技结缘的历史很早。总部位于新竹县的工研院，是台湾最大的产业技术研发机构。其前身最早可追溯到日本殖民时设于新竹的“天然瓦斯研究所”，于 1936 年 8 月成立，是为台湾最早的现代科技研究机构。1950 年代，清华大学、交通大学迁台部分先后落址于新竹。

新竹科学工业园区（即“竹科”）。工研院、“清华”、“交大”等聚于新竹，促成了台湾第一个科学工业园区——竹科的产生。竹科实施分期发展。一期于

1980 年设立，第二、三期此后也已开发。目前，跨新竹县、市的竹科主园区（竹科在新竹县、苗栗县、桃园县、宜兰县还另有卫星园区），总面积约 632 公顷。①

2. 科技创新主要产业和企业

集聚以半导体产业为最大特色的六大产业。目前，竹科已是国际知名的科技工业园区，主园区有 411 家高科技厂商在驻，形成了半导体、电脑、通信、光电、精密机械、生物技术等六大类主要产业。竹科是全球半导体业最密集的地方之一，有“台湾硅谷”“亚洲硅谷”之称，是全球最大集成电路代工制造商——台湾积体电路公司（台积电）等业界重要企业的总部所在地。

整个新竹县、市的产业结构也与园区越来越相似，电子、精密机械等产业均呈增长，特别是出现以电子业支撑新竹地区产业的现象。

由量产转型至创新研发。竹科设立之初，新竹地区（包括科学园区内外）的高科技厂商主要引进国外高科技技术，以量产为主。随着厂商与工研院等机构在技术研发上产生并维持可密切关系，园区与周边学研机构、工业区，成为高科技产业聚落，使得新竹的产业开始有兼具量产与研发创新的特质，新竹也开始从低成本的制造中心转型成为高附加价值的制造中心。还有研究指出，大陆势必取代新竹区域原来的量产角色，从这一点来说，新竹区域也要转型至创新研发方面。

二、特色经验

1. 抓住机缘，主动引导科技资源汇聚

积极争取“清华”、“交大”落地生根。“清华”、“交大”、工研院、竹科，是新竹成为科技创新中心的重要基础条件。工研院最早的前身“天然瓦斯研究所”设在新竹，是由于当时在新竹发现了油气矿，“靠天吃饭”的偶然性色彩较强。

而“清华”、“交大”落址并扎根于新竹，则既是时代使然，更是主动作为、积极争取的结果了。1955 年，清华校长梅贻琦主持“清华”在台复校，各县市政府认为“清华”落地有助地方发展，皆极力争取。梅贻琦看上新竹县一块由联合工业研究所代管的地。该所所长认为与大学为邻，可互相交流，就给了地。新竹县也送地给“清华”。当年，“清华”在新竹兴建校舍；1957 年，首批校舍完工，开始上课；1964 年正式恢复大学部。

“交大”1958 年在新竹市郊落址后，到了 1974 年，新竹校区已无法容纳庞大的学生量，“交大”拟迁高雄。正好蒋经国到新竹，地方人士极力陈情“交大”不要搬。蒋经国决定不搬，并拨出位于新竹的军队营区给“交大”扩建校区。

---

① 新竹科学工业园区管理局网站. http://www.sipa.gov.tw/.

目标明确、主动作为地设立竹科。而后，竹科的设立，更是目标明确的主动作为。为将台湾经济发展由“出口导向”向“科技导向”转化，1975 年，台当局参考硅谷经验，确定设立科学园区，以结合工研院、“交大”、“清华”等资源，形成产学研网络。1978 年，台当局确立高科技化、学院化、社区化、国际化的竹科建设方针，旨在建立高品质的研发、生产、工作、生活环境，吸引高科技人才，引进高科技技术，建立高科技产业发展基地。

在竹科之后的发展中，工研院、“清华”、“交大”确为竹科的技术、人才提供了强力后盾。仅以工研院的作用而言，竹科的集成电路产业形成初期，就是由工研院电子所研发，由园区生产。而在园区第二个 10 年(1990—1999 年)新增的 171 家厂商中，约 25%由工研院衍生。

2. 重视人才，打造创业舞台和生活环境

为竹科人才创设良好的园区环境。为了吸引人才，竹科注重创设好的工作、生活环境。建园之初确立的“社区化”方针，即指园区体现优雅、洁净、美观、实用，使人在园区内工作、生活得舒适、清静、方便。在历次竹科土地使用规划中，都保障了住宅区、商业区、公园绿地等与生活相关的用地。园区内，供厂商员工租用的住宅总共可居住五六千人。还有公园 2 处、绿地 23 处；活动中心一处，内有电影院、餐厅、图书馆、室内运动设施、洗衣店、美容院；高级餐厅四家，一般餐厅五家；小型购物店两家；银行门店多家；诊所一家；双语学校和实验中学各一。

吸引海归人才，培养本地人才。竹科还制定一系列人才激励政策。有普适所有科技人才的政策，如允许科技人员以专利作为股份，其作价最高可达总投资额的 25%。更多措施则根据不同人才群体有针对性地制定。海外留学归台人才是竹科人才的重要来源。为了吸引海归来园，竹科的管理机构——“科技部新竹科学工业园区管理局”规定，海归项目注册资本的 50%可由管理局投资(最高 500 万新台币)；项目成功后，政府股份退出；若失败，政府不追究。为招徕硅谷人才，管理局还安排设计师到硅谷考察，效仿硅谷社区模式和建筑风格，在新竹复制了一片生活区。①

竹科也十分重视台湾本地培养的科技人员的使用和后续培养。规定竹科企业雇佣台湾本地科技人员的总数必须占科技人员的 50%以上，否则撤销当年免征营利事业税的待遇；当局还出资在园区办厂商员工培训，奖励厂商员工在职进修。①

新竹原有人口就业结构也明显转向高科技制造业。机会多、薪资高等因素，

---

① 沈奎，张景铭. 台湾新竹科学工业园考察报告[EB/OL]. 2011-03-09[2015-03-19]. http://zys.gdd.gov.cn/news_show.aspx?id=1895.

吸引新竹人进入竹科工作。2000年，竹科员工中，约25%为新竹市人，21%为新竹县人。另有许多新竹人在为竹科厂商服务的园区外工厂工作。[1]

3. 园区内外融合发展，提高整个地区的科技创新能力

园区内外融合，一方面是园区与园区之外新竹产业的融合，另一方面是园区与整个新竹地区与人工作、生活相关各方面环境的融合。

以园区高科技产业提升新竹地区产业科技水平。在竹科未设立前，新竹地区的第二产业集中于灯泡、电线等电力电子机械制造业、以玻璃为代表的非金属矿物制品制造业、纺织业和化学材料制造业等。[1]竹科建立后，外来厂商首先会考虑进园区，但由于竹科门槛高、厂商多而园区土地不足，厂商次要选择在竹科外周边土地设置厂房，为园区厂商提供原料及零件。这使得整个新竹县、市产业结构也与竹科产业密切相关。新竹县明确工业发展以高科技为主导，强化科学园区与新竹县工业区的分工，加强信息、资本与人力的共同投资，营造高科技的创新氛围。

园区与新竹地区各方面环境的融合。首先，科技人才与地区融合存在问题要解决。尽管已努力建设，但竹科内住宅容纳的人毕竟只占竹科员工的少数，园区内的商业、文化等设施也不足以满足所有员工的需求。[1]竹科人才必须走出园区，与更大范围的新竹地区接触。由此产生的问题有：① 竹科员工的居住需求，促使竹科周边的住宅项目不断推出。但新竹房地产市场给出的高价"礼遇"，导致外来员工对于新竹产生不认同感，选择至新竹以外其他地区居住。这使以科学园区带动新竹区域发展的美意打折扣。② 大量移入人口导致房价上涨、交通壅塞、公共设施不足，对新竹本地人也造成压力。③ 许多竹科员工来自海外，他们与当地人不同的生活方式，也导致员工社群与当地民众融合难，加上科技文化与地方传统文化的不同，使园区内外俨然两个世界，"园区里头卖芯片，园区外头卖米粉"。

其次，优化地区生活环境和社群交流。针对这些问题，"行政院"1993年核定的《新竹科学城发展计划》范围包括新竹县、市，内容涵盖科技、居住、商业、交通、医疗、文化古迹、垃圾掩埋场等各项建设，根本立意就是降低竹科对邻近地区负面冲击，扩大竹科发展成效，运用新竹县、市既有条件及文化风貌，予以整体规划、建设，提供良好的生活环境及公共服务。近年，新竹市、县都通过营造优良居住环境、基础设施，并发扬历史文化资源特色，留住竹科员工。竹科的开放与睦邻措施，也正扭转新竹当地人"园区是特区"印象，促进当地人与新移民的融合。

---

① 解鸿年. 科技园区与区域发展——以台湾新竹为例[D]. 上海：同济大学，2008.

最后，“就近”科技应用。还值得一提的是，在近年城市发展和公共服务设施建设中，新竹还较多领风气之先地使用科技成果特别是电子类、信息类成果。如，悠游卡是台湾的电子公共交通卡，新竹市则更进一步在全台首创悠游卡市民卡，使悠游卡具有市民身份识别、文化、健康及社会福利等市政服务功能。又如，2013 年开始，为塑造绿色环保科技城形象，提升道路夜间景观，新竹市陆续将旧路灯升级为智能控制的 LED 路灯。[①]

4. 发挥好政府与市场双重推动作用

竹科及新竹科技创新中心，是靠当局政策引导，同时充分利用市场机制，发展起来的，也是靠政府内部各方努力解决分歧发展起来的。

政府与市场各担其责。① 政府主要负责搭建平台。首先是制定《科学园区未来十年发展远景规划方案》等发展规划和《新竹科学工业园特定区主要计划书》等土地规划，保障有序发展。其二，制定了《科学工业园区设置条例》、《科学工业园区外汇管理办法》、《科学工业园区贸易管理办法》等专门法规，依法治区。其三，投大量资金于竹科基础设施建设。自 1978 年筹建到 2009 年年底，政府投入 836 亿元新台币于园区的建设。[②]其四，形成了园区集中高效的行政管理体系。厂商所需办理手续都可在园区内完成。管理局提供单一窗口服务，包括投资服务、劳工行政、工商服务、消防安防等事项。其五，政府以资助、奖励、税收优惠等方式支持竹科企业研发。如，管理局每年评选创新产品奖、研发成效奖、创新技术研究发展计划奖助等奖助，对企业创新技术研究发展计划的资助占受助项目经费总额的 20%以上。② 市场则决定发展方向。竹科的研发经费主要由园区内厂商所投。[③] 竹科及园区周边，哪些产业聚和进，散和退，由各厂商根据其产业的网络是否形成、人力、土地等成本增减等因素而自行决定。园区内还有大量中介服务机构，包括同业公会、律师事务所、会计师事务所、管理顾问公司等，为园区内企业提供技术、人才、信息等要素支持。

政府上下级、同级间加强协作。一方面，台当局经历了从主导到放权的过程。竹科隶属于台湾“科技部”（2013 年前则隶属于“科技部”的前身“行政院国家科学委员会”）。竹科开发初期，台当局和“台湾省政府”是主要行动者，而新竹地方政府是辅助行动者，话语权有限，作用有限，甚至有阻挠行为。如，对于竹科

---

① 节能成效显著 新竹市将全升级 LED 路灯[EB/OL]. 2013-08-13[2015-03-19]. http://tech.hexun.com/2013-08-13/157025331.html.

② 台湾新竹与内湖科技园区发展模式比较研究及经验借鉴[EB/OL]. 2011-11-10[2015-03-19]. http://ms.enorth.com.cn/system/2011/11/09/008097125_02.shtml.

③ 郭辉. 台湾的“硅谷”——新竹科学工业园区[EB/OL]. 2002-02-25 [2013-10-29]. http://www.gdiid.gd.gov.cn/document/fil199.htm.

三期用地征收，新竹县政府不予合作。竹科由“国科会”的园区管理局管理并以单一窗口方式办事，使得园区形如特区，也冲击了当地政府与园区的关系。1999年，台湾“虚省”，“台湾省政府”大权下放省辖县、市。进入21世纪，台当局不少力量又转到南部科学工业园区（坐落于台南与高雄之间）、中部科学工业园区（坐落于台中），对其他地方政府设园区的要求也有求必应，也分散了对竹科的投入。

另一方面，新竹县、市政府和竹科不断加强协调。台当局给新竹地方政府让出了发挥作用的空间，但当局的资源投入少了，更新添了县、市政府平级协调问题。因为竹科设立在前，新竹市划出新竹县在后，因此竹科设立时不可能考虑到这个问题。《新竹科学城发展计划》中凡跨越县、市的项目，进度就慢。

为了应对，新竹地方政府、竹科逐渐以沟通协调替代误解冲突。2002年以来，竹科与新竹县、市的首长高层会议已举办多次。各方还促成了“科学工业园区管理局辅助地方政府建设经费处理原则”的制订。依该原则，2004年起，依园区每年营业额千分之三按坐落地方政府辖区比例辅助地方建设。补助范围为园区之外3千米区域内的交通、警政、消防、环保、文化教育、医疗保健及都市计划等。

另外，业界习惯于求助台当局。有对新竹厂商的调查显示，产业界认为，科管局、工研院在新竹区域创新系统中表现活跃，而新竹县政府表现最差；而且地方政府对产业发展助力有限，产业界仍以台当局为主要寻求协助对象。[①]

三、经验与启示

1. 抓住时机，选准地点，为形成科技创新中心打下基础

工研院最早的前身设在新竹，是由于自然资源这一客观原因。而“清华”“交大”落址新竹，及以“联合工业研究所”为骨干、以新竹为总部组建工研院，则是高校、科研机构对科技资源汇聚之利的清醒认识，也是新竹地方及台当局基于同样认识积极争取的结果，是对历史机缘的主动把握。而后的新竹科学工业园区的设立，既是科技资源汇聚的水到渠成的结果，也是引导科技资源在汇聚之后进一步整合的主动作为。这些都为新竹成为科技创新中心准备了条件。在恰当的区域，促进科技资源汇聚，并以建立科学园区等方式推动科技资源形成产学研的整合，为在该区域形成科技创新中心打下基础。

2. 在产业升级、人才服务和科技应用中把科技资源和园区扩展为科技创新中心

仅凭工研院、“清华”、“交大”这些点状科技资源，以及竹科这样的科学工业

---

① 解鸿年.科技园区与区域发展——以台湾新竹为例[D].上海：同济大学，2008.

园区，不足以说新竹是“科技创新中心”。只有当各种科技创新相关要素扩展到全新竹地区，新竹地区承担各种科技创新相关功能，方能说新竹是“科技创新中心”。各种要素要由高校院所、科学园区向外扩散而来的，如园区产业带动区外产业科技水平升级、园区科技人才带动新竹地区人口知识和科学水平、人才生活服务由高校院所和园区扩展到全地区。同时，高校院所、园区和其他新竹地区承担的“科技创新中心”的重点是不同的。校所、园区的重点和核心价值是在科研、产业化上。园区以外地区的重点是在创设环境上，包括能吸引和留住人才的良好生活环境等。在提升环境的过程中，新竹还注重“近水楼台先得月”式的科技应用，这又是为科技产业创设环境。

3. 政府与市场双重推动，政府各级各部门密切协作

新竹科技创新中心，是在政府与市场双重推动下形成的。重大科技资源都是当局办的，竹科这个产学研大平台(包括土地、基建配套、规划、法规)也是当局搭的，但入不入驻竹科、到不到新竹地区、产业的聚散进退，最终都要凭私人企业自愿。在竹科及整个新竹的发展过程中，政府与市场角色的合理分担，依靠政府的规划，同时充分利用市场机制，建立起创新网络，是值得借鉴的。新竹发展过程中，上下级政府间、同级政府关系的处理，无论是较成功的还是存在问题的方面，也是各地在建设科技创新中心过程中需要注意的，因为现在建设科技创新中心，政府方面作用往往来自多级政府或多个政府部门。

（胡皓达）

第六章

园区型科技创新中心

第一节　硅谷(美国)

硅谷，并非美国的一个行政区划。当地著名的民间咨询研究机构“硅谷共同投资联合会”发布的《2014 硅谷指数报告》①显示：硅谷总面积 1 854 平方英里(约 48 万公顷)，涉及美国加州的 4 个县，包括圣克拉拉县全部 15 座城市、圣马特奥县全部 20 座城市、阿拉米达县的 3 座城市和圣塔克鲁兹县的 1 座城市。当地人口共计 292 万，工作岗位 142 万个，GDP 占加州的 9.9%。

一、发展历程

1971 年，“硅谷”一词首现媒体，指加州北起旧金山湾、南到圣何塞市的一条狭长地带，从行政区划来看主要落在圣克拉拉县内。20 世纪 40 年代，圣克拉拉县还只是个水果之乡，如下三大因素促成了该地区转型成为全球科技创新中心。

1. 战时的科技研发

二战开始，美国政府大量采购军事工业产品，圣克拉拉县的果园被现代工业如导弹和航空公司等所取代。政府更需要高新技术成果来支持电子作战，这直接推动了半导体、微电子等产业的发展，也让更多的国家研发经费流向了斯坦福大学所在的硅谷。战争还为硅谷提供了充足的劳动力。战后有大量美国兵留在加州，他们多年来与武器机械打交道，接受再教育时很自然地选择了工程学，这为 40 年代末 50 年代初硅谷电子产业贡献了大量的技术人才。

2. 科技研究型大学

20 世纪 50—80 年代间，时任斯坦福大学电子工程学院的院长、后被称为

---

① 2014 Silicon Valley Index [EB/OL]. http://www.siliconvalleycf.org/sites/default/files/publications/2014-silicon-valley-index.pdf, 2014-12-23.

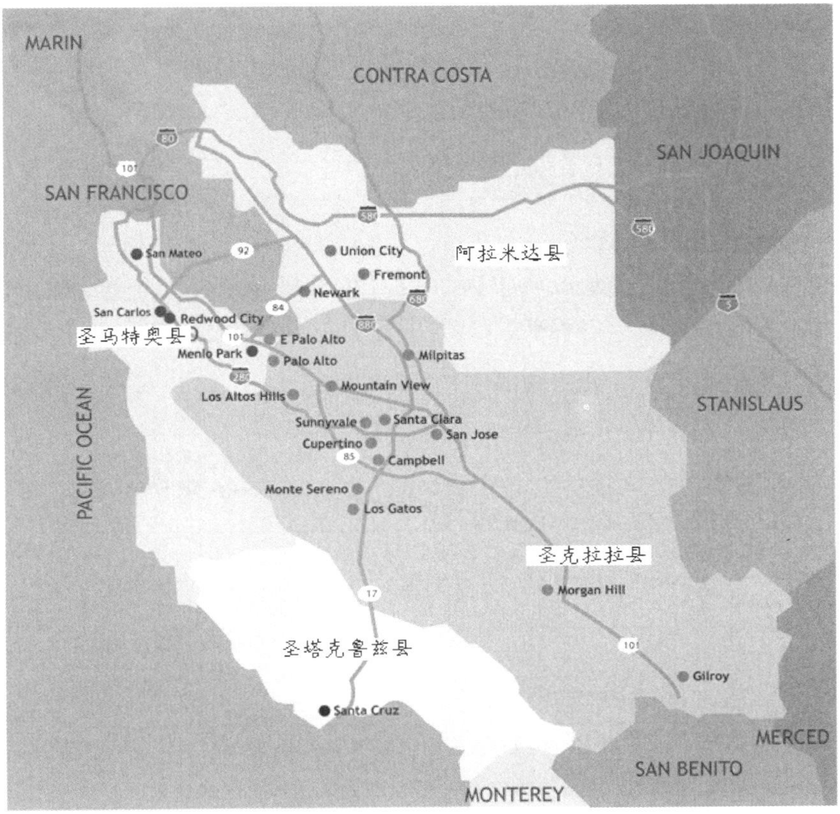

图 6.1 硅谷地图

“硅谷之父”的弗雷德里克·埃蒙斯·特曼提出：大学和科技产业界之间要以人才为桥梁，形成一种新的合作伙伴关系。他倡议在斯坦福大学附近打造一个“技术学者社区”①，认为“这种由成熟尖端科技产业与对周遭产业创意嗅觉灵敏的大学所组成的社区发展模式，将会成为未来的潮流”，于是创建了斯坦福工业园。园区与大学相邻，只接纳科技企业的入驻，学界与业界从此紧密相连。

3. 科技企业的裂变

科技企业在硅谷集聚的同时，也发生了“裂变”，即骨干人才从原来的企业辞职，利用其习得的技术与知识创办新公司。裂变始于斯坦福工业园内的肖克利半导体实验室。1956 年，8 名科学家离开该实验室，运用 3 600 美元的种子基金成立了硅谷的第一家半导体企业仙童半导体公司。20 世纪 50—80 年代间，仙

① Annalee Saxenian. “The Genesis of Silicon Valley”, Built Environment (1978 -), Vol. 9, No. 1, Silicon Landscapes: High-technology and Job Creation(1983), p7 - 17.

童公司共裂变出55个半导体企业，带领硅谷进入半导体产业的蓬勃期，随之在硅谷衍生出大量的激光、微波、电子通信、计算机等高新技术研发企业，基本奠定了硅谷作为全球科技创新中心的地位。

二、发展现状

1. 创新成果持续涌现

图6.2梳理了硅谷从1990年到2012年的注册专利数占全美的比重，该比例始终在增加，至2012年达到了12%，显示了硅谷的科技创新实力在美国的核心地位。

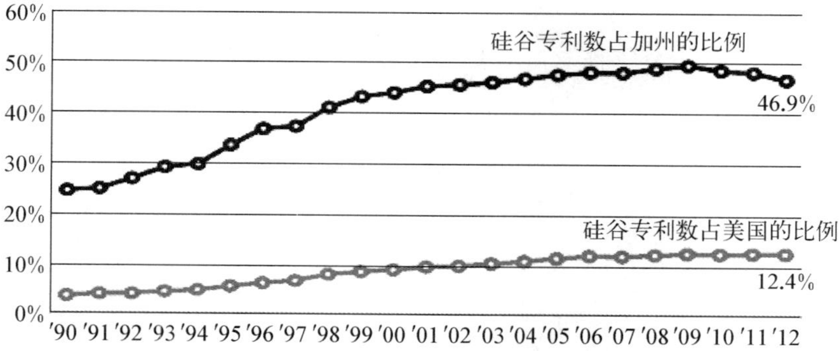

图6.2 1990—2012年硅谷专利占加州和美国的比重

资料来源：《2014硅谷指数报告》

2. 科技领军企业坐镇

据SiliconValley.com网站统计[①]，硅谷科技企业的现金储备已占美国全部企业的三分之一左右。以各企业的全球销售额计算，在硅谷排名前十的依次是苹果、惠普、谷歌、英特尔、思科、甲骨文、eBay、吉利德科学公司（Gilead Sciences）、新聚思（Synnex）和应用材料公司，无一不是科技界的明星企业。分析该网站于2014年发布的"硅谷150强公司排行榜"可知，硅谷大企业主要分布在如下领域：芯片设计制造（41家）、企业级IT应用（38家）、网络设备及应用（26家）、医疗保健（19家）、互联网（14家）、消费类IT应用（8家）和清洁能源技术（4家），都是技术密集型产业。

3. 大量专业精英集聚

如图6.3所示，硅谷46%的成年人拥有学士或以上学历，受教育程度比加

① SV150 shows a changed, and changing, Silicon Valley[EB/OL]. http://www.siliconvalley.com/sv150/ci_25566367/biz-break-sv150-shows-changed-and-changing-silicon, 2014-12-23.

州或全美水平都要高(加州 31%,美国 29%)。自 2006 年以来,拥有科学与工程专业背景的人在硅谷占比持续增加。另外,硅谷的外来移民也较多,2012 年占当地总人口的 36%(加州 27%,美国 13%)。

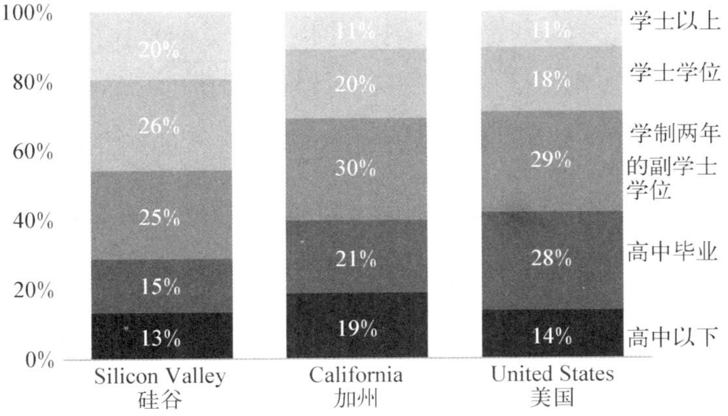

图 6.3 2012 年受教育水平比较:硅谷 VS 加州 VS 全美

资料来源:《2014 硅谷指数报告》(此处仅统计圣克拉拉县和圣马特奥县)

4. 创业融资胜地

仅 2010 年 1 月至 2011 年 1 月间,硅谷就新增了 4.64 万家企业。企业在硅谷有许多融资的渠道,尤其是风险资本和针对初创阶段的天使投资。如图 6.4 所示,2013 年,硅谷和旧金山所获得的全部风投占整个加州的 77%(2013 年前三季度),约全美的 39%。其中,软件业吸引了最多的投资(2012 年 38%)。而在天使投资方面,硅谷所获得的天使投资额已占整个加州的 87%。

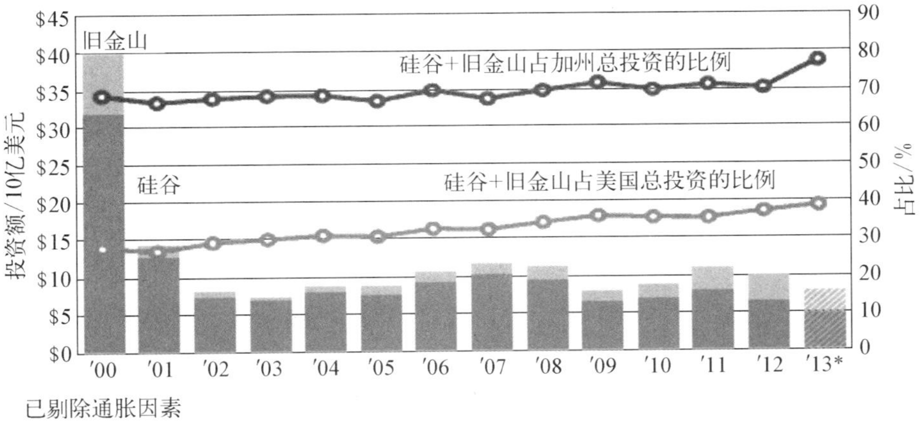

图 6.4 2000—2013 年硅谷的风险投资情况

资料来源:《2014 硅谷指数报告》

三、发展特色：官产学研共生的“热带雨林”

硅谷风险投资家撰写的《热带雨林：打造下一个硅谷的窍门》一书认为，硅谷就像一个不断产生和进化新技术新商业模式的热带雨林——利用富含碳、氮、氢、氧原子的元素，以及空气、温度、湿度、土壤养分等条件，提供一个有利于新的动植物群落生长的生态环境。这正是硅谷的特性所在。

1. 科创的土壤：大社会小政府

首先，政府是游戏规则的制定者：在硅谷，并不存在统一的政府机构对其发展加以管治。各级地方政府，包括硅谷所在的加州旧金山湾地区的湾区政府和各个县、市级政府，都未曾对硅谷制定专门的科技创新政策或发展战略。只能说，美国联邦政府在硅谷的发展过程中，扮演了规则制定者的角色，所谓的规则也是普适于全美的。但学界认为，这一间接的方式，比直接的政府采购和资助对硅谷发展起到了更重要的推动力。这些规则大致可归为三方面内容：第一，制定有利于劳动力自由流动的政策，如全球抢夺计算机人才时，美国国会于1998年决定将面向外国的高技能工人的H－1B签证数由原来的每年4万增至6.5万，到2000年每年增至10万。第二，制定有利于风险投资的税收和金融政策，主要是通过法律不断调整风险投资收益适用的税率。第三，制定有利于知识产权转化的政策。如1980年的《拜杜法案》规定，大学、中小企业和非营利机构对政府资助所得的研发成果拥有知识产权，并可技术转让给产业界。这一规定加速了从研发到产业化的进程。

同时，社会组织是自治管理的载体：前文所提的“硅谷共同投资联合会”是硅谷当地最具代表性的非营利组织，跨地域而建、跨领域而行。1992年，硅谷曾进入经济衰退期。第二年，“硅谷共同投资联合会”宣告成立，汇聚了硅谷当地商界、劳工、政府、教育、社会组织等各界代表，每年举行五次正式会议探讨硅谷的社会经济问题，并提出切实的行动方案。该组织还每年发布《硅谷指数》报告，用翔实的统计数据剖析硅谷的经济、社会现状，为企业、科技人才、风投等提供指南。该组织用在推动硅谷发展项目上的资金，均来自硅谷的企业、各级政府、行业协会、工会、基金会乃至个人，它拥有研究、协调和行动的资源与能力，在一定程度上使硅谷实现了自治管理。

2. 科创的养分：产学互动机制

斯坦福大学被誉为“硅谷创新的灵魂”。以斯坦福大学为核心的产学互动机制，成为硅谷难以被复制的优势。除了成立斯坦福工业园外，斯坦福大学还推出了三大举措，形成了这种互动机制：第一，为硅谷企业提供开放教学。斯坦福大学从硅谷的萌芽初期，即20世纪的50年代便为当地企业的雇员提供开放课程，如同在职培训班，既能使一线的技术人才与最新知识保持同步，又能建立研究者和从业者之间的人际网络。第二，鼓励教职人员兼职或创业。为促进科技成果转化，斯坦福大学允许教师和研究人员每周有一天到公司兼职；允许他们有 1 至 2 年时间离岗创业或兼职，学校为其保留职位。2012 年的“新华网”文章指出，斯坦福大学职工与校友在硅谷创建的公司有 1 300 多家。[①] 第三，加速技术转移。斯坦福大学在校内设立了技术专利办公室，以专利许可和技术转让的形式把斯坦福大学的先进科研技术转向硅谷的高科技公司。

3. 科创的空气：促进信息与知识自由流动的社会网络

斯坦福大学在硅谷孵化了大量的人才与企业，企业又发生裂变，导致各类企业之间存在着强有力的人际纽带。这一独特的社会网络结构，赋予了硅谷产学研一体化的文化氛围，即一种以信息技术为导向、人们面对面频繁交流的富有活力的氛围。该氛围维系着当地企业之间无处不在的广泛合作和信息共享。伯克利大学信息系统学院的院长安纳利·萨克森宁认为硅谷之所以成功，就源于这种信息和知识的“流动性与共享性”。除斯坦福大学外，另有一些“单位”在这张社会关系网络中扮演了重要的“节点”作用，如第一，大企业和研发机构：惠普、雅虎、IBM、苹果、谷歌等大企业不但与产业链上下游的企业形成了众多的战略联盟，且孵化了大量的创业者，这些创业者所成立的新企业必然与大企业有着不可分割的联系。斯坦福研究院等研发机构也是如此。第二，酒吧、咖啡馆等商业场所：如早期名为“马车轮”的酒吧，工程师们经常在那里交换意见，它不仅是非正式的人才招聘中心，还是情报收集中心，工作职位信息和技术信息同时在那流传。而今，斯坦福大学门前的直路两旁开满了咖啡馆和餐厅，创业者都热衷于在此聚会。第三，风投机构、创业孵化器等举行的各类活动：以当下热门的风投公司 Y Combinator 为例，每年挑选一批创业者，举行两次为期 13 周的创业公司孵化班。创业者们不仅能获得一笔投资，还能在孵化班里与圈内知名投资人、创新人士、企业家深入交流。这类活动能帮助科技创新和创业者们迅速进入硅谷的人际网络。

4. “物种”多样性：发达的科技服务业

硅谷的“热带雨林”特性，尤其表现在其“物种”的丰富多样性，除科技企业之外，还聚集了大批从事研发设计、检测认证、知识产权、创业孵化、市场推广等各类科技服务型企业。本文仅通过分析风险投资来反映当地服务部门的完整与发达。

---

① 硅谷，因斯坦福大学而兴[EB/OL]. http://big5.xinhuanet.com/gate/big5/www.js.xinhua.org/zhuanlan/2012-02/01/content_24625526.htm，2014-12-21.

由于风投资源极其丰富，硅谷的风投与企业正在经历一场“双向选择”的变革：即对企业而言，最大的困扰已不再是“谁愿意投资”，而是“拿谁的钱更有价值”。基于此，出现了两大新的趋势：第一，风投类型多元化。越能给予创业者以全方位支持的风投越受欢迎。比如第一类，大公司的投资部门：大公司往往有大平台，能从各方面支持初创企业。2013 年二季度，Google 旗下的风投公司 Google Venture 是硅谷的第四大投资者。连中国的腾讯、百度和盛大都出现在硅谷寻找猎物。第二类，有成功创业经历或丰富管理经验的企业家主导的风投或天使投资：如 Twitter 前高管 Satya Patel 和 Google 前高管 Hunter Walk 在 2013 年筹集了 3 500 万美元成立了“家酿投资(Homebrew)”，投资处于“种子期”的创业者，他们都能为新手提供第一手的信息，不仅能提高初创企业的融资质量，还能运用自己的人脉与经验充当企业发展的导师。第三类，“风投＋孵化”模式：最有代表性的是 Y Combinator，以投入很少的资金(1.8 万美元)，得到同样不多的股权(约 6%)的方式进行“批量化”孵化，并给予创业培训，以此扶持了几百家初创企业。第二，投资工具创新化。硅谷不断有新的平台出现，改变投资者们的投资方式。典型如 AngelList 网站，为需要融资的创业企业和有资质的投资人提供了免费的沟通平台和规范化的条款，使他们可以通过平台更高效地完成投融资合作。AngelList 特别设计了名为 Syndicate 的新工具，主旨是帮助数位投资人实现联合投资——某一位投资人在选中一家创业企业之后，通过该工具能更便捷地找到其他投资人共同投资，后进入的投资者大体看好领投人的判断并愿意与之一起承担风险。这在某种程度上打破了投资人从属于某个投资公司的限制，使风投们也能形成松散的联盟。

四、经验与启示：孕育一片“科技创新的栖息地”

在创建全球科技创新中心的过程中，要着力孕育一片如硅谷那样的“科技创新的栖息地”，即由人才、企业、高校与研发机构以及它们之间的网络与互动关系所形成的一种社会文化环境，就像动植物的自然栖息地那样，能使得科技创新所需的各种资源不间断地有机生长。构建这样一个理想的“科技创新栖息地”，需致力于如下 3 个方面。

1. 搭建创新网络，厚植科创土壤

近些年硅谷核心地带也面临营商成本的高企，也有科技企业渐次向不同地方完成资源和人才的迁移，但它们仍与硅谷有着密不可分的，在资本交易、人才、社交网络和精神家园上的连接。所以，硅谷真正不可复制的是它的关系网络：风险投资网络、专业技术网络、非正式社交网络，这 3 个网络相互交织，促进了信息的流动与知识的共享，而这正是科技创新的关键。所以，在构建科技创新中心

的过程中，需要更多地为科技创新主体搭建各类正式和非正式的互动平台，加强知识共享与跨界交流，以编织一张协作创新的网络。加强该创新网络内企业与大学或科研机构之间的联系，通过联合研发的形式引进重大科技成果并实现产业化；推动该创新网络内中介机构、金融机构等与企业之间的互动，以促使它们对企业的创新提供各种良好的服务；积极引导在该创新网络内非正式交流平台的形成（如组织“创业者训练营”、构建产业图书馆、在科创企业集聚的地区引导设置专供业内人士交流的咖啡馆等），以促进网络内的企业、人才、资源的融合与协同创新。

2. 发展科技服务，优化科创生态

当前国内的企业、高校、院所等创新主体之间尚未形成紧密联系和有效互动，科技成果走向市场的通道并不畅通。科技服务业恰好能发挥“黏合剂”的作用，推动科技成果转化，加速高新技术产业的发展。科技服务业包括技术转移、科技金融、知识产权、创业孵化、科技咨询等。在这其中，有两大当务之急：第一，加速科技成果的转移转化。建议进一步引导技术转移机构创新服务模式，为企业提供跨领域、跨区域、全过程的技术转移集成服务，促进科技成果加速转移转化；保障为科技成果转移转化做出重要贡献的人员、技术转移机构等相关方的收入或股权比例等。第二，增进科技金融的支撑力度。建议深化促进科技和金融结合试点，探索发展新型科技金融服务组织和服务模式，建立适应创新链需求的科技金融服务体系；鼓励金融机构在科技金融服务的组织体系、金融产品和服务机制方面进行创新，建立融资风险与收益相匹配的激励机制，开展科技保险、科技担保、知识产权质押等科技金融服务；支持天使投资、创业投资等股权投资对科技企业进行投资和增值服务，探索投贷结合的融资模式。

3. 集聚人力智源，保持科创活力

《硅谷指数 2014》指出，“硅谷最重要的资产是它的人，是他们驱动了经济的发展，塑造了当地的生活品质。”对人才的吸引与保障，是建成全球科技创新中心的关键。第一，建议构建有利于吸引高端科技人才的户籍管理制度。多年来，美国联邦政府通过制定和修改移民法、实施 H－1B 签证计划、实施吸引外国留学生政策、颁布多部就业和劳动法规、执行比较宽松的商业秘密保护法等多种举措，大规模汇聚全球卓越人才。这些政策保障了人才自由地流向硅谷。而我国目前的户籍管理制度并不利于科技人才的流动。第二，建立健全和完善宽容失败的机制和制度。创新的随机性，意味着创新需要反复尝试、经历失败、承担风险、付出代价。所以要在全社会培育形成尊重创造、注重开放、敢冒风险、宽容失败的创新创业文化，并从制度上保护科技创新人才的创新热情，例如对于承担探索性强、风险高的科技项目的科研人员已经履行了勤勉尽责义务仍不能完成该项目的，考虑不影响其项目结题，并可以继续申请公共财政资金设立的科技研究项目等。

（施　雯）

第二节　128 公路(美国)

128 公路（Route 128）地区是美国重要的科技创新中心，与哈佛大学、麻省理工学院相连，两旁遍布电子、宇航、国防、生物工程等研发机构和工厂约 700 家，被称为“美国的技术高速公路”。128 公路半环形围绕马萨诸塞州首府波士顿市，长约 90 千米，距波士顿市区约 16 千米。

一、发展历程

自 20 世纪 20 年代命名以来，128 公路经历了多个历史发展阶段①。二战之前，一些企业从麻省理工学院的研究实验室分离出来，建立在 128 公路沿线。二战期间，美国政府对军品的需求促使该地区有了较大的发展。50 年代，该地区从美国国防部得到了 60 亿美元的订货合同。60 年代，在美国联邦政府巨额研发资金和军品订单的强有力支持下，128 公路地区的创新活动蓬勃发展，新公司不断涌现：奥尔森从麻省理工学院林肯实验室出来后建立了 DEC 公司；从哈佛大学出来的王安创立了王安公司。1965 年，128 公路地区聚集了近 600 家科技型企业。70 年代，128 公路地区成为美国著名的电子产品创新中心，当地公司不断研制出雷达发射管、远程通信光缆、工业控制与导弹控制设施、导航系统等创新产品②。80 年代冷战结束后，随着军方订单的减少，128 公路地区着力发展计算机工业，市场定位转为民用小型计算机，一批 60 年代以后迅速成长起来的新企业，将 128 公路地区发展成为新型高技术综合体③，拥有数百家文字处理和电脑公司，包括美国无线电公司、阿杰克公司、波纳罗伊德公司和王安公司等一大批著名企业，1980 年该地区中档计算机销售总额占全美销售额的 34%。90 年代中期以后，128 公路地区引导产业重组，改变原有依赖政府投资发展的路径，有意识地整合长期积累的各种资源、努力在创业机构之间构建公共服务平台促进创业文

① 刘隽. 美国两大高科技园区 128 公路和三角园的发展模式对比研究及启示[J]. 东方企业文化. 2012(1)：62 - 63

② 袁志彬. 波士顿“128 公路”历史及对我国的启示和政策建议[J].

③ 罗良忠，史占中. 硅谷与 128 公路——美国高科技园区发展模式借鉴与启示[J]. 研究与发展管理. 2003(6)：49 - 54

化发展，同时抓住网络经济和通信技术等发展机遇，于20世纪末形成了一个具有高、精、尖和跨学科性质的以软件、通讯、生物医疗和金融服务为主的高科技园区。

二、运作模式

1. 积极政策、持续推进

128公路地区的迅猛发展，源于马萨诸塞州历史上任期最长的州长迈克尔·杜卡基斯(Michael Dukakis)第二、三个任期(1983至1991年)大刀阔斧实施的经济政策。他的政策主要强调政府的干预，在学术界以"大政府"和"产业政策"闻名。"产业政策"直接对特定行业的特定公司予以财政和金融方面的支持。当前看来，杜卡基斯最有效的政策包括：鼓励和支持产学研合作、大力发展公共交通、倡导工业园区多业并进。

2. 产学合作、名校背书

128公路地区拥有全美最顶尖的研究型大学哈佛大学和麻省理工学院等，名校的科研实力对高新技术企业具有极大的吸引力。20世纪50年代128公路扩建后，众多的政府研究机构和民间工业技术公司纷纷落户，其中很多是军事战略部门，它们与这些名校有着十分密切的联系。研究型名校带动的产学研合作在128公路地区一直发挥着重要作用，尤以麻省理工学院最为突出。

麻省理工学院秉持技术教育、科学教育与人文教育并重的思想，一直非常重视研究的实用性，还专门成立管理研究合同及处理相关事宜的合同办公室，通过与企业合作将财政来源多样化①。二战以前，128公路地区的机构崇尚自我依赖②，联邦政府与大学、企业之间很少发生联系。二战时，这种情况得以改变。麻省理工学院当时的副校长凡尼佛·布什(Vanneva Bush)联合哈佛大学的校长詹姆斯·科南特(James Conant)一同说服联邦政府建立科学研究与开发局，该机构主要领导都来自学术界，掌握着签署研究合同和分配研究拨款的权力，以其成果来支持军事需要，于是大笔研究拨款流向了大学。此后，充裕的研究经费、紧迫的研究任务使得麻省理工学院等高校和相关联的高新科技企业吸引了来自全美相关领域最优秀的学者，为128公路地区的发展积累了丰厚的智力资源。麻省理工学院1946年的校长卡尔·康普顿(Karl ComPton)说服当地商业界、政治界与教育界的精英组成了美国第一家公立风险投资公司——美国研究与开发公司，为新技术提供风险资本。1951年，128公路扩建以及该地区在麻省

---

① 任玥.创业文化体系视角下的大学社会服务创新——以MIT与128公路的兴衰再崛为例[J].比较教育研究.2008(9)：29－34

② 亨利.埃兹科维茨.麻省理工学院与创业科学的兴起[M].北京：清华大学出版社，2007：122－123

理工学院带动下具备的人才、技术和资金等要素，恰好为新兴的高科技公司提供了绝妙的发展空间。128 公路的三大高技术产业——微波、计算机、导航的技术都来自麻省理工学院的实验室。许多麻省理工学院的大学生毕业之后进入 128 公路地区的工厂或实验室，128 公路产业带上的很多大公司如 DEC、Lotuo 等都是由麻省理工学院校友主持建立的。128 公路地区的产业对麻省理工学院技术与人才的高度依赖，使得麻省理工学院成为 128 公路地区发展的灵魂。20 世纪 80 年代末 90 年代初，冷战结束，国防与军事装备升级不再重要，128 公路地区在自我反思的基础上再度崛起。这一重构过程除了依靠企业界的积极参与，麻省理工学院也发挥了关键作用。隐约意识到生物、数字技术等有可能唤起一个新产业，麻省理工学院的一些教师和毕业生纷纷走出校园，以自身的技术优势，在该地区独立创办了一批生物技术公司，将 128 公路地区打造成全美著名的生物技术走廊。目前 128 公路地区的核心竞争力是生产结合基因、光、电、热学知识及纳米与信息技术的生物技术产品。

3. *科技连续、开放灵活*

学术界、产业界、联邦政府的相互作用和良性促进①，是 128 公路地区经济转型和发展的真正动力，蕴藏了持续的创新能力。高校、政府和企业分别作为创新的“灵魂，手臂和肌肉”，在从各自利益出发的相互协作、冲突和妥协中推动了创新，显示出非凡的创造力。128 公路地区的主要创新特色②如下。

保持科技连续性并积极适应环境变化是最突出的区域优势。该地区有传统的技术优势，特别是在精密仪器和复杂产品制作方面的工艺一直处于世界先进水平。从率先完成传统产业到信息产业再到生物医药、清洁能源等多业并进的产业转型，适应变化、持续创新的特质成为推动泛 128 公路地区经济发展的动力。

开放、灵活多变的系统整合商业模式发挥决定性作用。1985—1992 年 128 公路地区的低迷期同样是“创造性毁灭”的蜕变期。此后，128 公路地区开始全面应用已在硅谷地区显示出巨大成效的系统整合商业模式，促进了新产品的开发，催生了大批“颠覆性创新”成果。

以科技产业多样化和生产规模小型化为新优势。128 公路地区甚至马萨诸塞州的高科技优势产业已从计算机制造业的“一枝独秀”发展到生物医药、精密仪器、机器人和新能源的“满园春色”。这个地区从来不擅长量产的制造业，如汽车、家电等一直未能在此生根发展，倒是高级、精致的小众化个性产品深受市场

① 兰普，罗斯格兰特. Route 128：Lessons from Boston’s High-tech Community[M].

② Michael Best. The New Competitive Advantage：the Renewal of American Industry[M]. 牛津大学出版. 2001

所青睐。这种新的竞争优势，正在形成 128 公路地区发展的新方向。

三、发展趋势

美国知名智库布鲁金斯学会（Brookings Institution）2014 年的研究报告显示，美国创新的空间布局正发生着一个显著的转变：创新集聚区从远离市中心的城市郊区逐步向交通便利通信顺畅的市中心迁移，而一些老工业区也正在重新规划，总体趋势是更注重工作、家庭和生活品质的有机融合①。128 公路地区作为成熟的老牌高科技园区，一方面正以多年的创新集聚效应辐射并促动着泛 128 公路地区的多个创新园区，另一方面又以生物技术、基础设施、交通治理为支撑的新发展战略重塑 128 公路地区的科技创新和经济发展。

1. 辐射促动新创新区域

128 公路环绕的内部区域即波士顿大都会区，在老牌创新基地 128 公路的辐射下，通过吸收过去产学合作、共同引领的经验，正兴起一种创新园区群集的新现象。

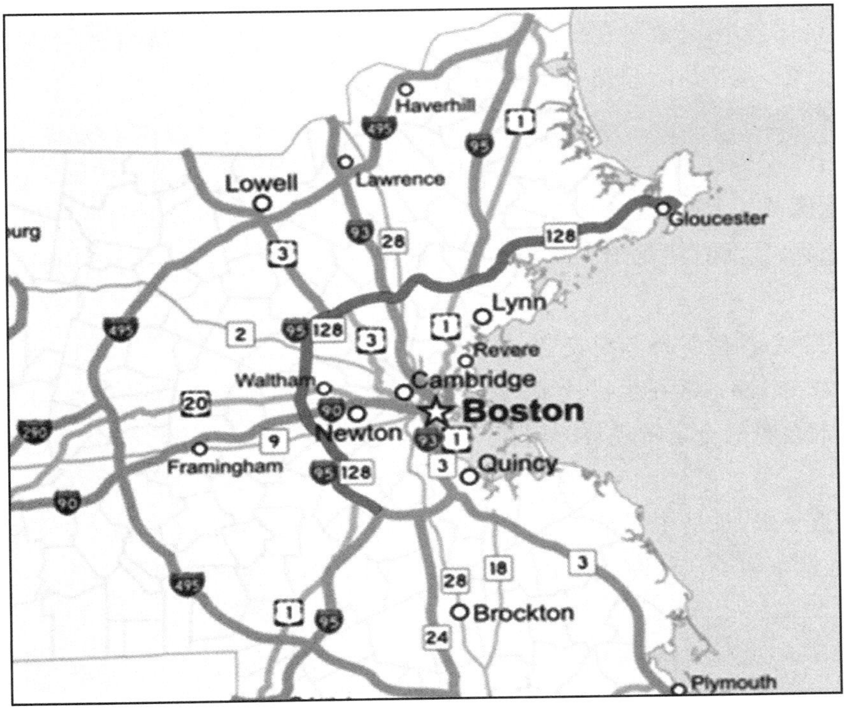

图 6.5　泛 128 公路地区

① Bruce Katz, Julie Wagner. The Rise of Innovation Districts: A New Geography of Innovation in America. BROOKINGS. 2014 - 5

马萨诸塞州坎布里奇市(Cambridge)位于128公路和波士顿市之间,是哈佛大学和麻省理工学院的所在地。坎布里奇的肯德尔广场(Kendall Square)广受创新氛围熏陶①,是生物技术和信息技术的世界级创新研究中心之一,跨国公司谷歌、微软、亚马逊、诺华、辉瑞、Akamai、安进等和数百小公司均入驻于此。坎布里奇出台的肯德尔中心广场计划,设定该地区的发展框架是适于居住、工作和娱乐②。

波士顿“城南行动计划”中的波士顿南部滨海半岛上的南波士顿创新功能区(South Boston Innovation District)以“工作、生活和娱乐”为主题,打造集创业、工作、居家生活和休闲娱乐为一体的多功能城市社区。主导产业集中在生物医药、清洁能源和信息技术领域,走的是多业并进、多元发展的产学研一体化的经济路径,其威泰克斯(Vertex)制药总部建设预算高达9亿美元,是全美私企部门投资最大的项目③。

由于肯德尔广场和波士顿市中心不断上涨的租金和愈加严重的交通堵塞,N2走廊(Newton-Needham Corridor)被TripAdvisor和PTC等跨国科技公司视为较理想的替代地。Newton和Needham是两个距离128公路很近的郊区镇。N2走廊占地约202.34公顷,包括两个办公园区和商业街④,集聚了150多家高科技公司,且数量在持续增长。新推出的N2走廊计划的重点是加快完善交通设施,包括州际公路新车道和大桥的修建、新Kendrick Street进入园区的入口修建等⑤。

128公路辐射促动的这3个集聚区——肯德尔广场、南波士顿创新功能区、N2走廊被认为是当前主要的创新温床,它们距离城市更近,交通更便利,是“工作、家庭、生活有机融合”的更舒适的创新区,凸显了创新空间布局转变的新趋势。

2. 完善创新的各项设施

128公路地区在生物技术、基础设施、交通治理为支撑的新发展战略下,正构筑起自身的竞争新优势,与肯德尔广场、南波士顿创新功能区、N2走廊共同繁荣。

近年来,正是在128公路地区的引领下,马萨诸塞州的生物技术产业持续增长,通过减税及各种资助吸引人才,提供的职位空缺逐年增加⑥。128公路以西

---

① http://en.wikipedia.org/wiki/Cambridge,_Massachusetts
② http://www.kendallsq.org/visit-our-neighborhood/planning-and-development/
③ http://rcusc.cupl.edu.cn/en/the-color-of-innovation/0712/
④ http://www.n2corridor.com/about/
⑤ http://www.n2corridor.com/
⑥ Scott Van Voorhis. Biotech lab space west of Boston surged 50% since 2007. boston.com. 2012-10-18.

的列克星敦(Lexington)开辟出 1.86 公顷的地块作为生物制药公司的聚集地。据 Transwestern RBJ 公司统计，由于当前其他能满足这个数量级需求的地块十分有限，这里已成为 128 公路沿线滋生技术公司的大型聚居地之一，2014 年末该地仅剩 10.5%的未出租空区①，大量的风险资本流向专业生物技术公司和包括医院在内的公共研究机构以及软件和互联网公司，为工业和科技的多样性提供了广阔的发展基础②。

128 公路地区正经历一个地产建设的高潮。2014 年，128 公路沿线的新建办公场所超过 13.94 公顷，是 2013 年的 2 倍。TripAdvisor、Vistaprint 等公司正在 128 公路周边的 Needham、Waltham 等地营建总部。

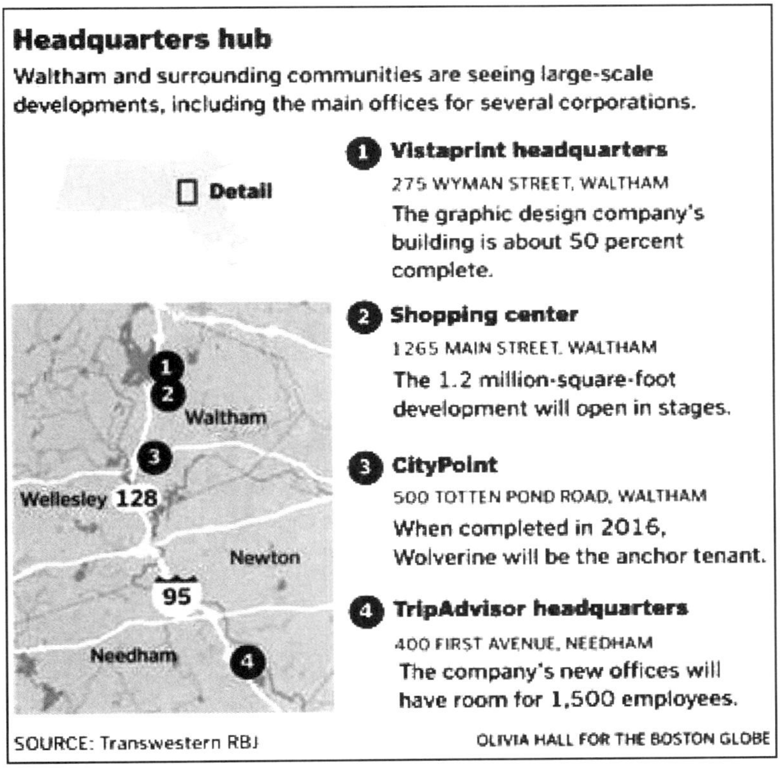

图 6.6　128 公路周边在建总部

资料来源：Transwestern RBJ，http：//www.bostonglobe.com/business

① Keith Loria. Transwestern/RBJ Helps Create Largest Biotech Campus in Boston Suburb. Commercial Property Executive. 2015.1.23

② Malecki E J. Boston's high-technology economy：from Route 128 to Genetown [J]. AAG Journal，2008，43(1)：4～6.

128 公路地区的新兴发展带来了大量的新岗位，也产生了严重的交通堵塞。据 128 商业委员会(128 Business Council)统计，从 2010 年开始 128 公路运输量明显上升，预计到 2030 年运输量将上涨 77%①。“128 公路核心计划”②提出改善现存的道路系统、丰富交通需求选择、鼓励步行和骑自行车、发展公共交通等措施，缓解拥堵压力。

128 公路地区的科技创新已然不是单个地区点的创新发展，在经历起起落落依然具有生命力的 128 公路创新精神和底蕴的辐射促动下，肯德尔广场、南波士顿创新功能区、N2 走廊在竞争吸收 128 公路地区创新要素的同时，更多地被塑造出广泛合作创新的积极氛围。创新之火在泛 128 公路地区散开，同时作为整体凝聚出更大的创新之力，推动科技创新的钟摆在整个地区回荡。

（吴 姮 吴 磊）

第三节 北卡三角园区(美国)

美国北卡三角园区(Research Triangle Park of North Carolina，RTP)成立于 1959 年，是北美历史最悠久、规模最大及最成功的科技园区之一。RTP 得名于其所在位置，即美国东海岸北卡罗来纳州的罗利(Raleigh)、达勒姆(Durham)和教堂山(Chapel Hill)3 个主要城市之间形似三角形的心脏地区，恰为北卡罗来纳大学、北卡罗来纳州立大学和杜克大学 3 所名校环绕。

RTP 是北卡州经济增长的主要动力，被称为“区域发展的引擎”③，以其为核心的地区是全美目前发展高新技术产业最具竞争力的都市区之一。RTP 占地 2 833公顷，逾 190 家企业入驻，员工超过 5 万人，由政府部门、企业、大学和研究机构以及非营利的协调性组织构成了完整的产业生态系统。RTP 以生物科技和信息技术产业的研发及生产而闻名，集聚了国际商业机器有限公司(IBM)、思科(Cisco)、葛兰素史克(GSK)等大型跨国公司的研发中心，是美国为数不多的研发机构集聚的科技园区。园区产生了初创企业 245 家、获 3 256 项专利和 1 970项商标④。

① Growth along Route 128, I－495 brings more jobs — and traffic. The Boston Globe. 2014. 11. 24

② Route 128 Central Corridor Plan. Metropolitan Area Planning Council. 2011

③ The Research Triangle Park as a Regional Employer and Engine of Growth. [2015－3－10]. http://sites. duke. edu/urbaneconomics/? p=894.

④ Research Triangle Park. [2015－3－10]. http://www. rtp. org

一、发展战略：吸引研发中心、集群优势产业

1. 创建背景

北卡州是美国传统的农业州。20 世纪 50 年代，其经济以农业、纺织与服装、木材与家具、烟草等传统产业为主，制造业和生产服务业基础薄弱、城市化程度较低。当时，美国联邦政府为实现国内经济均衡发展，开始重视南方地区的开发。北卡州教育事业发达、地理位置优越、气候环境适宜等地方资源优势得到各界的重视。北卡大学社会学家 Howard Odum 教授提出以地区内 3 所研究大学的科研力量为基础，在北卡的中心地区建立某种研究综合体的设想。

1955 年，北卡州州长 Luther Hodges 与 3 所大学讨论确定了研究园区的建设方案。1956 年，由州政府牵头，联合产业界、政府和大学共同组建三角园区委员会(Research Triangle Committee, Inc.)。1959 年，委员会筹款购入土地和建筑、成立非营利组织——北卡三角园区基金会(Research Triangle Foundation of North Carolina)并正式开始 RTP 的运作。北卡三角园区研究所(Research Triangle Institute)成为第一家入驻园区的机构。

2. 发展历程

经历了前 6 年的缓慢发展后，RTP 于 1965 年迎来转折点：联邦政府投资 7 000 万美元建立国家环境健康科学中心(National Institute of Environmental Health Sciences, NIEHS)、IBM 公司开建占地 56 000 米^2 的研发中心。园区自此进入稳定发展时期，入驻企业从 20 世纪 60 年代末的 21 家增长至 70 年代的 38 家。90 年代，大量风险资本进入，初创企业数量、专利数量以及就业机会增长率、平均工资等均超出了全国平均水平。2001 年前后，互联网泡沫曾引发 RTP 形势一度趋紧，但随着瑞士信贷(Credit Suisse)、富达基金(Fidelity Investments)等金融机构的入驻，RTP 迅速回归发展轨道。2000—2007 年是 RTP 发展最快的时期，吸纳了 45 家企业。2014 年，RTP 企业数量超过 190 家。

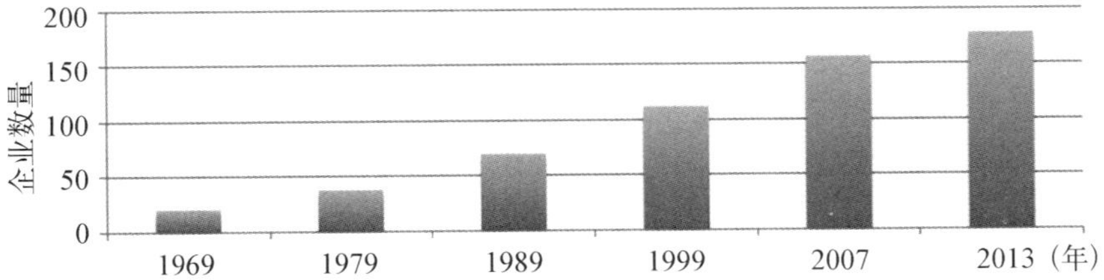

图 6.7 北卡三角园区企业数量稳定增长

资料来源：The Research Triangle Park as a Regional Employer and Engine of Growth, 2015

研究认为①，区别于其他一些园区直接定位于发展制造业，RTP 在发展战略上选择了因地制宜、依托大学的智力资源优势，集中发展研发活动，成为以研发为导向的“智能型的工业园区”。北卡州创建 RTP 的目的，一是吸纳高技术企业的研发机构，实现产业结构升级；二是利用科研成果带动本地区传统产业的技术革新和产业链上下游相关产业的发展。作为美国第一个由政府部门发起的大学型研究园区，RTP 集聚企业研发中心的做法取得了显著的效果，推动了经济的发展和城市规模的扩大，提升了整个地区的形象和竞争力。

3. *产研集群*

在创建之初，RTP 曾把化学工业和纺织纤维工业作为发展重点。20 世纪 60 年代，北卡州政府争取到 IBM 公司和美国环境保护协会两家机构的入驻，树立起信息技术、环境和生命科学领域的标杆，奠定了 RTP 提速发展的基础。70 年代，随着联邦政府三所环境保护研究机构的设立，环境科学领域的研究进一步展开。80 年代初，RTP 内相继成立北卡罗来纳微电子技术中心（Microelectronics Center of North Carolina，MCNC）和全美首家生物技术产业支持和推动机构——北卡罗来纳生物技术中心（North Carolina Biotechnology Center），提供资金、信息和服务以吸引两大领域的企业。确定了信息工程和生物工程的产业集群战略之后，RTP 在数十年间分别把握住电子通信、网络和信息产业、生物技术兴起和蓬勃发展的数次机遇，推动两大领域的研究和产业转化，建立起以多家

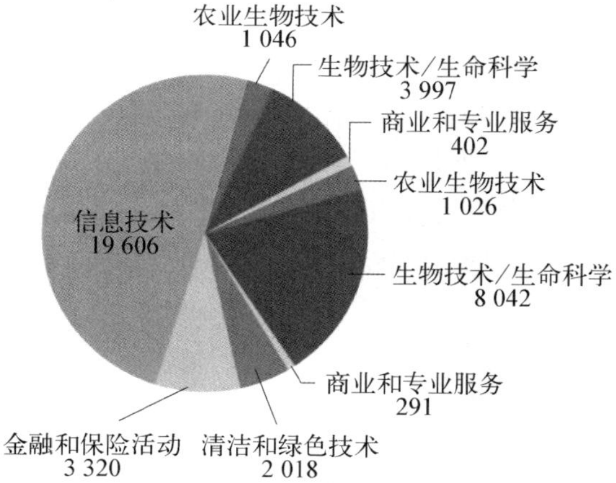

图 6.8 北卡三角园区各技术领域员工人数分布

资料来源：Research Triangle Regional Partnership，2014

① 韩宇. 独特的创新型城市发展道路——美国奥斯汀和北卡研究三角地区高技术转型研究[J]. 世界历史. 2009. (2)：14 - 24

著名企业和研究机构为代表的核心技术优势和领先地位。目前,RTP已经形成以生命科学和农业生物技术(占46%)、信息技术(占20%)为主体的产研集群,还包括化工、环保等领域的企业和各类金融、商业和专业服务机构。

2010年,IBM耗资3.62亿美元的新数据中心在RTP建成,员工总数超过11 000人。员工数在5 000人以上的还有思科和将全球最大研发中心落户园区的制药巨头葛兰素史克。在RTP建有研发中心的还有北电网络(Nortel Networks)、爱立信(Ericsson)、易安信(EMC Corporation)、化工企业巴斯夫集团(BASF Corporation)、医疗技术及医疗设备公司BD(BD Technologies)等跨国高科技企业和一系列美国联邦科研机构。园区还拥有众多小型研发机构,其中10人以下规模的机构占全部的51%。

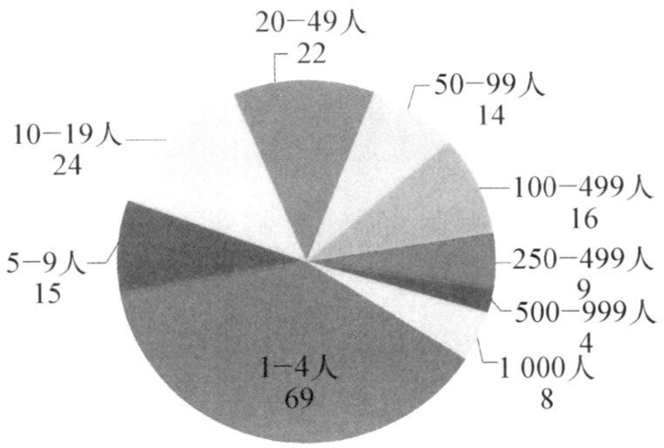

图6.9 北卡三角园区机构规模

资料来源:Research Triangle Regional Partnership,2014

二、运作模式:政府引导、联合管理

1. 立体资金支持

纵观RTP的背景和历史,北卡州政府把握方向大局,通过集聚研发中心和确定优势产业为园区的持续发展定下基调。作为政策引导者,RTP地方政府通过提供土地和资金、完善基础建设项目和社会服务、税收减免、投资奖励优惠等措施给予有力支持和协调。在财政资金投入方面,RTP最初的建设投资由北卡州政府主持向各界筹集。作为美国首个向大学、科研机构和企业实验室提供资助基金的州,北卡州政府通过“北卡小企业项目”“绿色企业支持”等形式直接对高科技中小企业进行资金支持①,还对北卡州立大学以及非州立的另两所大学

① 吴顺文.美国研究三角园对扬州的启示[J].中国中小企业.2011.(2):24-28

提供了大量资助①。

近年来，RTP 得到了美国联邦政府的更大支持。除国家技术创新奖、国家科学基金会奖、杰出研究成果奖等诸多奖项外，还获得了联邦政府多个项目对园区建设和研究活动的资金支持。例如，2014 年 6 月获得美国环境保护署用于重建工业污染地区的专项资金②；2014 年 7 月获得美国国际开发署为期 5 年、总额 1.5 亿美元的政府研究经费③等。

在 RTP 创建和发展的历程中，政府进行的是导向型投资，民间资本才是园区投资和建设的主力。据统计，RTP 内大学的年度科研经费超过 2.96 亿美元，是美国其他科技园区的 2 倍。④ 企业、基金会、风险投资公司等社会资本使园区资金来源呈现多样化。大型机构提供了大学生奖学金、毕业生创业基金和各种项目基金，例如北卡罗来纳生物技术中心设立的校企合作资助项目（Collaborative Funding Grant program）对博士后或技术人员在大学实验室进行的商业研究提供两年一轮的资金支持，目前累计资助金额已达 750 万美元，产出 49 项专利、5 家新设公司以及 296 篇科技文献。⑤ 独立基金会、私人和公共技术风险投资、私人募捐等也是创新动力的重要支撑，例如黑石集团旗下慈善基金会联合北卡四所大学，投资搭建“黑石企业家网络”（Blackstone Entrepreneurs Network，BEN）⑥，发现具有市场增长潜力的高校科研成果和初创企业并提供资金支持。

2. *有效联合管理*

RTP 得名于其地理位置，而最为人称道的特点则是另一个抽象的三角——由政府引导，政府、大学和企业联合管理的组织模式。RTP 采用政府和社会资本合作的 PPP（Public-Private Partnership）模式：北卡州政府牵头成立由三方代表组成的 RTP 基金会，不直接介入管理，而是通过基金会的平台施加影响，实现与产业界、学术界的积极引导和沟通协调。

作为园区开发和管理的责任机构，RTP 基金会明确为非营利的民间组织，其实质是各界捐赠者的委托管理机构。基金会在一个由来自政府、大学和企业三方代表组成的理事会领导下开展工作。三方的主要成员有：北卡州及罗利

---

① 程琦. 北卡罗来纳的三角研究园[J]. 中国高新区. 2005.（8）：52－53

② Wilson Shares in $1M Grant to Combat Brownfields. [2015－3－11]. http://www.researchtriangle.org/news-and-events/wilson-shares-in－1m-grant-to-combat-brownfields

③ $180 Million to Aid Global Health at UNC. [2015－3－11]. http://www.researchtriangle.org/news-and-events/180－million-to-aid-global-health-at-unc

④ Research Triangle Park. [2015－3－11]. http://www.rtp.org

⑤ Collaborative Funding Grant. [2015－3－11]. http://www.ncbiotech.org/research-grants/research-funding/collaborative-funding

⑥ Blackstone Entrepreneurs Network. [2015－3－11]. http://www.bennorthcarolina.com/network/about-blackstone-en

市、教堂山市等地区政府代表；北卡大学、北卡州立大学、杜克大学等高校的校长；IBM、IEM、葛兰素史克等公司的高级管理人员。理事会还包括来自罗利-达勒姆国际机场、美联银行等相关机构的代表。理事会讨论研究园区规划和发展的重大战略决策，下设具体的办事机构，聘请专业人员进行市场运作。

RTP 基金会全面负责 RTP 的运行管理。从开发初期至今，其职能包括：负责落实建设用地、通过设计委员会制定分区规划、向区内企业征税并用于完善各项设施建设、定向发布信息以吸引和留住企业、合作开展项目以扩大园区知名度、支持创新和创业机会等。基金会指导园区进行综合调整、投资培育项目，而不干涉园区内机构具体的经营和业务。

在 RTP 基金会共同管理的模式下，政府的有效引导保证了园区内稳定的科研环境，高度的自主权则激发了大学和企业的活力。基金会拥有长期稳定的管理团队，如美联银行的 Archibald Davis 自 1959 年开始介入 RTP 的建设，并从 1978 年起担任理事会主席达 20 年，其继任者任期达 16 年。长期稳定的管理、宽松的环境使 RTP 不追求急功近利的短期增长，真正将知识和技术基础上的可持续发展作为长期目标。现任基金会总裁兼首席执行官 Robert Geolas 的主要任务是为 RTP 的研发机构和科技企业提供高质量、有价值的操作平台，将园区打造成世界顶尖的创新中心和技术市场化中心①。

三、科研合作：资源丰厚、协同创新

1. 创新资源丰厚

RTP 选址于北卡州 3 个城市之间，连接北卡州首府和美国东部著名的大学城，75%的土地位于达勒姆的行政区域内。园区长 8 英里(约 12.88 千米)，宽 2 英里(约 3.22 千米)，距离 3 所世界级的研究型大学——北侧的杜克大学(Duke University)、西侧的北卡罗来纳大学教堂山分校(The University of North Carolina at Chapel Hill)和东侧的北卡罗来纳州立大学(North Carolina State University)的车程不超过 20 分钟。

以 3 所大学为顶点构成的三角形地理位置为 RTP 带来得天独厚的人才优势。作为全美受教育程度最高的地区之一，丰富的教育科技资源培养了大批高素质的专业人员，为 RTP 提供了具有全球竞争力的人才库。

(1) 突出的大学优势

北卡州立大学、北卡大学和杜克大学规模较大、学科齐全，拥有先进的科研设备，在生物医学、农业科学、工程学、计算机科学等领域具有雄厚的实力。

---

① Bob Geolas. [2015－3－12]. http://www.rtp.org/people/bob-geolas

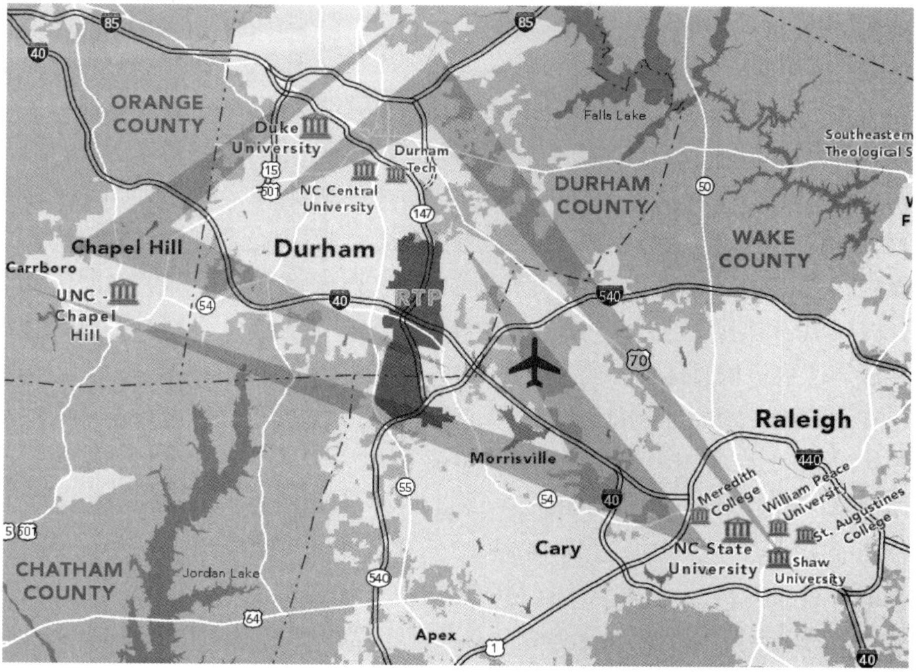

图 6.10 北卡三角园区地理位置

资料来源：RTP Directory，2014

① 位于罗利的北卡州立大学创建于 1887 年，在美国 200 多个工学院中位居前 20 名。该校在农业和工程方面保持雄厚的实力，在 100 多个研究领域具备从学士至博士学位完整的人才培养体系，在校学生 3.4 万名左右①。② 位于教堂山的北卡大学创建于 1789 年，是美国第一所对外招生的公立大学，生物医学、计算机科学等多个学科在全美排名靠前。该校共有博士点 68 个、硕士点 112 个、学士点 78 个，在校学生超过 29 000 名②。③ 位于达勒姆的杜克大学创建于 1924 年，有“南方剑桥”之称，在校学生 14 850 名③。该校的生物医学工程专业在全美名列前茅，最突出的优势是建于 1930 年的杜克医学中心，包括医院和多种临床、训练和研究项目。在 2014 年汤森路透公布的全球高引用科学家名录中，杜克大学共有 32 名教授入选，仅次于哈佛、斯坦福和加州大学伯克利分校④。此外，周边其他十余所大学和社区技术学院也充实着该地区的各级人才储备。

3 所大学自规划初期就参与 RTP 的建设，和周边的企业建立了广泛的联系，

① NC State University. [2015-3-12]. http://www.ncsu.edu
② The University of North Carolina at Chapel Hill. [2015-3-12]. http://www.unc.edu/
③ Duke University. [2015-3-12]. http://www.duke.edu
④ Highly Cited Researchers. [2015-3-12]. http://highlycited.com

之后在优势学科和园区重点产业的对接中加深了技术交流。合作形式主要包括:在校进行企业资助下的合同研究、在企业的实习、大学教授与企业技术专家的互访、大学设置的MBA课程等。通过以市场为导向的科研经费支持,知识在园区内实现有效的转移。在此过程中,还从高校产生了一批拥有自主研发核心技术的创业企业,以及瞄准有潜在价值科研成果的风险投资公司和创业基金。而大学之间也积极整合资源,产生了一批在学科重点领域合作建立的研究机构,发挥园区集群的整体优势。

(2) 领先的科研机构

RTP的创建以地区科研力量为前提,而为了将资源优势更好地向技术和产业重点延伸,除相继成立了北卡罗来纳微电子技术中心和北卡罗来纳生物科技中心这两个核心研究中心,联邦政府、北卡州政府与大学联合设立的研究机构也在园区聚集,例如美国环境保护署、从事环境与人体健康方面生物医学研究的国家环境健康科学中心、美国农业部林业研究站的三个国家级实验室。RTP数十家独立研究机构中,不乏专业领域的领军机构,从事毒理学研究的哈姆纳健康科学研究院(The Hamner Institutes for Health Sciences)①,开发并验证了大量顶尖的生物制药安全评估工具,领军科研成果向医学应用的转化。

2. 全方位的协同

RTP机构间的密切合作,归功于比较完善的创新生态体系。RTP专门为三所大学提供了三角园区高级研究中心(Triangle Universities Center for Advanced Studies, Inc.)②和百年纪念校园(Centennial Campus)③两大基地,用于建造支持科研成果转化的复合设施。

园区内来自政府部门的、政府和社会资本合作的、社会资本独立组建的、非正式组织的众多协作性机构,为企业提供专业化的信息、联络、投资、管理等服务,从向毕业生提供安置中介服务到向创新企业提供孵化器,组成了综合性的支持网络,最著名的包括:

(1) 创业发展会

创建于1984年的创业发展会(Council for Entrepreneurial Development, CED)为企业、投资者和专业服务机构建立信息交流平台,开展与创业指导计划有关的会议、专题论坛和活动项目,拥有来自700家企业的4 000名活跃会员,从会员企业募集资金总计85亿美元④。

---

① The Hamner Institutes for Health Sciences. [2015-3-12]. http://www.thehamner.org

② The Triangle Universities Center for Advanced Studies Inc. [2015-3-12]. http://www.rtp.org/tucasi

③ Centennial Campus. [2015-3-12]. http://centennial.ncsu.edu

④ Council for Entrepreneurial Development. [2015-3-12]. http://www.cednc.org

(2) 三角研究国际

1958 年由州政府、大学和企业共同设立的 RTP 研究所，专门对三方的合作方式及政策制定开展研究，为 RTP 基金会的管理提供参考。该所现已改名为“三角研究国际(RTI International)”，拥有超过 3 500 名员工，向全球 75 个国家的政府和企业提供健康和医药领域的研究和技术服务①。

(3) 北卡三角园区区域合作组织

北卡三角园区区域合作组织(Research Triangle Regional Partnership, RTRP)提出名为“Shape of Things to Come”的地区经济增长计划，整合各界资源、增进产学交流，争取外部合作，保持园区的竞争力②。

四、未来路径：区域共建、功能提升

RTRP 总裁 Charles Hayes 用一个公式总结了 RTP 吸引和留住人才的秘诀：(生活质量和社区声誉＋经济机会)×园区吸引人才的能力＝园区内大量的人才精英。良好的环境和浓厚的研究氛围，是 RTP 一贯的优势。然而，土地饱和使园区正面临入驻机构达到临界数量、住房成本上涨等问题。同时，RTP 与其他功能区的边界正日渐模糊，成为更广泛范围的区域经济的一部分。为此，RTP 新的发展战略已将工作重点转移到园区软环境以及园区和全球网络的构筑上。RTP 基金会于 2010 年组织编制、2013 年启动实施的《北卡三角园区总体规划》(*Research Triangle Park Master Plan*)③，以交通设施、自然生态和公用设施三个部分建立起支撑体系，强调与周边地区共同构建一个“更大的三角园区”。

1. 环保交通和谐生态

在交通设施方面，RTP 紧邻罗利-达勒姆国际机场、东部海岸的威尔明顿和诺福克海港，南北向的 147 公路、东西向的 40 公路和 540 公路组成便利的路网格局，园区通勤以汽车为主。在道路环境较好的基础上，《规划》鼓励自行车和步行的出行方式，设计了一条贯穿园区南北的轻轨和两条通往外部的轨道交通线路，分别连接至周边城市和机场。

在自然生态方面，RTP 靠近美国东南沿海，位于森林和湖泊之间，环境优美，气候宜人。基金会对园区的建筑覆盖率、商业宣传和噪声排废等作了严格规定，营造了公园式的自然环境，也使得园区容积率过低、可供开发的土地不足。《规划》在维持现有绿化和景观特色的同时，建议增加建设密度，提倡可持续发展

① RTI International. [2015-3-12]. http://www.rti.org

② Research Triangle Regional Partnership. [2015-3-12]. http://www.researchtriangle.org

③ Research Triangle Park Master Plan. [2015-3-13]. http://www.rtp.org/rtp-company-directory

的框架和更紧凑的设计。

2. 完备设施开放共享

《规划》对园区土地进行分区引导，在北部、中部和南部地块圈定 3 个引导发展区，促使单一功能地区转变为多功能混合地区，既增加园区容量，也强化 RTP 在支持“研究、学术、技术”三位一体上的传统优势。3 个引导发展区由北至南依次为：多功能中心区、商务设施集聚区和大规模研究集聚区。目前集中建设的商务设施集聚区——园区中心（Park Center）[1]，原有建筑面积 9 公顷，其中 7.32 公顷为办公和研究区域。《规划》将其增加到 18.58 公顷。园区中心的标志是名

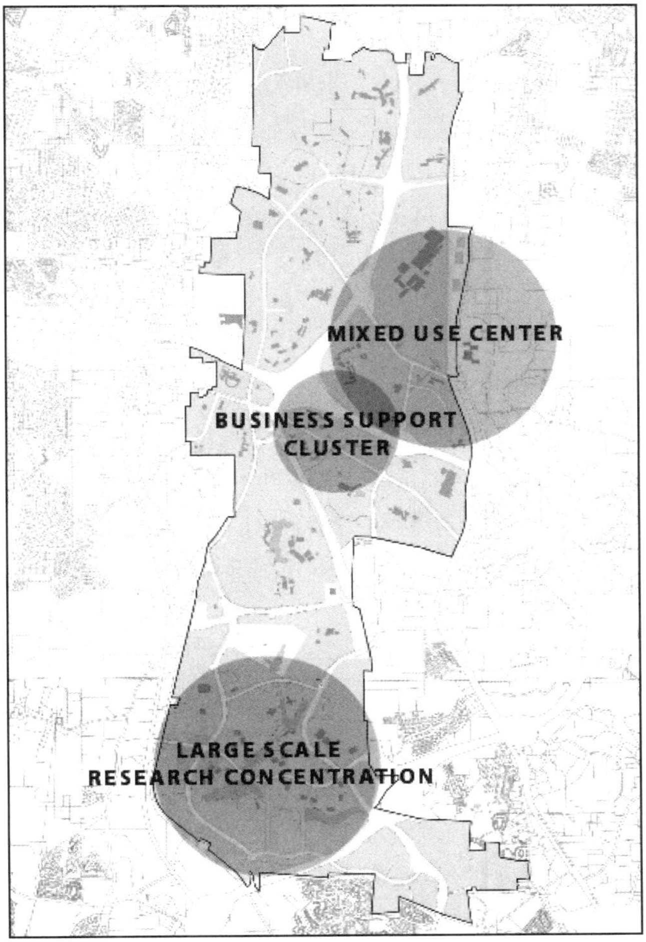

图 6.11　北卡三角园区规划重点区域

资料来源：Research Triangle Park Master Plan，2013

① Park Center. [2015-3-13]. http://www.rtp.org/about-us/park-center

为“前沿”(The Frontier)①的多功能建筑,提供办公空间和发展服务:免费的无线网络、咖啡、工作室、会议室和活动项目,使之成为“实干者、创造者和梦想者”交流合作的社区平台。

(樊佳怡)

第四节 剑桥科学园(英国)

英国剑桥科学园由剑桥大学三一学院于1970年建立,是欧洲最早建立的商业研发中心。科学园位于剑桥地区的东北部,距离被认为处于剑桥大学中心点的圣玛丽教堂(Great St Mary's)约4公里。园区占地约61.5公顷,其中研发场所近15万平方米,占整个园区面积的近1/4。

目前,剑桥科学园内企业超过100家,从初创公司到世界领先的高科技公司,不一而足,共计约5 000名员工。这些企业主要集中在生物医药、计算机/电信、咨询(技术类)、能源、环境等领域。

一、剑桥科学园的发展沿革

1. 成立背景:政府倡议大学扩大与产业界的联系

20世纪60年代,英国工党政府倡议英国大学扩大与产业界的联系来促进技术转移,同时以发展新技术的形式提高基础研究投入和高等教育扩张的收益。为回应此倡议而特设的剑桥大学莫特委员会在其1969年发布的报告中建议,充分利用剑桥大学所集聚的科学专业、设备和图书馆的优势,在剑桥周边发展以科学为基础的产业。

剑桥大学三一学院对此非常重视。一方面,三一学院在科学研究与创新方面有着悠久的历史,最早可溯源到牛顿。另一方面,有闲置的土地也使其决定申请规划许可,将其发展成为科学园区。1971年,建设剑桥科学园的规划获批。1973年秋天,园区迎来第一家企业——致力于激光成像的Laser-Scan公司。

2. 1970—1980年:缓慢发展期

科学园成立的首个5年,园区发展缓慢。原因在于,当时人们对于科学园区的概念还很陌生,企业大多是出于希望与剑桥大学的科学研究机构联系更密切而进驻的。园区成立初期,跨国企业的英国子公司开始入驻,率先加入的两家公司是瑞典科学仪器制造商LKB Biochrom公司和美国领先的激光器生产商

① The Frontier. [2015-3-13]. http://www.rtp.org/about-us/the-frontier

Coherent 公司。到 20 世纪 70 年代末，园区企业数量逐渐增至 25 家。

3. 1980—1990 年：成长壮大期

20 世纪 80 年代初期，园区内出现了小型的技术和人才集群，加之剑桥大学科研实力的吸引力，企业纷纷加入，园区开始迅速成长壮大。1984 年，三一中心（Trinity Centre）开放，为数量日益增长的园区工作人员提供了聚会、就餐和会议的场所。受园区成功发展的鼓舞，剑桥大学的学者开始将企业引入园区。

80 年代中期，包括英国领先的 3i 等几家风险投资公司在园区内设立了办公室。园区内开始出现已有入驻企业的衍生公司，诞生了由园区内企业构成的第一家合作创业公司——Qudos，由剑桥大学的微电子实验室（当时位于园区中）、Prelude 技术投资有限公司（Prelude Technology Investments）和剑桥咨询有限公司（Cambridge Consultants）联合创建。

4. 1990—1999 年：转型发展期

进入 90 年代，英国经济衰退也使得剑桥科学园的企业失业率高企，尤其是之前受全球 IT 业推动而迅速成长的软件部门，失业率最高。90 年代末，生物科学逐渐发展成为园区最主要的科技部门。到 1999 年 12 月，园区内有 64 家企业，约 4 000 名员工。企业数量减少的同时，个体规模却在扩大。很多企业获得了更好的基金支持，越来越多的企业在英国证券交易所上市。

5. 21 世纪以来：服务提升期

园区在 20 世纪的发展较为平稳，且中规中矩。相较于硅谷，剑桥科学园的活力明显不足。而与发展势头良好的新兴市场相比，英国的园区更无成本优势。在这些竞争压力下，剑桥科学园从提高园区服务质量入手，新建大量基础设施，包括办公大楼、会议中心、托儿所、餐厅等。如 2000 年 9 月，三一中心开放了新的会议中心、餐厅和酒吧。2001 年，托儿所建成，为园区中的父母提供了极大的方便。2005 年，剑桥科学园创新中心开放。该中心为处于起步阶段的企业提供符合其个体情况的灵活实用的租借方案，使其能够发展壮大。2008 年 6 月，花费 1 700 万欧元新建的 8 万平方英尺的办公和研发大楼开放，并已经吸引了荷兰电子产品巨头飞利浦以及知名的软件解决商思杰（Citrix）。Napp 制药有限公司（Napp Pharmaceuticals）也在园区最具标志性的大楼中设立了办公室，并于 2007 年新建了 3 栋大楼。

二、园区发展现状

目前，剑桥科学园内有 100 多家企业，约 5 000 名员工。这些企业从初创公司到世界领先的高科技公司，不一而足。剑桥科学园以应用科学领域的创新享誉世界，大部分企业致力于科学研发。另有一些直接支撑研发租户的企业，包括专利代理商和风险投资基金。

1. 园区内以中小企业居多

虽没有确切的统计数字，但有资料表明：园区内以中小企业居多，企业平均雇员数为 50 人左右。这与整个剑桥地区的情况类似。Startup Intelligence 在 2011 年发布的报告《剑桥：从实验室到聚光焦点》称，剑桥地区有 2.75 万家企业，员工超过 70 万名。在剑桥，典型的技术企业的规模仍然很小，每家企业平均有 29 名雇员，24%的公司的雇员数量在 10～50 人之间。

剑桥科学园内的中小企业都非常擅长利用极少的资源，大规模地生产受市场欢迎的产品。许多高技术公司都是围绕一项或多项科研成果而诞生，如西普数据公司、分光小系统公司和剑桥系统公司就分别衍生于剑桥大学的计算机实验室、卡文迪什实验室和计算机辅助设计中心。

2. 进驻企业须为技术密集型

据统计，目前园区内的企业主要集中在以下几个行业：生物医药、计算机/电信、咨询(技术类)、能源、环境、金融、商业及其他非技术、工业技术等。

一方面，这些行业与剑桥大学的优势研究领域高度契合；另一方面，园区在批准企业进驻时，将入园企业严格限制在技术密集型公司范围之内。

3. 高技术产业有杰出表现

剑桥科学园在生物医药、电子信息等高技术领域的发展最为出彩。以生物医药为例，剑桥科学园所高度依赖的剑桥大学，在干细胞研究和基因测序领域处于全球领先地位。2007 年以来，剑桥大学在干细胞生物研究中投入了超过3 800 万英镑，并将其作为战略优先领域。本地实验室吸引了约 9 500 万资金，寻求医药市场潜在的商业应用。生物技术领域的专家 Jeff Solomon 将其誉为有巨大潜能的“胚胎产业”。过去 10 年，通过建立研究中心或并购，越来越多的主要制药企业和生物技术企业在剑桥地区建立，形成了健康的生物技术集群。而本地生物技术研究的发展孕育了抗体技术的集群，Abcam 就是其中领先的范例。Abcam 成立于 1998 年，被誉为是“抗体领域的亚马逊”，市值达 6.4 亿英镑，在美国、日本和中国设有办公室，拥有约 300 名雇员。Abcam 拥有方便客户使用的独立的抗体试剂盒(以及其他有机分子工具)，并在互联网上提供大量信息，在全球的实验室都有广泛的应用。

三、园区发展特点

剑桥科学园依托剑桥大学而建，有一套适合园区发展的模式，有力促进科技、教育和经济的高效融合。经过几十年的发展，经历了起起落落的剑桥科学园已成为剑桥高新技术集聚区域成功的重要标志。

1. 紧密联系剑桥大学

包括东芝和飞利浦在内的大型跨国企业选择剑桥科学园作为主要研究地点，同时，本土企业的成功，如 Abcam，Xaar 和剑桥咨询有限公司等，也使园区享誉全球。可以说，是剑桥大学深厚的底蕴，雄厚的科研实力，优质的人才资源，良好的成果转化机制，吸引了众多企业前来；而企业在园区内驻扎、成长与壮大，则直接提高了园区的声望。

剑桥大桥作为一流学府，汇聚全球人才的同时，也确保了科学园内的企业能获得高水准的人才。园区以可靠的前景，具有诱惑力的挑战和高薪，吸引了欧洲大量人才。园区内的高技术创业公司约 1/3 的大学生雇员中有 70%来自剑桥大学，一半以上的高技术公司与剑桥大学保持联系①。

2. 中小企业发展受政策鼓励

在英国，外资公司与本土公司享有同等的投资优惠，即外资公司在英国可以基本享受国民待遇，可以获得同样的项目资金援助。虽然英国政府没有专为科学园制定的特殊政策，但出台了一系列鼓励中小企业发展的计划。英国政府在 1998 年发布的《高等教育机构和商务机构的白皮书》中明确提出，政府政策优先支持源于大学的初创科技型企业。

剑桥科技园在政策上对中小企业倾斜，催生出了一大批富有活力的小型科技企业，使之活跃在前沿科技的各个领域，从生物医药到设备制造，从网络软件到打印系统，真正起到孵化作用。

3. 灵活的技术转移机制

剑桥大学为促进科学园发展，制定了一系列有利于科学技术成果向校外转移的政策。如在专利转化方面，任何专利的权利人，包括个人、课题或院系，都可以自主转化所拥有的专利。根据所得（净收入）数额，在发明者、所在院系和大学三方之间按如下比例分配：

表 6.1　获得授权的技术净收入的分配比例

净　　收　　入	发明者/%	院　系/%	大　学/%
首笔 10 万英镑及以下	90	5	5
之后的 10 万英镑	60	20	20
超过 20 万英镑的部分	34	33	33

另外，剑桥大学成立了剑桥大学技术服务有限公司，代表剑桥大学与产业界

① 张艳，我国国家级开发区的实践及转型——政策视角的研究。

进行贸易洽谈和签订协议，以剑桥大学的科技成果为投入取得股份，利用产业公司的金融优势知名度，成立上市公司，发行股票，为成果转化筹集更多的资金。

4. 以人为本的配套设施与支持性服务

园区环境独特，所提供的高品质、高度灵活的实验室和办公楼是特别为低密度的类似公园的布局而设计的。除了拥有先进的会议设施外，园区配套还充分体现了以人为本的服务精神，包括餐厅、酒吧、健身房、托儿所和电动车充电桩等，为企业员工的日常生活提供便利与舒适。这些设施对园区内的所有企业开放。

除基础设施外，园区还为企业提供优质的支持性服务，包括物流、风险投资机构、会计事务所、产业律师等。园区距离世界金融中心伦敦也只有 100 公里左右，中小企业的上市融资都很方便。

（钟　婷）

第五节　海德堡科技园(德国)

在 20 世纪 80 年代初的德国，科技园区和创新中心作为推动经济和地区发展的重要手段开始萌发。科技园区和创新中心不仅为高校设置分立机构提供支持，也密切了学术机构与产业界的联系，并为海外企业进入德国市场提供便利。在过去 30 年中，德国产业园区和创新中心孕育了约 2.7 万家企业，创造岗位 25 万个以上。截至 2010 年年中，德国拥有规模不同、产业聚焦方向各异的科技园区和创新中心共计 350 个左右，设有企业约 1.4 万家。园区和中心的创业成功率高达 90%，显著高于区外水平。其中，5%属于创业失败，另外 5%因无支付能力而被迫搬离园区与中心。因此，科技园区和创新中心在德国是一种相当成功的模式。

海德堡科技园是德国众多科技园区中的成功范例。它始建于 1984 年，是德国第一个聚焦生命科学领域的科技园区。海德堡科技园位于德国经济发达、工业基础深厚、科研实力强大的重要经济发展地区——莱茵-内卡地区，坐落在德国老牌工业、科研高地巴登符腾堡州的重要旅游科技城市海德堡。在海德堡科技园 30 年的发展历程中，曾有 230 多家企业、机构在这里萌生发展，或开展研发合作，它们的员工总数达到 6 000～10 000 名。如今，海德堡科技园已经成为散布于海德堡城中 5 个地点、拥有 8 万米^2 实验与办公空间，坐落 90 余家企业，员工超过 2 800 名的德国最重要生物技术基地之一，业务主要集中在生物技术、制药、环境技术、信息技术和服务等领域。海德堡科技园同时也是德国有机电子学和细胞与分子医学两个尖端集群的所在地。

一、园区发展历程

1. 80年代：从构想到实践

1980—1983年间，海德堡市政府与海德堡大学首次共同探讨融合基础研究和应用开发的设想。同期，德国成立了第一批生物技术企业，供职于马普学会位于海德堡的下属研究机构的克里斯蒂安·比尔教授也建立了医学研究企业ORPEGEN，并与当时的海德堡市长赖诺尔德·曾德尔、巴登符腾堡州州总理洛塔尔·施佩特进行会晤，表达了建立海德堡科技园的设想。

1984年，由海德堡市政府出资50万马克、莱茵-内卡商会出资1万马克的"海德堡科技园有限公司"(Technologiepark Heidelberg GmbH)正式成立。园区定址两处，一处是海德堡大学生物科学系与大部分医学院设施集中所在的内卡河右岸的im Neuenheimer Feld，另一处是内卡河左岸的Czernyring，作为新创办的生物技术企业集中地。

1985年im Neuenheimer Feld的一期工程完工并运营。此时，园区内研发和商务经营场所面积约为6 300米^2，拥有包括ORPEGEN在内的企业11家。

1988年，海德堡科技园成为"德国技术与创业中心工作组"("德国科技园和孵化器联合会"前身)的会员，并召开欧洲技术园区峰会。

2. 90年代：深耕固本

90年代之后，海德堡科技园进行稳步扩建，同时将更多力量集中于园区软环境的建设。

首先，海德堡市政府、莱茵-内卡商会、海德堡大学和德国癌症研究中心共同调整了海德堡科技园的发展理念：对科技与产业融合发挥积极作用，研究重点从生物技术扩展到环境产业与技术、信息技术等领域；企业成为海德堡科技园成员的标准并不局限在企业的区位因素，更是要体现企业使用科技园打造出的融工作、沟通等于一体的信息网络与服务中。其次，1996年莱茵-内卡三角洲在联邦研究部举办的生物技术区竞赛中胜出，赢得联邦研究部为期五年、共计50万马克的资金用于生物技术的创新应用研发项目。为协调资金的分配和项目的开展，由海德堡科技园、海德堡市政府、莱茵-内卡商会、德国癌症研究中心、海德堡大学、罗氏、默克、巴斯夫等机构、政府部门、企业在内的14家单位联合成立了"莱茵-内卡三角洲生物技术区协会"。此后，还成立了一系列促进沟通、协调发展、评估项目、扶助创业、投融资等机构与企业，推动海德堡科技园的振兴与发展。

至1998年，海德堡科技园试验与办公区域的面积达到了16 500米^2，拥有企业30家，员工550人。

3. 21世纪以来：全面提升、蓬勃发展

进入新千年之后，海德堡科技园从规模到服务实现全面提升。除了扩建原有的两处旧址园区外，还在内卡河左岸的汉斯·卜恩特街、Wieblinger Weg 以及 Bahnstadt 三个地点改、扩建为园区的分部。其中，汉斯·卜恩特街的为“女性创业者中心”，供女性企业家以优惠价格租赁业务场所，享受园区服务；位于 Wieblinger Weg 的是海德堡科技园的“环境园”，作为环境技术和环境管理中心；在 Bahnstadt，云集生物技术、信息通信技术、能源与环境科学领域的创新型企业。同时，园区完善了基础设施和各类配套服务设施，提升区内服务水平，如新建会议中心、酒店、餐厅、酒吧、住宅、托幼机构、展览场所、赌场等，还与汽车共享企业达成合作。

园区内的科研单位和企业也在扩建成长，德国癌症研究中心新的研发大楼落成并投入使用，来自瑞士的全球血浆衍生物生产巨头 Octapharma 投资超过 2 500 万欧元用于研发中心的建设……

海德堡科技园与欧洲、亚洲、美洲 20 余个科技产业园、研发促进机构形成合作伙伴关系。海德堡科技园还推出了 3 个月免费试用的体验项目，让企业全面感受园区的办公环境与服务，以便在最短的时间内做出进驻决策。

21 世纪以来，园区除了汇集诸如雅培、巴斯夫、默克、罗氏诊断等知名大型企业外，还发展出一些上市企业，其中包括 LION bioscience AG、Sygnis Pharma AG 等。

至 2014 年，海德堡科技园拥有工作场所 8 万米^2，企业数量达到 90 家以上，员工超过 2 800 人。

二、园区发展特点

1. 发展依托优渥的禀赋

海德堡是德国著名的旅游文化名城，地处法兰克福和斯图加特之间，属于巴登符腾堡州。海德堡坐落于内卡河畔，内卡河在海德堡西北 20 千米处的曼海姆与莱茵河交汇。海德堡是德国两条重要高速公路的交合点，布局德国高铁网络，距离北部的法兰克福国际机场仅 60 千米，可谓水陆空交通十分便利。

从幅员上来讲，海德堡是个名副其实的小城，方圆仅 100 余平方千米，居民 15 万人。但从研发实力上看，它是个科技要塞：汇集海德堡大学、欧洲分子生物学实验室 EMBL、德国癌症研究中心 DKFZ、分子生物学中心 ZMBH、海德堡大学生物化学中心 BZH、马普学会医学研究所等众多著名科研机构，拥有 25 000 多名研究者、医生和医药从业人员，形成生命科学发展的沃土。密集的学术科研单位，充沛的科技人才，丰硕的研究成果，为高科技企业的萌生和发展奠定基础，既帮助企业开展研发活动，又加速实现成果转化，密切了产研关系。生物与医学技术、ICT、环境科学的跨学科融合，使海德堡科技园成为推动科学与产业发展的重要引擎。

2. 以孵化创新型企业为目的

倡导创业精神，成功孵化企业，是海德堡科技园的重要宗旨。为此，科技园付出了诸多努力，为创业者提供有针对性的支持措施。

海德堡科技园与著名教研机构、莱茵-内卡商会共同发起一项名为“海德堡创业伙伴”(Heidelberg Startup Partners)动议，为生命科学、生物技术及其他科技领域的创业活动提供支持，进而提升科技园成为企业孵化地的吸引力。支持举措包括为创业人士提供创业和融资计划实施建议；为研究成果转化、创新思路的落实、商业模式的开发提供直接的经济支持；以咨询券、创新券等间接形式减轻企业负担；设立国外企业交流计划，让创业人士收获经验；帮助企业更好地利用既有的国家资助支持政策等。“海德堡创业伙伴”还举办社交活动、模拟与商务计划竞赛、主题类比赛等帮助实现创业梦。

海德堡科技园开辟创业中心，帮助企业实现起步。除了园区中“女性创业者中心”将工作区域以优惠价格提供给女企业家外，“海德堡创业伙伴”在 2014 年与海德堡商业地产公司 HGI 共同运营园区内一处创业中心。中心提供 11 间面积 14～30 米^2 不等的办公室，并设计了灵活、优惠的租赁条件：房租(不计水电、保洁等费用)为 8.2 欧元/米^2，企业在租赁的前两年可以以第一年 5.7 欧元/米^2、第二年 7 欧元/米^2 的折扣价格租用，水电和保洁等费用由租户按比例均摊，此外停车费用为一个车位每月 35 欧元。企业可以向“海德堡创业伙伴”申请租金补贴。在根据企业的创新深度与社会意义，评估企业的成功率后，“海德堡创业伙伴”批复申请，补贴金额因企业而异。

扩充智力储备，奠定创业基础。巴登符腾堡州经济与财政部、海德堡科技园和曼海姆中小企业研究所共同资助推出“生命科学商务发展计划”，向研究团队教授必要的商务知识，使之具有必备的经营理念和融资能力，从而实现创业，帮助巴登符腾堡州地区内的生命科学类科研机构进行拆分，建立企业。

海德堡科技园除了帮助实现传统意义上的创业和机构分拆外，也开展创新型产研合作。以园区中的 BioMed X 创新中心为例，跨学科团队在一个开创性的项目中取得前景看好的成果后，可以让成果进入制药企业的研发程序，也可以以此拆分成立一家独立的公司。

3. 搭建合作网络，提升企业发展环境

海德堡科技园从园区内外部着手，为园区企业发展营造良好环境，不仅为企业和研发机构合作牵线搭桥，还借助园区架设的信息平台，为园区成员打开创新的发展视野。

海德堡科技园在为园区企业提供办公室、实验室等硬件设施外，不断扩建、增添基础设施，提供会议展览中心、咖啡吧、酒吧、餐厅、酒店、赌场等设施与服务，改善企业发展的外部条件。2006 年，海德堡科技园与德国癌症研究中心、施普林格出版社、马普学会、海德堡市政府、巴登符腾堡州政府共同出资，在园区内成立了儿童日托中心，营造家庭友好型工作环境。

除了园区租户外，海德堡科技园设立了准会员制度，专门面向非园区租户、但意愿成为园区网络合作伙伴的企业和个人。目前，科技园的准会员已有 200 名左右。准会员可以借助园区平台寻求科研、商务、教育领域的国家与国际合作，获得专利授权、知识与技术转移、专业发展等机遇。准会员所涉领域各异，还借助园区网络，向区内企业、员工提供所需的餐饮住宿、法律服务、IT 支持、市场营销、会议展览、旅行社、娱乐休闲、汽车共享等服务和项目内容，显著提升了园区的“软件”水平。

与此同时，海德堡科技园与国内外的政府部门、高校和研究机构形成合作伙伴关系，与国外 20 多个科技产业园结成姊妹园，提供实习、研发合作、产业交流的机会，增进了解，助推企业进入国际市场，形成国际声誉。其中，我国有清华科技园、上海漕河泾高新区、青岛高科技工业园等 6 个科技产业园区与海德堡科技园结成姊妹园。

三、园区建设经验

1. 多方投资，合作建设

海德堡科技园的建设与经营采取了公私部门合作的形式。科技园由“海德堡科技园有限公司”(Technologiepark Heidelberg GmbH)负责运营。该公司由海德堡市政府和莱茵-内卡商会合资成立，其职责是对申请进驻的企业进行遴选，选取商业模式前景看好的企业。业务匹配度、合作情况、协同效应都是遴选考察标准，标准把控较高，从而促进园区企业的可持续发展。园区建筑的建造投资者和持有人为海德堡储蓄银行全资子公司 TPHD II 公司。园区的租赁事宜由莱茵-内卡物业管理公司负责，并保障租用空间、设备、基础设施的到位。这种多方投资、分工协作的体系安排，一来达到分散风险的目的，二来实现职责互补。

2. 构建多层级的投融资体系，满足企业的资本需求

资金不足一直是阻滞高科技中小企业发展的障碍。为了帮助初创企业突破资本瓶颈，海德堡科技园在 1997 年成立了风投基金“海德堡创新与生科投资基金”(Heidelberg Innovation GmbH & Co. Bio Science Venture KG)，专注于向生物技术、医学、制药、诊断领域的企业投资，目前管理两只共计 1.13 亿欧元的基金。2005 年，海德堡科技园又成立了“海德堡创业团队有限公司”(Gründer-

Team Heidelberg GmbH)，为高技术创业活动提供融资和实务指导，综合利用德国与欧盟颁布的有关资助计划来满足企业自身的资金需求。同时，海德堡科技园还依托“海德堡创业伙伴”计划，借助“高技术创业基金 HTGF”、“曼海姆科技风险资本”、“内卡风投论坛”等投资平台向风投、天使投资人引荐园区企业，帮助其实现融资。此外，公开上市也成为园区企业筹资的有效途径。

3. 区内外合作关系助推园区发展

海德堡科技园构建了广泛的合作网络，涉及科技、政治、产业领域，为园区成员打开了更广阔的合作视野。海德堡科技园认为，与法务、政府机构的沟通与协作，和其他伙伴园区实现更广泛、高效的交流同样重要。例如，海德堡科技园与当地实力最为雄厚的企业和科研单位密切合作，让高校和研究机构与制药类、生物技术企业，市政机关，专业协会以及其他支持生物技术的机构共同组建“莱茵-内卡生物网络协会”，促进公共部门、研究机构和企业间的技术转移、深化合作，扩建本地研发基础设施，密切与世界其他创新区域的联系，提升园区吸引力。海德堡科技园还是众多生物科技、环境领域德国和国际组织、协会的成员，这便于与之及其成员密切合作。不论是创新文化、知识转移，还是国际经济交流，海德堡科技园为园区成员的快速、健康成长提供有力支持。

（陆　颖）

第六节　大德研究开发特区(韩国)

大德研究开发特区自 1973 年启动规划至今，已 40 多个年头。其间，作为国家先进科学技术的输出地，大德特区推动韩国实现一次又一次的科研突破，在较短的时间内，具备了信息通信技术、核能、航空宇宙、生命工学等方面与发达国家角逐的实力。在全球创造经济的发展环境下，大德特区无疑是韩国当下以创新带动经济发展的最重要前哨基地。

韩国目前有四大研究开发特区，而大德无论从企业、研发实力还是经济产出都是最具规模的，同时也成为全球科技园区建设的典范。

一、历史沿革

(一) 倡导科学立国，园区选址规划(1970—1979)

1973 年年末，在朴正熙政府“科学立国”的发展方针下，韩国确立了名为《大德研究学院城市建设基本规划》。该基本规划将“大德研究学院城市”定位为脑库城市、科学公园城市及研学生活化城市，明确了该地区以研究所为核心的城市发展体系，并作为大田市的腹地，与大田市互补共赢，同时要求最大地确保地区的绿地生态及居住环境。

1974年，大德研究园区正式破土动工，规划面积26.8千米^2，规划居住人口5万人。1974年下半年，包括韩国标准研究所、韩国船舶研究所（现韩国机械研究所）等各类研究机构陆续投入建设。

1976年，由于顾虑大德学院城市建设的庞大预算投入负担，最终《大德研究学院城市建设基本规划》更名为《大德专业研究园区建设规划》。新规划中强调了研究所自主建设、自立运营的推动策略，鼓励民间投资，并将原有建设研究园区城市的目标转向建设工业园区，园区规划面积扩大为27.8千米^2。

1978年3月，韩国标准研究所首先入驻园区，随后韩国船舶研究所、韩国化学研究所、韩国核燃料开发公团、忠南大学、双龙中央研究所、汉阳化学中央研究所等也陆续迁驻。1979年，韩国在当时的科学技术处下设“大德园区管理事务所”，由其全权负责园区建设推进工作。

1979年起，大德园区管理事务所开始着手推进包括住宅、中小学等在内的园区生活配套设施建设。首先推进的中部住宅区的面积达到0.39千米^2。此后，1985年，大德园区又开发了4片住宅区。

（二）全面财团管理，实施福利支援（1980—1989年）

1981年，新上台的全斗焕政府对大德园区建设项目规划进行了进一步修订，目标是建成“面向2000年的研究公园式园区”，并且改变原有研究所自主建设方式，全面实施国营开发，并于1985年起正式投入建设。

这一期间，除了韩国各类研究机构相继入驻以外，一批承载国内技术人才和发展实力的高校也接连迁至园区。1989年，韩国科学技术院（KAIST）入驻大德园区，成为大德园区最重要的研发实力之一。

1990年，韩国颇具国际科学展示实力的国立中央科学馆迁至大德园区。与此同时，韩国基础科学支援机构——韩国科学财团在大田园区的办公楼也正式竣工。韩国科学财团作为促进基础科学领域国内外合作及产学合作的专门机构，从韩国政府受任并实施各类支援项目，其设立了“研究员福利基金”，为研究人员提供住房及各类福利补贴，以及各类科研奖励金。韩国科学财团同时还负责支援大德园区管理运营部分综合福利项目建设，包括建设大德科学文化中心、高尔夫球场等。这一期间，大德园区内也逐步增设了综合福利馆、游泳馆、综合体育场等配套设施。

（三）园区竣工落成，多项成果初尝（1990—1999年）

1992年末，大德研究园区正式竣工。当时入驻了共33个机构，包括3家政府机构、15家政府捐资设立研究机构、4家政府投资机构、8家民间研究所以及3

所大学。在大德研究园区竣工之际，同时举办了一次“研究开发成功案例展示会”，展示了 1970 年起的 120 余件研发成果，包括超高集成半导体 16MD 内存、TDX－10 全电子交换机、科学卫星我星 1 号、小型飞机苍空－91、智能型移动机器人、高性能形象记忆合金等。

1993 年 8 月—11 月，大田世博会在大德研究园区举办，有超过 108 国家、33 个国际机构参展，游客超过 1 400 万人。通过大田世博会，大德研究园区也同时向全世界展示了 20 年间在科技、经济、文化、地区发展等各个领域的成果，大德研究园区的科研集聚效果也因而被高度评价。

为了对园区进行高效管理，1993 年末，韩国制定了《大德研究园区管理法》。该管理法就大德研究园区的管理业务、研究环境治理、教育及研究设施保护区域入驻手续等做了详细的规定。同时，为促进园区福利项目的开展，实施一元化管理，韩国于 1994 年设立了大德研究园区管理本部，主要负责园区内公共设施的设置、运营、管理，推进园区入驻机构共通项目实施，以及负责各类研究人员福利增进项目。

1997 年，韩国设立中小企业厅，全面开启中小企业发展扶持事业。与此同时，大德研究园区内也不断提出对于研究成果商业化及创业的需求，大学及公共研究机构，以及政府捐资设立的研究机构纷纷开始实施各类多样化的创业孵化项目。1997 年起肆虐东南亚的金融危机，也使得韩国研究机构受到巨大影响，韩国政府各类研究机构共裁员 7 000 余人。而这些走出研究机构的科研人员，其中有相当一部分成为大德园区的第一批创业先锋。1999 年，《大德研究园区管理法》进行修订，允许园区内进行生产活动。1997 年，14 家科创企业在大德研究园区成立，时隔 1 年后的 1998 年，入驻的科创企业数增至 66 家，至 2012 年末，大德园区的科创企业数已达到近千家。

这段时期，包括三星精密化学尖端材料研究所、锦湖石油化学中央研究所、LG 化学技术研究院等民间企业研究所也大批进驻大德研究园区。

（四）建设创新集群，推动产学研合作(2000—2004 年)

2000 年，韩国宣布设立集合研发、生产及商业化的创新集群——大德谷，目标是建设成为东北亚研究开发枢纽。以大德研究园区为中心的大德谷建设，以美国硅谷为样板，重点扶持尖端技术投资企业创业发展。大德谷除了大德研究园区以外，还包括大田科学产业园区，大田第 3、4 产业园区，儒城观光特区等。而积累了 30 多年尖端技术研究开发经验的大德研究园区，为大德谷的创业企业提供可供使用的完备的研发设施和研发合作网络，大大推动了大德谷创业企业的快速发展。在短短两三年内，大德谷已经发展成为韩国国内最大的科创企业集聚区，地区创业企业增势已经超过了全国平均水平。

此时，大德研究园区作为韩国科学技术研发重地，在信息产业技术、生命工学技术等国家战略产业及原子能技术、航空宇宙技术等巨型复合技术等方面已建立了重要及坚实的国家科研竞争实力，并在技术转移及企业创业方面做出了巨大贡献。据统计，1997 年大田地区科创企业的销售额为 797 亿韩元，2001 年销售额已大幅增至 1 兆 6 000 亿韩元。

另根据统计，自 1973 年规划设立至 2003 年的 40 年间，韩国在大德研究园区建设方面总计投入了 6 兆 1 000 亿韩元，共入驻了 55 家研究机构及 158 家科创企业。

（五）打造科研枢纽，构建研发特区(2005 年—至今)

2003 年，卢武铉总统上台后再次强调“科学技术立国”的国家发展方针，并计划建成东北亚地区的中心国家及科研枢纽，大力发挥大德研究园区的创新集群作用，继而提出设立“大德开发特区”的构想。

2004 年，韩国出台《大德研究开发特区培育方针》，随即筹备《培育大德研究开发特区等的相关特别法》，并于一年后正式出台。根据该特别法，特区内成立了大德研究开发特区支援本部，并制定详细的特区培育中长期规划，投入 6 600 亿韩元用以建设运营。

大德研究开发特区定位于全球创新集群，特区构成除大德研究园区外，还将作为大田地方性园区的第 3、4 产业园区，由大田市及韩华集团等合作开发的大田科技谷以及后续增补开发的 8 个园区及国防科学研究所一并划入，规划总面积是大德研究园区的 3 倍，达到 70.4 千米^2（目前实际开发面积 67.8 千米^2）。

大德研究开发特区内实施研究开发特区培育计划，支援特区内的公共技术开发及转让，鼓励产学研合作创办研究型企业，重点培育技术创业型企业，同时实施税务、融资等政策支援，并通过支援特区内、特区间以及特区与海外机构间构建产学研合作网络，实现创新主体间开放型的协同合作，提高特区整体创新能力，从而真正实现产学研官联动。

目前园区企业已近 1 500 家，累计专利数约 25 万项，年销售额约 16.5 兆韩元，其他方面也都实现了大规模的增长。

（六）特区历年重要成果

自 1973 年，规划筹备大德园区以来，40 多年间，大德已经获得了众多举世瞩目的成果，这些成果成为带动韩国经济科技快速发展的重要动力。

1978 年，韩国国防科学研究所成功研发出了自主研发的地对地导弹——NHK－1 白熊，并成功发射，射程 180 千米，这是大德园区筹建以来的首个骄人成果。1986 年，经不断改良后，韩国研发出 NHK－2 玄武，并实现量产。为追赶美国及日本的半导体技术，1989年韩国电子通信研究所联合三星半导体通信公司、现代电子、首尔大学附属半导体共同研究所等合作研发出了记忆半导体4M DRAM。此后，韩国电子通信研究所又联合多家国内企业和研究机构共同开发16M DRAM、64M DRAM和128M DRAM，均获得成功。目前，韩国在世界记忆半导体市场位居首位。

位于大德特区的韩国原子能研究所自1981年起着手研发核燃料。1985年，原子能研究所成功开发出重水核燃料量产技术，并于1987年起开始正式投入量产。此后，又成功开发出了轻水核燃料量产技术，至此国内所有的核电站均实现了国产核燃料量产供应。韩国原子能研究所不断向美国等国家学习，利用最短时间和最少的经费成功开发出基于自主核反应堆技术的韩国标准型核电站（KSNP：Korea Standard Nuclear Power Plant）技术，后又开发出更为经济、安全的新一代APR－1400核反应堆等技术。该技术于2009年成功出口到阿联酋，而年均400亿美元的出口额已使其成为韩国目前出口贸易中最重要的领域之一。

1990年代最重要的成果则莫过于韩国电子通信研究所联合美国Qualcomm公司研发出的CDMA技术。该技术的出现，使得韩国移动通信设备和终端产业对外依赖度大幅减少，同时伴随系统、中继器、计策器等CDMA装备生产的大幅提升，为韩国国内产业经济注入了空前的能量，而韩国也一跃成为全球移动通信技术强国。

进入21世纪，纳米测定技术、新再生能源资源地图、智能无人机、城市磁悬浮列车技术、海洋工程技术、运载火箭技术等都来自大德特区的各大研究机构。例如，韩国航空宇宙研究院自2002年起启动运载火箭发射项目，并于2013年成功发射“罗老号”运载火箭。目前，韩国航空宇宙研究院正在自主开发火箭技术，预计至2021年将研发出基于纯国有技术下的韩国型运载火箭。此外，韩国海洋科学技术院还成功研发出了海洋工程技术，并于2011年在国内率先实现海洋工程技术领域的海外技术转让。

表6.2 大德研究开发特区的主要成果

年代	主要成果	研发机构
1980年代	40 GHz接收器（1987）	韩国天文研究院
	6轴多关节工业机器人（1985）	韩国机械研究院
	工业用人造钻石（1987）	韩国科学技术院（KAIST）
	地对地导弹玄武（1987）	国防科学研究所

续 表

年 代	主 要 成 果	研 发 机 构
1990 年代	AIDS 治疗剂合成及制造工程技术(1991)	韩国化学研究院
	科学观测火箭 1、2 号(KSR-1)发射(1993)	韩国航空宇宙研究院
	多用途小型飞机苍空-91(1991)	韩国航空宇宙研究院
	TDX 电子交换机(1991)	韩国电子通信研究院
	超集成半导体 DRAM(1997)、4M DRAM(1998)、16M/64M DRAM(1991/1993)	韩国电子通信研究所
	CDMA 数字移动通信系统开发及商用化推进(1995)	韩国电子通信研究所
	国产人工卫星我星 3 号发射(1999)	韩国科学技术院(KAIST)
2000 年代	韩国型地效翼船(2007—)	韩国海洋科学技术院船舶海洋工程研究所
	多用途卫星阿里郎 1 号	韩国航空宇宙研究院
	韩国标准时钟 KRISS-1(2008)	韩国标准科学研究院
	最早发现拥有两个太阳的太阳系外行星(2009)	韩国天文研究院
	开启地面 DMB 服务(2005)	韩国电子通信研究院
	一体型核反应堆 SMART 设计技术(2002)	韩国原子能研究院
	科学卫星 1 号(STSAT-1)发射(2003)	韩国科学技术院(KAIST)
	多画面高清 TFT-LCD(2001)	三星综合技术院
	韩国型核聚变反应堆 K-STAR(2007)	韩国核聚变研究所
2010 年代	运载火箭“罗老号”发射(2013)	韩国航空宇宙研究院
	干细胞老化及压力调节技术(2013)	韩国生命工学研究院
	城市型磁悬浮列车技术(2012)	韩国机械研究院
	高效有机薄膜太阳电池(2013)	韩国科学技术院(KAIST)
	人体生长荷尔蒙大量生产技术(2013)	科学技术联合大学院大学
	中小型一体型核反应堆 SMART(2012)	韩国原子能元救援

二、特区现状

(一) 特区管理组织架构

目前,包括大德特区在内的 4 个特区由 2012 年成立的研究开发特区振兴财团实施统一管理,其前身为大德研究开发特区支援本部。研究开发特区振兴财团的业务主要涉及如下3方面。

1）支援公共研究成果转化：挖掘特区公共技术，嫁接与企业之间的技术转化合作，并提供后续商业转化投资等全周期支援。除特区基金以外，财团还促进天使基金投资，鼓励全国银行及创业基金公司为特区企业技术转化投融资。

2）支援创新集群建设：实施各类特区法定优惠政策，培育研究所企业及高新技术企业，推进各类特区开发项目，管理特区研发、商业转化及特区生活设施环境建设及维护。

3）支援特区技术成果传播：对外宣传特区运营经验，构建与全球科技园区间的互利合作，吸引海外投资。

（二）特区现状

1. 重点研究领域及研究实力

目前，韩国拥有包括大德研究开发特区（2005年9月）在内的4个研究开发特区，另3个分别是光州研究开发特区（2011.1）、大邱研究开发特区（2011.1）和釜山研究开发特区（2012.12）。四大研究开发特区分别根据所在地区的核心产业类型进行特色化培育，大德则是尖端融合技术培育基地，重点培育IT融复合技术、生物制药、纳米融合技术及精密仪器四大领域技术。

自2005—2012年间，大德特区的研发经费总计433 273亿韩元，占到国内公共研发经费的2/5，特区内博士以上学历研究人员占到全国约14%，SCI论文数占到15.8%。

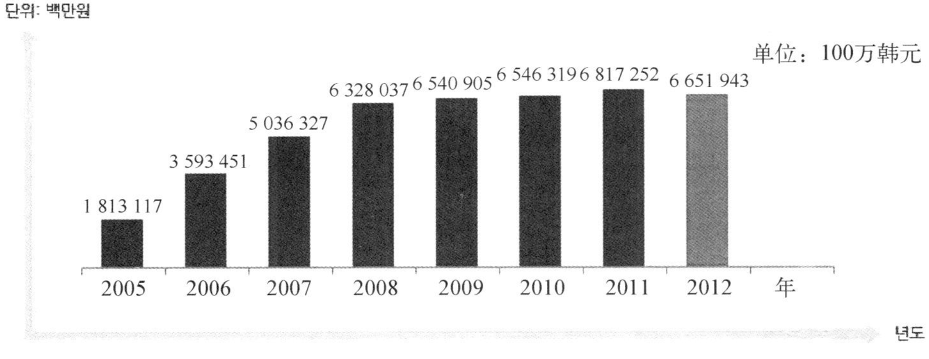

图6.12　大德研究开发特区历年研究开发经费情况

资料来源：https：//dd. innopolis. or. kr/sub01020204

2. 占地情况及特区功能分配

大德研究开发特区占地面积67.8千米^2，主要划分为五大类功能性区域，一是研究园区，集合有各类政府、民间研究机构以及大学，二是科技谷，即特区高新技术研究生产腹地，负责地区产学研联动的全国18个高新技术园区之一的大田

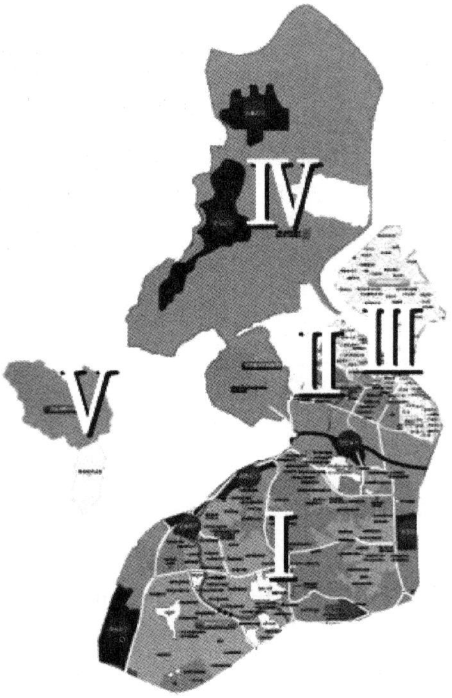

图 6.13 大德科技园区示意图

高新技术园区(techopark)就位于其中。三是产业园区，入驻有各类企业。此外，还包括北部的绿色带及国防科学研究所一带。

总面积：67.8 千米^2

I 区域：大德研究园区，27.8 千米^2

II 区域：大德科技谷，4.2 千米^2

III 区域：大德产业园区，3.2 千米^2

IV 区域：北部绿色带，31.2 千米^2

V 区域：国防科学研究所一带，3.9 千米^2

3）特区各类经济产业效果

自大德于 2005 年被命名为研究开发特区以来，特区内全方面呈现增长。

2005 年，特区内有企业 687 家，其中 11 家上市企业，2013 年分别增至 1 484 家和 33 家。另外，研究所企业也从 2006 年的 2 家增长到 2014 年的 54 家，尖端技术企业数从 2007 年的 36 家增至 2014 年的 104 家。

其次，特区内的累计专利数从 2005 年的 107 607 项增至 2012 年 247 417 项，2012 年的技术转让费近 1 000 亿韩元。此外，企业数、销售额、从业人数、技术转让数等也都成倍增长。（表 6.3）

表 6.3 大德研究开发特区主要成果

	2005 年末	2013 年末	增长率%
技术转让数/项	611	1 054	72.5
销售额/兆韩元	2.5	16.4	556
企业数/家	687	1 484	116
研究所企业数/家	2	54(2014 年末)	2 600
上市企业数/家	11	33	200
高新技术企业数/家	36	104(2014 年末)	189
从业人员数/人	23 558	67 054	185

资料来源：2013 연도 연구개발특구 통계조사 (연구개발진흥재단 ,2014)(《2015 구 육성사업 설명회 발표자료 년 대덕특 》)

三、园区运营及创新推进经验

(一) 设专项投资基金,实施多类优惠举措

为发展大德研究开发特区,政府不断加大投入,仅 2006 年及 2007 年就投入了 350 亿韩元,用以实施包括各类研发项目、商业化运作及金融支援、人才培育及国际化项目合作等。大德研究特区内为吸引海外研究中心及海外企业入驻,提供各类税制及租费减免,以及资金支援服务,并设立针对外国人的教育机构及医院等配套设施。

2006 年 9 月,为支持特区企业发展,大德研究开发特区特别成立了"大德研究开发特区创业投资组织",集中提供各类创业资金支援,其中政府出资基金达到 800 亿韩元。截至 2010 年,有 25 家企业获得该基金支援,其中有 5 家企业的基金投资平均回报率达到了 271%。此后,为进一步为园区企业提供金融、法律、会计、经营等方面的专业支持,2010 年,成立 TBC 大德科技商务中心,该中心为大德特区企业提供一站式技术商业化服务及公共交流的空间等。

另外,为支援特区内尖端技术发展,2012 年 10 月韩国研究开发特区财团设立研究开发特区投资基金,1 期募得基金 500 亿韩元。8 个月间共投资 214 亿韩元扶持园区内企业。截至 2014 年 10 月,特区研究开发投资基金为 1 250 亿韩元,累计投资 460 亿韩元,其中大德特区内的 13 家企业获得投资共计 272 亿韩元,占到 60%。

(二) 鼓励建立研究所企业,促进技术转化

园区鼓励国立研究机构及政府捐资设立研究所等公共研究机构直接参与商业化运作。2006 年 3 月,大德研究开发特区内成立了韩国国内第一家研究所企业——Sun Bio Tech。该企业由韩国原子能研究所和韩国 Kolmar 公司合资设立。2014 年,Sun Bio Tech 的年销售额达到 1740 亿韩元,年均增长率超过 85%。2012 年,韩国科学技术院(KAIST)也投资成立研究所企业 i - KAIST,开发触摸屏等技术,2014 年的年销售额超过 50 亿韩元,目前正筹备美国 IPO 上市。

参与设立研究所企业的公共研究机构,其出资比例要求在 20%以上,研究所企业则必须设立在特区内。特区为鼓励此类研究所企业的设立,特别提供各类税制减免优惠。特区还为研究所企业提供技术价值评价所需费用的 90%,以及各类技术商业化课题项目经费。截至 2014 年末,大德特区内的研究所企业已增至 54 家。

表 6.4 大德研究开发特区内的研究所企业税制优惠政策

税制		内容
国税	法人税	成立 3 年内免 100%,此后 2 年内免 50%
	所得税	
地方税	财产税	成立 7 年内免 100%,此后 3 年内免 50%
	购置税、登记税	免除

资料来源:《2015 년 대덕특구 육성사업 설명회 발표자료 》

(三) 强化创新集群交流,国际合作风生水起

为促进出口和国际合作,园区一方面举办各类出口咨询会议、海外营销等,挖掘海外买家,仅 2007 年的一年,大德研究开发特区内的企业获得共 3 600 亿韩元的海外出口订单。另一方面则创造各类国际交流平台,强化合作共赢。

2006 年,大德研究开发特区召开了首届“国际创新集群会议(ICIC DAEDEOK)”,从而与全球创新集群构建了合作交流的网络,开启了以集群为中心的技术商业化合作,海外研究合作随即如火如荼。

2008 年 11 月,韩国科学技术院(KAIST)与美国 NeuroSky 在大德特区内设立了“脑科学技术应用共同研究中心”,大德特区成为全国最大的脑波领域的研发中心,在全球范围内亦占到举足轻重的地位。2009 年 2 月,北欧最大的公共研究机构——芬兰 VTT 在大德研究开发特区设立研发中心,与韩国电子通信研究院合作开发泛在服务模型,并成功实现商业化。

2008 年,韩国在大德特区内设立科技园区(STP, Science & Technology Park)教育院,向全球展示和传授科技园区建设及运营经验,特别是发展中国家,并进而获得了更多的全球合作伙伴,拓展了科研项目的国际性合作与交流。自 2008 年起,大德特区每年都会举办各类科技园教育项目,截至 2014 年,已经举办了 13 次相关活动,遍布中东、东南亚、非洲、中亚及中南美等 60 多个国家。

2010 年,国际科技园区协会(IASP,International Association of Science Park)总会在大德特区召开。国际科技园区协会(IASP)总会是全球国际高新科学技术产业园区的最大盛会,会员包括 70 多个国家的 370 多个园区。2010 年,有超过 60 个国家的 1 200 名代表参加在大德的第 27 届总会,大德园区向全球展示了重要的绿色技术理念,并展示了国内外 100 多个企业及机构的 120 多个绿色技术成果项目。

(四) 推进与国际科学商业带的融合发展,强化特区间的联络带动

以集群模式实现产学研协同创新是韩国探索新技术领域的重要路径之一。2011 年,韩国为追赶西方发达国家基础科学研究水平,提高基础科学和商业的融合度,打造世界先进水平的科研创新集群,原教育科学技术部提出构建“国际科学商业带(ISBB: International Science-Business Belt)”。韩国希望将国际科

学商业带打造成环境国际化、据点区域与功能区域间资源循环利用高效化、基础科学与商业高度融合的综合性区域。韩国国际科学商业带由大田儒城区新洞、屯谷洞和道龙洞(原大德研究开发特区部分地块)组成的一个据点区域和由天安市、清原郡、世宗市组成的功能区域构成。一期规划从2012年至2017年,据点区域主要从事基础研究,而功能区域则重在技术的商业转化。至2017年,韩国计划在国际科学商业带内设立基础科学院(IBS, Institute for basic Science),培育50支、总研究员人数在3 000名左右的研究团,并计划在国际商业带据点区域内建全球最先进的大型试验装置——重离子加速器。

与此同时,2011年和2012年,光州、大邱、釜山研究开发特区陆续成立。这3个研究开发特区,以大德特区为模板的同时,展开战略合作,并以大德特区为核心,打造新的基于区域合作的创新大集群。大德特区定位尖端融复合技术产业枢纽,而光州、大邱、釜山则起到以大德特区为轴线的辐射作用,强化特色技术研发,其中光州重点关注光融复合技术、纳米技术、环保技术等,大邱则侧重智能IT、新能源等,釜山特区则凭借其地理优势大力发展海洋产业。

研究开发特区强调"研发→技术转化→投资"的良性循环,积极为企业提供技术创业孵化环境,而其与国际科学商业带之间的互动合作下所建立的更大范围的集群效应则是未来最重要的推进方向。国际科学商业带建设推动了邻近大德特区在内的研发特区的进一步升级,形成资源共享及合作共赢的创新网络,促成了更多的产学研互动,是推动大范围创新集群式发展及辐射外延的重要契机。

(五)实施全面化特区支援,促进融合技术转化

大德研究开发特区是融合技术研发枢纽。特区内实施一系列R&D及R&BD(Research& Business Development)支援项目,促进技术创新融合及产学研合作,提高转化率。

2010年,大德研究开发特区内成立了"融合技术研究生产中心",为融合技术领域的中小企业及科创企业提供研发、产品规划及生产、销售等一站式、全周期支援服务。园区企业可利用中心内的生产设施及测试床进行产品试制。中心吸引融合技术企业入驻,并为企业和技术持有机构提供技术转化搭桥。2013年5月,由韩国电子通信研究院(ETRI)、韩国PETARI公司、美国的Sprint公司及CHEP公司等合作建立的"物联智能通信(M2M)国际共同研究中心"在大德研究开发特区融合技术研究生产中心成立。在特区振兴财团的国际共同技术商业化项目的支援下,韩国电子通信研究院(ETRI)和PETARI公司还成功开发出了基于全球M2M市场的用于Pallet Tracking的网关技术。

为促进大德特区进一步发展,特区自2006年起实施各类培育项目。2015年,大德特区最新一期的培育项目总预算407.06亿韩元,推出五大类8项支援规划，主要用以挖掘潜在技术、促进研发合作及商业转化等，以及用以扶持和培育特区企业发展，鼓励创业等。

（1）挖掘公共技术，嫁接合作：大德研究开发特区首先将成立由产学研专家组成的专家团，共同挖掘特区内有商业化价值的技术，并对其实施技术等级评价，继而推进技术转让。特区公开了 93 个推荐技术，企业则可根据自身情况申请课题。

（2）战略培育研究所企业：研究所企业培育项目历来都是特区重点支援项目，主要提供各类税费减免优惠以及前期规划、技术评价、经营咨询、R&BD 支援、海外营销等，以鼓励公共研究机构等设立研究所企业，并后续协助其长期发展。

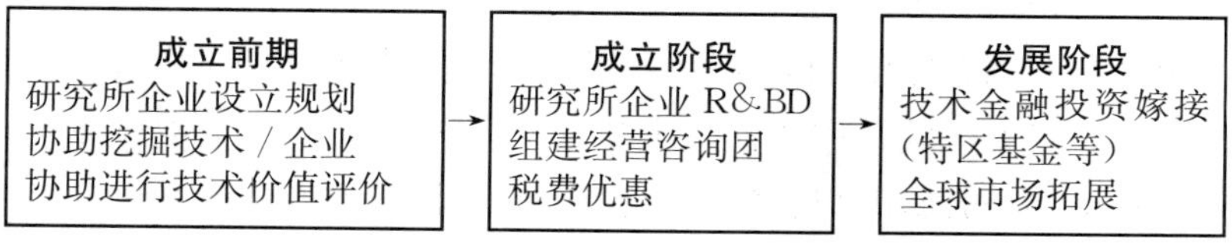

图 6.14 特区研究所企业战略培育支援流程

（3）促进技术商业转化：特区对于从特区公共研究机构获得技术转让的特区企业提供新产品商业化运营等方面的支援，受援企业每年可获得 400 万～1 000 万韩元的资金支援。

（4）鼓励创业：一方面针对特区内的大学，提供创业培训、技术挖掘、创业企划、投资合作嫁接、后续指导等多方面的创业支援。另一方面，针对特区初创企业，提供各类技术商业转化支援，同时鼓励特区内的民间企业实施创业孵化。

（5）强化国际交流合作：2015 年，特区新推出了名为“Global A. I. M (Accelerate＋Incubate＋Mentor)”的支援项目，针对特区内的初创企业，与全球的企业加速器合作，帮助初创企业快速进入国际市场，参与国际技术商业化运作。此外，还包括支援特区企业参加海外投资会，举办 STP 科技园区教育交流活动等。

（六）实施战略举措，助力实现“创造经济”

2013 年，朴槿惠政府上台之后，提出“创造经济”国政运营理念，提出大力扶持国内科技研发、产业创新等以促进国内经济转型发展。

2013 年 6 月，韩国政府出台《第三次科学技术基本规划》，提出了包括提高国家研发投入及效率、开发国家战略技术、强化中长期创新能力、支援新产业创新、增加科学技术岗位等 5 大战略。韩国政府提出要不断强化研究开发特区与国际科学商业带之间的联系，以及与地方创造经济创新中心①间的合作（见图

① 创造经济创新中心是由韩国地方自主运营的创新基地，用以培育地方战略产业领域的中小及中坚企业，推动产学研合作，推动技术创业及技术转化。2014 年 3 月和 4 月，大田和大邱在全国范围内率先成立了地方创新经济创新中心，其他地区创新中心也正在积极筹备中。https://ccei.creativekorea.or.kr/center/intro.do

6.15)，建立融合基础科学、应用研究、商业化的创造型研发创新体系，推动地方自主创新和特色化发展，构建创新型生态环境。大德研究开发特区在技术研发等方面也早已走出去了效仿西方发达国家的阶段，在带动国内科技产业经济方面，将创新和领导创新放在了首位。

在该背景下，2013 年末，韩国大德研究开发特区出台名为"the D3(D-Cube)Valley"的发展远景，提出了三大推进战略，分别如下。

(1) 梦想技术(Dreamful Tech)：领导全球最高水准的技术开发，重点研发IT、生物和电力等未来动力产业技术，开发以企业需求为主导的创新技术，以及开发绿色能源等与民生福利休戚相关的技术。

(2) 活力生态(Dynamic Eco-system)：构建创意生态体系，重点提供创业和企业发展全系支援，构建开放式合作创新环境，推进国际合作等。

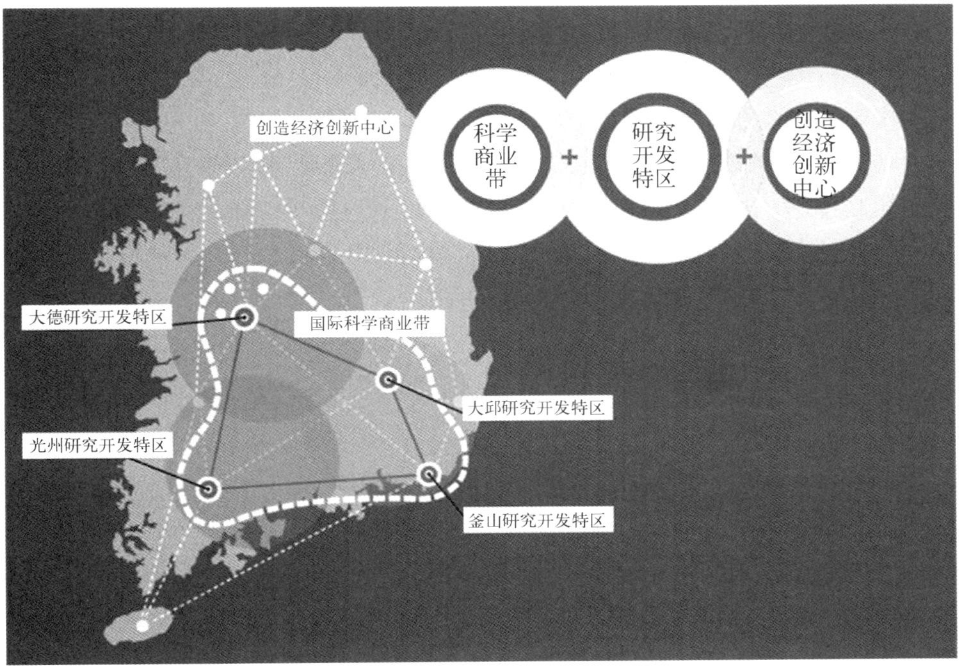

图 6.15　韩国研究开发特区合作网络

(3) 愉悦创新城市(Delightful Innopolis)：以创意环境提升生活品质，重点强化大德特区与科学技术商业带之间的联系，构建合作融合的创造环境，并提高特区内的生活、娱乐等环境。

该战略提出了至 2018 年大德研究开发特区内的研究所企业增至 100 家，2023 年增至 200 家，且 2018 年的园区销售额达到 19 兆韩元，2023 年增至 32 兆韩元的长期发展目标。

（陆　颖）

第七节　中关村(中国)

中关村是国家自主创新示范区,中国高科技产业中心。它作为国内最早最大的科技创新高端资源密集区,肩负着引导我国参与全球新一轮科技与产业竞争的重大使命,在高起点上推进自主创新,加快向具有全球影响力的科技创新中心进军,为在全国实施创新驱动发展战略,快速推进我国创新型国家建设发挥了重要的引领示范作用。

一、中国硅谷

中关村源自上世纪八十年代初的“中关村电子一条街”。当年,研究员陈春先三次赴美国硅谷考察,在他带动引领下,在昔日常年闲置废弃的白颐路一带仓库里,创办了中国第一个民营科技企业①。1984—1986 年,“中关村电子一条街”声名鹊起,成为中国民营高科技企业发端。1988 年 5 月,国务院批准成立北京市高新技术产业开发试验区,它就是中关村科技园区的前身,中关村科技园区管理委员会作为北京市政府派出机构对园区实行统一领导和管理。中关村国家自主创新示范区是中国第一个国家级高新技术产业开发区,第一个“国家级”人才特区,是我国体制机制创新的试验田,它被誉为“中国的硅谷”②。

二、发展历程

1984 年起,国内科研院校云集中关村,民营科技创业潮开始蔚然乘风,大批科研人员在中关村“下海”创业,开展将高新技术和科研成果转化为直接生产力的“扩散”试验,主要生产元器件等电子产品,中关村形成“电子一条街”引起了各方关注。1984 年年底,各种高新技术开发公司迅速发展到 40 多家,当年营业额 1 800 多万元,由民营科技企业搭成“中关村电子一条街”的骨架基本形成,之后相继成立了很多如联想、四通、万科、海尔、健力宝等著名公司③。

1988 年 5 月,国务院批准成立北京市高新技术产业开发试验区,这是中国

① 郭隆,中关村　一路创新一路前行[J]. 北京观察,2014(4): 36 - 39

② 中关村改革风云纪事,你所不知道的中关村: 谁最早称中关村为“硅谷”[N]. 创新创业中关村. http://chanye. focus. cn/news/2014 - 08 - 15/5405766. html 2014 - 8 - 15

③ 中关村国家自主创新示范区介绍 http://www. zgc. gov. cn/sfqgk/55179. htm 2015 - 3 - 20

第一个以电子信息产业为主导，集科研、开发、生产、经营、培训和服务为一体的综合性基地。中关村开拓中国式硅谷的探索，得到了政府高度肯定。党中央高度重视中关村的发展建设，国务院先后 5 次做出重要决定。

1999 年 6 月，国务院批复要求加快建设中关村科技园区，这是中国政府实施科教兴国战略，增强我国创新能力和综合国力的一项重大战略决策。其间，中央领导曾先后多次到中关村科技园区视察、指导工作。

2005 年 8 月，国务院做出了关于支持做强中关村科技园区的 8 条决定。

2009 年 3 月，国务院批复同意建设中关村国家自主创新示范区，要求把中关村建设成为具有全球影响力的科技创新中心，成为创新型国家建设的重要载体，掀开了中关村发展新的篇章。

2011 年 1 月 26 日，国务院又批复同意了《中关村国家自主创新示范区发展规划纲要(2011—2020 年)》，进一步明确了中关村示范区今后 10 年的战略定位和发展思路。在 2011 年，国家十二五规划中明确提出“把北京中关村建设成为具有全球影响力的科技创新中心”。

2012 年 10 月 13 日，国务院批复同意调整中关村国家自主创新示范区空间规模和布局，成为中关村发展新的重大里程碑。它由原来的一区十园增加到一区十六园，示范区面积由原来的 233 平方千米，增加到 488 平方千米①。

图 6.16　中关村全景图

图 6.17　中关村国家自主创新示范区示意图

三、发展现状

经过 20 多年的发展建设，中关村已聚集了以联想、方正为代表的高新技术

① 中关村国家自主创新示范区一园多区 http：//www.zgc.gov.cn/sfqgk/gyjj/ 2015-3-20

企业近 2 万家，形成了以下一代互联网、移动互联网和新一代移动通信、卫星应用、生物和健康、节能环保及轨道交通等六大优势产业集群集成电路、新材料、高端装备与通用航空、新能源和新能源汽车等四大潜力产业集群为代表的高新技术产业集群和高端发展的现代服务业，构建了“一区多园”各具特色的发展格局，成为首都跨行政区的高端产业功能区。重点建设了“两城两带”，即中关村科学城、未来科技城、北部研发服务和高技术产业带以及南部高技术制造业和战略性新兴产业带，促进高端产业集群发展。

目前，中关村拥有以北京大学、清华大学为代表的高等院校 40 多所，以中国科学院、中国工程院所为代表的国家（市）科研院所 206 所；拥有国家级重点实验室 112 个，国家工程研究中心 38 个，国家工程技术研究中心（含分中心）57 个；大学科技园 26 家，留学人员创业园 34 家。

近年来，中关村示范区经济发展始终保持较高的增长速度。2013 年中关村示范区实现总收入超过 3.05 万亿元，同比增长 20%以上；高新技术企业增加值超过 4 100 亿元，占北京市 GDP 比重超过 20%；企业实缴税费 1 506.6 亿元；企业利润总额 2 265 亿元，同比增长 26.6%；实现出口 336 亿美元，同比增长 28.5%，约占全市出口总额四成；企业科技活动经费支出 1 165 亿元，同比增长 27%①。

四、发展方向

《中关村国家自主创新示范区发展规划纲要（2011—2020 年）》明确提出，示范区要秉承面向世界、辐射全国、创新示范、引领未来的宗旨，坚持“深化改革先行区、开放创新引领区、高端要素聚合区、创新创业集聚地、战略产业策源地”的战略定位，服务于首都世界城市的建设，力争用十年时间，建成具有全球影响力的科技创新中心。

2015 年，中关村国家自主创新示范区创新发展主要目标如下②。

（1）初步形成有利于自主创新的体制机制：人才激励、科技金融、知识产权、技术转移和产业化、科研院所等方面体制机制改革取得重要突破，成功探索出一系列具有全国示范意义和推广价值的体制机制及支持政策，重大科技成果转化率大幅提高，科技进步对经济增长的贡献进一步增强。

（2）自主创新能力显著提升：企业研发投入占总收入比例达到 5%，发明专利年授权量比 2008 年翻一番，不断创造重大科技成果，企业技术创新主体地位

① 中关村[高科技产业中心]互动百科 http://www.baike.com/wiki/ 2015-3-20

② 《中关村国家自主创新示范区发展规划纲要（2011—2020 年）》介绍 2011-02-25 http://www.hainmc.edu.cn/webapps/fgzx/tashanzhishi/20110615/7259.html

全面强化，基本建成具有全球影响力的知识创造中心和技术创新中心。

(3) 中关村人才特区基本建成：建立完善人才"选得准、引得进、留得住、用得好"的机制和环境，集聚约5万名高端人才，将中关村建设成为我国人才发展的战略高地。

(4) 创新创业高度活跃：不断产生适应科技经济发展需求的创新创业新模式；对初创期企业的投资、科技金融繁荣活跃，吸纳的全球创业投资规模进入亚太地区前列，成为全球最活跃创业投资中心之一；形成具有时代特征和中国特色的良好创新创业文化氛围。

(5) 产业国际竞争力居世界前列：产业规模逐步提升，产业结构不断优化，掌握一批产业关键核心技术和标准，形成若干战略性新兴产业集群；培育一批年销售收入过500亿元的大型企业，涌现出一大批创新能力强的中小企业。

(6) 创新国际化水平大幅提升：成为全球创新网络的重要节点，广泛吸纳国际创新资源；国际科技合作和交流更加活跃，形成一批具有国际影响力的创新交流合作平台。

预计到2020年，示范区创新环境更加完善，创新活力显著增强，创新效率和效益明显提高，总收入将达10万亿元，在软件及信息服务、生物医药、新能源等领域中形成2～3个拥有技术主导权的产业集群，培育出一批国际知名品牌和具有较强国际竞争力的跨国企业，形成若干世界一流大学和科研机构，培养和聚集一批优秀创新人才特别是产业领军人才，成为具有国际影响力的科技创新中心。

五、创新模式

为发挥举国体制优势，推动创新资源整合，中关村大胆探索做出了创新示范与表率。在搭建首都资源整合平台方面，中关村创新平台得到中央领导的高度肯定。在重大项目资源整合方面，积极整合中央和地方各方资源，推动了中关村科学城和未来科技城建设，中关村科学城加快构建了科研机构、高等院校、企业、高端人才、社会组织和政府"六位一体"的协同创新体系。

1. 先行先试

2011年正式实施了国务院同意支持中关村实施"1+6"系列的新政策①，"1"是搭建中关村创新资源服务平台，"6"是在科技成果处置权和收益权、股权激励个人所得税、中央单位股权激励审批方案、科研项目经费管理体制、统一监管下的全国场外交易市场和完善高新技术企业认定等方面支持中关村深化实施改革6项新政策，进一步加大中关村体制机制创新和先行先试力度。

---

① 陈醒，解读中关村"1+6"系列最新政策[J]. 国际融资，2011(4)：17-19

依托中关村创新平台，北京市与科技部等6部委分别建立了部市会商机制，与财政部等4部委联合开展发展现代服务业试点，与总参谋部、总后勤部、总装备部和海军签署战略合作协议共同促进军民融合创新发展。在加快协调推动6项先行先试政策的同时，中央部委牵头出台了支持中关村先行先试政策文件12项，北京出台了20余项配套实施文件，有效激发了科研单位、企业和科技人员研发创新的积极性，政策引导带动效应初步显现。

2. 人才特区

中关村是我国人才智力资源最密集区域，是中央人才工作协调小组首批授予的“海外高层次人才创新创业基地”，留学归国创业人才1.8万人，累计创办企业超过6 000家，是国内留学归国人员创办企业数量最多的地区。2011年3月，中组部、国家发改委等联合印发了《关于中关村国家自主创新示范区建设人才特区的若干意见》，加快建设中关村人才特区。目前，中关村共有中央“千人计划”人才874人，占全市近八成。“北京海外人才聚集工程”的368名人才，占全市7成以上，“高聚工程”共有158名高端人才及其团队入选①。

3. 科技金融

中关村科技金融通过融资平台、科技金融机构和科技金融政策对全国发挥辐射带动作用，现已初步形成“一个基础，六项机制，十条渠道”的中关村投融资模式。实施科技金融支持中关村企业做强做大的四项措施：一是实施重大科技成果转化和产业化政府股权投资引导和股权激励政策；二是支持企业境内外上市，形成“中关村板块”；三是实施支持中关村企业承接国家重大建设工程招投标的融资支持政策；四是实施中关村企业并购重组计划。2012年8月，国家发改委等联合发布的《关于中关村国家自主创新示范区建设国家科技金融创新中心的意见》明确中关村要进一步建立完善政府资金与社会资金、产业资本与金融资本、直接融资与间接融资有机结合的科技金融创新体系，加快国家科技金融创新中心建设②。至2014年，中关村上市公司总数达254家，其中境内156家，境外98家，中关村上市公司总市值达3.08万亿元，形成了创业板中的“中关村板块”。

4. 新兴产业

中关村围绕国家战略需求和北京经济发展需要，充分发挥高校、科研院所的创新主力军作用和高新技术企业的市场主体地位，全力推进重大研发创新和重大科技成果的产业化，取得了大量关键技术突破和创新成果，打造了国内最大、水平最高的创新型企业群体，已形成具有参与国际竞争能力的战略性新兴产业

① 中关村国家自主创新示范区介绍 http://www.zgc.gov.cn/sfqgk/55179.htm 2015-3-23
② 李路阳等，建设国家科技金融创新中心中关村在提速[J]. 国际融资，2012(11)：8-13

集群。并开展政产学研用协同创新，成立的企业和高校院所产业技术联盟有55家，推动了自主技术标准创制和应用及中关村开放实验室工程进程，在高校院所中已挂牌开放实验室有83家。深入实施“十百千工程”，实行“一企一策”支持方式，集成政策资源支持企业开拓市场、持续提升技术创新能力、引进激励人才、上市并购等，大力促进企业做强做大。并加快实施中小企业的“瞪羚计划”，聚焦移动互联网、云计算、物联网等优势领域，选择一批专业性强、成长速度快、发展前景好的企业，通过鼓励研发投入、信贷融资补贴、办公生产空间费用补贴、知识产权创制资助等方式给予重点支持。

5. 交流合作

中关村围绕服务国家创新驱动战略，积极推动区域合作，推动中关村科技成果向全国辐射转移①。一是推动区域合作：目前与南京、长春等12个高新区签订了战略框架协议，针对各区域资源优势开展了全方位、多层次、多模式合作；二是参与高新区规划建设：结合各地资源优势，参与促进了宁夏、济宁等10余个高新园区的建设发展；三是参与科技对口支援合作：现分别与对口支援地区什邡市、青海、内蒙古等地区签署战略合作协议，推动中关村科技成果受援地区转移。

中关村积极推行政产学研用合作模式，搭建合作平台。主要途径一是政府搭台：各地政府通过签订合作协议、制定个性化招商引资政策等多种措施，吸引中关村科研院所、高校和企业到当地创新创业。二是院校地合作：在地方政府推动下，中关村科研院所和高校与地方政府共建设分院、分校、产学研合作办公室、技术转移基地，为当地产业发展提供科技支撑。三是院校企合作：中关村科研院所和高校通过与京内外企业共建研究院、科技资源开放公享、校办企业等方式，推动科技创新成果向全国辐射。中关村在推动科研资源开放、成果转化和服务企业方面取得良好成效，为示范区自主创新能力的提升发挥了重要作用。

六、创业模式

示范区批复以来，中关村围绕发展目标，不断推动政策和法制环境建设，完善市场机制，优化资源配置，提升服务水平，创新创业环境进一步提升。2010年12月23日，北京市人大常委会通过发布实施了《中关村示范区条例》，为示范区创新发展提供了法制保障。推动工商管理改革试点，制定了《中关村国家自主创新示范区企业登记办法》，由市政府发布实施。推动实施商标战略，制定了《中关村国家商标战略实施示范区商标工作实施意见》。推动社会组织管理改革试点，

① 中关村在创新驱动战略中的引领带动作用研究 http://www.baike.com/wiki/ 2015-3-23

制定了示范区《社会组织登记管理办法》，开展中关村社会组织直接登记试点，已批准筹备登记和登记成立示范区社会组织10家。

为加快推动企业发展，中关村以搭建创业孵化服务平台为抓手，不断营造有利于小微企业孵化和成长的创业环境，建立了由大学科技园、科技企业孵化器、留学人员创业园、小微企业创业服务楼和各类协会商会组织等100余家机构组成的创业孵化服务体系[①]，累计入孵企业1.2万家，在孵企业超过7 000余家。近年来，中关村每年新创办企业3 000余家，每年超过1 000家小微企业入驻创业孵化机构。支持创业孵化机构采用“孵化＋投资”的新型孵化模式，孵化和培育早期项目和“专特精新”小微企业。充分发挥创新资金对中小企业发展的促进作用，挖掘培育出一批创新性好、成长性高、具有引领示范作用的明星企业。

七、国际市场

中关村国际化发展现已迈上了快车道，国际交流合作不断深化，企业国际化发展步伐加快迈进，国际贸易持续增长，创新成果和产业集群国际影响力凸显。高新技术产品出口稳步增长，对外承包工程为载体的对外技术贸易发展迅速，中关村企业承建了大量的大型对外承包项目。核心技术不断取得突破，部分高技术产业集群与世界同步兴起。资本国际供给渠道逐渐顺畅，中关村业已成为境内外创业投资首选地，现100多家境内外知名创投机构活跃在中关村地区。企业对外投资与跨国并购日渐活跃，以联想、京东方等为代表，通过跨国并购方式获取国际化的技术资源和销售渠道，成为中关村企业融入世界产业体系的重要方式。

中关村积极参与国际科技合作和国际标准创制，世界500强企业在示范区内已设立200多家分支机构和研发机构，中关村企业主导参与创制了第三代移动通信TD－SCDMA、宽带无线接入McWill、闪联等86项重要国际标准和800余项国家标准。以中关村论坛年会为核心，搭建国际科技界、产业界交流平台，初步形成中关村国际化品牌，并与美国硅谷、英国剑桥、韩国大德、日本关西学研都市、法国索菲亚、台湾新竹、加拿大渥太华创新中心等科技园区和科研机构加强合作力度，建立长期战略合作关系。还积极协助企业开拓国际市场，组织中关村企业参加美国国际消费电子产品展、德国汉诺威消费电子、信息及通信展等国际知名展览，树立中关村企业整体品牌形象，提升国际影响力。

八、战略定位

中关村国家自主创新示范区是世界上罕见的科技智力密集区，是我国科技创新的一面旗帜，已成为建设创新型国家的强大引擎。它在全国创新驱动战略中发挥着引领带动作用，创新示范成效显著。

1. 深化改革的先行区

20世纪80年代初，中关村按照“自筹资金、自由组合、自主经营、自负盈亏”原则，建立了科研人员创办民营科技企业的新机制。90年代，中关村全面推进制度创新，不断深化企业制度和产权制度的改革，为我国高技术企业改革发展创造了多个“第一”。第一家不核定经营范围的高新技术企业、第一家实行股权激励制度的国有高新技术企业、第一家有限合伙制创业投资机构、第一家科技成果占注册资本100%的企业、第一家中国自然人与外商合资的企业。2011年国务院批复建设中关村国家自主创新示范区以来，中关村深入推进各项先行先试改革试点工作，一些成熟经验和做法已在全国高新区示范推广。

2. 开放创新的引领区

中关村聚集的国际研发机构、境外上市企业、留学归国人才、技术出口总额、境外设立的研发机构为全国第一，科技创新的国际化水平属全国领先。一方面，中关村通过吸引国外研发机构、投创资金、高端人才和境外上市融资等方式，不断增强集聚国际创新要素的能力。另一方面，中关村通过设立境外分支机构、对外直接投资和技术出口等方式走向世界，提升中关村在全国创新链条中的地位和影响力。仅2010年中关村的出口总额达227.4亿元，占全国高新区的8.6%，中关村企业在国外设立的研发机构数量达64个，中关村已成为全国高科技园区的代表和我国高新技术产业对外展示的一个窗口。

3. 高端要素的聚合区

中关村聚集高端创新要素，突出表现为研发机构、研发投入、科技上市公司、科技人才、科技企业聚集度“五个全国第一”。科研机构方面，中关村目前集聚了206所国家及省市级科研院所，共有国家级重点实验室112个，国家工程技术研究中心38个，国家工程研究中心57个。研发投入方面，中关村科技投入规模遥遥领先于国内其他高新区，科技活动经费和人员均占全国高新区20%左右。上市公司方面，中关村上市公司总数达到254家，在国内创业板上市公司数量和融资额均排名全国第一。高端人才方面，中关村拥有两院院士数量达到523名，超过全国总数的三分之一，引进“千人计划”人才占北京市85%，特别是创业类“千人计划”人才数量占全国总数19%。科技企业方面，中关村聚集了2万多家科技企业，1 648家年收入超亿元的企业，仅2011年中关村高新技术企业实现总收入已超过1.96万亿元，占全国高新区的1/7。

4. 科技创新的辐射源

中关村牢牢把握产业链的最高端，通过多种方式向全国辐射转移，流向外地的技术合同成交额占近80%。从2011年创新能力看，中关村承担国家科技重大项目超过1 100项，承担“863”计划和“973”计划项目分别占全国的四分之一和三分之一，开发出了一大批满足市场需求的紧缺技术和产品，掌握了一批满足国家战略需求的关键核心技术，获得国家科技进步一等奖超过 50 项。同年，示范区企业专利申请量已达 1.9 万件，专利授权量近 1.2 万件，增长约 30%，年度专利授权量首次突破万件。从当年创新成果辐射转移看，中关村创新成果通过技术交易、异地转化、产业链分工等多种形式向全国输出。中关村技术合同成交额达 1 890 亿元，同比增长 20%，占全国的 40%。

5. 战略产业的策源地

2011 年，中关村在国家确定的 7 个战略性新兴产业领域中取得了一批关键核心技术重点突破，主导创制了 66 项国际标准，承担了全部 16 个国家科技重大专项，项目总计 968 项，位居全国第一，形成了现有八大战略性新兴产业集群，发挥了战略性新兴产业策源地的示范引领作用。主要表现：1）新信息技术方面，新一代移动通信产业标准和核心产品的国际地位不断增强，云计算、物联网和移动互联网产业成为引领我国电子信息产业转型发展的新龙头。2）新能源汽车方面，纯电动车产业链初步形成，示范推广力度不断加大。3）节能环保方面，高效节能、资源循环利用和污水处理技术国际领先。4）高端装备制造方面，在大尺寸液晶面板、低速磁悬浮等方面研发生产出一批具有国际先进水平的高端装备。5）生物医药方面，研发创新能力国内领先，部分产品研发实现与国际同步，企业利润率排名全国第一。6）新能源方面，新能源和智能电网领域研制出一批具有国际领先水平的系统和设备，打破了国际垄断。7）新材料方面，一批重大新材料技术研发取得突破。8）航空航天方面，以北斗导航为代表的空间信息服务与导航产业彻底改变了我国对外国产品和技术的依赖状况，形成了以北斗卫星应用为核心的产业集群。

6. 创新企业的孵化器

中关村企业孵化呈现“双百双万”的特色，即：聚集了活跃的创业投资机构超过 100 家，拥有各类创业孵化服务机构 100 余家，累计入孵企业 1.2 万家，上市公司大企业实现年总收入 1 万亿元。中关村孵化服务机构占全国的 11%，国家级大学科技园 14 家，占全国总数的 17%，国家级孵化器 26 家，占全国总数的 8%。从创业企业数量看，中关村每年新创办企业超过 3 000 家，每年超过 1 000 家小微企业入驻创业孵化机构，拥有 1.5 万名留学归国创业人员，累计创办企业 7 000 多家，是创办归国留学人员企业数量最多的地区。特别是一批高新技术企业在中关村完成技术研发或孵化成功后，向外省市转移布局，或在外省市建立了产业化生产基地和销售分中心，从而带动全国创新发展。

7. 双轮驱动的示范区

中关村依靠科技创新优势，以新一代信息技术等高新技术产业为基础，成功实现了文化和科技的交流与渗透，形成了“两个50%”的现象，即：中关村文化创意产业收入约占全市文化创意产业总收入的50%，文化创意类上市公司占中关村上市企业总数超过50%，为加快形成科技文化双轮驱动的发展格局发挥了示范和表率作用。中关村通过科技和文化不断融合发展，推动文化创意产业高端化发展，在互联网、数字娱乐、设计服务等领域确立优势地位，在微博、移动互联等新兴领域取得迅猛发展，仅2011年中关村文化创意产业总收入达4 000亿元，同比增长20%以上，约占园区总收入的20%以上。在提升文化软实力方面，曾通过组织千余项科技奥运项目的科技攻关，为奥运盛会作出了突出贡献。也曾通过综合运用高科技声光电技术支持国庆60周年庆祝活动，极大提升了首都和全国文化软实力和国际影响力。

九、最新进展

1. “新四条”税收政策促中关村创新

2013年9月29日，财政部、科技部、国家税务总局等部委发布支持中关村企业加快创新发展的四条新政策，该政策包括对认定为高新技术企业的，减按15%税率征收企业所得税；对中关村有限合伙制创业投资企业的法人合伙人，给予创业投资企业所得税优惠政策；明确将5年以上非独占许可使用权转让纳入技术转让所得税优惠政策试点；对中关村中小高新技术企业以未分配利润、盈余公积、资本公积向个人股东转增股本有关个人所得税，可最长不超过5年分期缴纳。这是继“1+6”系列先行先试政策之后，中关村新一轮政策创新工作的集中成果。

2. 国家技术转移集聚区落户中关村

2013年9月，首个国家技术转移集聚区落户中关村。它将以中关村西区为核心进行建设，未来将发挥北京创新资源集中、中关村先行先试、中关村西区技术转移活跃三大优势，促进技术、人才、资金、服务四类要素的流动和融合，大幅提高技术转移效率和整体服务能力，带动我国技术转移制度、组织与机制实现全面战略提升。

3. 中关村“雏鹰人才工程”显成效

2013年中关村全面启动“雏鹰人才工程”，亮点在于以人才为切入点，重点强化市场机制选人才的主导作用。雏鹰人才的认定采取市场化方式，充分发挥区县政府、高校等机构共建作用，双方共同选聘并委托专业投资管理机构为雏鹰人才创业提供服务支撑。在资金上给予雏鹰人才一次性创业启动资金支持，一定程度上降低社会资本投资初创企业的风险。

4. 中关村领跑中国互联网金融创新

2013年8月9日，包括京东商城、当当网等33家单位发起成立了中关村互联网金融行业协会。这是全国第一家互联网金融的行业组织，它标志着中关村打造中国互联网金融创新中心迈出了重要的一步。该协会将通过整合互联网金融行业发展资源，实现优势互补、协同创新。之后，中关村管委会出台《支持中关村互联网金融产业发展的意见》，支持企业发起设立基于创新信用机制和大数据运用的互联网银行-中关村银行，主要为科技型、创业型、创新型中小微企业提供全面、快捷、低成本的金融服务。

5. 中关村科技创新国际影响力显著

2013 年 10 月 17 日，中关村成功获得 2015 年国际科技园区协会（IASP）年会举办权。此次年会成功申办，为不断提升全球创新资源配置能力，积极推进全球资源“高端链接”和“走出去”战略，提高企业对国内外创新资源的整合利用能力，大幅提升企业国际竞争力，把中关村示范区打造成为全球创新网络的重要节点、国际化高端资源聚集区和全国创新网络的中枢，提供了良好平台。

6. 中国 PCT 专利申请量排全球第三

据世界知识产权组织公报数据显示，2014 年，中国在世界知识产权组织《专利合作条约》（PCT）框架下共提交专利申请 2.56 万件，较 2013 年增长 18.7%，是全球唯一实现两位数增长的国家，申请总量位居全球第三位。其中，华为以 3 442 件专利申请超越日本松下公司，成为全球最大专利申请者，中国的华为和中兴外，腾讯科技、深圳华星光电、京东方、华为终端 6 家企业位居 PCT 专利申请量前 50 名。

7. 推进中关村科学城建设进展顺利

2014 年，中关村科学城 14 个项目共计 54.6 万平方米已建成投入使用，10 个项目在建，预计 2015 年年底可建成超过 300 万平方米产业空间。积极与区内拟纳入中关村科学城体系建设单位对接，联动招商工作机制，扩大科学城集聚效应。加强产城融合建设规划，制定完善了中关村科学城工作手册和中关村科学城创新资源分布图。

8. 搭平台聚资源提速升级科技创新

2015 年，中关村核心区把优化创新创业生态环境，构建“高精尖”经济结构确定为核心区创新发展的总基调。创建互联网金融综合服务平台，引导金融机构对中小微企业开展业务创新。中央和地方人才协同发展平台，将试点设立一批校企联合人才培养基地，加快建设北京人力资源服务产业园，扩大海内外人才品牌效应，推进“按图索骥”工程，实施“创业火炬”工程。并重点聚焦“6＋1”战略性新兴产业细分领域，集成电路设计、大数据、大健康、智能硬件等新兴产业将向集群化发展，加快中关村互联网文化创意产业园建设。

（杨薇炯）

第八节 张江(中国)

上海张江高新技术开发区，作为我国首批国家级高新技术开发区之一，历经20多年的建设，已成为科技创新的希望热土、人才荟萃的创业乐园。如今的张江高新技术开发区，包括遍布上海市各行政区、各具特色的22个分园，园区总面积达531平方公里①，形成创新资源丰富、高新产业聚集、科技硕果累累的发展趋势。上海张江高新技术开发区已成为推动上海乃至长三角地区实现跨越式发展、创新转型的"助推器"和"发动机"②。

一、园区概况

1. 发展历程

1991年，上海漕河泾新兴技术开发区(以下简称"漕河泾开发区")成为国家级高新区，上海高新区建设"拉开帷幕"。1992年，张江高科技园成立，同年上海国家级高新区更名为"上海高新技术产业开发区"，形成由漕河泾开发区和张江高科技园组成的"一区二园"格局。此后，上大科技园、中纺科技园、金桥园、嘉定园等其他4个园区陆续成为上海高新技术产业开发区的组成部分，于1998年形成了"一区六园"的格局。1999年，上海市市长徐匡迪在全国技术创新大会上提出把张江高科技园区建设成申城技术创新的示范基地。"聚焦张江"的战略决策就此拉开了序幕③，"一区多园"的发展格局逐渐形成。2006年3月，经国务院批准，上海高新技术产业开发区更名为"上海张江高新技术产业开发区"(以下简称"张江高新区")，规划面积由原来的22.1平方公里扩大为42.1平方公里，其中张江高科技园区规划面积由原来的5平方公里扩大到25平方公里。自此，张江高新区步入了快速发展阶段。

2. 国家自主创新示范园

2011年1月，经国务院正式批复，张江高新区成为继北京中关村、湖北武汉东湖后的第三个国家自主创新示范区(以下简称"张江示范区")。经过2012年、2014年两次扩大规划面积，张江示范区的规划面积从最初的296平方公里扩大到470余平方公里再到531平方公里④。2013年中国(上海)自由贸易试验区(以下简称"上海自贸

① 徐匡迪等. 2014浦江创新论坛海内外嘉宾为科技创新建言献策[N]. 解放日报，2014-10-29(4).

② 王春，龚静. 挥毫续写上海"十一五"新传奇[N]. 科技日报，2011-02-24(8).

③ 卞辑. 聚焦张江10年大事记[EB/OL]. [2009-09-09]. http://www.pudong.gov.cn/WebSite/html/shpd/pudongNews_TBCH_200909/Info/Detail_276474.htm.

④ 上海市张江高新技术产业开发区管理委员会. 上海张江国家自主创新示范区介绍[EB/OL]. [2015-03-20]. http://www.shanghai.gov.cn/shanghai/node2314/node2319/node12344/u26ai36383.html.

区”)挂牌成立,2014 年 12 月扩展区域涵盖陆家嘴金融区、金桥开发区和张江高科技区。回顾 20 多年的发展历史,张江高新区的园区规模不断扩大(见图 6.18)。

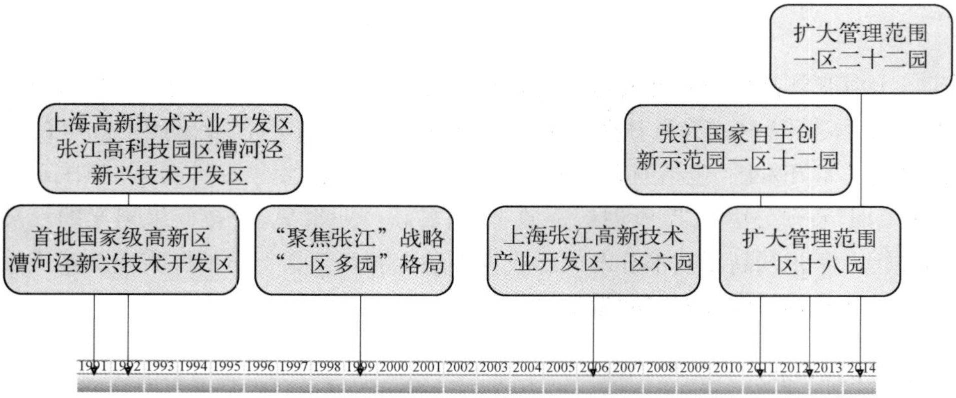

图 6.18 张江高新技术产业开发区发展轨迹

数据来源:百度百科. 张江高科技园区[EB/OL]. [2015-03-20]. http://baike.baidu.com/link?url=is2IYCXLNC8H-jeXQwWAYpIfwOVNcTTKOLncLojaMl_HyZtTLWzkCCdDsD9gDm6BFtSfEnityJh4mswkiIWbna.

表 6.5

年份	大 事 件	张江高新区格局与规模
1992	张江高科技园区成立	规划面积 25 平方公里
1999	“聚焦张江”战略	“一区六园”格局初现雏形
2006	国务院批准更名为“上海张江高新技术产业开发区”	规划面积 42.1 平方公里
2011	国务院批准建设“张江国家自主创新示范区”	规划面积平方公里,形成“一区十二园”格局
2012	上海市政府批准张江高新区扩大管理范围	规划面积 470 平方公里,形成“一区十八园格局”
2013	中国(上海)自由贸易试验区挂牌成立	涵盖陆家嘴金融区、金桥开发区和张江高科技区
2014	上海市政府批准张江高新区再次扩大管理范围; 上海自贸区扩展区域涵盖陆家嘴金融区、金桥开发区和张江高科技区	规划面积 531 平方公里,形成“一区二十二园格局”;

如今,国家自主创新示范区、上海自贸区两大“国策”齐聚张江,各具特色的 22 个分园遍布上海全市各行政区(见图 6.19),展望未来,挑战与机遇并存,张江高新区站在了新的历史起点上。

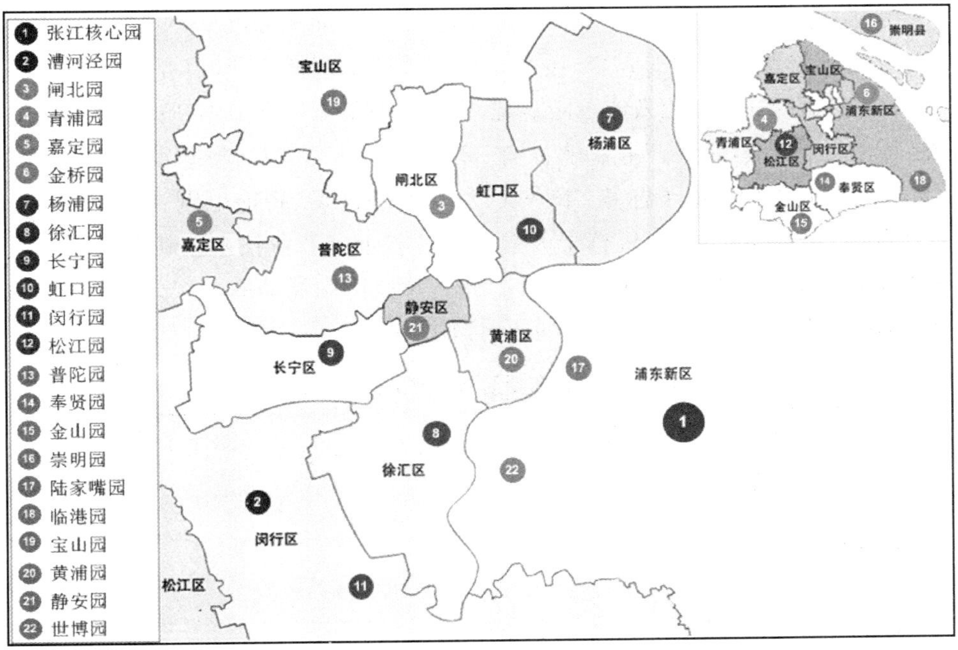

图 6.19　张江高新技术产业开发区分园分布图

图中编号顺序根据各分园形成时间依次标注，不同色彩分别表示截止至1992年、2006年、2011年，张江高新区分园分布情况。其中张江国家自主创新示范区核心园（简称“张江核心园”），于2011年进行了扩大，包括：张江高科技园区、银行卡产业园、张江东区、孙桥现代农业园。

二、创新环境

张江高新区在产业集群、金融支持、人才荟萃方面形成了别具特色的“张江模式”，绘就了波澜壮阔的发展画卷，对上海整体创新水平的提升起到推动作用，更成为我国高科技园区中的成功典范。

1. 产业集聚

随着张江高新区“版图”的不断扩大，产业集群规模与日俱增，124个园中园百花齐放遍布于22个分园，其中约80个园中园已形成科技创新和产业资源集聚态势①。通过纳入已有科技园区、组织新建特色产业园，将各个分散的园区与资源集中整合，张江高新区的产业链不断升级优化，产业类型也从张江核心园的生物医药、集成电路、新能源新材料等扩大到新一代信息技术、高端装备制造业、

① 王道军. 张江园区将主推“开放式创新”[EB/OL]. [2015－01－14]. http://www.dfdaily.com/html/113/2015/1/14/1225921.shtml

生物产业、新能源产业、新材料产业、节能环保产业、新能源汽车产业等。张江高新区正逐步形成产业种类齐全、技术布局合理的示范性产业园(见表 6.6)。同时,产业集群的知识溢出效应不断显现,产业联盟如雨后春笋不断涌现。据统计截至 2010 年年底,张江产业联盟已有 22 个,“十二五”期间将陆续在半导体照明、激光显示、RFID 电子标签、下一代广电网、新能源、智能电网、新能源汽车、抗体药物、医疗器械、大飞机这十大领域构建若干个产业技术创新战略联盟①。随着新模式、新机制、新政策纷至沓来,张江示范区内涌动的生产力将进一步释放,带动产业升级换代,形成巨大的辐射型影响力。

表 6.6 张江高新区重点产业集群分布表

产　业	新一代信息技术	高端装备制造	生物医药	新能源	新材料	节能环保	新能源汽车	文化创意
核心园	√	√	√	√	√	√	√	√
漕河泾园	√	√	√	√	√	√	√	
闸北园	√	√						
青浦园	√	√	√	√	√			
嘉定园	√	√	√	√			√	
金桥园	√	√	√	√		√	√	
杨浦园	√					√		√
徐汇园	√		√	√	√			
长宁园	√	√		√				
虹口园	√							√
闵行园		√		√			√	
松江园	√	√		√				
普陀园	√							
奉贤园		√	√					
金山园		√	√		√			
崇明园	√	√						
陆家嘴园	√							
临港园		√						

资料来源:于晨. 创新引领未来[M]. 上海. 上海市张江高新技术产业区管理委员会. 2011. 百度文库. 上海张江高新区各分园产业定位[EB/OL]. [2014-08-26]. http://wenku.baidu.com/link?url=A6laOLdnb405P0AHYFRChUtpaxF02a_2xIs88czxvN816wQelnFDMdwlELEe-C6_Tf7OlqDPBP10gQTw_TCW_YRQ7GSTmAxi5X0gxdczT_. 李湛. 上海张江高新区产业发展研究 2011[M]. 上海. 上海交通大学出版社. 2011:124-125.

① 于晨. 创新引领未来[M]. 上海. 上海市张江高新技术产业区管理委员会. 2011:6.

与加州硅谷高新技术的成长主要依靠当地丰富的教育、经济、技术资源自发聚集形成知识溢出不同，张江高新区的产业集聚更多地需要政策扶持和市场干预。以张江核心区为例，该园区由上海张江高科技园区开发股份有限公司依据上海市政府的指示，对园区的产业布局、发展规划进行统筹管理。为推进产业聚集，园区管理方围绕“预孵化器-孵化器-加速器-产业化基地”的全程孵化器模式，在搭建仪器共享平台，提供研发外包专业服务，开展培训课程，促进企业技术交流，吸引风险投资等方面积极探索政策、制度创新，不断取得突破，在国际知名企业接踵而来的浪潮过后，迎来产业链中更多小微创新创业企业的身影。

2. 金融支持

纳斯达克人说：“如果没有纳斯达克这样一个资金集中的平台，就绝对不会有硅谷。”张江高新区推动技术革新同样离不开资金支持，创新的金融体系为张江高新区快速发展提供有力的后台保障。从最初为吸引外资的“土地和政策换资本”模式，到具有张江特色的“租金换股权”①模式，再到如今针对企业发展不同阶段的多元融资体系（表6.7），张江高新区积极推动科技金融改革，不断更新服务模式，在各分园大胆推出金融专项产品和特色金融服务，不仅撬动了巨量社会资本，也探索出多渠道的投融资模式。

表6.7　企业发展各阶段融资方式

发展阶段	融　资　方　式
研发初期	专项扶持资金、创业投资引导基金、银行资金
起步期	专项贷款担保、知识产权质押担保、银行资金
成长期	政府引导资金（契约式投资联盟和联合募集风险投资基金）、银行资金

近年来，为完善中小科技企业金融服务体系，张江高新区先行先试，通过与金融机构共同开发针对中小企业的科技金融服务新产品，出台配套政策激励金融机构推出科技金融创新产品，向风险投资基金推荐符合要求或有引资需求的企业等途径，完善张江高新区的多层次科技金融资本市场。

与此同时，金融机构与张江高新区的战略合作②，不仅为园区内的创新企业带来“福音”，也为这些金融机构带来开发新产品的动力与开拓新市场的契机。例如，浦发银行上海分行由银行、园区、担保公司三方建立的“银元宝”风险共担

① 租金换股权，是指张江高新区对园区内部分高科技企业以免租的方式进行投资持有这些企业的股权，使得被投资企业的赢利形成未来的现金流入和利润来源。通过引进社会资本和高溢价出让部分股权，而园区管理公司则通过企业股权的协议转让或上市实现投资变现。

② 据文汇报报道，张江与7家银行签战略合作协议，这7家银行分别是中国银行上海分行、交通银行上海分行、浦发银行上海分行、上海银行、上海农商银行、招商银行上海分行、华夏银行上海分行。

合作模式；中国银行上海市分行的在专门针对小微企业融资的“中银信贷工厂”基础上，进一步推出的银保合作“企保通”、银政合作“科保通”、中小企业置业“置富通”、信用贷款“微贷通”等特色融资产品；交通银行上海市分行以园区为抓手陆续推出“张江企业易贷通”“漕河泾开发区科技型中小企业信托平台”“携手通”等。

张江高新区与金融机构的合作促进效应，实现了技术与金融的共同繁荣，进而吸引更多国内顶级金融机构纷至沓来。随着中国平安、中国银联、交通银行、上海期货交易所、中国(上海)外汇交易中心等机构的数据中心落户张江核心园，张江高新区里更形成了中国最大的金融服务业基地，汇聚最强劲的金融资本交易力量，成为继重点技术产业之后，张江高新区的又一张“新名片”。

3. 人才荟萃

高新区承载着未来产业结构调整升级的重大历史使命，人才是高新区不可或缺的资源，更是支撑高新区发展的核心动力。随着上海张江国家自主创新示范区建设步伐的加快，为满足与日俱增的高端人才需求，张江示范区从引进海外人才、培养本地人才、优化人才政策环境着手，积极探索人才高地建设，构成张江示范区“智力引擎”。

(1) 建设创新创业人才基地——引进海外高层次人才

近年来，伴随我国经济建设、改革开放势如破竹的发展态势，开始涌现一波又一波“回国潮”。为顺应时代趋势、把握人才机遇，2008 年，中共中央推出海外高层次人才引进计划(以下简称“千人计划”)，希望支持一批高端战略型领军海外人才回国(来华)创新创业。

张江示范区是上海实施“千人计划”的重要主体之一。目前，示范区内针对海外人才已有 29 个海外高层次人才创业基地和 9 个留学生创业园①，此外，园区内还有各类国家大学科技园、国家重点实验室，国家工程(技术)研究中心、企业研发中心等已形成一定规模的研发科研机构。具备这些得天独厚的基础条件，张江示范区已集聚“千人计划”人才 586 人①，而以他们为生力军的创新型企业家队伍，既是战略新兴技术产业的领军人，也是张江示范区高端人才引进的“磁力石”。

另从上海市政府网站获悉②，张江示范区将全面启动国际人才试验区建设，将重点引进新兴产业细分领域的海外高层次人才，争取先行先试海外人才离岸

① 中华人民共和国科技部. 上海张江高新区[EB/OL]. [2015-01-10]. http://www.most.gov.cn/ztzl/qgkjgzhy/2015/2015jlcl/2015jlgjzzcxsfq/201501/t20150109_117646.htm.

② 上海市政府. 上海推进科创中心建设：张江全面启动国际人才试验区[EB/OL]. [2015-03-11]. http://www.shanghai.gov.cn/shanghai/node2314/node2315/n31406/u21ai988589.html.

创业基地建设，选择条件成熟的园区建立离岸创业基地，为海外人才离岸创业提供平台，突破高端国际人才集聚的空间限制。

(2) 优化教育培训资源——培养本地人才

产学研联合加快培育战略性新兴产业科技人才、技能人才。张江示范区22个分园遍布上海各行政区，教育资源丰富，研究基础设施齐备，具有开展产学研联合人才培养的先决条件。因此，上海市张江高新区管委会、上海市教育委员会决定，在张江示范区开展人才培养产学研联合实验室建设试点，探索学校教育与新兴产业结合的“嵌入式”双向培养新模式，推进新兴产业重点领域人才培养和集聚。该实验室的主要功能是将人才培养、学科建设、科学研究与新兴产业的需求相结合，为企业定向培养新兴产业急需人才，推动高校或科研院所人才培养模式创新和质量提高[①]。此外，通过引进国际知名教育培训机构，建设国际化教育基地，实施国家“中青年科技创新领军人才推进计划”、上海市“博士后科研资助计划”、“启明星”等人才计划，打造多元培养模式，加大对科技人才的培养力度。

海外合作培训计划促进园区管理人才建设。如果说“千人计划”是“请进来”的人才模式，那么张江高新区正在制订的园区建设管理人才海外培训计划[①]，则是“走出去”的人才模式。为提升本土管理人才的国际化水平，学习借鉴海外先进管理模式，张江高新区将与世界一流科技园区和著名大学签订人才合作培养协议。

(3) 完善人才服务体系——优化保障政策

人才是流动的，引进人才后，留住人才是张江高新区建设人才高地的重要环节。张江高新区从关怀人才生活基本需求、营造安居乐业的创业环境出发，不断完善人才服务体系，优化保障政策。例如：投入使用的人才公寓面积不断扩容；2011年启动的“张江聚才计划”发布了“双1000”工程[②]，旨在降低人才生活和企业创业成本；2013年启动的股权激励政策试点，企业可以本企业股权为标的，采取股权奖励、股权出售、股票期权等方式，或采取其他与企业股权价值相关联的分红激励、绩效奖励、增值权奖励等方式，对技术人才实施激励，激活人才创新动力；2015年建设试点人才服务平台[③]，布局“一站式”人才服务窗口，协调开展人才培训、高层次人才寻访、人才公寓申报、企业注册等多种社会化服务，健全服务功能、整合服务资源，提升园区人才服务水平。

---

① 张江高新区管委会. 关于开展上海张江国家自主创新示范区人才培养产学研联合实验室建设试点的通知[EB/OL]. [2014-08-08]. http://zjsfq.gov.cn/informationdisclosure/d81c30cd90e9410ca0afa5acb99a82b8

② “双1000”工程指张江人才的居住成本、创业办公成本分别实现每月人均只需1 000元。

③ 张江高新区管委会. 上海张江国家自主创新示范区人才服务平台建设试点实施办法[EB/OL]. [2014-08-13]. http://www.zjsfq.gov.cn/informationdisclosure/8e4a7e78153b46109063383084e54849.

三、新的启程：张江高科技园区建设全球科技创新中心行动方案(2015年)

张江高新区，肩负引领转变上海乃至中国发展模式的使命，长久以来被寄予探索中国特色自主创新道路的厚望。2011年张江高新区被批准建设国家自主创新示范区，“革新”仍是张江高新区发展的精髓①，近年来一系列引导创新方向、改善创新环境、激发创新动力的政策应运而生(表6.8)。

表6.8 张江示范区重大事件时间表

年份	政策事件
2011.01.21	国务院批复上海张江高新技术产业开发区建设国家自主创新示范区
2011.08.22	张江创新十条
2013.07.02	科技部印发《上海张江国家自主创新示范区发展规划纲要(2013—2020年)》
2015.03.19	张江高科技园区建设全球科技创新中心行动方案

全球科技创新中心是上海继打造国际经济、金融、贸易、航运中心“四个中心”之后，正在筹划建设的“第五个中心”。大力实施创新驱动发展战略，加快建设具有全球影响力的科技创新中心，是2015年上海一号课题。作为上海建设具有全球影响力的科技创新中心的“先锋队”，张江示范区《2015年张江高科技园区建设全球科技创新中心行动方案》已新鲜出炉并开始实施②，重点围绕实现开放式创新程度最高、运用型创新要素最集聚、改革试验举措最丰富、主导产业成果转化率最高、“四新经济”代表性企业最集中、科技金融活力最显著、创新创业者最向往的发展目标，全面推进具有全球影响力的科创中心建设。

随着上海自贸区的扩容，张江示范区中的张江核心园、金桥园、陆家嘴园形成了与自贸区叠加区域，从空间上实现与上海自贸区的联动③。同时，该行动方案通过打造国家自主创新示范区与上海自贸试验区“双自联动”的制度创新模式④，把上海自贸区现有制度创新成果在张江示范区复制推广、充分运用，打通货物、资金等的“进出通道”，提供更大的制度创新土壤。

(戴纯箴)

① 上海市科委. 2012上海科技亮点盘点之创新的领跑者——大张江[EB/OL]. [2013-02-04]. http://www.most.gov.cn/dfkj/sh/zxdt/201302/t20130201_99480.htm.

② 上海市人民政府. 张江高科技园区建设全球科创中心行动方案出炉[EB/OL]. [2015-03-19]. http://www.shanghai.gov.cn/shanghai/node2314/node2315/node4411/u21ai991547.html.

③ 上海张江(集团)有限公司. “双自”联动解析[EB/OL]. [2015-2-4]. http://www.zjpark.com/InfoShow.aspx?id=9661&infoitem_id=10.

④ 《张江高科技园区建设全球科技创新中心行动方案》共有56项措施，其中19项涉及“双自联动”。

研 究 篇

第七章

全球科技创新中心内涵

科技创新中心并不是一个严格意义上学术概念，国内外很多对科技创新中心的研究都有各自的角度、各自的出发点。这种不同，一方面来自科技创新本身含义的多样化。科技创新可以被认为既包括了科学发现或科学研究或科学创新，又包括了技术创新。同时，创新理论的出现最早是从经济学角度提出的，是熊彼特在《经济发展概论》一书中提出的“五新”概念，包括了引入一种新产品、采用一种新的生产方法、开辟新市场、获得原料或半成品的新供给来源、建立新的企业组织形式等。因而科技创新的概念应该从科学发现、技术创新，延伸到科技成果及新产品的产业化和商业化。

另一方面，关于中心的概念，既可以从国家的层面理解，也可以从地区、城市、园区的角度理解。英国学者贝尔纳(J. D. Bernal)、日本学者汤浅光朝、我国学者赵红州都从国家角度研究过科学中心，20 世纪 50 年代以美国硅谷、波士顿 128 公路等科技园区的兴起带来国际上从园区角度研究科技创新中心的热潮，近年来随着一些著名国际大都市开始致力于将科技创新作为城市发展主要推动力，又将科技创新中心的研究转向了城市。同时，在经济全球化日益深化的今天，国家间竞争的重心正逐步向城市间的竞争转化。国家间的货物、人员、知识等要素转移便利性不断提高，而国家内部由于资源禀赋不同造成发展的差异化，这两个因素共同作用导致竞争更多发生在同质化竞争的城市或地区间，这种竞争既可以是在一个国家内的几个城市间，也可以是不同国家的城市间。因此本书探讨的全球科技创新中心更多是从一个城市或区域的角度，而非国家。

第一节　全球科技创新中心评判的标准

正是因为科技创新中心内涵的多样化，国际上对区域的科技创新相关能力进行评价的研究和相关指标、榜单都有不同的角度、研究重点，有的是对国家的创新能力进行评价、有的是从城市、区域的综合能力进行评价。从严格意义上讲，国际上还未出现一个公认的针对全球创新中心评价的标准。

1. 现有国际榜单中有关科技创新能力的主要衡量指标

国际上不少针对国家、区域、城市的竞争力进行评价和比较的报告和研究，其中大都涉及对科技创新相关能力的评价，但是相关指标体系各有所不同。涉及评价国家科技创新能力的主要有世界经济论坛的《全球竞争力报告》、瑞士国际管理学院的《世界竞争力年鉴》、联合国《人类发展报告》中的技术成就指数等，涉及评价园区和城市科技创新能力的主要有《连线》(*Wired*)全球技术创新中心、《亚太地区最具创新力城市》、《全球实力城市指数》、《全球创新城市指数》、《全球创业生态报告》等相关报告。

世界经济论坛(WEF)从 1979 年起开始发布《全球竞争力报告》(*Global Competitiveness Report* 对各国竞争能力和优势进行评价，最初主要是通过向全球 100 多个国家 3 万名商业领导人进行意见调查形成报告，2004 年世界经济论坛建立了专门的评价模型和指标体系对各国竞争能力进行测评。此后，指标体系经过多次调整，目前根据最新发布的《全球竞争力报告 2015—2016》中披露全球竞争力评价指标(Global Competitiveness Index) 共有 3 个一级指标、12 个二级指标、126 指标三级指标。其中和科技创新直接相关的指标中，主要集中在技术应用(technology adoption)、创新生态(innovation ecosystem)和创新成效(innovation implementation)3 个二级指标下的 17 个三级指标。这些指标大多是通过调查问卷主观打分获得，只有极少数指标采用客观定量数据。

瑞士国际管理学院(IMD)从 1989 年起每年发布《世界竞争力年鉴》(*World Competitiveness Yearbook*)对各国经济竞争力进行评估。《世界竞争力年鉴》(*World Competitiveness Yearbook*)共设置了 4 个一级指标、20 个二级指标、327 个三级指标。其中和科技创新能力直接相关的主要集中在技术基础设施(technological infrastructure)和科学基础设施(scientific infrastructure)。技术基础设施包括了电信投资、固定电话线、固定电话费等 19 个指标。科学基础设施包括了 R&D 支出、R&D 比重、人均 R&D 支出、企业 R&D 支出、企业 R&D 支出比重、R&D 人员当量等 23 个指标。《世界竞争力年鉴》的指标体系中，有 2/3 指标是客观统计数据，1/3 指标是通过问卷调查的打分数据。

联合国开发计划署 2001 在《人类发展报告》中提出了技术成就指数(Technology Achievement Index)来评价一个国家的技术发展成果。技术成就指数主要有技术的产生、新技术的扩散、已有技术的扩散、人际关系技能等 4 个方面 8 项具体指标，其中包括人均专利授权数、人均国外获得的专利使用和许可费、人均连接互联网主机数等。技术成就指数主要采用了客观的统计性数据。此后，《人类发展报告》对科技创新能力的评价也进行了多次调整。《2013 人类发展报告》从研究与开发、创新、技术吸收等3个方面的10个指标对各国创新和技术进行了评价。研究开发包括研发开支(占GDP百分比)、研发人员数量、科学与工程学的毕业生等指标,创新包括了授予居民和非居民的专利、版权及技术许可费收入等指标,技术吸收包括了电气化普及率、个人电脑数、互联网用户数、互联网宽带用户数、固定和移动电话用户数等指标。

《连线》(*Wired*)杂志2000年刊登文章首次在国际上从城市和区域的角度提出了全球技术创新中心的概念,并被联合国在《2001人类发展报告》中加以引用。该文章从4个方面,如区域内大学和研究机构培训员工及开发新技术的能力、是否有成熟企业及跨国公司提供专业知识和技能并保持经济稳定、人们是否有足够的创业驱动力开创新企业、是否能获得风险资本以确保构想最终能打入市场,通过调查问卷和打分对全球46个地区和城市的技术创新能力进行了评价。这46个地区既有硅谷、斯德哥尔摩—西斯塔、罗利—达勒姆—教堂山等非城市性区域,也有知名的国际大都市,如波士顿、伦敦、纽约等。

新加坡Solidiance咨询公司2013年发布了《亚太地区最具创新力城市》报告对16个城市的创新能力进行了评价。该报告从人才、知识创造、技术、社会、政治、全球融合力6个方面进行了比较。其中和科技创新直接相关的指标主要集中在知识创造和技术两大指标中。知识创造包括人均大学数量、R&D支出、人均R&D支出、专利申请量等7个指标。技术包括宽带渗透率、人均移动电话数、服务业占GDP比重等6个指标。

日本森集团城市战略研究所从2008年起发布《全球实力城市指数》,对全球最有影响力的40个城市进行综合竞争力的评价。《全球实力城市指数》从经济、研发、文化交流、宜居性、环境、可达性等6个方面进行比较。其中和科技创新能力直接相关的是研发指标,包括了学术资源、研究基础、研究成效等3个二级指标,以及研究人员数量、全球前200名大学数量、在数学和科学领域学术性能、吸收外国研究人员容易程度等8个三级指标。

澳大利亚创新研究机构2ThinkNow从2007年起开始发布《全球创新城市指数》,该报告对全球445个城市的整体创新能力进行评价,其中既包含了科技创新能力方面,也涵盖了其他领域的创新能力。《全球创新城市指数》由3个一级指标、31个二级指标、162个三级指标组成。其中和科技创新能力相关的主要集中在技术和通信这个二级指标中,包括了宽带网络、固定电话网络、政府信息技术政策、宽带用户数等7个三级指标。此外在教育二级指标中,也有一些和科技创新能力间接相关的指标,如高等教育中科技类学位教育、大学成果商业化情况等三级指标。

美国Startup Genome从2012年起开始发布《全球创业生态报告》,对全球

20个城市和园区的创业环境进行评价。《全球创业生态报告》的评价指标主要包括创业成果、资金、企业业绩、观念、趋势引领、支撑网络、人才等6个一级指标。《全球创业生态报告》的指标并不是直接评价科技创新能力的，其评价重点在科技成果产业化。

表7.1 国际上涉及科技创新能力评价的相关报告和指标

评价对象	报告名称	科技创新相关指标
国家	全球竞争力报告	从技术应用、创新生态、创新成效3个方面进行评价。 技术应用包括新技术应用、企业技术引进、外商直接投资和技术转移、外商投资比重、本土供应商数量等5个指标。 创新生态包括科学研究机构数量、研究人员人均R&D费用、科学家和工程师可获得性、人均发布科技杂志文章数量、PCT专利申请量、合作和交流、产生新思想的鼓励程度、专利申请多样性、劳动力多样性等9个指标。 创新成效包括新产品产业化能力、知识产权使用收费、孵化器功能、创业风险态度、公司对破坏性创新态度、管理层意愿、市场拓展能力、消费者精明程度等8个指标。
国家	世界竞争力年鉴	从技术基础设施、科学基础设施两个方面进行评价。 技术基础设施包括了电信投资、固定电话线、固定电话费、移动电话用户数、移动电话费、电信技术、企业互通性、计算机产业比重、人均计算机数、互联网用户数、宽带费用、互联网宽带速度、信息技术技能、合格工程师数量、技术合作、公私合作技术开发、技术的开发和应用、技术开发的资助、技术发展相关的制度、高科技出口金额、高科技出口比重等19个指标。 科学基础设施包括了R&D支出、R&D比重、人均R&D支出、企业R&D支出、企业R&D支出比重、R&D人员当量、人均R&D人员当量、企业R&D人员当量、企业人均R&D人员当量、科技相关学位比重、科技论文、科技类诺贝尔获奖数、人均科技类诺贝尔获奖数、专利申请量、专利授权数量、有效专利数、专利生产率、科学研究国际标准、科学及研究人员数量、鼓励创新法律、知识产权、知识转移、企业创新能力等23个指标。
国家	2000人类发展报告	提出技术成就指数。 技术成就指数主要从技术的产生、新技术的扩散、已有技术的扩散、人际关系技能等四个方面8项具体指标，包括人均专利授权数、人均国外获得的专利使用和许可费、人均连接互联网主机数、中高技术出口、电话数、人均电子消费品数、接受学校教育平均年数、高端教育中科技专业毛入学率等。

续　表

评价对象	报告名称	科技创新相关指标
国家	2013 人类发展报告	人类发展指数从研究开发、创新、技术吸收等 3 个方面对科技创新能力进行评价。 研究开发包括研发开支(占 GDP 百分比)、研发人员数量、科学与工程学的毕业生(占所有毕业生百分比)等指标。 创新包括了授予居民和非居民的专利、版权及技术许可费收入等指标。 技术吸收包括了电气化普及率、个人电脑数、互联网用户数、互联网宽带用户数、固定和移动电话用户数等指标。
城市、区域	连线(*Wired*)	全球技术创新中心从区域内大学和研究机构培训员工及开发新技术的能力、是否有成熟企业及跨国公司提供专业知识和技能并保持经济稳定、人们是否有足够的创业驱动力开创新企业、是否能获得风险资本以确保构想最终能打入市场等 4 个方面进行打分。
城市	亚太地区最具创新力城市	集中在知识创造、技术两个方面。 知识创造包括人均大学数量、R&D 支出、人均 R&D 支出、专利申请量、商标注册数、教育开支占 GDP 比重、高等教育毛入学率等 7 个指标。 技术包括宽带渗透率、人均移动电话数、服务业占 GDP 比重、资本获得容易程度、人口覆盖度、数字经济排名等 6 个指标。
城市	全球实力城市指数	包括了学术资源、研究基础、研究成效等 3 个二级指标，以及研究人员数量、全球前 200 名大学数量、在数学和科学领域学术性能、吸收外国研究人员容易程度、研发经费支出、注册专利数、在科技领域获得国际影响力奖项、研究人员交流机会等 8 个三级指标。
城市	全球创新城市指数	技术和通信这个二级指标中，包括了宽带网络、固定电话网络、政府信息技术政策、宽带用户数、移动电话网络、社交媒体、无线网络等 7 个三级指标。此外在教育二级指标中，也有一些和科技创新能力间接相关的指标，如高等教育中科技类学位教育、大学成果商业化情况等三级指标。
城市、区域	全球创业生态报告	包括了创业成果、资金、企业业绩、观念、趋势引领、支撑网络、人才等指标。

资料来源：上海科技情报所收集整理

2. 全球科技创新中心评价的标准

国际上的评价指标和报告，虽然涉及了和科技创新相关指标，但是由于其评价目的并不是直接针对科技创新能力，如《全球竞争力报告》《世界竞争力年鉴》《人类发展报告》主要是评价整体竞争力和发展水平，其涉及科技创新能力相关评价相对不全面，并且主要是针对一个国家，而非城市和区域。

而另一些评价报告虽然针对的是城市或者区域，但是其评价的目的并不是完整意义上的科技创新能力。《连线》杂志的全球技术创新能力其评价标准重点在于技术创新能力及其产业化，指标设置较为简单，多采用了问卷调查；《亚太地区最具创新力城市》重点在于城市整体创新能力，科技创新评价重点在科技产出和基础设施；《全球实力城市指数》针对城市整体综合竞争力，科技创新相关指标重点在科技产出上；《全球创新城市指数》也是针对城市整体竞争力，科技创新相关指标重点在于科技创新环境上。

全面、客观评价全球科技创新能力，不仅应该评价从科学发现、技术创新到成果产业化的科技创新全过程，而且也应该评价从科技创新投入、科技创新产出到科技创新环境和基础等科技创新全方面。

表 7.2　全球科技创新中心评价相关指标

评价角度	主要领域	相关指标
科技创新过程	科学发现	高校数量及能力、研究机构人员数量及能力、科技杂志数量及质量、科技文章数量及质量、基础研究经费、国际科研合作及交流、科技相关学位比重、R&D 支出及比重、接受学校教育平均年数、教育开支占 GDP 比重、高等教育毛入学率、在科技领域获得国际影响力奖项、研究人员交流机会等。
科技创新过程	技术创新	企业研发人员数量及质量、企业研发经费支出及成效、企业新技术引入情况、企业合作研究数量及质量、专利申请和授权、企业 R&D 人员当量、合格工程师数量、技术合作、公私合作技术开发、技术的开发和应用、技术开发的资助、国外获得的专利使用和许可费等。
科技创新过程	成果产业化	企业高技术产品的收入及比重、信息技术技能、高科技出口金额及比重、风险资本、新产品产业化能力、知识产权使用收费、创业风险态度等。
科技创新体系	科技创新投入	R&D 支出及比重、企业 R&D 支出及比重、R&D 人员当量、企业 R&D 人员当量、科学研究机构数量、研发人员数量、合格工程师数量、技术开发的资助、科学及研究人员数量、风险资本、在数学和科学领域学术性能、吸收外国研究人员容易程度、研究人员交流机会等。

续 表

评价角度	主要领域	相 关 指 标
科技创新体系	科技创新产出	新技术应用、企业技术引进、外商直接投资和技术转移、科技杂志文章数量、专利申请及授权量、有效专利数、专利生产率、新产品产业化能力、知识产权使用收费、高科技出口金额及比重、科技类诺贝尔获奖数、获得国外专利使用和许可费、高技术出口及比重、版权及技术许可费收入、在科技领域获得国际影响力奖项、大学成果商业化情况等等。
科技创新体系	科技创新环境及基础	教育开支占 GDP 比重、高等教育毛入学率、接受学校教育平均年数、高端教育中科技专业毛入学率、科学与工程学的毕业生、电子消费品数量、移动电话用户数、个人电脑数、互联网用户、互联网宽带用户数话数、宽带费用、互联网宽带速度、技术发展相关的制度、鼓励创新法律、资本获得容易程度、孵化器功能、创业风险态度、公司对破坏性创新态度等、支持科技创新和成果产业化相关法规制度等。

（杨荣斌）

第二节 全球科技创新中心的类型

由于对于全球科技创新中心的评价在国际上并没有一个公认的标准，以及城市间和区域间的差异性较大、城市功能发挥的程度不同，这些造成了当前国际上存在一些不同类型的科技创新中心。

从园区和城市的角度，既有园区型科技创新中心，也有城市型科技创新中心。园区型科技创新中心，也可以分为自然形成和人为建设的。自然形成的园区型科技创新中心，代表性的有美国硅谷、美国 128 公路、美国北卡三角园区。人为建设性的园区型科技创新中心，代表性的有德国海德堡科技园、剑桥科学园、韩国大德科研开发特区、我国的中关村高新技术园区、张江高新技术园区等。城市型科技创新中心，既有国际大都市型的科技创新中心，如纽约、伦敦、波士顿、柏林等，也有科技型城市科技创新中心，如筑波、新竹、班加罗尔等。

从区域或城市在科技创新过程中的侧重点来分，可以分为科学创新中心、技术创新中心、创新成果产业化中心，但是具体落实在一个城市、一个区域可能会同时拥有 2 个或 3 个。科学创新中心的基本特征是高校研究机构聚焦，在国际基础研究领域享有很高声誉，如筑波、波士顿、剑桥、柏林、北京等。技术创新中心的基本特征是企业技术研发中心聚集、高新技术产品产值较高，如硅谷、深圳、波士顿等。成果产业化创新中心的基本特征是风险资本云集，新产品、新业态、新模式不断出现，创业企业聚集等，硅谷、纽约、伦敦、我国中关村、张江高新技术园区等就是较为典型的。

从城市功能地位及科技发展模式不同，科技创新中心可以分为科技创新型中心和综合创新型中心。科技创新型中心的主要特征是高科技产业聚集，有较为完善的科技创新资源和网络，以硅谷、128 公路、北卡等为典型代表；综合创新型中心的主要特征是城市国际影响力较大，城市辐射功能强大，知识型和专业型服务业较为发达，这类科技创新中心通常也是全球性的经济中心，如纽约、伦敦、柏林等。

从城市在全球创新网络和创新经济的重要性来划分，也可以分为不同类型科技创新中心。根据澳大利亚创新研究机构 2ThinkNow 发布的《全球创新城市指数》就将创新城市分为关键纽带（nexus）、枢纽（hub）、节点（node）、影响者（influencer）、崛起者（upstart）。其中，关键纽带（nexus）型城市的特征是在全球多个经济和社会化创新领域中都起着关键作用的城市，如美国旧金山—圣何塞、纽约、伦敦、波士顿、巴黎、维也纳、慕尼黑、阿姆斯特丹、哥本哈根、西雅图中心等。枢纽（hub）型城市的特征是基于全球趋势主导或影响关键的经济和社会创新领域，如法国马塞、美国休斯敦、西班牙巴塞罗那、我国北京等。节点（node）型城市的特征是在多数领域拥有较强创新能力，但是还存在一些领域发展不平衡，如巴西的里约热内卢、美国斯普林斯市、葡萄牙里斯本等。影响者（influencer）的特征是城市在多数领域发展不平衡，如韩国水原、沙特吉达、立陶宛维尔纽斯等。崛起者（upstart）型城市的特征是未来在创新上有很大的发展潜力，如乌拉圭蒙得维的亚、智利圣地亚哥、沙特利雅得等。

从当前具有全球影响力的科技创新中心来看，还不存在一个全能型、全方位的全球科技创新中心，很多城市也只在几个技术领域或少数创新环节上在全球占据了主导地位。即使是大家公认的全球科技创新中心——硅谷，其主要还是一个技术创新中心和成果产业化的中心，其基础研究实力还比不上波士顿、洛杉矶，还不是一个科学创新中心，而且在技术领域上也还集中在信息技术领域、新能源领域和生物医药领域等；纽约也只是在成果产业化方面在国际上占有重要地位，在科技领域上只在生物医药、新媒体领域在国际上享有盛誉。

（杨荣斌）

第三节　全球科技创新中心建设的路径

全球科技创新中心的建设不是一蹴而就，都是经过了几十年，甚至上百年的踏踏实实、一步一步发展逐步形成的。总结国际上现有的科技创新中心发展历程，大致有四条路径，可能有的科技创新中心同时采取了两条、三条路径同步发展。

路径一：从科技园区走向科技创新中心

国际上有不少科技创新中心最初都是从园区发展而来，随着园区影响越来越大，聚集研究机构、企业越来越多，园区的地域范围不断扩大，逐步扩大到整个城市范围，如美国硅谷、日本筑波、韩国大德、我国台湾新竹等都是从科技园区发展而来的。

硅谷最初是从美国斯坦福大学附近的斯坦福工业园区而来。20 世纪 50 年代，在时任斯坦福大学电子工程学院的院长、后被称为“硅谷之父”的弗雷德里克·埃蒙斯·特曼倡议下建立了斯坦福工业园，一批科技型企业和技术成果从园区内逐步壮大，并且不断向周边扩展，到了 20 世纪 70 年代聚集的企业已经扩展到了圣克拉拉县内的多个城市，并且在媒体上并首次称为“硅谷”。发展至今，硅谷已经涵盖到美国加州的四个县，包括圣克拉拉县全部 15 座城市、圣马特奥县全部 20 座城市、阿拉米达县的 3 座城市和圣塔克鲁兹县的 1 座城市，总面积已达 4 801 平方公里。

日本筑波最初是一片广阔的农村，1963 年日本决定在筑波地区开始建设“筑波研究学园”，将国立研究机构搬迁至筑波，到 1980 年国立科研机构按计划完成搬迁。此后很多科技型企业也开始纷纷入驻当地的工业园区，城市框架逐步形成。1985 年筑波成功举办世博会，国际影响力不断扩大。至今筑波已经发展成为拥有超过 2 万名研究者的日本最大规模的科学城。

韩国大德是 1973 年在朴正熙政府“科学立国”的发展方针下确立建设的，最初规划面积 26.8 平方千米，1976 年韩国政府专门出台了《大德专业研究园区建设规划》，2004 年又将升级为《大德研究开发特区培育方针》，特区构成除大德研究园区外，还将作为大田地方性园区的第 3、4 产业园区、由大田市及韩华集团等合作开发的大田科技谷以及后续增补开发的 8 个园区及国防科学研究所一并划入，规划总面积是原有大德研究园区的 3 倍，达到 70.4 平方千米。

我国台湾新竹的发展主要依托了当地台湾清华大学、台湾交通大学、台湾工业技术研究院等丰富的科技资源，1981 年台湾当局决定设立新竹科学工业园区，1993 年政府又发布《新竹科学城发展计划》，范围包括新竹县、市，内容涵盖科技、居住、商业、交通、医疗、文化古迹等各项城市建设。

路径二：从贸易中心、金融中心走向科技创新中心

很多国际性大都市建设科技创新中心则走的另一条路径。除了人为规划的

科学城外，国际上没有一个大都市生来就是科技创新中心。历史上，自然形成的城市都是区域的交易中心、贸易中心、产业中心，渐渐变成区域的经济中心。一些知名的国际大都市从区域的贸易中心、产业中心，逐步发展为国际的贸易中心、产业中心，最终成为国际的金融中心。近年来，纽约、伦敦为代表的国际大都市纷纷将建设科技创新中心作为城市发展最新目标和发展动力。虽然这些国际性大都市也借助了当地的科技园区来推动科技创新能力的发展，但是城市科技创新中心的建设更多依托于城市原有的经济基础、金融资源、城市功能，尤其是城市的辐射能力。

纽约早在 18 世纪末已经成为区域的经济中心，二次大战后随着美国作为全球经济中心地位的确立，纽约逐步发展成为国际贸易中心，20 世纪 70 年代后又成为国际金融中心。2008 年国际金融危机的惨痛教训让纽约认识到仅凭金融中心很难维持城市的发展平衡和经济可持续发展。2010 年，时任纽约市长的布隆伯格提出“应用科学”计划，依托纽约强大的金融资源、丰富的人力资源和当地科学资源，吸引世界顶尖高校和研究机构在纽约建立新的科技园区，从而激发纽约的创新力量。纽约从贸易中心、产业中心、经济中心、金融中心的发展历程，不仅为纽约建立了完备的、国际首屈一指的金融体系和融资渠道，也形成了强大具有国际影响力的法律、中介等配套体系，并且聚集了不少研究机构、高校和大批研究人员，这些都为纽约建设科技创新中心奠定了良好的基础。纽约市目前已是全美第二大技术中心，同时也成为美国仅次于硅谷的科技创业基地。

伦敦作为老牌的国际贸易中心和国际金融中心，其地位也是随着英国国际地位的确立而来的。虽然由于英国国际地位的下降以及全球经济中心的转移，伦敦的国际影响力也有所衰退，但是作为欧洲首屈一指的贸易中心和金融中心地位依然保持。贸易中心和金融中心地位不仅大大提升了伦敦国际的影响力，为伦敦经济发展做出了巨大贡献，同时也为伦敦集聚辐射全球金融机构、国际知名跨国公司和高层次管理人才、科研机构和研究人员提供了很好的基础。2000 年伦敦制定了《伦敦科学、知识与创新战略规划》，2003 年发布了《伦敦创新战略与行动计划（2003—2006）》，2010 年英国首相卡梅伦又提出了建设“伦敦科技城”，要将其打造为“世界科技中心之一”。

路径三：从科学创新中心走向科技创新中心

虽然科技创新中心不一定是所在国最好的科学创新中心，但是肯定也是聚集了一批所在国较为知名的研发机构，是区域性的科学创新中心之一。国际经验已经表明，每一个科技创新中心发展的背后都是凭借和充分发挥了当地的科学研究机构作用。

国际上很多科技城的建设都是从引入知名研究机构开始起步的。日本筑波是由政府迁入了43个国家科研机构发展起来的。韩国大德也是政府迁入韩国标准研究所、韩国船舶研究所、韩国船舶研究所、韩国化学研究所、韩国核燃料开发公团、忠南大学、双龙中央研究所、汉阳化学中央研究所等众多研究机构发展起来的。我国台湾新竹的发展依托了台湾清华大学、台湾交通大学、台湾工业技术研究院等。

即使全球最负盛名的科技创新中心——硅谷，其起源和斯坦福大学拥有国际和全美知名的科技应用研究能力分不开，硅谷中的很多企业背后都有斯坦福大学教授和学生的身影。斯坦福大学被誉为"硅谷创新的灵魂"。除了成立斯坦福工业园外，斯坦福大学在硅谷形成初期凭借其科研实力积极助推当地科技企业，如为硅谷科技企业提供开放教学、鼓励教职人员兼职或创业、在校内设立了技术专利办公室以专利许可和技术转让的形式把斯坦福大学的先进科研技术转向硅谷的高科技公司等等。

纽约市虽然和波士顿、洛杉矶等科研机构聚集的地区相比还有一些差距。但是相比美国此外的其他城市，纽约的科研资源也是非常丰富。据2009年统计数据，纽约市拥有9家具有国际影响力学术研究机构、26家美国国内重点研究机构和医学中心、175家医院和研究中心及实验室，如哥伦比亚大学、纽约大学、康奈尔大学、斯隆-凯瑟琳癌症治疗中心、康奈尔大学威尔医学院、哥伦比亚大学医学院等。同时，纽约市拥有极其丰富的人力资源，其中包括19名科学领域的诺贝尔奖得主和39名霍华德·休斯医学研究会会员——该研究会成员均为生物医学领域出产尖端研究成果的知名人士，纽约大都市区中荣膺全美科学院院士之列的人数居全美第四。这些科技资源为纽约提供了很多新的科学技术成果，是纽约科技创新的源泉。

伦敦拥有伦敦城市大学、伦敦大学学院、帝国理工学院、伦敦政治经济学院，以及英国医学研究理事会(MRC)、巴布拉汉姆研究所(Babraham Institute)等众多国际知名研究，闻名于世的牛津大学和剑桥大学也距离伦敦不远，这些为伦敦的科技创新发展提供很好的知识积累。

路径四：从完善区域科技创新体系走向科技创新中心

构建运行良好的区域科技创新体系是科技创新中心建设的必有途径。区域科技创新体系，既包括了高等教育、研究机构、企业等组成相互联系合作的科技创新链，也包括了科技创新投入机制、产出成效，同时还包括很多科技创新的基础和环境。

区域科技创新理论是近年来国际上研究创新的重要内容。Autio(1998)认为区域创新系统是"基本的社会系统，由相互作用的子系统组成……组织和子系统内部及相互之间的互动产生了推动区域创新系统演化的知识流"；David Doloreux 等(2003)研究认为，区域创新系统包含两方面的内容：一是创新活力，它包括企业与"知识组织"，如大学、研究机构等的密切关系，组成了一个支撑性的"知识基础设施"；二是区域作为一个政体，可以通过某种治理安排来促进和支持这些关系①。

前文阐述的国际上对科技创新能力的评价也大都基于对区域科技创新体系运行情况的评价。如世界经济论坛(WEF)的《全球竞争力报告》(*Global Competitiveness Report*)对科技创新能力的评价，主要从技术应用、创新生态、和创新成效 3 个方面进行测评；瑞士国际管理学院(IMD)对科技创新能力的评价，主要从技术基础设施和科学基础设施两个方面进行测评；联合国《2001 人类发展报告》中提出的技术成就指数，主要从技术的产生、新技术的扩散、已有技术的扩散、人际关系技能等 4 个方面进行测评；新加坡 Solidiance 咨询公司《亚太地区最具创新力城市》从人才、知识创造、技术、社会、政治、全球融合力 6 个方面进行了比较；日本森集团城市战略研究所《全球实力城市指数》从经济、研发、文化交流、宜居性、环境、可达性等 6 个方面进行比较。

同时，国际上一些科技创新中心发展过程中也大都从完善区域科技创新体系的角度来推进科技创新的发展。纽约政府专门扶持纽约大学理工学院数字媒体孵化器、曼哈顿下城新企业孵化器的设立，创立了"纽约市种子基金"和"市政府创业基金为创业和新技术项目提供资助，提出了"应用科学"计划旨在吸引世界顶尖高校和研究机构在纽约建立新的科技园区。伦敦出台了《伦敦科学、知识与创新战略规划》《伦敦创新战略与行动计划(2003—2006)》等城市科技创新相关规划，积极打造创新、科学知识与成果产业化相互联系的平台，形成一个可持续的创新支撑体系，并推出了"伦敦科技城发展计划"。柏林市不仅推出了区域合作创新战略——"柏林-勃兰登堡联合创新战略"，同时构建了经济界和科技界对话的桥梁，为未来领域和创新集群建立了政府层面的协调机制，为创新战略的实现提供跨地区的、国际性的资金支持，通过政府资金支持柏林工程应用技术大学、柏林工程和经济应用技术大学等和经济界共同开展研究项目，柏林市政设立专门的柏林应用研究所和"市长科技奖"，为创新活动提供了"研发—知识技术转化—市场化""创业培训—人才聘请—业务国际化"全方位的投融资支持等等。

总结现有的科技创新中心建设的经验，决定科技创新中心形成的关键因素，一是要有非常明确的目标以及持之以恒的发展思路；二是政府要发挥关键的引

① 科技创新理论综述，范维、王新红，生产力研究，No4，2009

领作用。国际上，无论是欧美发达国家，还是新兴市场国家，在科技创新中心建设过程中政府都发挥了举足轻重的支持和引领作用。三是要充分发挥自身特色的资源禀赋，尤其是在科技资源上的禀赋；四是要有所侧重，国际上还没有一个全方位、全领域的科技创新中心，因此建设科技创新中心必须选择好重点突破方向和领域，在少数几个领域建设科技创新中心的路径可行性更高。

（杨荣斌）

参考文献

[1] 白春礼. 世界科技创新趋势与启示[J]. 科学发展,2014(3)：5～12.

[2] 中国科学院. 科技发展新态势与面向 2020 年的战略选择[M]. 北京：科学出版社，2013. 4

[3] Rifkin J. 第三次工业革命：新经济模式如何改变世界[M]. 北京：中信出版社,2012. 6

[4] Promotorengruppe Kommunikation der Forschungsunion Wirtschaft — Wissenschaft, acatech — Deutsche Akademie der Technikwissenschaften e. V.. Deutschlands Zukunft als Produktionsstandort sichern: Umsetzungsempfehlungen für das Zukunftsprojekt Industrie 4. 0[R]. Frankfurt/Main: Geschäftsstelle der Plattform Industrie 4. 0,2013.

[5] Promotorengruppe Kommunikation der Forschungsunion Wirtschaft — Wissenschaft, acatech Deutsche Akademie der Technikwissenschaften e. V., Deutsches Forschungszentrum für Künstliche Intelligenz GmbH, Deutsche Post AG. Deutschlands Zukunft als Produktionsstandort sichern: Umsetzungsempfehlungen für das Zukunftsprojekt Industrie 4. 0[R]. Berlin: Büro der Forschungsunion im Stifterverband für die Deutsche Wissenschaft e. V.,2012.

[6] Zukunftsprojekt Industrie 4. 0[EB/OL]. http://www. bmbf. de/de/9072. php. [2015-03-30].

[7] 工业 4. 0 平台[EB/OL]. http://www. plattform-i40. de/.

[8] Promotorengruppe Kommunikation der Forschungsunion Wirtschaft — Wissenschaft, acatech — Deutsche Akademie der Technikwissenschaften e. V.. Deutschlands Zukunft als Produktionsstandort sichern: Umsetzungsempfehlungen für das Zukunftsprojekt Industrie 4. 0[R]. Frankfurt/Main: Geschäftsstelle der Plattform Industrie 4. 0,2013.

[9] Promotorengruppe Kommunikation der Forschungsunion Wirtschaft — Wissenschaft, acatech Deutsche Akademie der Technikwissenschaften e. V., Deutsches Forschungszentrum für Künstliche Intelligenz GmbH, Deutsche Post AG. Deutschlands Zukunft als Produktionsstandort sichern: Umsetzungsempfehlungen für das Zukunftsprojekt Industrie 4. 0[R]. Berlin: Büro der Forschungsunion im Stifterverband für die Deutsche Wissenschaft e. V.,2012.

[10] Zukunftsprojekt Industrie 4. 0[EB/OL]. http://www. bmbf. de/de/9072. php. [2015-

03 - 30].

[11] 工业 4.0 平台[EB/OL]. http://www.plattform-i40.de/.

[12] Executive Office of the President, National Economic Council, Office of Science and Technology Policy. A Strategy for American Innovation: Driving Towards Sustainable Growth and Quality Jobs[EB/OL]. 2009 - 09 - 20[2015 - 04 - 09]. https://www.whitehouse.gov/sites/default/files/microsites/20090920 - innovation-whitepaper.PDF.

[13] Executive Office of the President, National Economic Council, Office of Science and Technology Policy. A Strategy for American Innovation: Securing Our Economic Growth and Prosperity[EB/OL]. 2011[2015 - 04 - 09]. https://www.whitehouse.gov/innovation/strategy.

[14] White House Office of Science and Technology Policy, Science, Technology, Innovation, and STEM Education in the 2013 Budget[EB/OL]. 2012 - 02 - 13[2015 - 04 - 09]. http://www.ostp.gov.

[15] White House Office of Science and Technology Policy, Science, Technology, Innovation, and STEM Education in the 2014 Budget[EB/OL]. 2013 - 04 - 10[2015 - 04 - 09]. http://www.whitehouse.gov/ostp.

[16] White House Office of Science and Technology Policy, Science, Technology, Innovation, and STEM Education in the 2014 Budget[EB/OL]. 2014[2015 - 04 - 09]. http://www.whitehouse.gov/ostp.

[17] Office of Science and Technology Policy, Science and Technology Priorities for the FY 2014 Budget[EB/OL]. 2012 - 06 - 06[2015 - 04 - 09]. https://www.whitehouse.gov/sites/default/files/m - 12 - 15.pdf.

[18] Office of Science and Technology Policy, Science and Technology Priorities for the FY 2015 Budget[EB/OL]. 2013 - 07 - 26[2015 - 04 - 09]. https://www.whitehouse.gov/sites/default/files/omb/memoranda/2013/m - 13 - 16.pdf.

[19] Office of Science and Technology Policy, Science and Technology Priorities for the FY 2016 Budget[EB/OL]. 2014 - 07 - 18[2015 - 04 - 09]. https://www.whitehouse.gov/sites/default/files/microsites/ostp/m - 14 - 11.pdf.

[20] Executive Office of the President, National Science and Technology Council. A National Strategic Plan for Advanced Manufacturing[EB/OL]. 2012 - 2[2015 - 04 - 09]. https://www.whitehouse.gov/sites/default/files/microsites/ostp/iam_advancedmanufacturing_strategicplan_2012.pdf.

[21] Executive Office of the President, National Science and Technology Council. A National Strategic Plan for Advanced Manufacturing, Advanced Manufacturing National Program Office[EB/OL]. National Network for Manufacturing Innovation: a Preliminapy Design. 2013[2015 - 04 - 09]. http://www.manufacturing.gov/nnmi.html.

[22] Bundesministerin für Bildung und Forschung, Referat Grundsatzfragen der

Innovationspolitik. Bundesbericht Forschung und Innovation 2014［R］. Rostock：Publikationsversand der Bundesregierung，2014.

［23］Bundesministerin für Bildung und Forschung，Referat Grundsatzfragen der Innovationspolitik. Die neue Hightech-Strategie：Innovationen für Deutschland［R］. Rostock：Publikationsversand der Bundesregierung，2014.

［24］Bundesministerium für Wirtschaft und Technologie. Technologie-und Innovationspolitik：Neue Initiativen für ein technologiefreundliches Deutschland［R］. Berlin：Bundesministerium für Wirtschaft und Technologie，2012.

［25］Loi pour l'enseignement supérieur et la recherché［EB/OL］.［2015－03－11］. http：//www. enseignementsup-recherche. gouv. fr/pid29078/loi-pour-r. html.

［26］France Europe 2020：a strategic agenda for research，technology transfer and innovation［EB/OL］.［2015－03－11］. http：//cache. media. enseignementsup-recherche. gouv. fr/file/France-Europe_2020/18/3/AgendaStategique02－07－2013－EnglishLight_262183. pdf.

［27］Stratégie nationale de recherché［EB/OL］.［2015－03－11］. http：//cache. media. enseignementsup-recherche. gouv. fr/file/Strategie_Recherche/26/9/strategie_nationale_recherche_397269. pdf.

［28］Innovation 2030［EB/OL］.［2015－03－12］. http：//www. entreprises. gouv. fr/innovation－2030/accueil-innovation－2030.

［29］Les feuilles de route des 34 plans de la Nouvelle France industrielle sont validées［EB/OL］.［2014－11－03］. http：//www. economie. gouv. fr/nouvelle-france-industrielle.

［30］La French Tech［EB/OL］.［2015－03－13］. http：//www. lafrenchtech. com/.

［31］日本総務省法令データ提供システム. 科学技術基本法(平成七年十一月十五日法律第百三十号)［OL］.［2015－03－31］. http：//law. e-gov. go. jp/htmldata/H07/H07HO130. html.

［32］日本文部科学省.「科学技術基本計画」について［OL］.［2015－03－31］. http：//www. mext. go. jp/b_menu/shingi/kagaku/kihonkei/kihonkei. htm.

［33］日本内閣府. 第 2 期科学技術基本計画(平成 13～17 年度)［OL］.［2015－03－31］. http：//www8. cao. go. jp/cstp/kihonkeikaku/kihon. html.

［34］日本内閣府. 第 3 期科学技術基本計画(平成 18～22 年度)［OL］.［2015－03－31］. http：//www8. cao. go. jp/cstp/kihonkeikaku/kihon3. html.

［35］日本文部科学省. 科学技術基本計画(平成 23 年 8 月 19 日閣議決定)［OL］.［2015－03－31］. http：//www. mext. go. jp/component/a_menu/science/detail/__icsFiles/afieldfile/2011/08/19/1293746_02. pdf.

［36］日本文部科学省. 科学技術会議のご紹介［OL］.［2015－03－31］. http：//www. mext. go. jp/b_menu/shingi/kagaku/index. htm.

［37］日本経済産業省. 国家産業技術戦略［OL］.［2015－03－31］. http：//www. meti. go. jp/kohosys/topics/00000077/.

[38] 日本経済産業省.産業技術力強化法について[OL].[2015－03－31].http://www.meti.go.jp/kohosys/topics/00000087/.

[39] 日本内閣府.イノベーション25 閣議決定本文[OL].[2015－03－31].http://www.cao.go.jp/innovation/innovation/decision/index.html.

[40] 日本内閣府.科学技術イノベーション総合戦略～新次元日本創造への挑戦～[OL].[2015－03－31].http://www8.cao.go.jp/cstp/sogosenryaku/2013/2013.html.

[41] 日本内閣府.科学技術イノベーション総合戦略 2014(平成 26 年 6 月 24 日閣議決定)[OL].[2015－03－31].http://www8.cao.go.jp/cstp/sogosenryaku/2014/honbun2014.pdf.

[42] 미래창조과학부，한국과학기술기획평가원.2012 년기술수준평가－120 개국가전략기술[R].서울：미래창조과학부，한국과학기술기획평가원，2013.

[43] 교육과학기술부，한국과학기술기획평가원.2010 년기술수준평가보고서－95 개중점과학기술[R].서울：교육과학기술부，한국과학기술기획평가원，2011.

[44] 한국 정부합동. 창조경제 실현계획 발표[R/OL].(2013－06－05)[2013－08－13] http://www.msip.go.kr/www/brd/m_211/view.do? seq=250.

[45] 미래창조과학부. 제 3 차 과학기술기본계획 (안)(2013－2017)[R].서울：미래창조과학부，2013.

[46] 국가과학기술위원회，한국과학기술기획평가원. 2012 년국가과학기술혁신역량평가[R].서울：한국과학기술기획평가원 조사분석실，2013.

[47] 韩国未来创造科学部[OL].http://www.msip.go.kr/index.do.

[48] 韩国创造经济城平台网站[OL].https://www.creativekorea.or.kr.

[49] 국가과학기술심의회. 제 6 차 산업기술혁신계획 '14 ～' 18 (안). 서울：국가과학기술심의회，2013.

[50] 한국 관계부처 합동. 미래성장동력실행계획 (안)[R/OL].(2013－06－17)[2015－03－13] http://www.msip.go.kr/web/msipContents/contentsView.do?cateId=mssw11211&artId=1187980.

[51] 英国技术创新中心发展顺利，将成立更多类似中心[EB/OL].http://www.most.gov.cn/gnwkjdt/201310/t20131014_109720.htm.

[52] 王仲成.英国科技资源的统筹利用和优化配置——以政府财政科技经费投入为例[J].全球科技经济嘹望，2012，27(3)：5～10.

[53] 王海燕，冷伏海.英国科技规划制定及组织实施的方法研究和启示[J].科学学研究，2013，31(2)：217～222.

[54] Office for National Statistics，UK Government Expenditure on Science. Engineering and Technology 2012[EB/OL]. UK，[2014－07－11].

[55] Office for National Statistics. UK Gross Domestic Expenditure on Research and Development，2012[EB/OL]. UK，[2014－03－12].

[56] Office for National Statistics. Business Enterprise Research and Development，2012[EB/

OL]. UK，[2013-11-22].

[57] Department for Business，Innovation and Skills. INNOVATION REPORT 2014[EB/OL]. UK，[2014-03].

[58] 日本文部科学省科学技術・学術政策研究所. 科学技術指標 2014[調査資料-229/2014.8][OL]. [2015-03-30]. http：//data. nistep. go. jp/sti_indicator/2014/RM229_00. html.

[59] 日本文部科学省. 科学技術要覧 平成 26 年版[OL]. [2015-03-30]. http：//www. mext. go. jp/b_menu/toukei/006/006b/1351708. htm.

[60] 日本文部科学省. 平成 26 年版 科学技術白書[OL]. [2015-03-30]. http：//www. mext. go. jp/b_menu/hakusho/html/hpaa201401/1340515. htm.

[61] 日本総務省統計局. 平成 26 年科学技術研究調査[OL]. [2015-03-30]. http：//www. e-stat. go. jp/SG1/estat/GL02100104. do? tocd=00200543.

[62] 韩国统计局[DB/OL]. http：//kostat. go. kr/portal/korea/index. action.

[63] 韩国科学技术评价院[EB/OL]. http：//www. kistep. re. kr/c3/sub1. jsp.

[64] 韩国企划财政部[EB/OL]. http：//www. mosf. go. kr/main/main. jsp.

[65] Bowles，Jonathan，and David Giles. “New Tech City | Center for an Urban Future.” N. p.，May 2012. [2015-04-07]. https：//nycfuture. org/research/publications/new-techcity.

[66] NYCEDC. “Applied Sciences NYC | NYCEDC.” NYCEDC. N. p.，n. d. [2015-04-07]. http://www/nycedc. com/project/applied-sciences-nyc.

[67] O'Grady，Jim，and Jonathan Bowles. “Building New York City's Innovation Economy | Center for an Urban Future.” N. p.，Sept. 2009. [2014-04-07]. https://nycfuture. org/research/publications/building-new-york-citys-innovation-economy.

[68] Rashid，Fahmida Y. “NYC Launches Venture Capital Fund，Sinks $300k into Startup.” CNN money. N. p.，25 May 2010. [2015-04-07]. http://money. cnn. com/2010/05/25/smallbusiness/nyc_ventwice_fund/index. htm.

[69] 驻纽约总领馆经商室. “纽约市长称纽约已成全美第二大科技城市.” N. p.，21 May 2014. [2015-04-07]. http://www. mofcom. gov. cn/acticle/i/jshz/xm/201405/20140500593996. shtml.

[70] Mayor of London. London Life Sciences Strategy and Action Plan[EB/OL]. 2002. https：//www. London. gov. uk [2014-01-25].

[71] Margarethe Theseira. London's digital economy[EB/OL]. http：//www. london. gov. uk/sites/default/files/digital-economy-2012. pdf.

[72] London Innovation，London Development Agency. London Innovation Strategy and Action Plan[EB/OL].

[73] Max Nathan，Emma Vandore，Rob Whitehead. A tale of tech city：the future of inner east London's digital economy[EB/OL]. http：//www. demos. co. uk/files/A_Tale_of_Tech_City_web. pdf? 1340965124.

[74] Shawnee Keck, Duncan Ray. Tech City Overview[EB/OL]. http://www.hackney.gov.uk/Assets/Documents/Tech_City_Overview.pdf.

[75] Dave Lee. Government's Tech City start-up strategy criticized[EB/OL]. http://www.bbc.com/news/technology-18650145.

[76] Bundesministerin für Bildung und Forschung, Referat Grundsatzfragen der Innovationspolitik. Bundesbericht Forschung und Innovation 2014 [R]. Rostock: Publikationsversand der Bundesregierung, 2014.

[77] Senatsverwaltung für Wirtschaft, Technologie und Forschung. Wirtschafts-und Innovationsbericht: Berlin 2012/2013 [R]. Berlin: Senatsverwaltung für Wirtschaft, Technologie und Forschung, 2013.

[78] Der Senat von Berlin, die Regierung des Landes Brandenburg. Gemeinsame Innovationsstrategie der Länder Berlin und Brandenburg[R]. Berlin: Senatsverwaltung für Wirtschaft, Technologie und Frauen, 2011.

[79] Clustermanagement des Clusters Optik. Masterplan Optik: Optische Technologien und Mikrosystemtechnik in Berlin und Brandenburg [R]. Berlin: Clustermanagement des Clusters Optik, 2014.

[80] Clustermanagement Energietechnik Berlin-Brandenburg, ZukunftsAgentur Brandenburg GbmH, TSB Innovationsagentur Berlin GmbH, Berlin Partner GmbH. Die Region voller Energie: Energietechnologien als Motor der Hauptstadtregion [R]. Potsdam: Clustermanagement Energietechnik Berlin-Brandenburg, 2012.

[81] Thorsten Kühnel baut neue E. ON Digital-Unit auf[EB/OL]. http://prreport.de/home/aktuell/news-public/article/8852 - thorsten-kuehnel-baut-neue-eon-digital-unit-auf/. 2014-09-24[2014-11-13].

[82] Berlin macht London Konkurrenz [EB/OL]. http://www.manager-magazin.de/unternehmen/it/start-up-metropolen-ranking-berlin-macht-london-konkurrenz-a - 1011702.html. 2015-01-07[2015-03-22].

[83] Senatsverwaltung für Wirtschaft, Technologie und Forschung, Geschäftsstelle Projekt Zukunft, Berlin Partner für Wirtschaft und Technologie GmbH. Digitale Wirtschaft in Berlin[R]. Berlin: Geschäftsstelle Projekt Zukunft, 2013.

[84] 日本科学技术厅规划局，赵尚朴，任震方. 日本筑波科研高教城市要览[R]. 合肥：安徽省合肥市规划设计院，1980.

[85] 周蕴石. 筑波大学[M]. 长沙：湖南教育出版社，1986.

[86] 高津俊司. 鉄道整備と沿線都市の発展[M]. 東京：株式会社成山堂書店，2008.

[87] 都市高速鉄道研究会. つくばエクスプレス建設物語[M]. 東京：株式会社成山堂書店，2007.

[88] 小林秀樹. スケルトン定借の理論と実践：完全解説つくば方式マンション[M]. 東京：学芸出版社，2000.

[89] Japan Association for the international exposition. Tsukuba Expo'85: official guide book[M]. Tsukuba,1985.
[90] 藤原京子,邓奕. 日本：筑波科学城[J]. 北京规划建设,2006(1).
[91] 郭胜伟,刘巍. 日本筑波科学城的立法经验对我国高新区发展的启示[J]. 中国高新区,2007(2).
[92] 新筑波大规划讨论委员会. 新たなつくばのグランドデザイン,2010.
[93] 日本国土交通省,茨城県,つくば市. 筑波研究学園都市整備に係わる点検結果報告書,2009.
[94] 筑波研究学園都市交流協議会. 筑波研究学園都市の新たな展開：その集積の活用と連携,2008.
[95] 筑波研究学園都市交流協議会[OL]. [2015-03-31]. http://www.tsukuba-network.jp.
[96] 日本国土交通省. 筑波研究学園都市[OL]. [2015-03-31]. http://www.mlit.go.jp/crd/daisei/tsukuba/index.html.
[97] 日本総務省法令データ提供システム. 筑波研究学園都市建設法[OL]. [2015-03-31]. http://law.e-gov.go.jp/htmldata/S45/S45HO073.html.
[98] Agency for Science, Technology and Research. National of Research and Development in Singapore 2012[R]. Singapore: A*STAR,2013.
[99] Ministry of Trade and Industry Singapore. Science & Technology Plan 2010: Sustaining Innovation-Driven Growth[R]. Singapore: MTI,2006.
[100] 陈强,左国存,李建昌. 新加坡发展科技与创新能力的经验及启示[J]. 中国科技论坛,2012.8(8):139-145.
[101] 新竹县政府网站[EB/OL]. http://www.hchg.gov.tw/.
[102] 新竹市政府网站[EB/OL]. http://www.hccg.gov.tw/.
[103] 新竹科学工业园区管理局网站[OL]. http://www.sipa.gov.tw/.
[104] “经济部工业局”新竹工业区服务中心网站[EB/OL]. http://www.moeaidb.gov.tw.
[105] 财团法人工业技术研究院网站[EB/OL]. http://www.itri.org.tw/.
[106] 解鸿年. 科技园区与区域发展——以台湾新竹为例[D]. 上海：同济大学,2008.
[107] 沈奎,张景铭. 台湾新竹科学工业园考察报告[EB/OL]. 2011-03-09[2015-03-19]. http://zys.gdd.gov.cn/news_show.aspx?id=1895.
[108] 新竹人口自然增长率不断增长 成台增率第一城市[EB/OL]. 2007-06-12[2015-03-19]. http://news.sohu.com/20070612/n250526726.shtml.
[109] 台湾的“硅谷”——新竹科学工业园区[EB/OL]. 2002-02-25[2015-03-19]. http://www.china.com.cn/overseas/zhuanti/ftlvyou/txt/2002-02/25/content_5110944.htm.
[110] 郭辉. 台湾的“硅谷”——新竹科学工业园区[EB/OL]. 2002-02-25[2013-10-29]. http://www.gdiid.gd.gov.cn/document/fil199.htm.

[111] 台湾新竹与内湖科技园区发展模式比较研究及经验借鉴[EB/OL]. 2011 - 11 - 10 [2015 - 03 - 19]. http://ms.enorth.com.cn/system/2011/11/09/008097125_02.shtml.

[112] 富有前瞻性的人性化高科技都市成长经营——新竹科学城发展计划[J]. 时代建筑，1996(3).

[113] 节能成效显著 新竹市将全升级 LED 路灯[EB/OL]. 2013 - 08 - 13[2015 - 03 - 19]. http://tech.hexun.com/2013 - 08 - 13/157025331.html.

[114] 2014 Silicon Valley Index[EB/OL]. 2014 - 12 - 23. http://www.siliconvalleycf.org/sites/default/files/publications/2014 - silicon-valley-index.pdf.

[115] 何顺果：比较开发史[M]. 世界图书出版公司，2002.

[116] 张昇平，曾刚，熊竞，等. 科技驱动新兴城镇化——上海张江发展模式研究[M]. 中国工人出版社. 2014 热带雨林法则推动硅谷[J]. 商学院. 2013(Z1)

[117] 萨克森宁 安纳利. 硅谷优势[M]. 上海远东出版社. 2000.

[118] 沙德春，曾国屏. 跨越"边界"的硅谷路径[N]. 2012. 5(3)：15

[119] 徐涛. Free Money[J]. 第一财经周刊，2013(39).

[120] 刘隽. 美国两大高科技园区 128 公路和三角园的发展模式对比研究及启示[J]. 东方企业文化，2012(1)：62 - 63.

[121] 罗良忠，史占中. 硅谷与 128 公路——美国高科技园区发展模式借鉴与启示[J]. 研究与发展管理，2003(6)：49 - 54.

[122] 任玥. 创业文化体系视角下的大学社会服务创新——以 MIT 与 128 公路的兴衰再崛为例[J]. 比较教育研究，2008(9)：29 - 34.

[123] 埃兹科维茨 亨利. 麻省理工学院与创业科学的兴起[M]. 北京：清华大学出版社，2007：122 - 123.

[124] 兰普，罗斯格兰特. Route 128：Lessons from Boston's High-tech Community[M].

[125] Michael Best. The New Competitive Advantage：the Renewal of American Industry [M]. 牛津大学出版，2001.

[126] Bruce Katz，Julie Wagner. The Rise of Innovation Districts：A New Geography of Innovation in America. BROOKINGS，2014 - 5.

[127] Scott Van Voorhis. Biotech lab space west of Boston surged 50% since 2007. [EB/OL]. http://www.bumc.bu.edu，2015 - 01 - 03.

[128] Keith Loria. Transwestern/RBJ Helps Create Largest Biotech Campus in Boston Suburb[J]. Commercial Property Executive，[2015 - 01 - 23].

[129] Malecki E J. Boston's high-technology economy：from Route 128 to Genetown[J]. AAG Journal，2008，43(1)：4～6.

[130] Growth along Route 128，I - 495 brings more jobs — and traffic[N]. The Boston Globe，2014 - 11 - 24.

[131] Route 128 Central Corridor Plan. Metropolitan Area Planning Council，2011[EB/OL]，

http：//www. mapc. org,[2015 - 03 - 10].

[132] The Research Triangle Park as a Regional Employer and Engine of Growth[EB/OL]. http：//sites. duke. edu/urbaneconomics/? p=894. [2015 - 03 - 10].

[133] Research Triangle Park[EB/OL]. [2015 - 03 - 10]. http：//www. rtp. org.

[134] 韩宇. 独特的创新型城市发展道路——美国奥斯汀和北卡研究三角地区高技术转型研究[J]. 世界历史,2009(2)：14 - 24.

[135] 吴顺文. 美国研究三角园对扬州的启示[J]. 中国中小企业,2011(2)：24 - 28.

[136] 程琦. 北卡罗来纳的三角研究园[J]. 中国高新区,2005(8)：52 - 53.

[137] Wilson Shares in $1M Grant to Combat Brownfields[EB/OL]. [2015 - 03 - 11]. http：//www. researchtriangle. org/news-and-events/wilson-shares-in - 1m-grant-to-combat-brownfields.

[138] $180 Million to Aid Global Health at UNC[EB/OL]. [2015 - 3 - 11]. http：//www. researchtriangle. org/news-and-events/180 - million-to-aid-global-health-at-unc.

[139] Research Triangle Park[EB/OL]. [2015 - 03 - 11]. http：//www. rtp. org.

[140] Collaborative Funding Grant[EB/OL]. [2015 - 3 - 11]. http：//www. ncbiotech. org/research-grants/research-funding/collaborative-funding.

[141] Blackstone Entrepreneurs Network [EB/OL]. [2015 - 03 - 11]. http：//www. bennorthcarolina. com/network/about-blackstone-en.

[142] Bob Geolas. [2015 - 03 - 12][EB/OL]. http：//www. rtp. org/people/bob-geolas.

[143] NC State University[EB/OL]. [2015 - 03 - 12]. http：//www. ncsu. edu.

[144] The University of North Carolina at Chapel Hill[EB/OL]. [2015 - 03 - 12]. http：//www. unc. edu/.

[145] Duke University[EB/OL]. [2015 - 03 - 12]. http：//www. duke. edu.

[146] Highly Cited Researchers[EB/OL]. [2015 - 03 - 12]. http：//highlycited. com.

[147] The Hamner Institutes for Health Sciences[EB/OL]. [2015 - 03 - 12]. http：//www. thehamner. org.

[148] The Triangle Universities Center for Advanced Studies Inc[EB/OL]. [2015 - 03 - 12]. http：//www. rtp. org/tucasi.

[149] Centennial Campus[EB/OL]. [2015 - 03 - 12]. http：//centennial. ncsu. edu.

[150] Council for Entrepreneurial Development[EB/OL]. [2015 - 03 - 12]. http：//www. cednc. org.

[151] RTI International[EB/OL]. [2015 - 03 - 12]. http：//www. rti. org.

[152] Research Triangle Regional Partnership. [2015 - 03 - 12]. http：//www. researchtriangle. org.

[153] Research Triangle Park Master Plan[EB/OL]. [2015 - 03 - 13]. http：//www. rtp. org/rtp-company-directory.

[154] Park Center[EB/OL]. [2015 - 03 - 13]. http：//www. rtp. org/about-us/park-center.

[155] The Frontier[EB/OL]. [2015 - 03 - 13]. http://www.rtp.org/about-us/the-frontier.
[156] 剑桥科学园网站[EB/OL]. http://www.cambridgesciencepark.co.uk/.
[157] 剑桥大学网站[EB/OL]. http://www.cam.ac.uk/.
[158] Startup Intelligence. Cambridge: From the Lab to the Limelight[EB/OL]. http://www.cambridgenetwork.co.uk/news/cambridge-from-the-lab-to-the-limelight/.
[159] 张艳. 我国国家级开发区的实践及转型——政策视角的研究[D]. 上海：同济大学,2008.
[160] Technologiepark Heidelberg GmbH, Dr. André Domin. 30 Jahre Technologiepark Heidelberg[R]. Heidelberg: Technologiepark Heidelberg GmbH,2014.
[161] 海德堡科技园[OL]. http://www.technologiepark-heidelberg.de/.
[162] 海德堡创业伙伴[OL]. http://heidelberg-startup-partners.de/.
[163] 海德堡创新与生科投资基金. http://www.hd-innovation.de/.
[164] 海德堡创业团队有限公司. http://www.gt-hd.de/.
[165] 大德研究开发特区：https://dd.innopolis.or.kr/.
[166] 韩国未来创造科学部：http://www.msip.go.kr/index.do.
[167] 韩国国际科学商业带：http://www.isbb.or.kr.
[168] 郭隆. 中关村 一路创新一路前行[J]. 北京观察,2014(4)：36～39.
[169] 中关村改革风云纪事. 你所不知道的中关村：谁最早称中关村为“硅谷”[N]. 创新创业中关村. http://chanye.focus.cn/news/2014 - 08 - 15/5405766.html 2014 - 8 - 15.
[170] 陈醒. 解读中关村“1+6”系列最新政策[J]. 国际融资,2011(4)：17～19.
[171] 李路阳,等. 建设国家科技金融创新中心中关村在提速[J]. 国际融资,2012(11)：8～13.
[172] 中关村在创新驱动战略中的引领带动作用研究[OL]. http://www.baike.com/wiki/2015 -3 - 23.
[173] 中关村国家自主创新示范区十大新闻[OL]. http://www.zgc.gov.cn/sfqgk/2015 - 3 - 23.
[174] 代婧,等. 中关村国家自主创新示范区的创新系统研究[J]. 财经界,2014(11)：37～38.
[175] 于晨. 创新引领未来[M]. 上海：上海市张江高新技术产业区管理委员会,2011.
[176] 李湛. 上海张江高新区产业发展研究 2011[M]. 上海：上海交通大学出版社,2011.
[177] 陈娟. 上海张江高科技园区区位环境及产业发展研究[D]. 上海师范大学,2004.
[178] 刘影. 上海张江高新技术产业集聚的问题研究[D]. 上海社会科学院,2013.
[179] 吕贝克. 我国高科技园区管理体制变迁研究——以上海张江园区为例[D]. 华东理工大学,2012.
[180] 朱婧嫣,吴满琳. 基于产业集群的高新区竞争力评价———以张江高科技园区为例构建上海张江高新区人才高地的思路和对策研究[J]. 科技进步与对策,2008,3:

127～129.

[181] 林廷钧. 张江高科技园区规划实践回顾研究[J]. 规划师，2008，S1：39～41.

[182] Gang Zeng，Ingo Liefner，Yuefang Si. THE ROLE OF HIGH - TECH PARKS IN CHINA'S REGIONAL ECONOMY：EMPIRICAL EVIDENCE FROM THE IC INDUSTRY IN THE ZHANGJIANG HIGH - TECH PARK，SHANGHAI[J]. ERDKUNDE，2011，65(1)：45～53.

[183] 郭玉玲.《张江国家自主创新示范区企业股权和分红激励试点实施细则》政策要点解读[J]. 华东科技，2012，7：18 - 20.

[184] 罗涛. 创新驱动发展的上海模式[J]. 高科技与产业化，2013，8：84 - 90.

[185] 曾国屏，刘字濠. 创新集群视角对中关村、张江和深圳高新区的比较[J]. 科学与管理，2012，32(6)：4 - 12.

[186] 高雪莲. 上海张江与台湾新竹产业集群创新能力的比较研究——基于钻石模型的案例分析[J]. 科技进步与对策，2010，27(10)：48 - 51.

[187] SEAN CHEN，KIRK KARWAN. Innovative cities in China：Lessons from Pudong New District，Zhangjiang High-tech Park and SMIC Village [J]. Innovation：management，policy & practice，2008，10：247 - 256.

[188] World Economic Forum. Global Competitiveness Report 2015 - 2016[OL]. http：//www3. weforum. org/docs/gcr/2015 - 2016/Global_Competitiveness_Report_2015 - 2016. pdf.

[189] International Institute for Management Development[OL]. http：//www. imd. org/wcc/wcy-world-competitiveness-yearbook/.

[190] UNITED NATIONS DEVELOPMENT PROGRAMMME. Human Development Report 2001[DB/OL].

[191] UNITED NATIONS DEVELOPMENT PROGRAMMME. Human Development Report 2015[DB/OL].

[192] Solidiance. The Most Innovative Cities[OL]. http：//www. asiainnovativecities. com/.

[193] Institute for Urban Strategies，The Mori Memorial Foundation. Global Power City Index 2015[OL]. http：//www. mori-m-foundation. or. jp/english/ius2/gpci2/.

[194] 2ThinkNow. Innovation Cities Index 2015[OL]. http：//www. innovation-cities. com/indexes.